eXamen.press

eXamen.press ist eine Reihe, die Theorie und Praxis aus allen Bereichen der Informatik für die Hochschulausbildung vermittelt.

Reinhard Wilhelm · Helmut Seidl
Sebastian Hack

Übersetzerbau

Band 2:
Syntaktische und
semantische Analyse

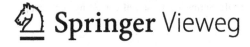
Springer Vieweg

Reinhard Wilhelm
Sebastian Hack
FB Informatik
Universität des Saarlandes
Saarbrücken
Deutschland

Helmut Seidl
Fakultät für Informatik
Technische Universität München
Garching
Deutschland

Das vorliegende Buch ist als Neuauflage aus dem Buch Wilhelm, R.; Maurer, D. *Übersetzerbau: Theorie, Konstruktion, Generierung* hervorgegangen, das in der 1. Auflage (ISBN 3-540-55704-0) und der 2. Auflage (ISBN 3-540-61692-6) im Springer-Verlag erschien.

ISBN 978-3-642-01134-4   ISBN 978-3-642-01135-1 (eBook)
DOI 10.1007/978-3-642-01135-1

Die Deutsche Nationalbibliothek verzeichnet diese Publikation in der Deutschen Nationalbibliografie; detaillierte bibliografische Daten sind im Internet über http://dnb.d-nb.de abrufbar.

Springer Vieweg
© Springer-Verlag Berlin Heidelberg 2012

Springer Vieweg ist eine Marke von Springer DE. Springer DE ist Teil der Fachverlagsgruppe Springer Science+Business Media
www.springer-vieweg.de

Für Margret, Hannah, Eva, Barbara
R. W.

Für Kerstin und Anna
H. S.

Für Kerstin, Charlotte und Marlene
S. H.

Vorwort

Übersetzer für höhere Programmiersprachen sind große komplexe Software-systeme. Sie haben aber einige besondere Eigenschaften, die sie vor den meisten anderen Softwaresystemen auszeichnen.

Ihre Funktionalität ist (fast) wohldefiniert. Idealerweise existieren vollständige formale oder zumindest präzise Beschreibungen der Quellsprache und der Zielsprache. Häufig gibt es dazu noch Beschreibungen von Schnittstellen zum Betriebssystem, zum Programmiersystem und zu Programmierumgebungen, zu anderen Übersetzern und zu Programmbibliotheken.

Die Übersetzungsaufgabe lässt sich auf natürliche Weise in Teilaufgaben zerlegen. Diese Zerlegung ergibt eine modulare Struktur, welche übrigens auch die Struktur der meisten Übersetzerbaubücher induziert.

In den fünfziger Jahren wurde bereits erkannt, dass die Implementierung von Anwendungssystemen direkt in der Maschinensprache sowohl mühsam als auch fehleranfällig ist und zu Programmen führt, die genauso schnell veralten wie die Rechner, für die sie entwickelt wurden. Mit der Erfindung höherer, maschinenunabhängiger Programmiersprachen ergab sich aber auch sofort die Notwendigkeit, Übersetzer bereitzustellen, die in der Lage sind, Programme dieser höheren Programmiersprachen in Maschinensprache zu übersetzen.

Deshalb sind seit den fünfziger Jahren die verschiedenen Teilaufgaben der Übersetzung Gegenstand intensiver Forschung. Für die Teilaufgabe der syntaktischen Analyse von Programmen wurden etwa Konzepte aus der Theorie der formalen Sprachen und der Automaten wie reguläre Ausdrücke und endliche Automaten, kontextfreie Grammatiken und Kellerautomaten übernommen und im Hinblick auf die gegebene Anwendung weiterentwickelt. Die Bearbeitung der Problemstellung war dabei so erfolgreich, dass die Realisierung der für syntaktische Analyse benötigten Komponenten (fast) vollständig automatisiert werden konnte: anstatt „zu Fuß" implementiert zu werden, werden diese Komponenten heute häufig aus Spezifikationen, in diesem Fall kontextfreien Grammatiken, generiert. Solche Generierungsverfahren werden auch für andere Komponenten eines Übersetzers angestrebt und sind zum Teil bereits realisiert.

Das vorliegende Buch strebt nicht an, ein Kochbuch für Übersetzer zu sein. Man wird hier darum keine Rezepte finden der Art: „Um einen Übersetzer von

der Quellsprache X in die Maschinensprache Y zu konstruieren, nehme man. . . ."
Unsere Darstellung reflektiert dagegen die oben aufgezählten Besonderheiten des
Übersetzerbaus, insbesondere das Vorhandensein präziser Aufgabenstellungen und
das Bestreben, diese genau zu verstehen und angemessene theoretische Konzep-
te zu ihrer systematischen Behandlung bereitzustellen. Idealerweise können solche
Konzepte die Grundlage automatischer Generierungsverfahren bilden.

Dieses Buch ist für Studierende der Informatik bestimmt. Die Kenntnis zumindest einer imperativen Programmiersprache wird vorausgesetzt. Vorkenntnisse über
formale Sprachen und Automaten sind nützlich, aber nicht unbedingt erforderlich.
Das Buch enthält die notwendige Theorie.

Aufbau des Buches

Für die neue Auflage des Buchs, *Wilhelm/Maurer: Übersetzerbau*, entschieden
wir uns, den Inhalt auf mehrere Bände zu verteilen. In einem ersten Band, *Wil-
helm/Seidl: Übersetzerbau — Virtuelle Maschinen* wird beschrieben, *was* ein
Übersetzer tut, also welche Korrespondenz zwischen einem Quellprogramm und
einem Zielprogramm er herstellt. Dazu wird für eine imperative, eine funktionale,
eine logische und eine objektorientierte Programmiersprache je eine geeignete *virtuelle* Maschine (in den früheren Auflagen *abstrakte* Maschine genannt) angegeben
und die Übersetzung von Programmen der jeweiligen Quellsprache in die Sprache
der zugehörigen virtuellen Maschine genau beschrieben.

Die weiteren drei Bände beschreiben, *wie* der Übersetzungsprozess strukturiert
und organisiert ist. Sie korrespondieren jeweils zu einer Phase des Prosesses, *syntaktische und semantische Analyse*, *Programmtransformation* und *Codeerzeugung*.
Im dem vorliegenden Band wird die Analysephase der Übersetzung beschrieben,
realisiert durch das so genannte Frontend des Übersetzers. Wir werden die Frage
behandeln, wie man den Übersetzungsprozess in einzelne Phasen unterteilt, welche
Aufgaben dabei die einzelnen Phasen erledigen sollen, welche Techniken man in
ihnen benutzt, wie man formal beschreiben kann, was sie tun, und wie eventuell
aus einer solchen Beschreibung automatisch eine Übersetzerkomponente erzeugt
werden kann.

Danksagung

Neben den Mitstreitern der früheren Auflagen möchten wir Michael Jacobs für seine Mitwirkung beim Kapitel Syntaxanalyse und ihm und Jörg Herter für sorgfältiges Korrekturlesen danken. Bei der Neuformulierung des rekursiven Abstiegsparsers hat uns schließlich Christoph Mallon entscheidend unterstützt.

Einstweilen wünschen wir aber der geneigten Leserin und dem geneigten Leser viel Vergnügen mit dem vorliegenden Band und hoffen, dass das Buch Appetit machen möge, für die Lieblings-Programmiersprache blitzschnell einen eigenen Übersetzer zu basteln.

Saarbrücken und München, April 2012   Reinhard Wilhelm, Helmut Seidl
                                                                         und Sebastian Hack

Weitere Materialien zu diesem Buch finden Sie auf der Internet-Seite:
http://www2.informatik.tu-muenchen.de/ seidl/compilers/

Inhaltsverzeichnis

Die Struktur von Übersetzern

1

In unserer Serie von Büchern geht es um die Übersetzung höherer Programmiersprachen in die Maschinensprache virtueller oder realer Rechner. Solche Übersetzer sind große, komplexe Softwaresysteme. Wie entwickelt man Systeme mit den Attributen „groß" und „komplex"? Man tut sich leichter, wenn man eine Zerlegung des Gesamtsystems in Teilsysteme (Komponenten) wohl definierter und gut verstandener Funktionalität hat. Diese Struktur sollte zusätzlich sinnvolle Schnittstellen zwischen den Komponenten aufweisen. Diese Strukturierungsaufgabe ist i. A. nicht einfach und erfordert die gute Intuition und die Erfahrung des Softwareentwicklers. Glücklicherweise sind Übersetzer sehr gut verstandene Softwaresysteme mit bewährten Strukturierungsprinzipien, die mit gewissen Anpassungen auf fast alle höheren Programmiersprachen anwendbar sind.

Die im folgenden vorgestellte Übersetzerstruktur ist eine *konzeptionelle* Struktur, d. h. sie identifiziert die Teilaufgaben der Übersetzung einer Quellsprache in eine Zielsprache und legt mögliche Schnittstellen zwischen den Komponenten fest, die jeweils eine solche Teilaufgabe realisieren. Die konkrete Architektur des Übersetzers wird später aus dieser konzeptionellen Struktur abgeleitet. Dabei werden eventuell Komponenten der konzeptionellen Struktur zusammengefasst, wenn die in ihnen realisierten Teilaufgaben das erlauben, oder es wird eine Komponente in mehrere Unterkomponenten aufgebrochen, wenn die in ihm realisierte Teilaufgabe sehr komplex ist.

Die erste Grobstrukturierung teilt den Übersetzungsprozess in drei Phasen:

1. Die *Analysephase*, realisiert durch das *Frontend*. Sie bestimmt die syntaktische Struktur des Quellprogramms und prüft die Einhaltung der von der Programmiersprache vorgeschriebenen semantischen Eigenschaften. Zu letzterer gehört bei statisch getypten Sprachen z. B. die Einhaltung der Typbedingungen.
2. Die Optimierungs- und Transformationsphase (im Englischen oft das *Middleend* genannt). Das syntaktisch analysierte und überprüfte Programm wird nun *semantikerhaltend* verändert. Meistens zielen die Transformationen darauf ab, die Programmausführung effizienter zu machen, d. h. die Programmlaufzeit zu ver-

R. Wilhelm, H. Seidl, S. Hack, *Übersetzerbau*, DOI 10.1007/978-3-642-01135-1_1,
© Springer-Verlag Berlin Heidelberg 2012

kürzen oder den Speicherverbrauch zu verringern. Wenn möglich, werden diese Transformationen unabhängig von der Quellsprache und der Zielarchitektur formuliert.

3. Die Codeerzeugung und maschinennahe Optimierung (das *Backend*). Hier wird das Programm, gegebenenfalls in mehreren Schritten, in ein Programm im Befehlssatz der Zielmaschine überführt. Des Weiteren werden maschinenspezifische Transformationen durchgeführt, um die Möglichkeiten der Hardware möglichst geschickt für die Ausführung des Programms einzusetzen.

Durch diese Grobstruktur wird der Übersetzer in einen von der Quellsprache abhängigen, einen von der Zielarchitektur abhängigen und einen unabhängigen Teil gegliedert. Dies hat sich, vor allem aus softwaretechnischen Aspekten, als eine gute Strukturierung erwiesen: Der Übersetzer bleibt so an neue Quellsprachen und neue Zielarchitekturen am besten anpassbar.

Die folgenden Abschnitte stellen die oben genannte Phasen genauer vor und verdeutlichen ihre Funktionen an einem Beispiel. In diesem Buch wird die Analysephase des Übersetzers behandelt. Die Transformationsphase wird ausführlich im Band *Analyse und Transformation* beschrieben, während der Band *Codeerzeugung und maschinennahe Optimierung* die Codeerzeugung für die Zielmaschine beschreibt.

1.1 Teilaufgaben eines Übersetzers

Abbildung 1.1 zeigt eine konzeptionelle Übersetzerstruktur. Die Übersetzungsaufgabe ist in eine Folge von Teilaufgaben zerlegt. Weil sich der vorliegende Band mit der Analysephase auseinander setzt, ist diese Phase genauer in Teilaufgaben aufgeschlüsselt. Jede Teilaufgabe erhält eine Darstellung des Programms als Eingabe und produziert eine weitere Darstellung anderen oder gleichen Typs, aber modifizierten Inhalts als Ausgabe. Die Teilaufgaben sind durch Kästen dargestellt. In ihnen steht der Name der zu leistenden Übersetzerteilaufgabe und bei den ersten drei zusätzlich der Name der entsprechenden Komponente.

Wir gehen jetzt die Folge der Teilaufgaben Schritt für Schritt durch, umreißen ihre Bedeutung und erklären die Struktur der Programmdarstellung. Als Beispiel betrachten wir das Programmfragment:

$$\text{int } a, b;$$
$$a = 42;$$
$$b = a * a - 7;$$

wobei $=$ den Zuweisungsoperator bezeichnet.

Quellprogramm als Zeichenfolge

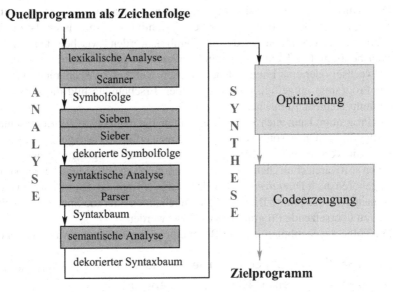

Abb. 1.1 Aufbau eines Übersetzers mit Angabe der Programmzwischendarstellungen während der Analysephase

1.2 Die lexikalische Analyse

Die Komponente, die die lexikalische Analyse des Quellprogramms vornimmt, wird meist *Scanner* genannt. Diese Komponente liest das Quellprogramm in Form einer Zeichenfolge, typischerweise aus einer Datei ein und zerlegt diese Zeichenfolge in eine Folge lexikalischer Einheiten der Programmiersprache. Diese lexikalischen Einheiten nennen wir *Symbole*. Typische lexikalische Einheiten sind z. B. Schlüsselworte wie **if, else, while** oder **switch** und Sonderzeichen wie (,), [,], {, } oder Komma und Semikolon. erkannt und in eine entsprechende interne Repräsentation übersetzt werden. Entsprechendes gilt für reservierte Bezeichnungen wie die Namen von Basistypen int, float, double, char, bool oder string, etc. Weitere Symbole sind Bezeichner (identifier) oder Konstanten. Beispiele für Bezeichner sind etwa value42, abc, Myclass, x, während etwa die Folgen 42, 3.14159 oder "HalloWorld!" Konstanten darstellen. Die Besonderheit hier ist, dass es im Prinzip beliebig viele solcher Symbole geben kann, die allerdings in *Klassen* eingeteilt werden können. In einer Symbolklasse werden Symbole zusammengefasst, die sich, zumindest was die syntaktische Struktur des Programms anbelangt, gleich verhalten. Bezeichner bilden eine solche Klasse. Innerhalb der Menge der Bezeichner gibt es gegebenenfalls disjunkte Unterklassen von Bezeichnern, wie etwa großgeschriebene Bezeichner für Typkonstruktoren in OCAML oder für Variablen in PROLOG. Auch bei den Konstanten lassen sich die Symbole, die *int*-Konstanten bezeichnen, von den Gleitkommakonstanten und den *string*-Konstanten unterscheiden.

Die Symbole, die wir bisher betrachtet haben, repräsentieren alle Programmbestandteile, die bei der Codeerzeugung berücksichtigt werden müssen. Ist die Konkatenation zweier Symbole wieder ein Symbol, werden zwischen den Symbolen *Trenner* benötigt. Ein Trenner kann ein Leerzeichen sein, eine Einrückung oder ein Zeilenwechsel oder eine Folge solcher Zeichen. Solcher Zwischenraum wird auch in das Programm eingefügt, um im optischen Erscheinungsbild die Struktur des Programms sichtbar zu machen.

Ein Programm kann auch Symbole enthalten, die nicht direkt zur Repräsentation des Programms dienen, sondern andere Aufgaben erfüllen. Dazu gehören Kommentare, die die Verständlichkeit für menschliche Leser des Programms erhöhen sollen oder von softwaretechnischen Werkzeugen automatisch aufbereitet werden können. Dazu gehören auch *Direktiven* an den Übersetzer (*Pragmas*). Durch solche Hinweise können z. B. bestimmte Bibliotheken eingebunden oder die Speicherverwaltung für das zu übersetzende Programm beeinflusst werden.

Die Folge der Symbole für unser Beispielprogramm könnte etwa so aussehen:

Int($"int"$) Sep($"\ "$) Id($"a"$) Com($","$) Sep($"\ "$) Id($"b"$) Sem($";"$) Sep($"\backslash n"$)

Id($"a"$) Bec($"="$) Intconst($"42"$) Sem($";"$) Sep($"\backslash n"$)

Id($"b"$) Bec($"="$) Id($"a"$) Mop($"*"$) Id($"a"$) Aop($"-"$) Intconst($"7"$) Sem($";"$)
   Sep($"\backslash n"$)

Der Übersichtlichkeit wurde die Folge gemäß den Zeilen des zerlegten Programms umgebrochen. Für jedes Symbol ist die Symbolklasse angegeben zusammen mit dem Teilwort, welche das Symbol repräsentiert. Neben dem Teilwort werden zu jedem Symbol gegebenenfalls weitere Informationen abgelegt wie z. B. die *Position* des Teilworts innerhalb der Eingabe.

1.3   Der Sieber

Vom Scanner erhält der Sieber eine Folge von Symbolen, d. h. Teilworten des Programms, die mit ihrer jeweiligen Symbolklasse markiert sind. Die Aufgabe des Siebers besteht darin, diese Folge weiter aufzubereiten. Manche Teilworte wird er als unwichtig aussortieren (deshalb *Sieber*). Für andere wird er festgelegte semantische Aktionen durchführen. Im einzelnen erfüllt er für einzelne Symbolklassen folgende Aufgaben:

Trenner und Kommentare: Folgen von Leerzeichen und Zeilenwechseln, die als Trennung zwischen Symbolen gedient haben, sind im Allgemeinen für die weitere Verarbeitung des Programms irrelevant und können deshalb entfernt werden. Eine Ausnahme bildet die Programmiersprache HASKELL, bei der Texteinrückung auch für die Klammerung von Teilausdrücken verwendet werden kann. Auch Kommentare werden für die weitere Verarbeitung des Programms nicht benötigt und deshalb entfernt.

Pragmas: Direktiven an den Übersetzer (Pragmas) sind nicht Teil des Programms. Sie werden aus dem Programm ausgegliedert und gesondert an den Übersetzer weitergeleitet.

Die übrigen Symbole bleiben typischerweise erhalten. Oft wird jedoch ihre textuelle Darstellung in eine geeignete Interndarstellung umgewandelt.

Konstanten: Für Zahlkonstanten wird aus der Ziffernfolge der textuellen Darstellung die entsprechende interne Binärdarstellung berechnet. Für *string*-Konstanten muss ein geeignetes Speicherobjekt angelegt werden, das die Folge der Zeichen beinhaltet. Bei JAVA werden diese Objekte etwa in einer gesonderten Datenstruktur, dem *String Pool* abgelegt, der dem Programm zur Laufzeit zur Verfügung gestellt wird.

Bezeichner: Intern arbeiten Übersetzer normalerweise nicht direkt mit Bezeichnern, repräsentiert durch *string*-Objekte. Diese Darstellung wäre zu ineffizient. Stattdessen werden Bezeichnern eindeutige Kennungen zugeordnet. Um bei Bedarf, etwa der Erzeugung einer lesbaren Fehlermeldung, die sich auf einen Bezeichner bezieht, dennoch auf den ursprünglichen Namen des Bezeichners zugreifen zu können, werden diese in einer geeigneten separaten Datenstruktur aufgehoben.

Nach dem Sieben erhalten wir für unser Beispielprogramm diese Folge annotierter Symbole:

> Int() Id(1) Com() Id(2) Sem()
>
> Id(1) Bec() Intconst(42) Sem()
>
> Id(2) Bec() Id(1) Mop(*Mul*) Id(1) Aop(*Sub*) Intconst(7) Sem()

Die Trenner sind aus der Symbolfolge entfernt worden. Anstelle der Teilworte wurde zu einigen der verbliebenen Symbole ein semantischer Wert berechnet. Den Bezeichnern a und b wurden die Kennungen 1 bzw. 2 zugeordnet. Die Ziffernfolgen für die *int*-Konstanten wurden durch die repräsentierten Werte ersetzt. Die Werte für die Symbole Mop und Aop sind Elemente eines geeigneten Aufzähldatentyps, welche die bezeichneten Operationen (hier: Multiplikation und Subtraktion) bezeichnen.

Programmtechnisch werden Scanner und Sieber meist zu einer Komponente zusammengefasst, welche dann ebenfalls *Scanner* genannt wird. Konzeptionell sollte man sie jedoch auseinanderhalten: die Aufgabe des Scanners im engeren Sinne kann durch einen *endlichen Automaten* erledigt werden, während des Siebens können dagegen beliebige Stücke Code ausgeführt werden.

1.4 Die syntaktische Analyse

Die lexikalische und die syntaktische Analyse zusammen erkennen die syntaktische Struktur des Eingabeprogramms. Während man der lexikalischen Analyse im Wesentlichen den Teil überträgt, den ein endlicher Automat erledigen kann, erkennt die syntaktische Analyse die hierarchische *Struktur* des Programms. Die Struktur des Programms beschreibt, wie die verschiedenen Programmbestandteile zueinander angeordnet und die verwendeten Konstrukte der Programmiersprache ineinander geschachtelt sind. Programme einer objekt-orientierten Programmiersprache wie JAVA bestehen etwa aus Deklarationen von Klassen, die möglicherweise in Paketen zusammen gefasst sind. Jede Deklaration einer Klasse enthält gegebenenfalls Deklarationen von Attributen, Konstruktoren und Methoden. Eine einzelne Methode wiederum besteht aus dem Methodenkopf und dem Methodenrumpf, der die Implementierung der Methode liefert, u.s.w. Manche der dabei auftretenden Programmkonstrukte können beliebig tief ineinander geschachtelt werden. Das ist z. B. für arithmetische Ausdrücke der Fall, in denen unbeschränkt viele Operatoren verwendet werden dürfen. Deshalb lässt sich die Struktur von Programmen nicht mehr alleine mit Hilfe endlicher Automaten rekonstruieren.

Die Struktur des Programms stellt den Zusammenhang zwischen den einzelnen Symbolen her, die das Programm repräsentieren. Für die entsprechende Komponente hat sich aus dem Englischen der Name *Parser* eingebürgert. Diese Komponente muss einerseits in der Lage sein, die Struktur in einem korrekten Programm zu identifizieren. Oft unterlaufen dem Programmierer aber auch Fehler d. h. Verstöße gegen die Regeln, die bei der Konstruktion von Programmen beachtet werden müssen. Fehler könnten etwa sein, dass eine schließende Klammer vergessen oder in einer Aufzählung ein Komma durch einen Semikolon ersetzt wurde. Solche Fehler sollte der Parser erkennen, lokalisieren und, möglicherweise, diagnostizieren. Die Regeln, wie Programmkonstrukte angeordnet und ineinander geschachtelt werden dürfen, können zu einem wesentlichen Teil als *kontextfreie Grammatik* formalisiert werden. Aus der Theorie der formalen Sprachen und Automaten wissen wir, dass zu diesem Grammatiktyp Kellerautomaten korrespondieren. Die syntaktische Analyse setzt deshalb spezielle *Kellerautomaten* ein. Es gibt eine Fülle von Verfahren zur Syntaxanalyse. Die zwei für die Praxis wichtigsten Methoden der Syntaxanalyse werden in einigen Varianten in Kap. 3 beschrieben.

Für die Ausgabe des Parsers gibt es verschiedene äquivalente Möglichkeiten. Wir benutzen in unserer konzeptionellen Übersetzerstruktur und in Abb. 1.2 (C) als Ausgabe den *Syntaxbaum* (parse tree) des Programms.

1.5 Die semantische Analyse

Aufgabe der nächsten Analysephase ist es, Eigenschaften von Programmen zu bestimmen und Bedingungen zu überprüfen, die für die Wohlgeformtheit eines Programms von der Programmiersprache vorgeschrieben werden, die aber über (kontextfreie) syntaktische Eigenschaften hinausgehen. Diese Eigenschaften, die ebenfalls ausschließlich mithilfe des Programmtextes berechnet bzw. überprüft werden können, nennt man *statisch semantische* Eigenschaften. Diese Phase heißt deshalb semantische Analyse, obwohl sie sich nur auf die statische Semantik des Pro-

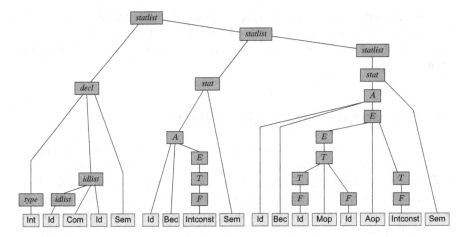

Abb. 1.2 Die syntaktische Analyse des Beispielprogramms

gramms bezieht. Die *dynamische* Semantik des Programms beschreibt im Gegensatz dazu das Verhalten des Programms, wenn es ausgeführt wird. Die Attribute *statisch* bzw. *dynamisch* assoziiert man also mit der *Übersetzungszeit* bzw. der *Laufzeit* des Programms. Zu den statisch semantischen Eigenschaften eines Programms gehören

- die Typkorrektheit in stark getypten Sprachen wie C, JAVA oder OCAML. Für die Typkorrektheit notwendig ist die *Deklariertheit* jedes Bezeichners (implizit oder explizit) und die Abwesenheit von Mehrfachdeklarationen;
- die Existenz einer *konsistenten Typzuordnung* zu allen Ausdrücken in Sprachen mit Polymorphie.

Beispiel 1.5.1 In dem Programm aus Abb. 1.2 wird die semantische Analyse die Deklarationen des *decl*-Unterbaums in einer Abbildung:

$$env = \{\mathsf{Id}(1) \mapsto \mathsf{Int}, \mathsf{Id}(2) \mapsto \mathsf{Int}\}$$

aufsammeln, die jedem Bezeichner seinen Typ zuordnet. Mit Hilfe dieser Abbildung kann in den nachfolgenden *stat*-Unterbäumen überprüft werden, ob Variablen und Ausdrücke typgerecht verwendet werden. So wird im Syntaxbaum zu der ersten Anweisung $a = 42$; überprüft, ob auf der linken Seite der Zuweisung eine Variablenbezeichnung steht und ob der Typ der rechten Seite zu dem der linken Seite passt. Im Syntaxbaum der zweiten Anweisung $b = a * a - 7$; ist der Typ der rechten Seite der Zuweisung nicht offensichtlich, sondern muss aus den Typen der Variablen a und der Konstanten 7 berechnet werden. Hierbei ist zu beachten, dass die arithmetischen Operatoren in den meisten Programmiersprachen *überladen* sind, d. h. sie stehen für die bezeichneten Operationen sowohl auf *int*- wie *float*-Zahlen evtl. sogar noch verschiedener Genauigkeit. Bei der Typberechnung wird diese Überladung aufgelöst. In unserem Beispiel wird festgestellt, dass es sich um eine *int*-Multiplikation und eine *int*-Subtraktion handelt, die beide einen Wert vom Typ **int** zurück liefern. Als Ergebnistyp für die rechte Seite der Zuweisung ergibt sich damit **int**. □

1.6 Die maschinenunabhängige Optimierung

Statische Analysen des Quellprogramms können Indizien für zu erwartende Laufzeitfehler bzw. Möglichkeiten für *Programmtransformationen* entdecken, die die Effizienz des Programms steigern. Durch eine *Datenflussanalyse* bzw. *abstrakte Interpretation* können unter Anderem folgende Eigenschaften untersucht werden:

- Es gibt einen Ausführungspfad, auf dem der Wert einer Variable benutzt wird, ohne dass sie vorher initialisiert wird.
- Es gibt Programmteile, die nicht erreichbar sind, oder definierte Funktionen, die nicht aufgerufen werden. Diese überflüssigen Teile brauchen nicht übersetzt zu werden.
- Eine Programmvariable x in einem imperativen Programm hat in einer Anweisung bei jeder Programmausführung den gleichen, bekannten Wert c. Dann kann die Variable x in der Anweisung durch den Wert c ersetzt werden.
  Diese Analyse würde erkennen, dass bei jeder Ausführung der zweiten Anweisung $b = a * a - 7$; die Variable a den Wert 42 hat. Die Ersetzung der beiden Vorkommen von a durch 42 führt zum Ausdruck $42 * 42 - 7$, dessen Wert zur Übersetzungszeit ausgerechnet werden kann. Diese Art von Analyse und Transformation wird *Konstantenpropagation* mit *Konstantenfalten* genannt.

Neben dem Ausrechnen von (Teil-) Ausdrücken, deren Werte zur Übersetzungszeit bekannt sind, nehmen Übersetzer Optimierungen der folgenden Art vor:

- *Schleifeninvariante* Berechnungen können aus Schleifen heraus gezogen werden. Eine Berechnung ist schleifeninvariant, wenn sie nur von Variablen abhängt, die während der Ausführung der Schleife ihren Wert nicht ändern. Indem eine solche Berechnung aus der Schleife heraus gezogen wird, wird sie nur einmal ausgeführt, anstelle bei jedem Schleifendurchlauf erneut ausgeführt zu werden.
- Eine ähnliche Transformation kann bei der Übersetzung funktionaler Programme angewendet werden, wenn die *fully lazy*-Eigenschaft erreicht werden soll. Ausdrücke, die nur Variablen enthalten, die außerhalb einer Funktion gebunden sind, werden aus dem Rumpf der Funktion entfernt und durch einen zusätzlichen formalen Parameter an Aufrufe der Funktion übergeben.

Ähnliche Optimierungen werden von vielen Übersetzern durchgeführt. Sie bilden das *Middleend* des Übersetzers. Ihm ist der Band *Übersetzerbau - Analyse und Transformation* gewidmet.

1.7 Die Erzeugung des Zielprogramms

Der Codeerzeuger generiert aus einer Zwischendarstellung die Folge der Befehle des Zielprogramms. Eine systematische Vorgehensweise zur Übersetzung verschiedener Programmiersprachen für geeignete *virtuelle* Maschinen haben wir ausführlich in dem Band *Übersetzerbau - Virtuelle Maschinen* behandelt. Die Coderzeugung orientierte sich dort im wesentlichen an der hierarchischen Struktur eines Programms. Man könnte sie deshalb direkt nach der Überprüfung der statischen Semantik auf dem attributierten Syntaxbaum aufsetzen. Allerdings kann die Zeiteffizienz des Zielprogramms oft gesteigert werden, wenn es gelingt, die Werte von Variablen und Ausdrücken in den *Registern* der Maschine zu halten. Der Zugriff darauf ist i. A. schneller als der Zugriff auf Speicherzellen. Da jede Maschine nur über eine beschränkte Zahl von solchen Registern verfügt, muss der Codeerzeuger diese möglichst nutzbringend zur Ablage von häufig benutzten Werten verwenden. Dies ist die Aufgabe der *Registerzuteilung*.

Ein weiteres Problem, welches der Codeerzeuger lösen muss, ist die *Codeselektion*, die Auswahl möglichst guter Befehlsfolgen für die Ausdrücke und Anweisungen des Quellprogramms. Die meisten Rechner bieten mehrere Befehlsfolgen als Übersetzung einer Quellsprachenanweisung an. Daraus gilt es, eine bzgl. Ausführungszeit, Speicherplatzbedarf und/oder Befehlsfolgenlänge möglichst gute Befehlsfolge auszuwählen.

Beispiel 1.7.1 Nehmen wir an, eine virtuelle oder reale Zielmaschine habe die Register $r_1, r_2, \ldots, r_N$ für ein geeignetes (kleines) N und besitze unter anderem die Befehle:

Befehl		Bedeutung
load	r_i, q	$r_i \leftarrow M[q];$
store	q, r_i	$M[q] \leftarrow r_i;$
loadi	r_i, q	$r_i \leftarrow q;$
subi	r_i, r_j, q	$r_i \leftarrow r_j - q;$
mul	r_i, r_j, r_k	$r_i \leftarrow r_j * r_k;$

Dabei steht q für eine beliebige *int*-Konstante, und $M[\ldots]$ bezeichnet einen Speicherzugriff. Nehmen wir weiter an, den Variablen a und b seien die globalen Adressen 1 und 2 zugeordnet. Eine mögliche Übersetzung unseres Beispielprogramms, welches die Werte für a und b in den entsprechenden Speicherzellen ablegt, könnte dann so aussehen:

loadi	$r_1, 42$
store	$1, r_1$
mul	r_2, r_1, r_1
subi	$r_3, r_2, 7$
store	$2, r_3$

Die Register r_1, r_2 und r_3 dienen der Ablage von Zwischenergebnissen bei der Auswertung rechter Seiten. Dabei erhalten die Register r_1 bzw. r_3 die Werte der Variablen a und b. Eine etwas nähere Betrachtung ergibt, dass der Übersetzer sparsamer mit den Registern umgehen könnte. So kann für das Register r_2 das Register r_1 wiederverwendet werden, da der Wert von r_1 nach der Multiplikation nicht mehr benötigt wird. Sogar das Ergebnis der Instruktion subi kann im selben Register abgelegt werden! Damit erhalten wir die verbesserte Instruktionsfolge:

$$
\begin{array}{ll}
\text{loadi} & r_1, 42 \\
\text{store} & 1, r_1 \\
\text{mul} & r_1, r_1, r_1 \\
\text{subi} & r_1, r_1, 7 \\
\text{store} & 2, r_1
\end{array}
$$

☐

Bereits bei der Codeerzeugung für die einfache Architektur aus Beispiel 1.7.1 musste berücksichtigt werden, dass die Anzahl der abzuspeichernden Zwischenergebnisse nicht die Anzahl der vorhandenen Register übersteigt. Ähnliche und viele weitere Einschränkungen finden sich auch in realen Prozessorarchitekturen. Darüber hinaus bieten reale Prozessorarchitekturen eine Fülle von Möglichkeiten, wie die Ausführung des Codes effizienter gestaltet werden kann. Das macht die Codeerzeugung für reale Prozessorarchitekturen einerseits kompliziert, andererseits aber auch spannend. Grundlegende Techniken und Ansätze zum Lösen dieser Aufgabe beschreibt der Band *Übersetzerbau-Codeerzeugung und maschinennahe Optimierung*.

1.8 Spezifikation und Generierung von Übersetzerkomponenten

Für die Übersetzungsaufgaben, die während der Syntaxanalyse auftreten, gibt es elegante Formalismen zur Spezifikation. Die lexikalischen Einheiten, die Symbole der Sprache, lassen sich durch reguläre Ausdrücke beschreiben. Aus einem regulären Ausdruck R kann man automatisch einen nichtdeterministischen endlichen Automaten konstruieren, der die von R beschriebene reguläre Menge erkennt. Diesen kann man wieder automatisch in einen deterministischen endlichen Automaten umwandeln.

Eine ähnliche Korrespondenz gibt es zwischen kontextfreien Grammatiken und Kellerautomaten. Auch hier gibt es automatisierte Verfahren, um einen *nichtdeterministischen* Kellerautomaten zu einer kontextfreien Grammatik zu konstruieren, der die von der Grammatik definierte Sprache erkennt. Als Übersetzerbauer zieht man jedoch *deterministische* Automatentypen vor. Die deterministischen Kellerautomaten sind jedoch nicht so mächtig wie die nichtdeterministischen Kellerautomaten. Deshalb wird die Klasse der kontextfreien Grammatiken, welche zur Spezifikation der Syntax von Programmiersprachen zugelassen wird, auf

Tab. 1.1 Übersetzerteilaufgaben, Spezifikationsmechanismen und zugehörige Implementierungen

Übersetzerteilaufgabe	Spezifikationsmechanismus	Implementierung
lexikalische Analyse	reguläre Ausdrücke	deterministische endliche Automaten
syntaktische Analyse	kontextfreie Grammatiken	deterministische Kellerautomaten
semantische Analyse	Attributgrammatiken	Attributauswerter

die deterministisch analysierbare Teilklasse (und manchmal noch weiter) eingeschränkt.

Sowohl die Komponente zur lexikalischen wie die Komponente zur syntaktischen Analyse brauchen damit nicht *von Hand* programmiert werden, sondern lassen sich aus einer geeigneten Spezifikation *generieren*. Diese beiden Beispiele legen nahe, nach weiteren Komponenten eines Übersetzers Ausschau zu halten, deren Implementierung automatisch aus Spezifikationen erzeugt werden kann. Als ein weiteres Beispiel für diesen Ansatz lernen wir in diesem Band *Attributgrammatiken* kennen. Attributgrammatiken sind eine Erweiterung kontextfreier Grammatiken, mit denen Berechnungen auf dem Syntaxbaum spezifiziert werden können, die für die Überprüfung der statischen Semantik eines Programms erforderlich sind. Tabelle 1.1 stellt die Teilaufgaben eines Übersetzers zusammen, die in diesem Band behandelt werden, die durch formale Spezifikationen beschrieben werden können, für welche Generierungsverfahren existieren.

Auch bei der Codeerzeugung selbst gibt es für einzelne Teilaufgaben Generatoren. So lassen sich etwa Programminvarianten, wie sie zu effizienzsteigernden Transformationen benötigt werden, durch generische Ansätze der *abstrakten Interpretation* realisieren. Für Probleme der Registerzuordnung wie der Instruktionsanordnung können generelle Lösungsverfahren wie ILP (*Integer Linear Programming*) oder PBQP (*Partitioned Boolean Quadratic Programming*) eingesetzt werden. In vielen praktischen Übersetzern kommen jedoch einfachere heuristische Verfahren zum Einsatz. Die dafür notwendigen Hintergründe und Techniken werden in den Bänden *Übersetzerbau – Analyse und Transformation* bzw. *Übersetzerbau – Codeerzeugung und maschinennahe Optimierung* ausführlich behandelt.

Lexikalische Analyse

2

In diesem Kapitel beschreiben wir zuerst die Aufgabe der lexikalischen Analyse. Dann führen wir reguläre Ausdrücke als Hilfsmittel zur formalen Spezifikation dieser Aufgabe ein. Schließlich zeigen wir, wie endliche Automaten für die Realisierung eingesetzt werden können. Wir erläutern, wie man zu einem regulären Ausdruck einen nichtdeterministischen endlichen Automaten erzeugt, der genau die von dem regulären Ausdruck beschriebene Sprache akzeptiert, wie dieser deterministisch gemacht werden kann, und wie die Anzahl der Zuständ eines gegebenen deterministischen Automaten gegebenenfalls verringert werden kann. Diese drei Schritte liefern ein Generierungsverfahren für lexikalische Analysatoren (Scanner). Am Ende diskutieren wir einige praktische Erweiterungen und erläutern, wie ein Scanner um einen Sieber erweitert werden kann.

2.1 Die Aufgabe der lexikalischen Analyse

Nehmen wir an, das Quellprogramm sei in einer Datei abgelegt. Es besteht aus einer Folge von Zeichen. Die lexikalische Analyse liest diese Folge ein und zerlegt sie in eine Folge von lexikalischen Einheiten, die *Symbole* genannt werden. Der Scanner liest die Eingabe von links nach rechts. Bei verschränkter Arbeitsweise von Scanner, Sieber und Parser ruft der Parser die Kombination Scanner-Sieber auf, um das nächste Symbol zu erhalten. Der Scanner beginnt die Analyse mit dem Zeichen, welches auf das Ende des zuletzt gefundenen Symbols folgt, und sucht den längsten Präfix der restlichen Eingabe, der ein Symbol der Sprache ist. Eine Darstellung dieses Symbols reicht er an den Sieber weiter, der feststellt, ob dieses Symbol für den Parser relevant ist oder ignoriert werden soll. Ist es nicht relevant, so stößt der Sieber den Scanner erneut an. Andernfalls gibt er eine eventuell veränderte Darstellung des Symbols an den Parser zurück.

Der Scanner muss i. A. in der Lage sein, unendlich viele oder zumindest sehr viele verschiedene Symbole zu erkennen. Die Menge aller Symbole werden deshalb in

R. Wilhelm, H. Seidl, S. Hack, *Übersetzerbau*, DOI 10.1007/978-3-642-01135-1_2,
© Springer-Verlag Berlin Heidelberg 2012

endlich viele Klassen eingeteilt. In eine *Symbolklasse* werden dabei sinnvollerweise Symbole verwandter Struktur bzw. ähnlicher syntaktischer Funktion zusammen gefasst. Wir unterscheiden:

- Das Alphabet ist der Vorrat an Zeichen, die in dem Programmtext vorkommen dürfen. Das aktuelle Alphabet bezeichnen wir mit Σ.
- Ein *Symbol* ist ein Wort über dem Alphabet Σ. Beispiele sind etwa $xyz12$, 125, class, „*abc*".
- Eine *Symbolklasse* ist eine Menge von Symbolen. Beispiele sind etwa die Menge der Bezeichner (identifier), die Menge der *int*-Konstanten und die der konstanten Zeichenketten. Diese bezeichnen wir mit den Namen Id, Intconst bzw. String.
- Die *Darstellung eines Symbols* fasst alle vorliegenden Informationen eines gefundenen Symbols zusammen, die für eine nachgeordnete Phase des Übersetzers erforderlich sind. Der Scanner könnte etwa das Wort $xyz12$ als Paar (Id, „$xyz12$"), bestehend aus dem Namen der Klasse und dem gefundenen Symbol an den Sieber weitergeben. Der Sieber könnte das Wort „$xyz12$" durch eine Interndarstellung des Bezeichners ersetzen, etwa eine eindeutige Kennzahl, bevor er das Symbol an den Parser weiterreicht.

2.2 Reguläre Ausdrücke und endliche Automaten

Zuerst führen wir einige Grundbegriffe ein. Mit Σ bezeichnen wir ein beliebiges *Alphabet*, d. h. eine endliche, nichtleere Menge von Zeichen. Ein *Wort* x über Σ der Länge n ist eine Folge von n Zeichen aus Σ. Das *leere Wort* ε ist die leere Folge von Zeichen, d. h. die Folge der Länge 0. Einzelne Zeichen aus Σ fassen wir als Worte der Länge 1 auf. Für $n \geq 0$ bezeichnet Σ^n die Menge der Worte der Länge n. Insbesondere ist $\Sigma^0 = \{\varepsilon\}$ und $\Sigma^1 = \Sigma$. Die Menge aller Worte bezeichnen wir mit Σ^*. Entsprechend bezeichnet Σ^+ die Menge der *nicht-leeren* Worte, d. h.

$$\Sigma^* = \bigcup_{n \geq 0} \Sigma^n \quad \text{und} \quad \Sigma^+ = \bigcup_{n \geq 1} \Sigma^n.$$

Mehrere Worte können zu einem Gesamtwort zusammen gesetzt werden. Die *Konkatenation* der Worte x und y hängt die Folge der Zeichen y hinten an die Folge der Zeichen x an, d. h.

$$x \cdot y = x_1 \ldots x_m y_1 \ldots y_n,$$

sofern $x = x_1 \ldots x_m, y = y_1 \ldots y_n$ für $x_i, y_j \in \Sigma$. Haben x und y die Längen n bzw. m, dann liefert die Konkatenation von x und y ein Wort der Länge $n + m$. Die Konkatenation ist eine binäre Operation auf der Menge Σ^*. Im Gegensatz etwa zur Addition auf Zahlen ist die Konkatenation von Worten nicht *kommutativ*. Das heißt, dass das Wort $x \cdot y$ i. a. verschieden von dem Wort $y \cdot x$ ist. Wie die Addition auf Zahlen ist die Konkatenation von Worten aber *assoziativ*, d. h.

$$x \cdot (y \cdot z) = (x \cdot y) \cdot z \qquad \text{für alle } x, y, z \in \Sigma^*$$

Das leere Wort ε ist das *neutrale* Element bezüglich der Konkatenation von Worten, d. h.

$$x . \varepsilon = \varepsilon . x = x \qquad \text{für alle } x \in \Sigma^*.$$

Im Folgenden schreiben wir oft einfach xy für $x . y$.

Für ein Wort $w = xy$ mit $x, y \in \Sigma^*$ nennen wir x ein *Präfix* und y ein *Suffix* von w. Präfixe und Suffixe sind spezielle *Teilworte*. Allgemein ist das Wort y ein Teilwort des Worts w, falls $w = xyz$ für Worte $x, z \in \Sigma^*$. Präfixe, Suffixe oder ganz allgemein Teilworte von w heißen *echt*, falls sie verschieden von w sind.

Teilmengen von Σ^* werden (formale) *Sprachen* genannt. Auf Sprachen benötigen wir einige Operationen. Nehmen wir an, $L, L_1, L_2 \subseteq \Sigma^*$ seien Sprachen. Die *Vereinigung* $L_1 \cup L_2$ besteht aus allen Worten aus L_1 oder L_2:

$$L_1 \cup L_2 = \{w \in \Sigma^* \mid w \in L_1 \text{ oder } w \in L_2\}.$$

Die *Konkatenation* $L_1 . L_2$ (oder kurz $L_1 L_2$) besteht aus allen Worten, die sich durch Konkatenation eines Worts aus L_1 mit einem Wort aus L_2 ergeben:

$$L_1 . L_2 = \{xy \mid x \in L_1, y \in L_2\}.$$

Das *Komplement* $\overline{L}$ der Sprache L besteht aus allen Worten aus Σ^*, die nicht in L enthalten sind:

$$\overline{L} = \Sigma^* - L.$$

Für $L \subseteq \Sigma^*$ bezeichnet L^n die n-fache Konkatenation von L, L^* die Vereinigung aller Konkatenationen und L^+ die Vereinigung aller nichtleeren Konkatenationen von L, d. h.

$$
\begin{aligned}
L^n &= \{w_1 \dots w_n \mid w_1, \dots, w_n \in L\} \\
L^* &= \{w_1 \dots w_n \mid \exists n \geq 0.\ w_1, \dots, w_n \in L\} &= \bigcup_{n \geq 0} L^n \\
L^+ &= \{w_1 \dots w_n \mid \exists n > 0.\ w_1, \dots, w_n \in L\} &= \bigcup_{n \geq 1} L^n
\end{aligned}
$$

Die Operation $(\_)^*$ heißt *Kleene-Stern*.

Reguläre Sprachen und reguläre Ausdrücke

Als Symbolklassen, deren Elemente ein Scanner identifizieren kann, bieten sich nichtleere *reguläre* Sprachen an. Jede reguläre Sprache, die nicht gleich der leeren Menge ist, lässt sich aus einelementigen Sprachen durch die Operationen Vereinigung, Konkatenation und Kleene-Stern konstruieren. Formal wird die Menge aller *regulären Sprachen* über einem Alphabet Σ induktiv definiert durch:

- Die leere Menge $\emptyset$ und die Menge $\{\varepsilon\}$, die nur aus dem leeren Wort besteht, sind regulär.

- Die Mengen $\{a\}$ für alle $a \in \Sigma$ sind regulär über Σ.
- Sind R_1 und R_2 reguläre Sprachen über Σ, so auch $R_1 \cup R_2$ und $R_1 R_2$.
- Ist R regulär über Σ, dann auch R^*.

Gemäß dieser Definition lässt sich jede reguläre Sprache durch einen regulären Ausdruck spezifizieren. *Reguläre Ausdrücke* über Σ und die regulären Sprachen, die von ihnen beschrieben werden, sind ebenfalls induktiv definiert:

- $\emptyset$ ist ein regulärer Ausdruck über Σ, der die reguläre Sprache $\emptyset$ beschreibt. ε ist ein regulärer Ausdruck über Σ und beschreibt die reguläre Sprache $\{\varepsilon\}$.
- Für jedes $a \in \Sigma$ ist a ein regulärer Ausdruck über Σ, der die reguläre Sprache $\{a\}$ beschreibt.
- Sind r_1 und r_2 reguläre Ausdrücke über Σ, welche die regulären Sprachen R_1 bzw. R_2 beschreiben, dann sind $(r_1 \mid r_2)$ und $(r_1 r_2)$ reguläre Ausdrücke über Σ, die die regulären Sprachen $R_1 \cup R_2$ bzw. $R_1 R_2$ beschreiben.
- Ist r ein regulärer Ausdruck über Σ, der die reguläre Sprache R beschreibt, dann ist r^* ein regulärer Ausdruck über Σ, der die reguläre Sprache R^* beschreibt.

In praktischen Anwendungen wird oft $r?$ als Abkürzung für $(r \mid \varepsilon)$ geschrieben und gegebenenfalls auch r^+ für den Ausdruck (rr^*).

Bei der Definition regulärer Ausdrücke haben wir angenommen, dass das Symbol für die leere Menge bzw. das leere Wort nicht in Σ enthalten sind – genauso wenig wie die Klammern $(,)$ sowie die Operatorsymbole $\mid$ und $*$ und gegebenenfalls $?, +$. Diese Zeichen gehören zu dem Beschreibungsmechanismus für reguläre Ausdrücke und nicht zu den Sprachen, die durch die regulären Ausdrücke beschrieben werden. Sie werden deshalb auch *Metazeichen* genannt. Der Vorrat an darstellbaren Zeichen ist jedoch beschränkt. Jedes Programmsystem, welches Beschreibungen regulärer Sprachen durch reguläre Ausdrücke akzeptiert, muss deshalb das Problem lösen, dass Metazeichen mit Zeichen aus Σ zusammenfallen können.

Eine Möglichkeit, Metazeichen von Zeichen zu unterscheiden, sind *Escape*-Zeichen. In vielen gängigen Spezifikationssprachen für reguläre Sprachen wird dazu das Zeichen $\backslash$ verwendet. Soll ein Metazeichen wie der senkrechte Strich $\mid$ auch im Alphabet vorkommen, wird jedem Vorkommen dieses Zeichens als Alphabetszeichen in dem regulären Ausdruck ein $\backslash$ vorangestellt. Ein senkrechter Strich des Alphabets wird dann durch $\backslash\mid$ repräsentiert.

Um Klammern einzusparen, legen wir die folgenden Operator-Präzedenzen fest: Der $?$-Operator hat die höchste Präzedenz, gefolgt von dem Kleene-Stern $(\_)^*$, gegebenenfalls dem Operator $(\_)^+$, dann der Konkatenation und schließlich dem *Alternativzeichen* $\mid$.

Beispiel 2.2.1 Die folgende Tabelle listet einige regulären Ausdrücke zusammen mit den Sprachen auf, die von ihnen beschrieben werden, und einigen, manchmal auch allen ihren Elementen:

regulärer Ausdruck	beschriebene Sprache	Elemente der Sprache
$a \mid b$	$\{a, b\}$	a, b
ab^*a	$\{a\}\{b\}^*\{a\}$	$aa, aba, abba, abbba, \ldots$
$(ab)^*$	$\{ab\}^*$	$\varepsilon, ab, abab, \ldots$
$abba$	$\{abba\}$	$abba$ □

Reguläre Ausdrücke, welche die leere Menge als Symbol enthalten, lassen sich durch wiederholte Ausnutzung der folgenden Gleichheiten vereinfachen:

$$r \mid \emptyset = \emptyset \mid r = r$$

$$r\, \emptyset = \emptyset\, r = \emptyset$$

$$\emptyset^* = \emptyset? = \epsilon$$

Dabei soll das Gleichheitszeichen zwischen zwei regulären Ausdrücken bedeuten, dass sie die gleiche Sprache bezeichnen. Wir erhalten:

Lemma 2.2.1 Zu jedem regulären Ausdruck r über Σ lässt sich ein regulärer Ausdruck r' konstruieren, der die gleiche Sprache bezeichnet wie r und die folgenden Eigenschaften besitzt:
1. Bezeichnet r die leere Sprache, dann ist r' der reguläre Ausdruck $\emptyset$.
2. Bezeichnet r eine nichtleere Sprache, dann kommt in r' das Symbol $\emptyset$ nicht mehr vor. □

In unseren Anwendungen kommen nur reguläre Ausdrücke vor, die nichtleere Sprachen beschreiben. Deshalb wird kein Symbol zur Darstellung der leeren Sprache benötigt. Auf das leere Wort kann dagegen nicht so leicht verzichtet werden. Zum Beispiel möchte man spezifizieren, dass ein Vorzeichen *optional* ist, also vorhanden ist oder fehlen kann. In den Spezifikationssprachen, die in Scannern zum Einsatz kommen, wird jedoch auch für das leere Wort oft kein eigenes Zeichen bereit gestellt: in allen praktischen Fällen reicht hier die Verwendung des ?-Operators aus. Um die Vorkommen des Symbols ε aus einem regulären Ausdruck zu beseitigen, können die folgenden Gleichheiten eingesetzt werden:

$$r \mid \varepsilon = \varepsilon \mid r = r?$$

$$r\, \varepsilon = \varepsilon\, r = r$$

$$\varepsilon^* = \varepsilon? = \varepsilon$$

Wir erhalten:

Lemma 2.2.2 Zu jedem regulären Ausdruck r über Σ kann ein regulärer Ausdruck r' (möglicherweise mit Vorkommen von ?) konstruiert werden, der die gleiche Sprache beschreibt, aber zusätzlich die folgenden Eigenschaften hat:

Abb. 2.1 Schematische Darstellung eines endlichen Automaten

Eingabeband

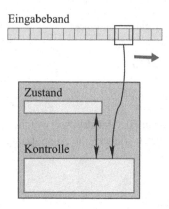

1. Beschreibt r die Menge $\{\varepsilon\}$, dann ist r' gleich ε.
2. Beschreibt r eine Menge, die verschieden von $\{\varepsilon\}$ ist, dann enthält r' kein Vorkommen des Symbols für ε. □

Endliche Automaten

Während reguläre Ausdrücke zur Spezifikation von Symbolklassen eingesetzt werden, basiert die Implementierung von Scannern auf endlichen Automaten. *Endliche Automaten* sind Akzeptoren für reguläre Sprachen. Sie verwalten eine Zustandsvariable, die nur endlich viele verschiedene Werte, die *Zustände* des Automaten, annehmen kann. Wie die Abb. 2.1 zeigt, verfügt ein endlicher Automat weiterhin konzeptuell über einen Lesekopf, mit dem er das Eingabeband von links nach rechts überstreichen kann. Das dynamische Verhalten des Automaten wird durch eine *Übergangsrelation* Δ beschrieben.

Formal repräsentieren wir einen *nichtdeterministischen endlichen Automaten (mit ε-Übergängen)* (NEA) als ein Tupel $M = (Q, \Sigma, \Delta, q_0, F)$, wobei

- Q eine endliche Menge von *Zuständen* ist,
- Σ ein endliches Alphabet, das *Eingabealphabet*, ist,
- $q_0 \in Q$ der *Anfangszustand* ist,
- $F \subseteq Q$ die Menge der *Endzustände* ist, und
- $\Delta \subseteq Q \times (\Sigma \cup \{\varepsilon\}) \times Q$ die *Übergangsrelation* ist.

Ein Übergang $(p, x, q) \in \Delta$ gibt an, dass M aus seinem aktuellen Zustand p in den Zustand q wechseln kann. Ist $x \in \Sigma$, muss x das nächste Zeichen in der Eingabe sein und nach dem Lesen von x der Eingabekopf um ein Zeichen weiterbewegt werden. Ist $x = \varepsilon$, wird bei dem Übergang kein Zeichen der Eingabe gelesen: der Eingabekopf bleibt in der alten Position. Einen solchen Übergang nennt man einen ε-*Übergang*.

Besonders wichtig sind endliche Automaten ohne ε-Übergänge, die außerdem in jedem Zustand und für jedes Zeichen genau eine Übergangsmöglichkeit besitzen. Ein solcher Automat heißt *deterministischer endlicher Automat* (DEA). Bei einem DEA ist die Übergangsrelation Δ eine *Funktion* $\Delta : Q \times \Sigma \to Q$.

Wir erläutern die Arbeitsweise eines DEA im Vergleich zu einem als Scanner eingesetzten endlichen Automaten. Die Verhaltensweise des Scanners setzen wir dabei in Kästen ab. Ein deterministischer endlicher Automat soll Eingabeworte daraufhin prüfen, ob sie in einer gegebenen Sprache sind oder nicht. Er akzeptiert ein Wort, wenn er nach Lesen des ganzen Wortes in einem Endzustand angekommen ist.

> Ein als Scanner eingesetzter deterministischer endlicher Automat zerlegt ein Eingabewort dagegen in eine Folge von Teilworten, die *Symbole* der gegebenen Sprache sind. Jedes Symbol bringt ihn von seinem Anfangszustand in einen Endzustand.

Der deterministische endliche Automat wird in seinem Anfangszustand gestartet. Sein Lesekopf steht dabei am Anfang des Eingabebandes.

> Bei Einsatz eines deterministischen endlichen Automaten als Scanner steht er auf dem ersten noch nicht konsumierten Zeichen.

Dann macht er eine Folge von Schritten. Abhängig von dem aktuellen Zustand und dem nächsten Eingabezeichen ändert der DEA in jedem Schritt seinen Zustand und setzt seinen Lesekopf auf das jeweils nächste Zeichen. Der Automat akzeptiert das Eingabewort, wenn die Eingabe erschöpft ist und der aktuelle Zustand ein Endzustand ist.

> Der Scanner führt ganz analog eine Folge von Schritten aus. Er meldet das Vorkommen eines Symbols oder einen Fehler. Hat er aus dem aktuellen Zustand keinen Übergang mehr in Richtung auf einen Endzustand, kehrt er zu dem letzten Zeichen der Eingabe zurück, nach dessen Lesen er in einem Endzustand für eine Symbolklasse war. Diese Klasse, zusammen mit dem Präfix der Eingabe bis zu dieser Stelle liefert er als Beschreibung des Symbols zurück. Dann startet der Scanner neu. Wurde für das aktuell gesuchte Symbol dagegen kein Endzustand durchlaufen, liegt ein Fehler vor.

Unser Ziel ist, aus der Spezifikation einer regulären Sprache eine Implementierung der Sprache abzuleiten, d. h. wir wollen zu einem regulären Ausdruck r einen deterministischen endlichen Automaten konstruieren, der die von r beschriebene Sprache akzeptiert. In einem ersten Zwischenschritt wird zu r ein NEA konstruiert, der die von r beschriebene Sprache akzeptiert.

Tab. 2.1 Die Übergangsrelation eines endlichen Automaten zum Erkennen von vorzeichenlosen *int*- und *float*-Konstanten. Die erste Spalte repräsentiert die identischen Spalten für die Ziffern $i = 0, \ldots, 9$, die fünfte diejenige für $+$ und $-$

T_M	i	.	E	$+, -$	ε
0	$\{1, 2\}$	$\{3\}$	$\emptyset$	$\emptyset$	$\emptyset$
1	$\{1\}$	$\emptyset$	$\emptyset$	$\emptyset$	$\{4\}$
2	$\{2\}$	$\{4\}$	$\emptyset$	$\emptyset$	$\emptyset$
3	$\{4\}$	$\emptyset$	$\emptyset$	$\emptyset$	$\emptyset$
4	$\{4\}$	$\emptyset$	$\{5\}$	$\emptyset$	$\{7\}$
5	$\emptyset$	$\emptyset$	$\emptyset$	$\{6\}$	$\{6\}$
6	$\{7\}$	$\emptyset$	$\emptyset$	$\emptyset$	$\emptyset$
7	$\{7\}$	$\emptyset$	$\emptyset$	$\emptyset$	$\emptyset$

Ein endlicher Automat $M = (Q, \Sigma, \Delta, q_0, F)$ startet in seinem Anfangszustand q_0 und führt dann für ein gegebenes Eingabewort nichtdeterministisch eine *Berechnung*, d. h. eine Folge von *Schritten* durch. Führt eine Berechnung in einen Endzustand, wird das Eingabewort *akzeptiert*. Das zukünftige Verhalten des endlichen Automaten wird alleine durch seinen Zustand $q \in Q$ und die restliche Eingabe $w \in \Sigma^*$ bestimmt. Das Paar (q, w) bildet die aktuelle *Konfiguration* des Automaten. Ein Paar (q_0, w) ist eine *Anfangskonfiguration*, während Paare (q, ε) mit $q \in F$ *Endkonfigurationen* sind.

Die *Schritt*-Relation $\vdash_M$ ist eine binäre Relation zwischen Konfigurationen. Für $q, p \in Q, a \in \Sigma \cup \{\varepsilon\}$ und $w \in \Sigma^*$ gilt $(q, aw) \vdash_M (p, w)$ genau dann, wenn $(q, a, p) \in \Delta$ und $a \in \Sigma \cup \{\varepsilon\}$ sind. $\vdash_M^*$ bezeichnet die reflexive, transitive Hülle der Relation $\vdash_M$. Die von dem endlichen Automaten M *akzeptierte Sprache* ist dann definiert als

$$L(M) = \{w \in \Sigma^* | (q_0, w) \vdash_M^* (q_f, \varepsilon) \text{ mit } q_f \in F\}.$$

Beispiel 2.2.2 In Tab. 2.1 ist die Übergangsrelation eines endlichen Automaten M in Form einer zweidimensionalen Matrix T_M dargestellt. Die Zustände des Automaten sind bezeichnet mit den Zahlen $0, \ldots, 7$. Das Alphabet ist die Menge $\{0, \ldots, 9, ., E, +, -\}$. Jede Zeile der Tabelle beschreibt die Übergänge für einen der Zustände des Automaten, die Spalten entsprechen den Elementen aus $\Sigma \cup \{\varepsilon\}$. Der Eintrag $T_M[q, x]$ enthält die Menge der Zustände p mit $(q, x, p) \in \Delta$. Der Zustand 0 ist der Anfangszustand, während $\{1, 4, 7\}$ die Menge der Endzustände ist. Der Automat erkennt vorzeichenlose *int*- und *float*-Konstanten. Mit *int*-Konstanten kann der akzeptierende Zustand 1 erreicht werden, während mit *float*-Konstanten die akzeptierenden Zuständen 4 oder 6 erreicht werden können. □

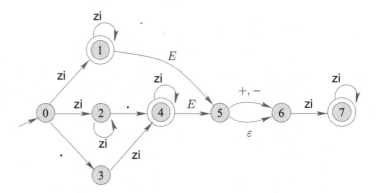

Abb. 2.2 Übergangsdiagramm zu dem endlichen Automaten aus Beispiel 2.2.2. Das Zeichen zi steht für die Menge $\{0, 1, \dots, 9\}$. Eine mit zi markierte Kante ersetzt mit $0, 1, \dots 9$ markierte Kanten mit gleichem Eingangs- und Ausgangsknoten

Jeder endliche Automat M lässt sich graphisch durch ein (endliches) *Übergangsdiagramm* darstellen. Ein Übergangsdiagramm ist ein endlicher, gerichteter, kantenmarkierter Graph. Die Menge der Knoten dieses Graphen ist gegeben durch die Menge der Zustände des Automaten M, während die Menge der Kanten durch die Menge der Übergänge von M gegeben ist: ein Übergang (p, x, q) entspricht dann einer Kante von p nach q, die mit x beschriftet ist. In dem Übergangsdiagramm werden der *Startknoten* (dargestellt durch einen eingehenden Pfeil) und die Endknoten (graphisch doppelt umrandet dargestellt) gesondert markiert. Für ein Wort $w \in \Sigma^*$ ist ein w-*Weg* in diesem Graphen ein Weg von einem Knoten q zu einem Knoten p, so dass w die Konkatenation der Kantenmarkierungen ist. Die von M akzeptierte Sprache besteht damit genau aus allen Worten $w \in \Sigma^*$, für die es einen w-Weg in dem Zustandsdiagramm von q_0 zu einem Knoten $q \in F$ gibt.

Beispiel 2.2.3 Das Übergangsdiagramm zu dem endlichen Automaten von Beispiel 2.2.2 zeigt Abb. 2.2. □

Akzeptoren
Der nächste Satz garantiert, dass zu jedem regulären Ausdruck ein nichtdeterministischer Automat konstruiert werden kann.

Satz 2.2.1 Zu jedem regulären Ausdruck r über einem Alphabet Σ gibt es einen nichtdeterministischen endlichen Automaten M_r mit Eingabealphabet Σ, so dass $L(M_r)$ die von r beschriebene reguläre Sprache ist.

Im Folgenden geben wir ein Verfahren an, das zu einem regulären Ausdruck r über dem Alphabet Σ das Übergangsdiagramm eines nichtdeterministischen endlichen Automaten konstruiert. Konzeptuell startet die Konstruktion mit einer Kante von

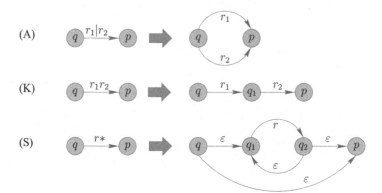

Abb. 2.3 Die Regeln zur Konstruktion eines endlichen Automaten für einen regulären Ausdruck

einem Anfangszustand und zu einem Endzustand, die mit r markiert ist:

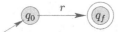

Dann wird r gemäß seiner syntaktischen Struktur zerlegt. Dazu dienen die Regeln aus Abb. 2.3. Sie werden solange angewendet, bis alle Kanten mit $\emptyset$, ε oder Zeichen aus Σ markiert sind. Dann werden die Kanten, die mit $\emptyset$ beschriftet sind, entfernt.

Die Anwendung einer Regel ersetzt eine Kante, auf deren Beschriftung das Muster der linken Seite passt, durch eine entsprechende Kopie des Teilgraphen der rechten Seite. Für jeden Operator ist genau eine Regel zuständig. Die Anwendung einer Regel entfernt eine Kante mit einem regulären Ausdruck r und fügt neue Kanten ein, die mit den Argumentausdrücken des äußersten Konstruktors in r beschriftet sind. Im Falle der Regel für den Kleene-Stern werden zusätzlich neue ε-Kanten eingefügt. Wenn wir als Zustände des endlichen Automaten natürliche Zahlen wählen, lässt sich diese Konstruktion durch das folgende Programmstück implementieren:

$$trans \leftarrow \emptyset;$$
$$count \leftarrow 1;$$
$$\mathsf{generate}(0, r, 1);$$
$$\mathbf{return}\ (count, trans);$$

In der Menge *trans* werden global die Übergänge des erzeugten Automaten gesammelt, während der globale Zähler *count* die größte natürliche Zahl vermerkt, die als Zustand verwendet wurde. Ein Aufruf der Prozedur $\mathsf{generate}$ für (p, r', q) fügt die Menge der Übergänge eines endlichen Automaten für den regulären Ausdruck r' mit Startzustand p und Endzustand q in die Menge *trans* ein, wobei neue Zustände jeweils durch Inkrementierung des Zählers *count* gewonnen werden. Diese Prozedur ist rekursiv über der Struktur des regulären Ausdrucks r' definiert:

```
void generate (int p, Exp r′, int q)  {
    switch (r′)  {
        case (r₁ | r₂) :    generate(p, r₁, q);
                            generate(p, r₂, q); return;
        case (r₁.r₂) :      int q₁ ← ++count;
                            generate(p, r₁, q₁);
                            generate(q₁, r₂, q); return;
        case r₁* :          int q₁ ← ++count;
                            int q₂ ← ++count;
                            trans ← trans ∪ {(p, ε, q₁), (q₂, ε, q), (q₂, ε, q₁)}
                            generate(q₁, r₁, q₂); return;
        case ∅ :            return;
        case x :            trans ← trans ∪ {(p, x, q)}; return;
    }
}
```

Hier soll **Exp** den Typ regulärer Ausdrücke über dem Alphabet Σ bezeichnen. Als Implementierungssprache dient eine JAVA-artige Programmiersprache. Um elegant mit strukturierten Daten wie regulären Ausdrücken umgehen zu können, wurde die *switch*-Anweisung um die Möglichkeit des *Pattern-Matching* erweitert. Das bedeutet, dass Muster nicht nur zur Unterscheidung verschiedener Alternativen eingesetzt werden, sondern auch zur Identifizierung von Teilstrukturen.

Der Prozeduraufruf generate(0, r, 1) terminiert nach n Regelanwendungen, wenn n die Anzahl der Operator- und Symbolvorkommen in dem regulären Ausdruck r ist. Ist l der Zählerstand nach dem Aufruf, dann benötigt der generierte Automat $\{0, \dots, l\}$ als Menge von Zuständen, wobei 0 der Startzustand und 1 der einzige Endzustand ist. Die Menge seiner Übergänge sind in der Menge *trans* gesammelt. Der Automat M_r kann damit in linearer Zeit berechnet werden.

Beispiel 2.2.4 Der reguläre Ausdruck $a(a \mid 0)^*$ über dem Alphabet $\{a, 0\}$ beschreibt die Menge der Worte aus $\{a, 0\}^*$, die mit einem a beginnen. Die Konstruktion des Übergangsdiagramms eines NEA, der diese Sprache akzeptiert, zeigt Abb. 2.4. □

Die Teilmengenkonstruktion

Für die praktische Implementierung ziehen wir *deterministische* endliche Automaten nichtdeterministischen Automaten vor. Weil ein deterministischer endlicher Automat M keine Übergänge unter ε kennt und für jedes Paar (q, a) mit $q \in Q$ und $a \in \Sigma$ genau einen Nachfolgezustand besitzt, gibt es für jeden Zustand q von M und jedes Wort $w \in \Sigma^*$ genau einen w-Weg im Übergangsdiagramm von M, der in q startet. Wählen wir q als den Anfangszustand von M, dann ist w im Sprachschatz

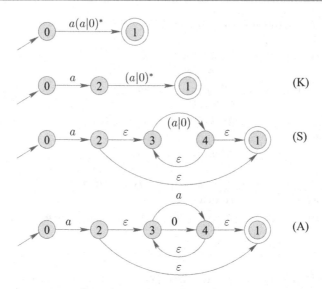

Abb. 2.4 Konstruktion eines Übergangsdiagramms für den regulären Ausdruck $a(a \mid 0)^*$

von M genau dann enthalten, wenn dieser Weg in einen Endzustand von M führt. Glücklicherweise gilt Satz 2.2.2.

Satz 2.2.2 Zu jedem nichtdeterministischen endlichen Automaten kann ein deterministischer endlicher Automat konstruiert werden, der die gleiche Sprache akzeptiert. □

Beweis. Der Beweis ist konstruktiv und liefert uns den zweiten Schritt des Generierungsverfahrens für Scanner. Er benutzt die *Teilmengenkonstruktion*. Sei $M = (Q, \Sigma, \Delta, q_0, F)$ ein NEA. Ziel der Teilmengenkonstruktion ist die Konstruktion eines DEA $\mathcal{P}(M) = (\mathcal{P}(Q), \Sigma, \mathcal{P}(\Delta), \mathcal{P}(q_0)\mathcal{P}(F))$, der die gleiche Sprache akzeptiert wie M. Für ein Wort $w \in \Sigma^*$ sei $\mathsf{states}(w) \subseteq Q$ die Menge aller Zustände $q \in Q$, für die es einen w-Weg vom Anfangszustand q_0 nach q gibt. Der DEA $\mathcal{P}(M)$ ist gegeben durch:

$$
\begin{aligned}
\mathcal{P}(Q) \quad &= \quad \{\mathsf{states}(w) \mid w \in \Sigma^*\} \\
\mathcal{P}(q_0) \quad &= \quad \mathsf{states}(\varepsilon) \\
\mathcal{P}(F) \quad &= \quad \{\mathsf{states}(w) \mid w \in L(M)\} \\
\mathcal{P}(\Delta)(S, a) \quad &= \quad \mathsf{states}(wa) \\
&\qquad \text{für } S \in \mathcal{P}(Q) \text{ und } a \in \Sigma, \text{ sofern } S = \mathsf{states}(w)
\end{aligned}
$$

Wir überzeugen uns davon, dass unsere Definition der Übergangsfunktion $\mathcal{P}(\Delta)$ *vernünftig* ist. Dazu vergewissern wir uns, dass für Worte $w, w' \in \Sigma^*$ mit $\mathsf{states}(w) = \mathsf{states}(w')$ auch $\mathsf{states}(wa) = \mathsf{states}(w'a)$ gilt für alle $a \in \Sigma$. Daraus folgt insbesondere, dass M und $\mathcal{P}(M)$ die gleichen Sprachen akzeptieren.

Wir benötigen eine systematische Weise, um die Zustände und Übergänge von $\mathcal{P}(M)$ zu konstruieren. Wenn wir die Menge der Zustände von $\mathcal{P}(M)$ kennen, können wir die Menge der Endzustände von $\mathcal{P}(M)$ ermitteln. Es gilt nämlich:

$$\mathcal{P}(F) = \{A \in \mathcal{P}(M) \mid A \cap F \neq \emptyset\}$$

Für eine Menge $A \subseteq Q$ definieren wir die Menge der ε-Folgezustände von A als

$$\mathsf{FZ}_\epsilon(S) = \{p \in Q \mid \exists q \in S.\ (q, \varepsilon) \vdash^*_M (p, \varepsilon)\}$$

Diese Menge besteht aus allen Zuständen, die von Zuständen aus S im Übergangsdiagramm von M durch ε-Wege erreichbar sind. Dieser Abschluss kann durch die folgende Funktion berechnet werden:

```
set ⟨state⟩ closure(set ⟨state⟩ S) {
    set ⟨state⟩ result ← ∅;
    list ⟨state⟩  W ← list_of(S);
    state  q, q';
    while (W ≠ []) {
        q ← hd(W);  W ← tl(W);
        if (q ∉ result) {
            result ← result ∪ {q};
            forall (q' : (q, ε, q') ∈ Δ)
                W ← q' :: W;
        }
    }
    return  result;
}
```

In der Menge *result* werden die von A aus erreichbaren Zustände des nichtdeterministischen Automaten gesammelt. Die Liste W enthält alle diejenigen Elemente aus *result*, deren ε-Übergänge noch nicht betrachtet wurden. Solange W nicht leer ist, wird der erste Zustand q aus W extrahiert. Dazu werden die Hilfsfunktionen hd und tl verwendet, die das erste Element bzw. den Rest einer Liste liefern. Ist q bereits in *result* enthalten, muss nichts getan werden. Andernfalls wird q in die Menge *result* eingefügt. Dann werden alle Übergänge (q, ε, q') für q in Δ betrachtet und die entsprechenden Nachfolgezustände q' zu W hinzugefügt.

Mit dem Abschlussoperator $\mathsf{FZ}_\epsilon(\_)$ lässt sich der Anfangszustand $\mathcal{P}(q_0)$ des Teilmengenautomaten berechnen:

$$\mathcal{P}(q_0) = S_\varepsilon = \mathsf{FZ}_\epsilon(\{q_0\})$$

Um die Menge aller Zustände $\mathcal{P}(M)$ zusammen mit der Übergangsfunktion $\mathcal{P}(\Delta)$ von $\mathcal{P}(M)$ zu konstruieren, werden die Menge $Q' \subseteq \mathcal{P}(M)$ der bereits gefundenen Zustände und die Menge $\Delta' \subseteq \mathcal{P}(\Delta)$ der bereits gefundenen Übergänge verwaltet. Am Anfang ist $Q' = \{\mathcal{P}(q_0)\}$ und $\Delta' = \emptyset$.

Für einen Zustand $S \in Q'$ und jedes $a \in \Sigma$ werden sein *Nachfolgezustand* S' unter a und Q' und der Übergang (S, a, S') zu Δ hinzu gefügt. Den Nachfolgezustand S' zu S unter einem Zeichen $a \in \Sigma$ erhält man, indem man die Nachfolgezustände aller Zustände $q \in S$ unter a zusammenfasst und alle ε-Folgezustände hinzufügt:

$$S' = \mathsf{FZ}_\epsilon(\{p \in Q \mid \exists q \in S : (q, a, p) \in \Delta\})$$

Zur Berechnung dieser Menge dient die Funktion nextState():

```
set ⟨state⟩ nextState(set ⟨state⟩  S, symbol  x) {
    set ⟨state⟩  S' ← ∅;
    state  q, q';
    forall (q' : q ∈ S, (q, x, q') ∈ Δ)  S' ← S' ∪ {q'};
    return closure(S');
}
```

Die Erweiterungen von Q' und Δ' werden so lange ausgeführt, bis alle Nachfolgezustände der Zustände in Q' unter Zeichen aus Σ bereits in der Menge Q' enthalten sind. Technisch heißt das, dass die Menge aller Zustände *states* und die Menge aller Übergänge *trans* des Teilmengenautomaten iterativ durch die folgende Schleife berechnet werden können:

```
list ⟨set ⟨state⟩⟩  W;
set ⟨state⟩  S₀ ← closure({q₀});
states ← {S₀};  W ← [S₀];
trans ← ∅;
set ⟨state⟩  S, S';
while (W ≠ []) {
    S ← hd(W);  W ← tl(W);
    forall (x ∈ Σ) {
        S' ← nextState(S, x);
        trans ← trans ∪ {(S, x, S')};
        if (S' ∉ states) {
            states ← states ∪ {S'};
            W ← W ∪ {S'};
        }
    }
}
```

□

ausge- wählter Zustand	neues Q'	neuer (Teil-) DEA
$0'$	$\{0', 1', 3'\}$ mit $1' = \{1, 2, 3\}$	
$1'$	$\{0', 1', 2', 3'\}$ mit $2' = \{1, 3, 4\}$	
$2'$	$\{0', 1', 2', 3'\}$	
$3'$	$\{0', 1', 2', 3'\}$	

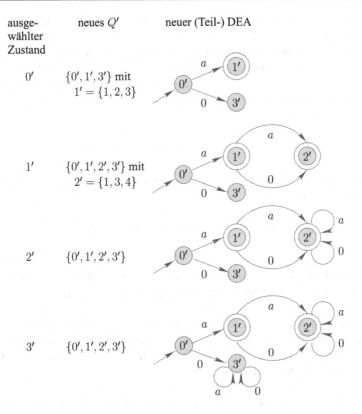

Abb. 2.5 Die Teilmengenkonstruktion für den NEA aus Beispiel 2.2.4

Beispiel 2.2.5 Die Teilmengenkonstruktion, angewendet auf den endlichen Automaten aus Beispiel 2.2.4 könnte in den in Abb. 2.5 beschriebenen Schritten ablaufen. Die Zustände des zu konstruierenden DEA wurden mit den gestrichenen natürlichen Zahlen $0', 1', \ldots$ bezeichnet. Der Anfangszustand $0'$ bezeichnet die Menge $0' = \{0\}$. Die Zustände in Q', deren Nachfolger bereits ermittelt wurden, sind unterstrichen. Der Zustand $3'$ repräsentiert die leere Menge von Zuständen, d. h. den *Fehlerzustand*. Er kann nicht mehr verlassen werden. Er ist der Nachfolgezustand eines Zustandes q unter a, wenn es keinen Übergang unter a aus q heraus gibt. □

Minimierung

Die in den beiden Schritten aus regulären Ausdrücken erzeugten deterministischen endlichen Automaten sind i. A. nicht die *kleinstmöglichen*, welche die Ausgangssprache akzeptieren. Möglicherweise gibt es mehrere Zustände, die das gleiche *Akzeptanzverhalten* haben. Zustände p und q haben das gleiche Akzeptanzverhalten, wenn der Automat für jedes Eingabewort entweder aus p und q in einen Endzustand geht oder aus p und q in einen Nichtendzustand geht.

Sei $M = (Q, \Sigma, \Delta, q_0, F)$ ein deterministischer endlicher Automat, bei dem sämtliche Zustände erreichbar sind. Um den Begriff gleichen Akzeptanzverhaltens zu formalisieren, erweitern wir die Übergangsfunktion $\Delta : Q \times \Sigma \to Q$ des DEA M zu einer Übergangsfunktion $\Delta^* : Q \times \Sigma^* \to Q$, die jedem Paar $(q, w) \in Q \times \Sigma^*$ den eindeutigen Zustand zuordnet, in dem der w-Weg aus q im Übergangsdiagramm von M endet. Die Funktion Δ^* is induktiv über die Länge von Worten definiert durch:

$$\Delta^*(q, \varepsilon) = q \quad \text{und} \quad \Delta^*(q, aw) = \Delta^*(\Delta(q, a), w)$$

für alle $q \in Q, w \in \Sigma^*$ und $a \in \Sigma$. Dann haben die Zustände $p, q \in Q$ das gleiche Akzeptanzverhalten, wenn

$$\Delta^*(p, w) \in F \quad \text{genau dann, wenn} \quad \Delta^*(q, w) \in F$$

In diesem Fall schreiben wir $p \sim_M q$. Die Relation $\sim_M$ ist eine Äquivalenzrelation auf Q. Den DEA M nennen wir *minimal*, falls es keinen DEA mit weniger Zuständen gibt, der die gleiche Sprache akzeptiert wie M. Es gilt:

Satz 2.2.3 Zu jedem deterministischen endlichen Automaten M kann ein minimaler deterministischer endlicher Automaten M' konstruiert werden, der die gleiche Sprache akzeptiert wie M. Dieser minimale deterministische Automat ist (bis auf Umbenennung der Zustände) eindeutig.

Beweis. Für einen deterministischen endlichen Automaten $M = (Q, \Sigma, \Delta, q_0, F)$ wollen wir einen deterministischen endlichen Automaten $M' = (Q', \Sigma, \Delta', q_0', F')$ definieren, der minimal ist.

Ohne Beschränkung der Allgemeinheit können wir annehmen, dass sämtliche Zustände vom Startzustand aus erreichbar sind. Als Menge der Zustände des deterministischen endlichen Automaten M' wählen wir die Menge der Äquivalenzklassen von Zuständen des Automaten M unter $\sim_M$. Für einen Zustand $q \in Q$ sei $[q]_M$ die Äquivalenzklasse des Zustands q bzgl. der Relation $\sim_M$, d. h.

$$[q]_M = \{p \in Q \mid q \sim_M p\}$$

Dann ist die Menge der Zustände von M' gegeben durch:

$$Q' = \{[q]_M \mid q \in Q\}$$

Entsprechend sind der Anfangszustand und die Menge der Endzustände von M' definiert durch:

$$q_0' = [q_0]_M \qquad\qquad F' = \{[q]_M \mid q \in F\}$$

und die Übergangsfunktion von M für $q' \in Q'$ und $a \in \Sigma$ liefert:

$$\Delta'(q', a) = [\Delta(q, a)]_M \quad \text{für ein } q \in Q \text{ mit } q' = [q]_M.$$

Man überzeugt sich, dass die neue Übergangsfunktion Δ' wohldefiniert ist, d. h. dass für $[q_1]_M = [q_2]_M$ auch $[\Delta(q_1, a)]_M = [\Delta(q_2, a)]_M$ gilt für alle $a \in \Sigma$. Weiterhin zeigt man, dass

$$\Delta^*(q, w) \in F \quad \text{genau dann, wenn} \quad (\Delta')^*([q]_M, a) \in F'$$

gilt für alle $q \in Q$ und $w \in \Sigma^*$. Daraus folgt, dass $L(M) = L(M')$ gilt. Wir behaupten, dass der DEA M' minimal ist. Um dies zu zeigen, betrachten wir einen weiteren DEA $M'' = (Q'', \Sigma, \Delta'', q_0'', F'')$ mit $L(M'') = L(M')$, dessen Zustände sämtlich erreichbar sein sollen. Nehmen wir für einen Widerspruch an, es gebe einen Zustand $q \in Q''$ und Wörter $u_1, u_2 \in \Sigma^*$ geben so dass $(\Delta'')^*(q_0'', u_1) = (\Delta'')^*(q_0'', u_2) = q$, aber $(\Delta')^*([q_0]_M, u_1) \neq (\Delta')^*([q_0]_M, u_2)$ gilt. Für $i = 1, 2$, sei $p_i \in Q$ ein Zustand mit $(\Delta')^*([q_0]_M, u_i) = [p_i]_M$. Da $[p_1]_M \neq [p_2]_M$ gilt, können insbesondere p_1 und p_2 nicht äquivalent sein. Andererseits gilt jedoch für alle Wörter $w \in \Sigma^*$, dass

$$\Delta^*(p_1, w) \in F \text{ gdw. } (\Delta')^*([p_1]_M, w) \in F'$$
$$\text{gdw. } (\Delta'')^*(q, w) \in F''$$
$$\text{gdw. } (\Delta')^*([p_2]_M, w) \in F'$$
$$\text{gdw. } \Delta^*(p_2, w) \in F$$

Folglich müssten die Zustände p_1, p_2 – entgegen unserer Annahme – äquivalent sein. Weil es zu jedem Zustand $[p]_M$ des DEA M' ein Wort u gibt mit $(\Delta')^*([q_0]_M, u) = [p]_M$, folgern wir, dass es eine surjektive Abbildung der Zustände von M'' auf die Zustände von M' geben muss. Dann besitzt M'' allerdings mindestens genauso viele Zustände wie M'. Der DEA M' ist deshalb der gewünschte minimale deterministische endliche Automat. $\square$

Die praktische Konstruktion von M' erfordert, dass die Äquivalenzklassen $[q]_M$ der Relation $\sim_M$ berechnet werden. Ist *jeder* Zustand ein Endzustand oder *kein* Zustand ein Endzustand, dann sind alle Zustände äquivalent, d. h. $Q = [q_0]_M$ ist der einzige Zustand von M'.

Nehmen wir im Folgenden an, dass diese beiden Fälle nicht vorliegen, d. h. $Q \neq F \neq \emptyset$. Dann verwaltet das Verfahren eine *Partition* Π auf der Menge Q der Zustände des DEA M. Eine Partition auf der Grundmenge Q ist eine Menge von nicht-leeren Teilmengen von Q, deren Vereinigung Q ist.

Eine Partition Π nennen wir *stabil* unter der Übergangsrelation Δ, falls es für alle $q' \in \Pi$ und alle $a \in \Sigma$ ein $p' \in \Pi$ gibt mit:

$$\{\Delta(q, a) \mid q \in q'\} \subseteq p'$$

In einer stabilen Partition führen alle Übergänge aus einer Menge der Partition in genau eine Menge der Partition.

In der Partition Π werden die Mengen von Zuständen verwaltet, von denen wir annehmen, dass sie gleiches Akzeptanzverhalten haben. Stellt sich heraus, dass eine Menge $q' \in \Pi$ Zustände mit unterschiedlichem Akzeptanzverhalten enthält, wird die Menge q' aufgeteilt. Unterschiedliches Akzeptanzverhalten zweier Zustände q_1 und q_2 wird erkannt, wenn für ein $a \in \Sigma$ die Nachfolgezustände $\Delta(q_1, a)$ und $\Delta(q_2, a)$ in unterschiedlichen Mengen aus Π liegen. Die Partition ist also nicht stabil. Einen solchen Aufteilungsschritt nennen wir eine *Verfeinerung* von Π. Die sukzessive Verfeinerung der Partition Π endet, wenn keine weitere Aufteilung notwendig ist, d. h. Π unter der Übergangsrelation Δ stabil ist.

Eine Konstruktion des minimalen deterministischen endlichen Automaten geht deshalb so vor. Am Anfang wird die Partition Π mit $\Pi = \{F, Q \setminus F\}$ initialisiert. Nehmen wir an, die gegenwärtige Partition Π der Menge Q der Zustände von M' ist noch nicht stabil unter Δ. Dann gibt es eine Menge $q' \in \Pi$ und ein $a \in \Sigma$ so, dass die Menge $\{\Delta(q, a) \mid q \in q'\}$ in keiner der Mengen $p' \in \Pi$ ganz enthalten ist. Eine solche Menge q' wird dann in die Partition Π' aufgeteilt, die aus allen nicht-leeren Elementen der Menge

$$\{\{q \in q' \mid \Delta(q, a) \in p'\} \mid p' \in \Pi\}$$

besteht. Die Partition Π' von q' besteht also aus allen nichtleeren Teilmengen von Zuständen aus q', die unter a in dieselben Mengen $p' \in \Pi$ führen. Dann wird in Π die Menge q' durch die Partition Π' von q' ersetzt, d. h. die Partition Π wird zu der Partition $(\Pi \setminus \{q'\}) \cup \Pi'$ verfeinert.

Ist nach einer Folge solcher Verfeinerungsschritte die Partition Π stabil, ist die Menge der Zustände von M' berechnet. Dann gilt:

$$\Pi = \{[q]_M \mid q \in Q\}$$

In jedem Verfeinerungsschritt erhöht sich die Anzahl der Mengen in der Partition Π. Da eine Partition der Menge Q höchstens so viele Mengen enthalten kann wie Q Elemente besitzt, terminiert der Algorithmus nach endlich vielen Verfeinerungsschritten. □

Beispiel 2.2.6 Wir illustrieren unser Verfahren durch Minimierung des deterministischen endlichen Automaten aus Beispiel 2.2.5. Am Anfang ist die Partition Π gegeben durch:

$$\{\{0', 3'\}, \{1', 2'\}\}$$

Diese Partition ist nicht stabil. Vielmehr muss die erste Menge $\{0', 3'\}$ zerlegt werden in die Partition $\Pi' = \{\{0'\}, \{3'\}\}$. Die entsprechende Verfeinerung der Partition Π liefert die Partition:

$$\{\{0'\}, \{3'\}, \{1', 2'\}\}$$

Abb. 2.6 Der minimale deterministische endliche
Automat aus Beispiel 2.2.6

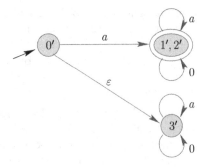

Diese Partition ist stabil under Δ. Sie liefert deshalb die Zustände des minimalen deterministischen endlichen Automaten. Das Übergangsdiagramm des so konstruierten deterministischen endlichen Automaten zeigt Abb. 2.6. □

2.3 Eine Sprache zur Spezifikation der lexikalischen Analyse

Mit regulären Ausdrücken steht ein Beschreibungsformalismus zur Spezifikation einzelner Symbolklassen für die lexikalische Analyse zur Verfügung. Allein ist er allerdings für viele praktische Zwecke zu unhandlich.

Beispiel 2.3.1 Der folgende reguläre Ausdruck beschreibt die in den Beispielen 2.2.2 und 2.2.3 durch endliche Automaten akzeptierte Sprache der vorzeichenlosen *int*- Konstanten.

$$(0|1|2|3|4|5|6|7|8|9)(0|1|2|3|4|5|6|7|8|9)^{*}$$

Eine entsprechende Beschreibung der *float*-Konstanten würde sich bereits über drei Zeilen erstrecken. □

In den folgenden Abschnitten werden einige Erweiterungen des Beschreibungsformalismus erläutert, die den Komfort erhöhen, aber die Mächtigkeit, d. h. die beschreibbare Sprachklasse nicht erweitern.

2.3.1 Zeichenklassen

Eine Spezifikation der lexikalischen Analyse sollte es erlauben, Mengen von Zeichen zu *Klassen* zusammenzufassen, wenn diese in Symbolen ausgetauscht werden können, ohne dass dadurch die entstehenden Symbole in verschiedene Symbolklassen eingeordnet würden. Dies ist besonders dann hilfreich, wenn das verwendete

Alphabet sehr groß ist, z. B. beliebige *Unicode*-Zeichen enthält. Beispiele für häufig vorkommende Zeichenklassen sind:

$$bu = a - zA - Z$$
$$zi = 0 - 9$$

Die ersten beiden Zeichenklassendefinitionen definieren Mengen von Zeichen durch Angabe von *Intervallen* im zugrundeliegenden Zeichencode, z. B. ASCII. Beachten Sie, dass hier zur Spezifikation von Intervallen als weiteres Metazeichen − benötigt wird. Jetzt lässt sich elegant z. B. eine Definition der Symbolklasse der Bezeichner angeben:

$$Id = bu(bu \mid zi)^*$$

In unseren Zeichenklassendefinitionen kommen wir mit drei Metazeichen aus, nämlich '=', '−' und dem Leerzeichen. Bei der *Verwendung* der Bezeichner für Zeichenklassen muss der Beschreibungsformalismus sicher stellen, dass die neu eingeführten Bezeichner ebenfalls als Metazeichen erkannt werden! In unserem Beispiel verwenden wir dazu einen besonderen Font. In der Praxis stehen die definierten Bezeichner in besonderen Klammern, z. B. {. . .}.

Beispiel 2.3.2 Der reguläre Ausdruck für vorzeichenlose *int*- und *float*-Konstanten vereinfacht sich durch die Zeichenklassendefinition $zi = 0 - 9$ zu:

$$zi\ zi^*$$
$$zi\ zi^* E(+ \mid -)?zi\ zi^* \mid zi^*(.zi \mid zi.)zi^*(E(+ \mid -)?zi\ zi^*)?$$

□

2.3.2 Nichtrekursive Klammerung

Programmiersprachen enthalten lexikalische Einheiten, welche durch die sie begrenzenden Klammern charakterisiert sind, z. B. Zeichenketten (strings) und Kommentare. Im Falle der Kommentare können die Klammern durchaus aus mehreren Zeichen zusammengesetzt sein: (∗ und ∗) bzw. /∗ und ∗/ oder // und \n (Zeilenwechsel). Zwischen den öffnenden und schließenden Klammern können nahezu beliebige Worte stehen. Dies ist nicht sehr einfach zu beschreiben. Eine abkürzende Schreibweise dafür ist:

$$r_1 \text{ until } r_2$$

Seien L_1, L_2 die durch r_1 bzw. r_2 beschriebenen Sprachen, wobei L_2 das leere Wort nicht enthält. Dann ist die durch den *until*-Ausdruck beschriebene Sprache gegeben durch

$$L_1 \overline{\Sigma^* L_2 \Sigma^*} L_2$$

Ein Kommentar, der mit $//$ beginnt und bis zum Zeilenende geht, kann dann beschrieben werden durch:

$$// \text{ until } \backslash n$$

2.4 Die Generierung eines Scanners

Abschnitt 2.2 stellte Verfahren vor, um zu einem regulären Ausdruck einen deterministischen endlichen Automaten bzw. einen minimalen deterministischen endlichen Automat zu konstruieren. Im Folgenden erläutern wir die notwendigen Erweiterungen dieser Verfahren, die zur Generierung von Scannern oder Siebern erforderlich sind.

2.4.1 Zeichenklassen

Zeichenklassen wurden eingeführt, um die regulären Ausdrücke zu vereinfachen. Sie erlauben es ebenfalls, die entstehenden Automaten zu verkleinern. Mit Hilfe der Klassendefinitionen

$$\text{bu} = a - z$$
$$\text{zi} = 0 - 9$$

lassen sich z. B. die 26 Übergänge zwischen zwei Zuständen eines Automaten unter Buchstaben durch einen Übergang unter bu zu ersetzen. Dies vereinfacht den Automaten für den regulären Ausdruck

$$\text{Id} = \text{bu}(\text{bu} \mid \text{zi})^*$$

beträchtlich. Die Implementierung verwaltet dann eine Abbildung χ, die jedem Zeichen a seine zugehörige Klasse zuordnet. Damit die Funktion χ konstruiert werden kann, muss jedes Zeichen in genau einer Klasse auftreten. Für Zeichen, die nicht explizit in einer Zeichenklasse vorkommen und für solche, die in einer Symboldefinition explizit auftreten, wird deshalb implizit eine eigene Klasse definiert. Ein Problem tritt auf, wenn Zeichenklassen spezifiziert werden, die nicht disjunkt sind. In diesem Fall wird der Generator implizit die Liste der spezifizierten Zeichenklassen durch eine disjunkte Verfeinerung der Klassen in der Liste ersetzen. Nehmen wir an, es wurden die Klassen $z_1, \ldots, z_k$ spezifiziert. Dann wird für jeden Durchschnitt $\tilde{z}_1 \cap \ldots \cap \tilde{z}_k$, der nicht leer ist, eine eigene Zeichenklasse eingeführt. Dabei bezeichnet $\tilde{z}_i$ entweder z_i oder das Komplement von z_i. Sei D die Menge dieser neuen Zeichenklassen. Jede Zeichenklasse z_i entspricht dann einer geeigneten Alternative $d_i = (d_{i1} \mid \ldots \mid d_{ir_i})$ von Zeichenklassen aus D. In dem regulären Ausdruck wird dann jedes Vorkommen der Zeichenklasse z_i durch d_i ersetzt.

Beispiel 2.4.1 Nehmen wir an, wir hätten die beiden Klassen

$$bu = a - z$$
$$buzi = a - z0 - 9$$

eingeführt, um damit die Symbolklasse $Id = bu\ buzi^*$ zu definieren. Dann spaltet der Generator eine dieser Zeichenklassen auf in:

$$zi' = buzi\backslash bu$$
$$bu' = bu \cap buzi = bu$$

Das Vorkommen von $buzi$ in dem regulären Ausdruck wird deshalb durch $(bu' \mid zi')$ ersetzt. $\square$

2.4.2   Eine Implementierung des *until*-Konstrukts

Nehmen wir an, der Scanner soll Symbole erkennen, deren Symbolklasse durch den Ausdruck $r = r_1$ until r_2 beschrieben wird. Nachdem er ein Wort der Sprache für r_1 erkannt hat, muss der Scanner ein Wort der Sprache für r_2 finden und dann anhalten. Diese letzte Aufgabe ist eine Verallgemeinerung des Problems der Mustererkennung auf Zeichenketten (string pattern matching). Es gibt dazu Algorithmen, die für reguläre Muster die Mustererkennung in linearer Zeit in der Größe der zu durchmusternden Eingabe vornehmen. Diese werden z. B. in dem UNIX-Programm EGREP verwendet. Sie konstruieren einen endlichen Automaten für diese Aufgabe. Entsprechend geben wir eine Konstruktion an, die einen DEA für r konstruiert.

Seien L_1, L_2 die Sprachen, die durch die Ausdrücke r_1 und r_2 beschrieben werden. Die Sprache L, die durch den Ausdruck r_1 until r_2 beschrieben wird, ist:

$$L = L_1 \overline{\Sigma^* L_2 \Sigma^*} L_2$$

Wir gehen von den Automaten für die Sprachen L_1 und L_2 aus und wenden die Standardkonstruktionen für die benötigten Operationen auf den Sprachen an. Die Konstruktion besteht aus den folgenden sieben Schritten. In Abb. 2.7 können diese Schritte an einem einfachen Beispiel nachvollzogen werden.

1. Der erste Schritt konstruiert zu den regulären Ausdrücken r_1, r_2 endliche Automaten M_1 bzw. M_2 mit $L(M_1) = L_1$ und $L(M_2) = L_2$. Von dem endlichen Automaten M_2 wird eine Kopie in Schritt 2 und eine weitere in Schritt 6 benötigt.

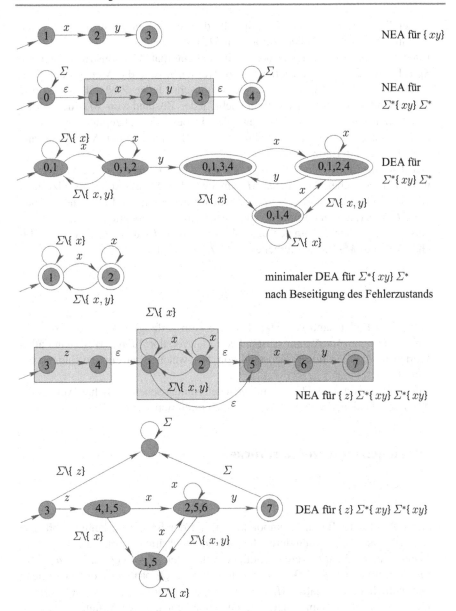

Abb. 2.7 Die Entwicklung des deterministischen endlichen Automaten für z until xy mit $x, y, z \in \Sigma$

2. Dann wird ein endlicher Automat M_3 für $\Sigma^* L_2 \Sigma^*$ konstruiert, wobei die erste Kopie von M_2 benutzt wird. Der endliche Automat M_3 akzeptiert (nichtdeterministisch) alle Worte über Σ, die ein Teilwort aus L_2 enthalten.

3. Der endliche Automat M_3 wird mit Hilfe der Teilmengenkonstruktion in einen deterministischen endlichen Automaten M_4 umgewandelt.
4. Dann wird ein deterministischer endlicher Automat M_5 konstruiert, der die Sprache zu $\overline{\Sigma^* L_2 \Sigma^*}$ akzeptiert. Dazu werden in M_4 die Mengen der Endzustände und der Nichtendzustände vertauscht. Jeder Zustand, der vorher Endzustand war, ist es jetzt nicht mehr, jeder Zustand von M_4, der vorher kein Endzustand war, ist es jetzt geworden. Insbesondere akzeptiert M_5 das leere Wort, da gemäß unserer Annahme $\varepsilon \notin L_2$. Deshalb ist der Anfangszustand von M_5 auch ein Endzustand.
5. Der deterministische endliche Automat M_5 wird in einen minimalen deterministischen endlichen Automaten M_6 umgewandelt. Da aus keinem Endzustand von M_4 ein Endzustand von M_5 erreicht werden kann, sind alle Endzustände von M_4 äquivalent und tot. Dieser Fehlerzustand wird ebenfalls entfernt.
6. Aus den endlichen Automaten M_1, M_2 für L_1 bzw. L_2 und M_6 wird ein endlicher Automat M_7 für die Sprache $L_1 \overline{\Sigma^* L_2 \Sigma^*} L_2$ konstruiert.

Von jedem Endzustand von M_6, also auch vom Anfangszustand von M_6, geht ein ε-Übergang zum Anfangszustand von M_2. Von dort führen Wege unter allen Worten $w \in L_2$ in den Endzustand von M_2, welcher der einzige Endzustand von M_7 ist.
7. Der endliche Automat M_7 wird in einen deterministischen endlichen Automaten M_8 umgewandelt, der gegebenenfalls noch minimiert wird.

2.4.3 Folgen regulärer Ausdrücke

Gegeben sei eine Folge

$$r_0, \dots, r_{n-1}$$

regulärer Ausdrücke für die Symbolklassen, die der Scanner erkennen soll. Ein Scanner zu dieser Folge kann durch die folgenden Schritte generiert werden.
1. In einem ersten Schritt werden endliche Automaten $M_i = (Q_i, \Sigma, \Delta_i, q_{0,i}, F_i)$ für die regulären Ausdrücke r_i erzeugt, wobei die Q_i paarweise disjunkt seien.
2. Die endlichen Automaten M_i werden zu einem endlichen Automaten $M = (\Sigma, Q, \Delta, q_0, F)$ zusammengefügt, indem man einen neuen Anfangszustand q_0 hinzufügt zusammen mit ε-Übergängen zu den Anfangszuständen $q_{0,i}$ der Automaten M_i. Der endliche Automat M ist deshalb gegeben durch:

$$Q = \{q_0\} \cup Q_0 \cup \dots \cup Q_{n-1} \quad \text{für ein} \quad q_0 \notin Q_0 \cup \dots \cup Q_{n-1}$$
$$F = F_0 \cup \dots \cup F_{n-1}$$
$$\Delta = \{(q_0, \varepsilon, q_{0,i}) \mid 0 \le i \le n-1\} \cup \Delta_0 \cup \dots \cup \Delta_{n-1} .$$

Der endliche Automat M für die Sequenz akzeptiert deshalb die *Vereinigung* der Sprachen, die von den endlichen Automaten M_i akzeptiert werden. Je nachdem, welcher Endzustand erreicht wird, lässt sich zusätzlich ablesen, zu welcher der spezifizierten Symbolklassen die gelesene Eingabe gehört.

3. Auf den endlichen Automaten M wird die Teilmengenkonstruktion angewendet. Das Ergebnis ist der deterministische endliche Automat $\mathcal{P}(M)$. Ein Wort w wird der i-ten Symbolklasse zugeordnet, wenn es zu der Sprache von r_i, aber zu keiner der Sprachen der regulären Ausdrücke r_j, $j < i$, gehört. Ausdrücke mit kleinerem Index werden damit gegenüber Ausdrücken mit größerem Index bevorzugt.

   Zu welcher Symbolklasse das Wort w gehört, kann mit Hilfe des Teilmengenautomaten $\mathcal{P}(M)$ berechnet werden. Das Wort w gehört genau dann zu der i-ten Symbolklasse, wenn es in einen Zustand $q' \subseteq Q$ des Teilmengenautomaten $\mathcal{P}(M)$ führt mit

$$q' \cap F_i \neq \emptyset \quad \text{und} \quad q' \cap F_j = \emptyset \quad \text{für alle } j < i.$$

   Die Menge aller dieser Zustände q' nennen wir F_i'.

4. Eventuell wird der deterministische endliche Automat $\mathcal{P}(M)$ anschließend *minimiert*. Bei der Minimierung muss jedoch darauf geachtet werden, dass Zustände aus F_i' und aus F_j' für $i \neq j$ niemals identifiziert werden. Entsprechend wird der Minimierungsalgorithmus mit der Partition:

$$\Pi = \left\{ F_0', F_1', \ldots, F_{n-1}', \mathcal{P}(Q) \Big\backslash \bigcup_{i=0}^{n-1} F_i' \right\}$$

gestartet.

Beispiel 2.4.2 Seien die Einzelzeichenklassen

$$\mathsf{zi} = 0 - 9$$
$$\mathsf{hex} = A - F$$

gegeben. Die Folge regulärer Definitionen

$$\mathsf{zi}\ \mathsf{zi}^*$$
$$h(\mathsf{zi} \mid \mathsf{hex})(\mathsf{zi} \mid \mathsf{hex})^*$$

für die Symbolklassen Intconst und Hexconst wird in den folgenden Schritten bearbeitet:

- Für diese regulären Ausdrücke werden endliche Automaten erzeugt:

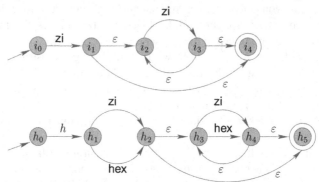

Der Endzustand i_4 steht für Symbole der Klasse Intconst, während der Endzustand h_5 Symbole der Klasse Hexconst bezeichnet.

- Die beiden endlichen Automaten werden mithilfe eines neuen Anfangszustandes q_0 zusammen gefügt:

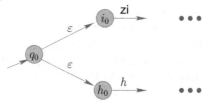

- Dieser endliche Automat wird dann deterministisch gemacht:

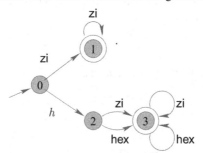

Zusätzlich wird ein Zustand 4 benötigt, der Fehlerzustand, welcher der leeren Menge von ursprünglichen Zuständen entspricht. Der Übersichtlichkeit halber haben wir diesen Zustand und alle Übergänge in diesen Zustand in dem Übergangsdiagramm weggelassen.

- Die Minimierung im letzten Schritt ändert den deterministischen endlichen Automaten nicht.

Nach der Konstruktion des deterministischen endlichen Automaten enthält der neue Endzustand 1 den alten Endzustand i_4 und signalisiert deshalb Symbole der Symbolklasse Intconst. Der Endzustand 3 enthält h_5 und signalisiert deshalb die Symbolklasse Hexconst. Der generierte Scanner sucht stets das längste Präfix der ver-

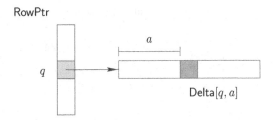

Abb. 2.8 Darstellung der Übergangsfunktion eines deterministischen endlichen Automaten

bleibenden Eingabe, das in einen Endzustand führt. Der Scanner wird also aus dem Endzustand 1 heraus einen Übergang machen, wenn dies möglich ist, d. h. wenn eine Ziffer folgt. Folgt keine Ziffer, muss der Scanner zum Endzustand 1 zurückkehren und den Lesezeiger zurücksetzen. □

2.4.4 Die Implementierung eines Scanners

Das Herzstück des Scanners ist ein deterministischer endlicher Automat. Die Übergangsfunktion dieses Automaten kann durch ein zweidimensionales Feld Delta implementiert werden. Dieses Feld wird mit dem aktuellen Zustand und der Zeichenklasse des nächsten Eingabezeichens indiziert und liefert den neuen Zustand, in den der Automat nach Lesen dieses Zeichens übergeht. Während der Zugriff auf delta[q, a] schnell ist, kann dagegen die Größe des Feldes delta gegebenenfalls Probleme bereiten. Oft enthält der deterministische endliche Automat jedoch viele Übergänge in den Fehlzustand *error*. Diesen Zustand wählen wir deshalb als *Standardwert* (Default) für die Einträge in Delta. Es genügt dann, nur solche Übergänge zu repräsentieren, die *nicht* in den Fehlerzustand *error* führen. Zur Repräsentation eines solchen schwach besetzten Feldes kann man verschiedene von Kompressionsverfahren anwenden. Diese sparen meist sehr viel an Platz – auf Kosten geringfügig erhöhter Zugriffszeit. Da die leeren Einträge aber zu Übergängen in den Fehlerzustand gehören, welche für die Analyse und die Fehlererkennung wichtig sind, muss die zugehörige Information weiterhin verfügbar sein.

Betrachten wir einen solchen Komprimierungsalgorithmus. Statt durch das Feld Delta repräsentieren wir die Übergangsfunktion durch ein Feld RowPtr, welches mit Zuständen indiziert wird und dessen Komponenten Adressen der Zeilen von Delta sind (Abb. 2.8).

Noch haben wir nichts gewonnen, sondern nur beim Zugriff Geschwindigkeit eingebüßt. Die Zeilen, auf die in RowPtr verwiesen wird, sind oft fast leer. Deshalb werden die einzelnen Zeilen in einem gemeinsamen eindimensionalen Feld ComprDelta so übereinander gelegt, dass nichtleere Einträge nicht miteinander kollidieren. Für die jeweils nächste abzulegende Zeile kann etwa die *first-fit*-Strategie angewendet werden. Die Zeile wird dann so lange über das Feld Delta verscho-

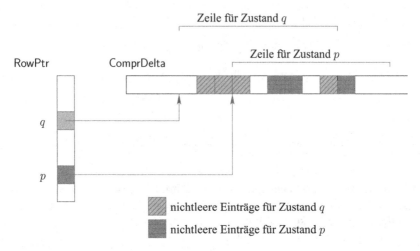

Abb. 2.9 Komprimierte Darstellung der Übergangsfunktion eines deterministischen endlichen Automaten

ben, bis keine nichtleeren Einträge dieser Zeile mehr mit nichtleeren Einträgen bereits abgelegter Zeilen von Delta kollidieren. In RowPtr[q] wird dann der Index in ComprDelta abgespeichert, ab dem die q-te Zeile von Delta abgelegt ist, siehe Abb. 2.9.

Allerdings hat der dargestellte Automat jetzt die Fähigkeit verloren, undefinierte Übergänge zu erkennen: Ist etwa $\Delta(q, a)$ undefiniert (d. h. gleich dem Fehlerzustand), könnte ComprDelta[RowPtr[q] + a] dennoch einen nichtleeren Eintrag enthalten, der aus der verschobenen Zeile eines Zustands $p \neq q$ stammt. Deshalb wird ein weiteres Feld Valid der gleichen Länge wie ComprDelta hinzugenommen, welches angibt, zu welchen Zuständen die Einträge in ComprDelta gehören. Das heißt, Valid[RowPtr[q] + a] = q gilt genau dann, wenn $\Delta(q, a)$ definiert ist. Die Übergangsfunktion des deterministischen endlichen Automaten kann dann durch eine Funktion next() wie folgt implementiert werden:

```
State   next (State q,  CharClass a) {
          if  (Valid[RowPtr[q] + a] ≠ q) return error;
          return ComprDelta[RowPtr[q] + a];
}
```

2.5 Der Sieber

Ein Scannergenerator ist ein vielseitig einsetzbares Instrument. In verschiedensten Bereichen gibt es Anwendungen für generierte Scanner, also die Aufgabe, einen Eingabestrom mit Hilfe regulärer Ausdrücke zu zerlegen. Über die reine Zerteilung des Eingabestroms hinaus bietet ein Scanner oft die Möglichkeit an, die erkannten Symbole weiter zu verarbeiten.

Um diese erweiterte Funktionalität zu spezifizieren, wird jeder Symbolklasse zusätzlich eine semantische Aktion zugeordnet. Ein Sieber kann damit als Folge von Paaren der Form:

$$r_0 \quad \{action_0\}$$
$$\dots$$
$$r_{n-1} \quad \{action_{n-1}\}$$

spezifiziert werden. Dabei ist r_i ein (gegebenenfalls erweiterter) regulärer Ausdruck über Zeichenklassen für die i-te Symbolklasse, und $action_i$ bezeichnet die semantische Aktion, die bei Erkennen eines Symbols dieser Klasse auszuführen ist.

Soll aus der Spezifikation eine Sieberkomponente in einer bestimmten Programmiersprache generiert werden, werden die semantischen Aktionen ebenfalls in dieser Programmiersprache ausgedrückt. Für die Aufgabe, eine Repräsentation des gefundenen Symbols zurück zu liefern, bieten sich in unterschiedlichen Programmiersprachen unterschiedliche Lösungen an. In C ist es z. B. üblich, einen *int*-Wert zurück zu liefern, der die Symbolklasse codiert, während alle weiteren Bestandteile in geeigneten globalen Variablen abzulegen sind. Etwas komfortabler könnte der Sieber in einer objekt-orientierten Programmiersprache wie JAVA realisiert werden. Hier kann eine Oberklasse Token eingeführt werden, deren Unterklassen C_i den einzelnen Symbolklassen entsprechen. Die letzte Anweisung in $action_i$ sollte dann eine *return*-Anweisung sein, die ein Objekt der Klasse C_i zurückliefert, dessen Attribute alle Eigenschaften des identifizierten Symbols beinhalten. In einer funktionalen Programmiersprache wie OCAML kann ein Datentyp *token* bereitgestellt werden, dessen Konstruktoren C_i den verschiedenen Symbolklassen entsprechen. Die semantische Aktion $action_i$ besteht aus einem Ausdruck vom Typ token, dessen Wert $C_i(\dots)$ das identifizierte Symbol der Klasse C_i repräsentiert.

Semantische Aktionen sollten in die Lage versetzt werden, auf den Text des aktuellen Symbols zuzugreifen. In einigen generierten Scannern wird dieser deshalb in einer *globalen* Variable *yytext* zur Verfügung gestellt. Weitere globale Variablen enthalten Informationen über die *Position* des aktuellen Symbols innerhalb der Eingabe. Diese sind für die Erzeugung sinnvoller Fehlermeldungen wichtig. Semantische Aktionen sollten auch in der Lage sein, das gegebene Symbol nicht zurück zu liefern, sondern stattdessen ein weiteres Symbol aus der Eingabe anzufordern. Z. B. soll ein Kommentar überlesen oder nach der Ausführung einer Übersetzer-Direktive erst das nächste Symbol zurück geliefert werden. In einem Generator für C oder JAVA wird in der entsprechenden Aktion auf eine *return*-Anweisung verzichtet.

Aus einer solchen Spezifikation wird eine Funktion yylex() generiert, die bei jedem Aufruf ein weiteres Symbol zurückliefert. Nehmen wir an, für die Folge von regulären Ausdrücken $r_0, \dots, r_{n-1}$ wäre eine Funktion scan() generiert worden, die das nächste Symbol in der Eingabe als Wort in der globalen Variable *yytext* ablegt und die Nummer i der Symbolklasse dieses Worts zurückliefert. Dann ist die Funktion yylex() gegeben durch:

```
Token yylex() {
    while(true)
        switch scan() {
            case 0       :   action₀; break;
                             ...
            case n − 1   :   actionₙ₋₁; break;
            default      :   return error();
        }
}
```

Hier ist die Funktion error() für den Fall zuständig, dass während der Identifizierung des nächsten Symbols ein Fehler auftritt. Enthält eine Aktion $action_i$ keine *return*-Anweisung, springt die Programmausführung am Ende der Aktion an den Anfang der *switch*-Anweisung zurück und liest damit das nächste Symbol aus der Eingabe ein. Enthält sie dagegen eine *return*-Anweisung, wird damit die *switch*-Anweisung, die *while*-Schleife und der aktuelle Aufruf der Funktion yylex() verlassen.

2.5.1 Scannerzustände

Gelegentlich ist es nützlich, in Abhängigkeit von einem Kontext *unterschiedliche* Symbolklassen zu erkennen. Dazu stellen viele Scanner-Generatoren *Scannerzustände* zur Verfügung. Durch Lesen eines Symbols kann der Scanner von einem Zustand in einen anderen Zustand wechseln.

Beispiel 2.5.1 Mit Hilfe von Scannerzuständen lässt sich elegant das Überlesen von Kommentaren implementieren. Dazu wird zwischen einem Zustand normal und einem Zustand comment unterschieden. Im Zustand normal werden die Symbole aus den Symbolklassen erkannt, die für die Programmausführung wichtig sind. Zusätzlich gibt es eine Symbolklasse CommentInit für das Anfangssymbol eines Kommentars, also z. B. /*. Als semantische Aktion für das Symbol /* wird auf den Zustand comment umgeschaltet. In dem Zustand comment wird nur das Endesymbol für Kommentare */ erkannt. Alle anderen Zeichen der Eingabe werden überlesen. Als semantische Aktion für das Endezeichen eines Kommentars wird auf den Zustand normal zurückgegangen.

Der aktuelle Scannerzustand kann z. B. in einer globalen Variablen *yystate* verwaltet werden. Die Zuweisung *yystate* ← state setzt dann den aktuellen Zustand auf den neuen Zustand state. Die Spezifikation eines Scanners mit Scannerzuständen hat die Form:

$$A_0 : \qquad class\_list_0$$

$$\dots$$

$$A_{r-1} : \qquad class\_list_{r-1}$$

wobei *class_list$_j$* jeweils die Folge der mit Aktionen versehenen regulären Ausdrücke für den Zustand A_j ist. Für die Zustände normal und comment aus Beispiel 2.5.1 erhalten wir etwa:

> normal :
> > /∗   { *yystate* ← comment; }
> > . . .   //   weitere Symbolklassen
> comment :
> > ∗/   { *yystate* ← normal; }
> > .   { }

Das Zeichen . steht hier für ein beliebiges Eingabesymbol. Weil keine der semantischen Aktionen für Beginn, Inhalt oder Ende eines Kommentars eine *return*-Anweisung enthält, wird für den gesamten Kommentar kein Symbol zurück geliefert. □

Scannerzustände beeinflussen allein die Auswahl der Symbolklassen, aus denen Symbole erkannt werden. Um Scannerzustände zu berücksichtigen, kann deshalb das Verfahren zur Generierung der Funktion yylex() auf die Konkatenation der Folgen *class_list$_j$* angewendet werden. Die einzige Funktion, die abgeändert werden muss, ist die Funktion scan(). Zur Bestimmung des nächsten Symbols verwendet diese Funktion nicht mehr *einen* deterministischen endlichen Automaten, sondern verfügt über einen gesonderten deterministischen endlichen Automaten M_j für jede Teilfolge *class_list$_j$*. In Abhängigkeit von dem jeweiligen Scannerzustand A_j wird erst der zugehörige Automat M_j ausgewählt und dann zur Identifizierung des nächsten Symbols verwendet.

2.5.2 Die Erkennung von Schlüsselwörtern

Für die Verteilung der Aufgaben zwischen Scanner und Sieber und für die Funktionalität des Siebers gibt es viele Möglichkeiten, deren Vorteile bzw. Nachteile nicht ganz leicht zu beurteilen sind. Ein Beispiel für solche Alternativen ist die Erkennung von Schlüsselwörtern.

Nach der Aufgabenverteilung im letzten Kapitel soll der Sieber die reservierten Bezeichnungen oder Schlüsselwörter (keywords) identifizieren. Eine Möglichkeit dazu besteht darin, für jede reservierte Bezeichnung eine eigene Symbolklasse bereit zu stellen. Abbildung 2.10 zeigt einen endlichen Automaten, der einige Schlüsselwörter in Endzuständen erkennt. Rein formal gesehen haben die reservierten Bezeichnungen in C, JAVA oder OCAML jedoch oft die gleiche Struktur wie Bezeichner. Alternativ zur Beschreibung dieser Symbole durch eigene reguläre Ausdrücke und lässt sich ihre Identifizierung in die semantische Nachbearbeitung verlagern. Die Funktion scan() wird bei Vorliegen eines Schlüsselworts zuerst nur das Vorliegen eines Bezeichners melden. Die semantische Aktion für Bezeichner

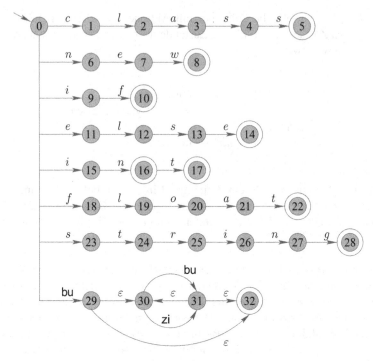

Abb. 2.10 Ein endlicher Automat zur Erkennung von Bezeichnern und den Schlüsselwörtern class, new, if, else, int, float, string.

muss später überprüfen, ob und wenn ja welches Schlüsselwort vorliegt. Diese Aufgabenverteilung hält die Mengen der Zustände und der Übergänge des Scannerautomaten klein. Allerdings muss eine effiziente Möglichkeit des Erkennens von Schlüsselwörtern bereit gestellt werden.

Als Interndarstellung werden Bezeichnern in Übersetzern oft eindeutige *int*-Werte zugeordnet. Zur Berechnung dieser Interndarstellung verwaltet der Sieber typischerweise eine *Hashtabelle*. Diese Tabelle unterstützt den effizienten Vergleich eines Worts mit den bereits in die Tabelle eingetragenen Bezeichnern. Liegen die reservierten Bezeichner vor der lexikalischen Analyse der Eingabe in dieser Tabelle vor, kann sie der Sieber innerhalb der Klasse der Bezeichner in etwa mit dem gleichen Aufwand identifizieren, der bei der Nachbearbeitung anderer Bezeichner auftritt.

2.6 Übungen

1. **Kleene-Stern**
   Sei Σ ein Alphabet und $L, M \subseteq \Sigma^*$. Zeigen Sie:
   (a) $L \subseteq L^*$.
   (b) $\varepsilon \in L^*$.
   (c) Falls $u, v \in L^*$, dann auch $uv \in L^*$.
   (d) L^* ist die kleinste Menge mit den Eigenschaften (1) – (3), d. h. wenn für eine
   Menge M gilt:
   $L \subseteq M$, $\varepsilon \in M$ und $(u, v \in M \Rightarrow uv \in M)$, dann ist $L^* \subseteq M$.
   (e) Falls $L \subseteq M$, dann auch $L^* \subseteq M^*$.
   (f) $(L^*)^* = L^*$.

2. **Symbolklassen**
   FORTRAN erlaubt die implizite Deklaration von Bezeichnern nach ihrem An-
   fangsbuchstaben. Bezeichner, die mit einem der Buchstaben i, j, k, l, m, n be-
   ginnen, stehen für eine *int*-Variable oder einen *int*-Funktionswert, alle übrigen
   Bezeichner stehen für *float*-Werte.
   Geben Sie Definitionen für die Symbolklassen FloatId und IntId an.

3. **Erweiterte reguläre Ausdrücke**
   Erweitern Sie die Konstruktion eines endlichen Automaten zu einem regulären
   Ausdruck aus Abb. 2.3 so, dass sie direkt reguläre Ausdrücke r^+ und r? verar-
   beitet. r^+ steht für rr^* und r? für $(r \mid \varepsilon)$.

4. **Erweiterte reguläre Ausdrücke (Forts.)**
   Erweitern Sie die Konstruktion eines endlichen Automaten zu einem regulären
   Ausdruck um eine Behandlung *zählender* Iteration, d. h. um reguläre Ausdrücke
   der Form:
   $r\{u - o\}$ mindestens u und höchstens o aufeinanderfolgende
                 Exemplare von r
   $r\{u-\}$ mindestens u aufeinanderfolgende Exemplare von r
   $r\{-o\}$ höchstens o aufeinanderfolgende Exemplare von r

5. **Deterministische Automaten**
   Machen Sie den endlichen Automaten aus Abb. 2.10 deterministisch.

6. **Zeichenklassen und Symbolklassen**
   Gegeben seien die folgenden Definitionen von Zeichenklassen:

$$bu = a - z$$
$$zi = 0 - 9$$
$$bzi = 0 \mid 1$$
$$ozi = 0 - 7$$
$$hzi = 0 - 9 \mid A - F$$

und die Symbolklassendefinitionen

$$b\ \mathsf{bzi}^+$$

$$o\ \mathsf{ozi}^+$$

$$h\ \mathsf{hzi}^+$$

$$\mathsf{.}\quad \mathsf{zi}^+$$

$$\mathsf{bu\ (bu\mid zi)}^*$$

(a) Geben Sie die Einteilung in Einzelzeichenklassen an, die ein Scannergenerator berechnen würde.

(b) Beschreiben Sie den generierten endlichen Automaten unter Benutzung dieser Einzelzeichenklasseneinteilung.

(c) Machen Sie diesen endlichen Automaten deterministisch.

7. **Reservierte Bezeichner**
   Konstruieren Sie einen deterministischen Automaten zu dem endlichen Automaten aus Abb. 2.10.

8. **Tabellenkompression**
   Komprimieren Sie die Tabellen der von Ihnen erstellten deterministischen endlichen Automaten mittels des Verfahrens aus Abschn. 2.2.

9. **Verarbeitung römischer Zahlen**
   (a) Geben Sie einen regulären Ausdruck für römische Zahlen an.
   (b) Erzeugen Sie daraus einen deterministischen endlichen Automaten.
   (c) Ergänzen Sie diesen Automaten um die Berechnung des Dezimalwerts einer römischen Zahl. Mit jedem Zustandsübergang darf der Automat eine Wertzuweisung an *eine* Variable w durchführen. Der Wert ergibt sich aus einem Ausdruck über w und Konstanten. w wird mit 0 initialisiert. Geben Sie zu jedem Zustandsübergang eine geeignete Wertzuweisung an, so dass in jedem Endzustand w den Wert der erkannten Zahl enthält.

10. **Generierung eines Scanners**
    Generieren Sie aus einer Scanner-Spezifikation in OCAML eine OCAML-Funktion yylex. Verwenden Sie dabei nach Möglichkeit funktionale Konstrukte.
    (a) Stellen Sie eine Funktion skip bereit, mit der das identifizierte Symbol übersprungen wird.
    (b) Erweitern Sie Ihren Generator um Scannerzustände. Stellen Sie dazu eine Funktion next bereit, die als Argument den Nachfolgezustand erhält.

2.7 Literaturhinweise

Die konzeptionelle Trennung in Scanner und Sieber wurde von F. DeRemer vorgeschlagen [15]. Die Generierung von Scannern aus regulären Ausdrücken wird in vielen sogenannten Übersetzergeneratoren unterstützt. Johnson u. a. [29] beschreiben ein solches System. Das entsprechende Dienstprogramm unter UNIX, LEX, wurde von M. Lesk entwickelt [42]. FLEX wurde von Vern Paxson geschrieben. Das in diesem Kapitel beschriebene Konzept lehnt sich an den Scannergenerator JFLEX für JAVA an.

Kompressionsmethoden für schwach besetzte Tabellen, wie sie bei der Scanner- und der Parsergenerierung erzeugt werden, werden in [61] und [11] analysiert und verglichen.

Syntaktische Analyse

3

3.1 Die Aufgabe der syntaktischen Analyse

Der Parser realisiert die *syntaktische Analyse* von Programmen. Als Eingabe erhält er eine Folge von Symbolen. Seine Aufgabe ist es, in dieser Folge von Symbolen die syntaktische Struktur des Programms zu identifizieren. Die syntaktische Struktur gibt an, wie die verschiedenen syntaktischen Einheiten des Programms ineinander geschachtelt sind. Syntaktische Einheiten in imperativen Sprachen sind z. B. Variablen, Ausdrücke, Anweisungen, Anweisungsfolgen und Deklarationen. In funktionalen Sprachen gibt es Variablen, Ausdrücke, Muster, Definitionen und Deklarationen und in logischen Sprachen wie PROLOG Variablen, Terme, Listen von Termen, Ziele und Klauseln.

Der Parser repräsentiert die syntaktische Struktur des Eingabeprogramms in einer Datenstruktur, mit deren Hilfe weitere Übersetzerkomponenten auf die einzelnen Programmbestandteile zugreifen können. Eine mögliche Darstellung ist der *Syntaxbaum* (syntax tree, parse tree) des Programms. Der Syntaxbaum kann später mit weiteren Informationen angereichert werden. Mit seiner Hilfe können Transformationen des Programms durchgeführt oder direkt Code für eine Zielmaschine generiert werden.

Manchmal ist die Übersetzungsaufgabe für eine Programmiersprache so leicht, dass die Programme sogar in einem Durchgang durch den Programmtext übersetzt werden können. Dann kann der Parser gegebenenfalls auf eine explizite Darstellung der syntaktischen Struktur verzichten und stattdessen an geeigneten Stellen der Syntaxanalyse Hilfsfunktionen zur semantischen Analyse und zur Codeerzeugung aufrufen.

Viele Programme, die einem Übersetzer präsentiert werden, enthalten jedoch Fehler. Ein beträchtlicher Teil davon besteht aus Verstößen gegen die Syntaxregeln der Programmiersprache. Solche *Syntaxfehler* entstehen meist durch Flüchtigkeitsfehler, wie Buchstabendreher oder nicht korrekt ausgezählte Klammern oder fehlende Semikolons. Von jedem Übersetzer wird erwartet, dass er syntaktische Fehler

R. Wilhelm, H. Seidl, S. Hack, *Übersetzerbau*, DOI 10.1007/978-3-642-01135-1_3,
© Springer-Verlag Berlin Heidelberg 2012

möglichst genau lokalisiert. Oft kann jedoch nicht die Fehlerstelle selbst festgestellt werden, sondern nur die früheste Stelle, an welcher der Fehler zu einer Situation geführt hat, in der keine Fortsetzung der bisher analysierten Eingabe zu einem korrekten Programm möglich ist. Man erwartet von einem Übersetzer auch, dass er nach nach dem ersten entdeckten Fehler nicht abbricht, sondern möglichst bald wieder Tritt fasst, d. h. in einen Zustand kommt, in dem das restliche Programm analysiert bzw. weitere Fehler entdeckt werden können.

Die syntaktische Struktur der Programme einer Programmiersprache lässt sich durch eine kontextfreie Grammatik beschreiben. Unser Ziel ist, aus einer solchen Grammatik automatisch einen Syntaxanalysator zu generieren. Aus Effizienz- und Eindeutigkeitsgründen beschränkt man sich im Übersetzerbau meist auf deterministisch analysierbare kontextfreie Grammatiken, für welche automatisch Parser generiert werden können. Die in der Praxis eingesetzten Syntaxanalyseverfahren fallen in zwei Klassen, nämlich *top-down-* und *bottom-up-*Verfahren. Beide lesen die Eingabe von links and rechts. Die Unterschiede in der Arbeitsweise macht man sich am besten daran klar, wie sie jeweils Syntaxbäume aufbauen.

Top-down-Analysierer beginnen die Analyse und die Konstruktion des Syntaxbaums mit dem Startsymbol der Grammatik, der Markierung der Wurzel des Syntaxbaums. Man nennt *top-down-*Analysierer auch *Voraussageparser*. Sie treffen Voraussagen darüber, wie das Programm bzw. Teile des Programms aussehen sollten, und versuchen anschließend, diese Voraussagen zu bestätigen. Die erste Prognose besteht aus dem Startsymbol der Grammatik. Sie besagt, dass die Eingabe ein Wort für das Startsymbol ist. Nehmen wir jetzt an, ein Teil der Eingabe sei bereits bestätigt. Dann gibt es zwei Fälle:

- Beginnt der unbestätigte Teil der Prognose mit einem Nichtterminal, verfeinert der *top-down-*Parser seine aktuelle Prognose, indem er eine der Produktionen für dieses Nichtterminal auswählt.
- Beginnt die aktuelle Prognose mit einem Terminalsymbol, vergleicht er dieses mit dem nächsten Eingabesymbol. Sind diese gleich, so ist ein weiteres Symbol der Prognose bestätigt. Andernfalls liegt ein Fehler vor.

Der *top-down-*Parser ist fertig, wenn die gesamte Eingabe als Prognose vorausgesagt und bestätigt wurde.

*Bottom-up-*Parser beginnen dagegen die Analyse und die Konstruktion des Syntaxbaums mit der Eingabe, d. h. dem zu analysierenden Programm und versuchen, für immer längere Anfangsstücke der Eingabe die syntaktische Struktur zu identifizieren. Dazu versuchen sie, sukzessive Vorkommen rechter Seiten von Produktionen der Grammatik durch die linke Seite zu ersetzen. Eine solche Ersetzung wird *reduce-*Schritt genannt. Anstatt zu reduzieren, kann der Parser auch beschließen, ein weiteres Symbol der Eingabe zu konsumieren. Ein solcher Schritt heißt *shift*. Wegen dieser beiden Arten von Schritten heißt ein *bottom-up-*Parster auch *shift-reduce-*Parser. Die Analyse des Parsers ist erfolgreich, wenn sich aus der Eingabe durch eine Folge von *shift-* und *reduce-*Schritten das Startsymbol der Grammatik ergibt.

Die Behandlung von Syntaxfehlern

Die meisten Programme, mit denen ein Übersetzer konfrontiert wird, sind fehlerhaft. Ein Grund ist, dass fehlerhafte Programme i. A. mehrfach übersetzt werden, fehlerfreie Programme dagegen nur nach Modifikationen oder Portierungen auf andere Rechner. Deshalb sollte ein Übersetzer mit dem *Normalfall*, dem inkorrekten Quellprogramm, möglichst gut umgehen können. Lexikalische Fehler und auch Fehler in der statischen Semantik, also etwa Typfehler in imperativen Sprachen, lassen sich einfacher lokal diagnostizieren und behandeln. Syntaxfehler wie etwa Fehler in der Klammerstruktur des Programms sind schwieriger zu diagnostizieren. In diesem Abschnitt beschreiben wir die erwünschten und die möglichen Reaktionen eines Parsers auf Syntaxfehler.

Der Parser kann auf syntaktisch inkorrekte Programme auf eine oder mehrere der folgenden Weisen reagieren:

1. Der Fehler wird lokalisiert und gemeldet;
2. der Fehler wird diagnostiziert;
3. der Fehler wird korrigiert;
4. der Parser fasst wieder Tritt, um eventuell vorhandene weitere Fehler zu entdecken.

Der erste Schritt ist zwingend erforderlich: andere Übersetzerteile gehen nach der syntaktischen Analyse von einem syntaktisch fehlerfreien Programm aus und erwarten einen Syntaxbaum der Sprache. Auch ist der Benutzer des Übersetzers darauf angewiesen, dass ihm syntaktische Fehler angezeigt werden. Allerdings muss man zwei Einschränkungen machen. In der Nähe eines anderen Syntaxfehlers kann ein Fehler leicht unbemerkt bleiben. Die zweite Einschränkung ist gewichtiger. I. A. entdeckt der Parser einen Fehler dadurch, dass für seine aktuelle Konfiguration keine legale Fortsetzung existiert. Dies ist aber oft nur das *Symptom* für einen vorhandenen Fehler, nicht aber der Fehler selbst.

Beispiel 3.1.1 Betrachten wir die folgende fehlerhafte Zuweisung:

$$a = a * (b + c * d \quad ;$$

$$\uparrow$$

Fehlersymptom: $')'$ fehlt

Hier gibt es mehrere Fehlermöglichkeiten. Entweder ist die öffnende Klammer zuviel, oder es fehlt eine schließende Klammer hinter c oder hinter d. Die Bedeutung der drei möglichen Ausdrücke ist jeweils unterschiedlich.   □

Bei Fehlern mit überflüssigen oder fehlenden Klammern {, }, begin, end, if, usw. können Fehlerstelle und Stelle des Fehlersymptoms weit voneinander entfernt liegen. Allerdings haben $LL(k)$- wie $LR(k)$-Parser, die wir im Folgenden betrachten werden, die Eigenschaft des *fortsetzungsfähigen Präfixes*:

- Verarbeitet der Parser für eine kontextfreie Grammatik G ein Präfix u eines Wortes, ohne einen Fehler zu melden, so gibt es ein Wort w, so dass uw ein Satz von G ist.

Parser mit dieser Eigenschaft melden Fehler(symptome) zum frühestmöglichen Zeitpunkt. Obwohl wir i. A. nur das Fehlersymptom und nicht den Fehler selbst entdecken können, werden wir in Zukunft meist von Fehlern sprechen. In diesem Sinne führen die hier vorgestellten Parser den ersten Schritt der Fehlerbehandlung aus: sie melden und lokalisieren Syntaxfehler.

Beispiel 3.1.1 zeigt, dass der zweite Schritt nicht so leicht zu erfüllen ist. Der Parser kann eine Diagnose des Fehlersymptoms lediglich *versuchen*. Diese sollte zumindest folgende Information bereit stellen:

- die Stelle des Fehlersymptoms im Programm;
- die Beschreibung der Parserkonfiguration (der aktuelle Zustand, das erwartete Symbol, das stattdessen gefundene Symbol etc.)

Um den dritten Schritt, die Korrektur eines gefundenen Fehlers, auszuführen, müsste der Parser die Intention des Programmierers ahnen. Dies ist i. A. nicht möglich. Etwas realistischer ist die Suche nach einer global optimalen Fehlerkorrektur. Hierzu wird der Parser um die Fähigkeit erweitert, Symbole in einem Eingabewort einzusetzen bzw. zu löschen. Die *global optimale* Fehlerkorrektur für ein ungültiges Eingabewort w ist ein Wort w', welches durch eine minimale Zahl solcher Einsetz- und Löschoperationen aus w hervorgeht. Solche Verfahren haben aber wegen ihres Aufwands keinen Eingang in die Praxis gefunden.

Stattdessen begnügt man sich meist mit lokalen Einsetzungen oder Ersetzungen, welche den Parser aus der Fehlerkonfiguration in eine neue Konfiguration überführen, in der er zumindest das nächste Eingabesymbol lesen kann. Damit ist gesichert, dass der Parser durch lokale Veränderungen nicht in eine Endlosschleife gerät. Auch sollte das Entstehen von Folgefehlern möglichst vermieden werden.

Der Aufbau dieses Kapitels

Im Abschn. 3.2 werden die Grundlagen der Syntaxanalyse dargestellt. Kontextfreie Grammatiken mit ihrem Ableitungsbegriff und Kellerautomaten, die zugehörigen Erkennungsmechanismen, werden behandelt. Ein spezieller, nichtdeterministischer Kellerautomat zu einer gegebenen kontextfreien Grammatik G wird konstruiert, der die von G definierte Sprache akzeptiert. Aus diesem Kellerautomaten werden später deterministische *top-down*- und *bottom-up*-Analyseverfahren abgeleitet.

In den Abschn. 3.3 und 3.4 werden die *top-down*- und die *bottom-up*-Syntaxanalyse vorgestellt. Die entsprechenden Grammatikklassen werden charakterisiert und Generierungsverfahren beschrieben. Ausführlich behandeln wir auch Verfahren zur Fehlerbehandlung.

3.2 Grundlagen

So wie die lexikalische Analyse durch reguläre Ausdrücke spezifiert und durch endliche Automaten implementiert wird, wird die syntaktische Analyse durch kontextfreie Grammatiken spezifiziert und durch Kellerautomaten implementiert. Reguläre
Ausdrücke selbst reichen nicht zur Beschreibung der Syntax von Programmiersprachen aus, da reguläre Ausdrücke nicht beliebige rekursive Schachtelungen auszu-
drücken können, wie sie bei Programmkonstrukten für Blöcke, Anweisungen und
Ausdrücke auftreten.

In Abschn. 3.2.1 und 3.2.3 führen wir die notwendigen Begriffe über kontextfreie Grammatiken und Kellerautomaten ein. Der Leser, der mit diesen Begriffen
vertraut ist, kann diese Abschnitte überschlagen und mit Abschn. 3.2.4 fortfahren.
In Abschn. 3.2.4 wird zu einer kontextfreien Grammatik ein Kellerautomat eingeführt, der die von der Grammatik definierte Sprache akzeptiert.

3.2.1 Kontextfreie Grammatiken

Mit kontextfreien Grammatiken lässt sich die syntaktische Struktur der Programme
einer Programmiersprache beschreiben. Die Grammatik gibt an, wie Programme
aus Teilprogrammen zusammengesetzt sind, d. h. welche elementaren Konstrukte
es gibt und wie komplexe Konstrukte aus anderen Konstrukten zusammengesetzt
werden können.

Beispiel 3.2.1 Ein Ausschnitt aus einer Grammatik für eine C-ähnliche Programmiersprache könnte so aussehen:

$$
\begin{array}{rcl}
\langle stat \rangle & \to & \langle if\_stat \rangle \mid \\
 & & \langle while\_stat \rangle \mid \\
 & & \langle do\_while\_stat \rangle \mid \\
 & & \langle exp \rangle ; \mid \\
 & & ; \mid \\
 & & \{ \langle stats \rangle \} \\
\langle if\_stat \rangle & \to & \mathsf{if}(\langle exp \rangle \mathsf{)else} \langle stat \rangle \mid \\
 & & \mathsf{if}(\langle exp \rangle) \langle stat \rangle \\
\langle while\_stat \rangle & \to & \mathsf{while}(\langle exp \rangle) \langle stat \rangle \\
\langle do\_while\_stat \rangle & \to & \mathsf{do} \langle stat \rangle \mathsf{while}(\langle exp \rangle); \\
\langle exp \rangle & \to & \langle assign \rangle \mid \\
 & & \langle call \rangle \mid \\
 & & \mathsf{Id} \mid \\
 & & \ldots \\
\langle call \rangle & \to & \mathsf{Id} (\langle exps \rangle) \mid \\
 & & \mathsf{Id}()
\end{array}
$$

$$\begin{array}{rcl}
\langle assign \rangle & \to & \mathsf{Id} \; '=' \; \langle exp \rangle \\
\langle stats \rangle & \to & \langle stat \rangle \; | \\
& & \langle stats \rangle \; \langle stat \rangle \\
\langle exps \rangle & \to & \langle exp \rangle \; | \\
& & \langle exps \rangle \, , \, \langle exp \rangle
\end{array}$$

Das Nichtterminalsymbol $\langle stat \rangle$ steht für Anweisungen. Wie bei regulären Ausdrücken wird der Operator | verwendet, um mehrere Alternativen für ein Nichtterminal zusammenzufassen. Gemäß diesem Ausschnitt der C-Grammatik ist eine Anweisung eine *if*-Anweisung, eine *while*-Anweisung, eine *do-while*-Anweisung, ein Ausdruck – gefolgt von einem Semikolon, eine leere Anweisung oder eine geklammerte Folge von Anweisungen. Das Nichtterminalsymbol $\langle if\_stat \rangle$ beschreibt *if*-Anweisungen, bei denen der *else*-Teil auch fehlen kann. Stets beginnen sie mit dem Schlüsselwort if, gefolgt von einem Ausdruck, der in runden Klammern steht, und einer Anweisung. Auf diese Anweisung kann das Schlüsselwort else folgen, zusammen mit einer weiteren Anweisung. Weitere Produktionen beschreiben, wie *while*- und *do-while*-Anweisungen und Ausdrücke aufgebaut sind. Bei Ausdrücken sind nur einige Beispielalternativen angegeben. Weitere Alternativen sind durch ... angedeutet. □

Formal ist eine *kontextfreie Grammatik* ein Quadrupel $G = (V_N, V_T, P, S)$, wobei V_N, V_T disjunkte Alphabete sind, V_N ist die Menge der *Nichtterminale*, V_T die Menge der *Terminale*, $P \subseteq V_N \times (V_N \cup V_T)^*$ ist die endliche Menge der *Produktionsregeln*, und $S \in V_N$ ist das *Startsymbol*.

Die Terminalsymbole (oder kurz: Terminale) sind die Symbole, aus denen zu analysierende Programme aufgebaut sind. Während wir bei der Behandlung der lexikalischen Analyse von einem Alphabet von *Zeichen* gesprochen haben – in der Praxis von den in einem Programm erlaubten Zeichen eines geeigneten Zeichensatzes wie ASCII oder Unicode – reden wir in diesem Kapitel von *Symbolen*, wie sie etwa von einem Scanner oder Sieber geliefert werden. Solche Symbole sind z. B. Schlüsselwörter oder Bezeichner von Symbolklassen wie z. B. Id, die eine ganze Meng möglicher Symbole repräsentieren.

Die Nichtterminale der Grammatik stehen für die Menge von Wörtern, die aus ihnen produziert werden kann. In der Beispielgrammatik 3.2.1 wurden sie in spitze Klammern gesetzt. Eine *Produktionsregel* (A, α) aus der Relation P beschreibt mögliche Ersetzungen: ein Vorkommen der linken Seite A in einem Wort $\beta = \gamma_1 A \gamma_2$ kann durch die rechte Seite $\alpha \in (V_T \cup V_N)^*$ ersetzt werden. In der Sicht eines *top-down*-Parsers wird so aus dem Wort β ein neues Wort $\beta' = \gamma_1 \alpha \gamma_2$ *produziert* oder *abgeleitet*.

Ein *bottom-up*-Parser liest die Produktion (A, α) dagegen von rechts nach links und fasst sie als Möglichkeit auf, ein Vorkommen der rechten Seite α in einem Wort $\beta' = \gamma_1 \alpha \gamma_2$ auf das Nichtterminal A der linken Seite zu *reduzieren*. Diese Reduktion führt dann zu dem Wort $\beta = \gamma_1 A \gamma_2$.

Für eine kontextfreie Grammatik $G = (V_N, V_T, P, S)$ führen wir die folgenden Konventionen ein. Lateinische Großbuchstaben vom Anfang des Alphabets, z. B. A, B, C für Nichtterminale aus V_N; lateinische Großbuchstaben vom Ende des Alphabets, z. B. X, Y, Z für Terminale oder Nichtterminale; Kleinbuchstaben am Anfang des lateinischen Alphabets, also $a, b, c, \ldots$, stehen für Terminale, also Elemente aus V_T; Kleinbuchstaben am Ende des lateinischen Alphabets, etwa u, v, w, x, y, z, stehen für Terminalworte, also Elemente aus V_T^*; griechische Kleinbuchstaben, z. B. $\alpha, \beta, \gamma, \varphi, \psi$ stehen für Wörter aus $(V_T \cup V_N)^*$.

Die Relation P fassen wir als Menge von Produktionsregeln auf. Jedes Element (A, α) der Relation schreiben wir deshalb intuitiver als $A \to \alpha$. Alle Produktionen $A \to \alpha_1, A \to \alpha_2, \ldots, A \to \alpha_n$ für ein Nichtterminal A fassen wir auch zu *einer* Deklaration zusammen, die wir als

$$A \to \alpha_1 \mid \alpha_2 \mid \ldots \mid \alpha_n$$

schreiben. Die $\alpha_1, \alpha_2, \ldots, \alpha_n$ heißen die *Alternativen* für A.

Beispiel 3.2.2 Die beiden Grammatiken G_0 und G_1 beschreiben die gleiche Sprache:

$$G_0 = (\{E, T, F\}, \{+, *, (,)\, \mathsf{Id}\}, P_0, E), \qquad \text{wobei } P_0 \text{ gegeben ist durch:}$$
$$E \to E + T \mid T,$$
$$T \to T * F \mid F,$$
$$F \to (E) \mid \mathsf{Id}$$
$$G_1 = (\{E\}, \{+, *, (,)\, \mathsf{Id}\}, P_1, E), \qquad \text{wobei } P_1 \text{ gegeben ist durch:}$$
$$E \to E + E \mid E * E \mid (E) \mid \mathsf{Id}$$

$\square$

Wir sagen, ein Wort φ *produziert* ein Wort ψ gemäß G *direkt*, i. Z. $\varphi \underset{G}{\Longrightarrow} \psi$, wenn $\varphi = \sigma A \tau, \psi = \sigma \alpha \tau$ gilt für geeignete Wörter σ, τ und eine Produktion $A \to \alpha \in P$. Wir sagen, eine Wort φ *produziert* ein Wort ψ gemäß G (oder auch ψ ist aus φ gemäß G *ableitbar*), i. Z. $\varphi \underset{G}{\overset{*}{\Longrightarrow}} \psi$, wenn es eine endliche Folge $\varphi_0, \varphi_1, \ldots \varphi_n$, $(n \geq 0)$ von Wörtern gibt, so dass

$$\varphi = \varphi_0, \psi = \varphi_n \text{ und } \varphi_i \underset{G}{\Longrightarrow} \varphi_{i+1} \text{ für alle } 0 \leq i < n.$$

Die Folge $\varphi_0, \varphi_1, \ldots, \varphi_n$ heißt dann eine *Ableitung* von ψ aus φ gemäß G. Falls die Ableitung in n Schritten erfolgt, schreiben wir auch $\varphi \underset{G}{\overset{n}{\Longrightarrow}} \psi$. Die Relation $\underset{G}{\overset{*}{\Longrightarrow}}$ bezeichnet die reflexive und transitive Hülle von $\underset{G}{\Longrightarrow}$.

Beispiel 3.2.3 Die Grammatiken aus Beispiel 3.2.2 erlauben die Ableitungen:

$$E \underset{G_0}{\Longrightarrow} E + T \underset{G_0}{\Longrightarrow} T + T \underset{G_0}{\Longrightarrow} T * F + T \underset{G_0}{\Longrightarrow} T * \mathsf{Id} + T \underset{G_0}{\Longrightarrow}$$

$$F * \mathsf{Id} + T \underset{G_0}{\Longrightarrow} F * \mathsf{Id} + F \underset{G_0}{\Longrightarrow} \mathsf{Id} * \mathsf{Id} + F \underset{G_0}{\Longrightarrow} \mathsf{Id} * \mathsf{Id} + \mathsf{Id},$$

$$E \underset{G_1}{\Longrightarrow} E + E \underset{G_1}{\Longrightarrow} E * E + E \underset{G_1}{\Longrightarrow} \mathsf{Id} * E + E \underset{G_1}{\Longrightarrow} \mathsf{Id} * E + \mathsf{Id} \underset{G_1}{\Longrightarrow}$$

$$\mathsf{Id} * \mathsf{Id} + \mathsf{Id}.$$

Wir schließen, dass sowohl $E \underset{G_1}{\overset{*}{\Longrightarrow}} \mathsf{Id} * \mathsf{Id} + \mathsf{Id}$ gilt wie $E \underset{G_0}{\overset{*}{\Longrightarrow}} \mathsf{Id} * \mathsf{Id} + \mathsf{Id}$. □

Für eine kontextfreie Grammatik $G = (V_N, V_T, P, S)$ definieren wir die von G *definierte* (erzeugte) Sprache als die Menge

$$L(G) = \left\{ u \in V_T^* \mid S \overset{*}{\underset{G}{\Longrightarrow}} u \right\}$$

Ein Wort $x \in L(G)$ nennen wir einen *Satz* von G. Ein Wort $\alpha \in (V_T \cup V_N)^*$ mit $S \overset{*}{\underset{G}{\Longrightarrow}} \alpha$ nennen wir eine *Satzform* von G.

Beispiel 3.2.4 Betrachten wir erneut die beiden Grammatiken aus Beispiel 3.2.3. Das Wort $\mathsf{Id} * \mathsf{Id} + \mathsf{Id}$ ist ein Satz sowohl von G_0 als auch von G_1, da sowohl $E \underset{G_0}{\overset{*}{\Longrightarrow}} \mathsf{Id} * \mathsf{Id} + \mathsf{Id}$ als auch $E \underset{G_1}{\overset{*}{\Longrightarrow}} \mathsf{Id} * \mathsf{Id} + \mathsf{Id}$ gilt. □

Wenn die Grammatik aus dem Kontext klar ist, auf die sich Ableitungen beziehen, lassen wir im Folgenden den Index G in $\underset{G}{\Longrightarrow}$ weg.

Die syntaktische Struktur eines Programms, wie sie sich als Resultat der syntaktischen Analyse ergibt, ist ein *geordneter Baum*, d. h. ein Baum, in dem die Ausgangskanten jedes Knoten geordnet sind. Dieser Baum beschreibt eine standardisierte Sicht auf den Ableitungsvorgang. Innerhalb eines Übersetzers dient er als *Schnittstelle* zu nachfolgenden Übersetzerkomponenten. Die meisten Verfahren zur Auswertung semantischer Attribute im Kap. 4 über semantische Analyse arbeiten auf dieser Baumstruktur.

Sei $G = (V_N, V_T, P, S)$ eine kontextfreie Grammatik Sei t ein geordneter Baum, dessen innere Knoten mit Symbolen aus V_N und dessen Blätter mit Symbolen aus $V_T \cup V_N \cup \{\varepsilon\}$ beschriftet sind. Dann ist t ein *Syntaxbaumfragment* oder *Strukturbaumfragment*, wenn die Beschriftung X jedes inneren Knotens n von t zusammen mit der Folge der Beschriftungen $X_1, \ldots, X_k$ der Kinder von n in t die folgenden Eigenschaften besitzt:

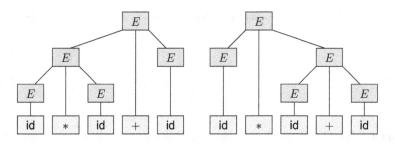

Abb. 3.1 Zwei Syntaxbäume gemäß der Grammatik G_1 aus Beispiel 3.2.2 für das Wort Id∗Id+Id

1. $X \rightarrow X_1 \ldots X_k$ ist eine Produktion aus P.
2. Ist $X_1 \ldots X_k = \varepsilon$, dann ist $k = 1$, d. h. der Knoten n hat genau ein Kind und dieses is mit ε beschriftet.
3. Ist $X_1 \ldots X_k \neq \varepsilon$, dann ist $X_i \neq \varepsilon$ für jedes i.

Ist das Symbol an der Wurzel von t das Nichtterminal A und ergibt die Konkatenation der Beschriftungen der Folge der Blätter von t das Wort α, dann nennen wir t ein Syntaxbaumfragment t für das Wort α und X gemäß G. Ist die Folge der Beschriftungen α ein Terminalwort, d. h. aus V_T^*, dann nennen wir t einen *Syntaxbaum* für α und A.

Beispiel 3.2.5 Abbildung 3.1 zeigt zwei Syntaxbäume gemäß der Grammatik G_1 aus Beispiel 3.2.2 für das Wort Id ∗ Id + Id. □

Ein Syntaxbaum kann als eine Darstellung von Ableitungen aufgefasst werden, bei der von der Reihenfolge abstrahiert wird, in der die Vorkommen von Nichtterminalsymbolen ersetzt werden. Besitzt derselbe Satz $w \in L(G)$ dennoch *mehr* als einen Syntaxbaum für das Startsymbol S gemäß der Grammatik G, dann heißt der Satz w *mehrdeutig*. Entsprechend heißt die Grammatik G *mehrdeutig*, wenn $L(G)$ mindestens einen mehrdeutigen Satz enthält. Eine kontextfreie Grammatik, die nicht mehrdeutig ist, nennen wir *eindeutig*.

Beispiel 3.2.6 Die Grammatik G_1 ist mehrdeutig, da der Satz Id ∗ Id + Id mehr als einen Syntaxbaum besitzt. Die Grammatik G_0 ist dagegen eindeutig. □

Aus der Definition ergibt sich, dass jeder Satz $x \in L(G)$ mindestens eine Ableitung aus S besitzt. Zu jeder Ableitung für den Satz x gehört wiederum ein Syntaxbaum für x. Jeder Satz $x \in L(G)$ besitzt deshalb mindestens einen Syntaxbaum. Umgekehrt gibt es zu jedem Syntaxbaum für einen Satz x mindestens eine Ableitung für x. Diese Ableitung lässt sich leicht aus dem Syntaxbaum ablesen.

Abb. 3.2 Der eindeutige Syntaxbaum für den Satz Id + Id

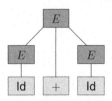

Beispiel 3.2.7 Das Wort Id + Id hat gemäß der Grammatik G_1 den einen Syntaxbaum aus Abb. 3.2. Je nachdem, in welcher Reihenfolge die Nichtterminale abgeleitet werden, ergeben sich die beiden Ableitungen:

$$E \Rightarrow E + E \Rightarrow \text{Id} + E \Rightarrow \text{Id} + \text{Id}$$
$$E \Rightarrow E + E \Rightarrow E + \text{Id} \Rightarrow \text{Id} + \text{Id}$$

□

Wir haben in Beispiel 3.2.7 gesehen, dass – auch bei eindeutigen Wörtern – zu einem Syntaxbaum mehrere Ableitungen korrespondieren können. Diese ergeben sich aus den verschiedenen Möglichkeiten, in einer Satzform Nichtterminale für die nächste Anwendung einer Produktion auszuwählen. Wenn festgelegt wird, dass jeweils das am weitesten links bzw. das am weitesten rechts stehende Nichtterminal ersetzt wird, ergeben sich ausgezeichnete Ableitungen, nämlich *Links-* bzw. *Rechts-*Ableitungen.

Eine Ableitung $\varphi_1 \Longrightarrow \ldots \Longrightarrow \varphi_n$ von $\varphi = \varphi_n$ aus $S = \varphi_1$ ist eine *Links-ableitung* von φ, i. Z. $S \overset{*}{\underset{lm}{\Longrightarrow}} \varphi$, wenn beim Schritt von φ_i nach φ_{i+1} jeweils das in φ_i am weitesten links stehende Nichtterminal ersetzt wird, d. h. $\varphi_i = uA\tau$, $\varphi_{i+1} = u\alpha\tau$ für ein Wort $u \in V_T^*$ und eine Produktion $A \to \alpha \in P$.

Analog nennen wir die Ableitung $\varphi_1 \Longrightarrow \ldots \Longrightarrow \varphi_n$ *Rechtsableitung* von φ, geschrieben $S \overset{*}{\underset{rm}{\Longrightarrow}} \varphi$, wenn jeweils das am weitesten rechts stehende Nichtterminal ersetzt wird, d. h. $\varphi_i = \sigma Au$, $\varphi_{i+1} = \sigma\alpha u$ mit $u \in V_T^*$ und $A \to \alpha \in P$.

Eine Satzform, die in einer Linksableitung (Rechtsableitung) auftritt, heißt *Linkssatzform (Rechtssatzform)*.

Zu jedem Syntaxbaum für S gibt es genau eine Links- und genau eine Rechts-ableitung. Folglich gibt es zu jedem *eindeutigen* Satz auch genau eine Links- und genau eine Rechtsableitung.

Beispiel 3.2.8 Das Wort $\mathsf{Id} * \mathsf{Id} + \mathsf{Id}$ hat gemäß der Grammatik G_1 die Linksableitungen

$$E \underset{lm}{\Longrightarrow} E + E \underset{lm}{\Longrightarrow} E * E + E \underset{lm}{\Longrightarrow} \mathsf{Id} * E + E \underset{lm}{\Longrightarrow} \mathsf{Id} * \mathsf{Id} + E \underset{lm}{\Longrightarrow}$$

$$\mathsf{Id} * \mathsf{Id} + \mathsf{Id} \quad \text{und}$$

$$E \underset{lm}{\Longrightarrow} E * E \underset{lm}{\Longrightarrow} \mathsf{Id} * E \underset{lm}{\Longrightarrow} \mathsf{Id} * E + E \underset{lm}{\Longrightarrow} \mathsf{Id} * \mathsf{Id} + E \underset{lm}{\Longrightarrow} \mathsf{Id} * \mathsf{Id} + \mathsf{Id}.$$

Es hat die Rechtsableitungen

$$E \underset{rm}{\Longrightarrow} E + E \underset{rm}{\Longrightarrow} E + \mathsf{Id} \underset{rm}{\Longrightarrow} E * E + \mathsf{Id} \underset{rm}{\Longrightarrow} E * \mathsf{Id} + \mathsf{Id} \underset{rm}{\Longrightarrow} \mathsf{Id} * \mathsf{Id} + \mathsf{Id}$$

und

$$E \underset{rm}{\Longrightarrow} E * E \underset{rm}{\Longrightarrow} E * E + E \underset{rm}{\Longrightarrow} E * E + \mathsf{Id} \underset{rm}{\Longrightarrow} E * \mathsf{Id} + \mathsf{Id} \underset{rm}{\Longrightarrow}$$

$$\mathsf{Id} * \mathsf{Id} + \mathsf{Id}.$$

Das Wort $\mathsf{Id} + \mathsf{Id}$ hat in G_1 nur jeweils eine Linksableitung, nämlich

$$E \underset{lm}{\Longrightarrow} E + E \underset{lm}{\Longrightarrow} \mathsf{Id} + E \underset{lm}{\Longrightarrow} \mathsf{Id} + \mathsf{Id}$$

und eine Rechtsableitung, nämlich

$$E \underset{rm}{\Longrightarrow} E + E \underset{rm}{\Longrightarrow} E + \mathsf{Id} \underset{rm}{\Longrightarrow} \mathsf{Id} + \mathsf{Id}.$$

$\square$

Wird ein Wort einer eindeutigen Grammatik einmal durch eine Links- und einmal durch eine Rechtsableitung abgeleitet, dann bestehen die beiden Ableitungen aus den gleichen Produktionen. Sie unterscheiden sich lediglich in der *Reihenfolge* ihrer Anwendungen. Die Frage ist daher, ob man in beiden Ableitungen jeweils Satzformen finden kann, die dadurch miteinander korrespondieren, dass jeweils im nächsten Schritt das gleiche Vorkommen eines Nichtterminals ersetzt wird? Das folgende Lemma stellt eine solche Beziehung her.

Lemma 3.2.1

1. Wenn $S \underset{lm}{\overset{*}{\Longrightarrow}} uA\varphi$ gilt, dann gibt es ein ψ, mit $\psi \overset{*}{\Longrightarrow} u$, so dass für alle v mit $\varphi \overset{*}{\Longrightarrow} v$ gilt: $S \underset{rm}{\Longrightarrow} \psi A v$.

2. Wenn $S \underset{rm}{\overset{*}{\Longrightarrow}} \psi A v$ gilt, dann gibt es ein φ mit $\varphi \overset{*}{\Longrightarrow} v$, so dass für alle u mit $\psi \overset{*}{\Longrightarrow} u$ gilt: $S \underset{lm}{\overset{*}{\Longrightarrow}} uA\varphi$. $\square$

Abb. 3.3 Zusammenhang zwischen Rechts- und Linksableitung

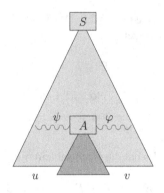

Abbildung 3.3 verdeutlicht die Zusammenhänge zwischen φ und v einerseits
und ψ und u andererseits.

Von kontextfreien Grammatiken, welche die Syntax von Programmiersprachen
beschreiben, verlangt man meist, dass sie eindeutig sind. Dann gibt es zu jedem syntaktisch korrekten Programm, d. h. zu jedem Satz der Grammatik, genau einen Syntaxbaum und folglich auch nur genau eine Links- und genau eine Rechtsableitung.

3.2.2 Produktivität und Erreichbarkeit von Nichtterminalen

Kontextfreie Grammatiken haben eventuell überflüssige Nichtterminale und Produktionen. Deren Beseitigung macht die Grammatiken kleiner, verändert aber nicht
die erzeugte Sprache. Im Folgenden werden zwei Eigenschaften von Nichtterminalen definiert, welche diese als nützlich ausweisen, und es werden Verfahren angegeben, diese Eigenschaften festzustellen und die in diesem Sinne nutzlosen Nichtterminale zu entfernen.

Die erste Eigenschaft eines nützlichen Nichtterminals ist seine *Produktivität*. Ein
Nichtterminal X einer kontextfreien Grammatik $G = (V_N, V_T, P, S)$ nennen wir
produktiv, wenn es mindestens ein Terminalwort erzeugt, d. h. wenn es eine Ableitung $X \underset{G}{\overset{*}{\Longrightarrow}} w$ gibt für ein Wort $w \in V_T^*$.

Beispiel 3.2.9 Betrachten wir die Grammatik $G = (\{S', S, X, Y, Z\}, \{a, b\}, P, S')$,
wobei P aus den Produktionen:

$$
\begin{aligned}
S' &\rightarrow S \\
S &\rightarrow aXZ \mid Y \\
X &\rightarrow bS \mid aYbY \\
Y &\rightarrow ba \mid aZ \\
Z &\rightarrow aZX
\end{aligned}
$$

besteht. Dann ist Y produktiv und deshalb sind auch X, S und S' produktiv. Das Nichtterminal Z ist dagegen nicht produktiv, da die einzige Produktion für Z selbst wieder Z enthält. □

Eine zweistufige Charakterisierung, die zu einem Algorithmus für die Berechnung der Produktivität führt, ist die folgende:

(1) X ist *produktiv über die Produktion* p genau dann, wenn X die linke Seite von p ist, und wenn alle Nichtterminale, die in der rechten Seite von p vorkommen, produktiv sind.

(2) X ist *produktiv*, wenn X über mindestens eine seiner Alternativen produktiv ist.

Insbesondere ist X damit produktiv, wenn es eine Produktion $X \to u \in P$ gibt, deren rechte Seite u keine Nichtterminale enthält, d. h. es gilt $u \in V_T^*$.

Eigenschaft (1) beschreibt die Abhängigkeit der Information zu X von den Informationen über die Symbole in der rechten Seite einer Produktion für X; Eigenschaft (2) gibt an, wie die Information, die aus den verschiedenen Alternativen für X erhalten wurde, zu kombinieren ist.

Wir stellen ein Verfahren vor, das zu einer kontextfreien Grammatik G die Menge aller produktiven Nichtterminale berechnet. Das Verfahren führt für jede Produktion p einen *Zähler* count$[p]$ ein, der die Anzahl der Vorkommen von Nichtterminalen zählt, von denen noch nicht bekannt ist, dass sie produktiv sind. Sinkt der Zähler einer Produktion p auf 0, müssen alle Nichtterminale auf der rechten Seite produktiv sein. Daraus folgt, dass dann die linke Seite von p produktiv über p ist. Zur Verwaltung der Produktionen, deren Zähler auf 0 gesunken ist, verwendet der Algorithmus die *Arbeitsliste W*.

Weiterhin wird für jedes Nichtterminal X eine Liste occ$[X]$ der Vorkommen dieses Nichtterminals in rechten Seiten von Produktionen verwaltet:

```
set ⟨nonterminal⟩   productive ← ∅;       // Ergebnis-Menge
int  count[production];                    // Zähler für jede Produktion
list ⟨nonterminal⟩   W ← [ ];
list ⟨production⟩    occ[nonterminal];     // Vorkommen in rechten Seiten

forall (nonterminal X)   occ[X] ← [ ];     // Initialisierung
forall (production p)   { count[p] ← 0;
                          init(p);
                        }
...
```

Der Aufruf init(p) der Hilfsprozedur init() für eine Produktion p, deren Code wir nicht angegeben haben, iteriert über die Folge der Symbole auf der rechten Seite von p. Bei jedem Vorkommen eines Nichtterminals X wird der Zähler count$[p]$ inkrementiert und p zu der Liste occ$[X]$ hinzugefügt. Gilt am Ende immer noch count$[p] = 0$, dann fügt init(p) die Produktion p in die Liste W ein. Damit ist die Initialisierung abgeschlossen.

In der Hauptiteration werden sukzessive die Produktionen aus W abgearbeitet. Für jede Produktion p aus W ist die linke Seite produktiv über p und damit produktiv. Wird andererseits ein Nichtterminal X neuerdings als produktiv entdeckt, dann wird über die Liste $\mathsf{occ}[X]$ der Produktionen iteriert, in denen X vorkommt. Bei jeder Produktion r aus dieser Liste wird der Zähler $\mathsf{count}[r]$ erniedrigt. Das liefert uns den folgenden Algorithmus:

```
...
while (W ≠ [])  {
      X ← hd(W);  W ← tl(W);
      if (X ∉ productive)  {
            productive ← productive ∪ {X};
            forall ((r : A → α) ∈ occ[X])  {
                  count[r]--;
                  if (count[r] = 0)   W ← A :: W;
            }                                    //  end of   forall
      }                                          //  end of   if
}                                                //  end of   while
```

Im Wesentlichen läuft die Initialisierungsphase einmal über die Grammatik und führt dabei pro Symbol nur konstant viel Arbeit aus. Während der Hauptiteration über die Arbeitsliste wird für jede Produktion die linke Seite maximal einmal in die Liste W eingefügt und kann damit auch nur maximal einmal aus der Liste W entfernt werden. Bei jeder Entnahme eines Nichtterminals X aus W fällt nur dann mehr als konstant viel Arbeit an, wenn X noch nicht als produktiv markiert war. Der Aufwand für ein solches X ist proportional zu der Länge der Liste $\mathsf{occ}[X]$. Die *Summe* dieser Längen ist beschränkt durch die Gesamtgröße der Grammatik G. Daraus folgt, dass der Gesamtaufwand linear in der Größe der Grammatik ist.

Zur Korrektheit des Verfahrens vergewissern wir uns, dass es die folgenden Eigenschaften besitzt:

- Falls in der j-ten Iteration der *while*-Schleife X in die Menge *productive* eingefügt wird, gibt es einen Syntaxbaum für X der Höhe maximal $j - 1$.
- Für jeden Syntaxbaum wird die Wurzel einmal in W eingefügt.

Der effiziente Algorithmus, den wir gerade vorgestellt haben, hat Bedeutung über seine Anwendungen im Übersetzerbau hinaus. Mit geringen Änderungen kann er auch eingesetzt werden, um die *kleinsten* Lösungen von *Booleschen* Gleichungssystemen zu bestimmen, d. h. von Gleichungssystemen, bei denen die rechten Seiten Disjunktionen beliebiger Konjunktionen von Unbekannten sind. In unserem Beispiel stammen die Konjunktionen von den rechten Seiten, während eine Disjunktion die Existenz verschiedener Alternativen für ein Nichtterminal repräsentiert.

Die zweite Eigenschaft eines nützlichen Nichtterminals ist seine *Erreichbarkeit*. Ein Nichtterminal X nennen wir *erreichbar* bzgl. einer kontextfreien Grammatik $G = (V_N, V_T, P, S)$, wenn es eine Ableitung $S \overset{*}{\underset{G}{\Longrightarrow}} \alpha X \beta$ gibt.

Beispiel 3.2.10 Betrachten wir die Grammatik $G = (\{S, U, V, X, Y, Z\},$ $\{a, b, c, d\}, P, S)$, wobei die Menge P aus den folgenden Produktionen besteht:

$$
\begin{array}{ll}
S \to Y & X \to c \\
Y \to YZ \mid Ya \mid b & V \to Vd \mid d \\
U \to V & Z \to ZX
\end{array}
$$

Dann sind die Nichtterminale S, Y, Z und X erreichbar, U und V dagegen nicht. $\square$

Auch für Erreichbarkeit gibt es eine Charakterisierung, aus der wir einen Algorithmus ableiten können.

(1) Das Startsymbol S ist stets erreichbar.
(2) Ist ein Nichtterminal X erreichbar und $X \to \alpha \in P$, dann ist auch jedes Nichtterminal erreichbar, das in der rechten Seite α vorkommt.

Sei für jedes Nichtterminal X rhs$[X]$ die Menge aller Nichtterminale, die in rechten Seiten von Produktionen der Grammatik vorkommen, deren linke Seite X ist. Diese Mengen können in linearer Zeit berechnet werden. Dann können wir die Menge *reachable* der erreichbaren Nichtterminale einer Grammatik berechnen durch:

```
set ⟨nonterminal⟩  reachable ← ∅;
list ⟨nonterminal⟩  W ← S :: [];
nonterminal Y;
while (W ≠ []) {
    X ← hd(W);  W ← tl(W);
    if (X ∉ reachable) {
        reachable ← reachable ∪ {X};
        forall (Y ∈ rhs[X]) W ← W ∪ {Y};
    }
```

Um eine Grammatik G zu reduzieren, werden zuerst die unproduktiven Nichtterminale zusammen mit allen Produktionen, in denen sie vorkommen, beseitigt. Erst in einem zweiten Schritt werden die nicht erreichbaren Nichtterminale beseitigt. In diesem zweiten Schritt kann man wir deshalb davon ausgehen, dass sämtliche noch vorhandenen Nichtterminale produktiv sind.

Beispiel 3.2.11 Betrachten wir erneut die Grammatik aus Beispiel 3.2.9 mit den Produktionen:

$$S' \to S$$
$$S \to aXZ \mid Y$$
$$X \to bS \mid aYbY$$
$$Y \to ba \mid aZ$$
$$Z \to aZX$$

Die Menge der produktiven Nichtterminale ist $\{S', S, X, Y\}$, während Z nicht produktiv ist. Um eine reduzierte Grammatik zu berechnen, werden deshalb im ersten Schritt alle Produktionen gestrichen, in denen Z vorkommt. Es ergibt sich die Menge P_1:

$$S' \to S$$
$$S \to Y$$
$$X \to bS \mid aYbY$$
$$Y \to ba$$

Obwohl X bzgl. der ursprünglichen Menge von Produktionen erreichbar war, ist X nicht mehr erreichbar. Die Menge der erreichbaren Nichtterminale ist $V_N' = \{S', S, Y\}$. Indem alle Produktionen gestrichen werden, deren linke Seite nicht erreichbar ist, ergibt sich die Menge:

$$S' \to S$$
$$S \to Y$$
$$Y \to ba$$

□

Wir nehmen im Folgenden immer an, dass Grammatiken reduziert sind.

3.2.3 Kellerautomaten

In diesem Abschnitt behandeln wir das Automatenmodell, das kontextfreien Grammatiken entspricht, den Kellerautomaten. Für die Realisierung einer Komponente zur Syntaxanalyse benötigen wir ein Verfahren, das zu einer gegebenen kontextfreien Grammatik einen Kellerautomaten konstruiert, welcher die wohlgeformten Sätze der Grammatik analysieren kann. In Abschn. 3.2.4 beschreiben wir eine solche Konstruktion. Allerdings hat der Kellerautomat, den wir zu einer kontextfreien Grammatik konstruieren, einen kleinen Schönheitsfehler: Für fast alle Grammatiken ist er nichtdeterministisch. In den Abschn. 3.3 und 3.4 wird beschrieben, wie

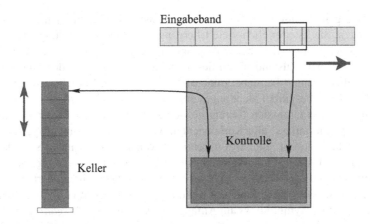

Abb. 3.4 Schematische Darstellung eines Kellerautomaten

diese Konstruktion für geeignete Unterklassen kontextfreier Grammatiken so modifiziert werden kann, dass wir deterministische Automaten erhalten.

Im Gegensatz zu den endlichen Automaten, die im letzten Kapitel behandelt wurden, verfügt ein Kellerautomat über eine unbegrenzte Speicherfähigkeit.

Die (konzeptuell) unbeschränkte Datenstruktur *Keller*, mit der er ausgestattet ist, arbeitet nach dem *last-in-first-out*-Prinzip. Abbildung 3.4 zeigt eine schematische Darstellung eines Kellerautomaten. Wie bei einem endlichen Automaten darf sich der Lesekopf nur von links nach rechts bewegen. Im Unterschied zu einem endlichen Automaten wird ein Übergang des Automaten nicht durch das aktuelle Symbol auf dem Eingabeband und und einen Zustand, sondern durch das aktuelle Symbol auf dem Eingabeband und einem oberen Abschnitt auf dem Keller bestimmt. Der Übergang kann diesen oberen Abschnitt des Kellers verändern und den Eingabekopf gegebenenfalls auf dem Eingabeband nach rechts rücken.

Formal definieren wir einen *Kellerautomaten* als ein Tupel $P = (Q, V_T, \Delta, q_0, F)$, wobei

- Q die endliche Menge der *Zustände*,
- V_T das *Eingabealphabet*,
- $q_0 \in Q$ der *Anfangszustand* und
- $F \subseteq Q$ die Menge der *Endzustände* sind, und
- Δ, eine endliche Teilmenge von $Q^+ \times V_T \times Q^*$, die *Übergangsrelation* ist.

Die Übergangsrelation Δ kann auch als eine endliche partielle Funktion Δ von $Q^+ \times V_T$ in die endlichen Teilmengen von Q^* aufgefasst werden.

Unsere Definition eines Kellerautomaten ist insofern etwas ungewöhnlich, als sie nicht zwischen Zuständen des Automaten und Kellersymbolen unterscheidet, sondern für beide das gleiche Alphabet verwendet. Entsprechend wird das oberste Kellersymbol als der *aktuelle* Zustand angesehen und der Automat in die Lage versetzt, auch die Symbole unterhalb des obersten Kellersymbols zu berücksichtigen.

Die Übergangsrelation beschreibt die möglichen Berechnungsschritte des Kellerautomaten. Sie listet endlich viele Übergänge auf. Die Anwendung eines Übergangs (γ, x, γ') ersetzt den oberen Abschnitt $\gamma \in Q^+$ des Kellers durch die neue Folge $\gamma' \in Q^*$ von Zuständen und liest dabei $x \in V_T \cup \{\varepsilon\}$ in der Eingabe. Der ersetzte Kellerabschnitt hat dabei mindestens die Länge 1. Ein Übergang, bei dem das nächste Eingabesymbol nicht angesehen wird, heißt ε-*Übergang*.

Auch für Kellerautomaten führen wir den Begriff einer *Konfiguration* ein. Eine Konfiguration umfasst alle Komponenten, welche für die zukünftigen Schritte des Automaten relevant sind. Bei unserer Art von Kellerautomaten sind das der Kellerinhalt und die restliche Eingabe. Formal ist damit eine *Konfiguration* des Kellerautomaten P ein Paar $(\gamma, w) \in Q^+ \times V_T^*$. In dieser linearisierten Darstellung befindet sich das obere Ende des Kellers am *rechten* Ende von γ, während das nächste zu lesende Symbol *links* am Anfang von w steht. Ein *Übergang* von P wird durch die binäre Relation $\vdash_P$ zwischen Konfigurationen dargestellt. Diese Relation ist definiert durch:

$$(\gamma, w) \vdash_P (\gamma', w'), \text{ falls } \gamma = \alpha\beta, \quad \gamma' = \alpha\beta', \quad w = xw' \text{ und } (\beta, x, \beta') \in \Delta$$

für ein geeignetes $\alpha \in Q^*$. Wie bei endlichen Automaten ist eine *Berechnung* eine Folge von Konfigurationen, zwischen denen jeweils ein Übergang besteht. Wir schreiben $C \vdash_P^n C'$, wenn es Konfigurationen $C_1, \ldots, C_{n+1}$ gibt, so dass $C_1 = C$, $C_{n+1} = C'$ und $C_i \vdash_P C_{i+1}$ für $1 \le i \le n$ gilt. Die Relationen $\vdash_P^+$ und $\vdash_P^*$ sind die transitive bzw. die reflexive und transitive Hülle von $\vdash_P$. Es gilt:

$$\vdash_P^+ = \bigcup_{n \ge 1} \vdash_P^n \quad \text{und} \quad \vdash_P^* = \bigcup_{n \ge 0} \vdash_P^n$$

Eine Konfiguration (q_0, w) für ein $w \in V_T^*$ heißt eine *Anfangskonfiguration*, (q, ε), für $q \in F$, eine *Endkonfiguration* des Kellerautomaten P. Ein Wort $w \in V_T^*$ wird von dem Kellerautomaten P *akzeptiert* wenn $(q_0, w) \vdash_P^* (q, \varepsilon)$ gilt für ein $q \in F$. Die *Sprache* $L(P)$ des Kellerautomaten P ist die Menge der von P akzeptierten Wörter:

$$L(P) = \{w \in V_T^* \mid \exists f \in F : (q_0, w) \vdash_P^* (f, \varepsilon)\}$$

Ein Wort w wird also von einem Kellerautomaten akzeptiert, wenn es *mindestens* eine Berechnung gibt, die von der Anfangskonfiguration (q_0, w) zu einer Endkonfiguration führt. Solche Berechnungen heißen *akzeptierend*. Für ein Wort kann es gegebenenfalls mehrere akzeptierende Berechnungen geben zusammen mit vielen Berechnungen, die nur einen Präfix des Worts w lesen können oder zwar w lesen, aber trotzdem keine Endkonfiguration erreichen. Da man in der Praxis akzeptierende Berechnungen nicht durch Probieren herausfinden möchte, sind *deterministische* Kellerautomaten von besonderer Bedeutung.

Ein Kellerautomat P heißt *deterministisch*, wenn die Übergangsrelation Δ die folgende Eigenschaft erfüllt:

(D) Falls $(\gamma_1, x, \gamma_2), (\gamma_1', x', \gamma_2')$ zwei verschiedene Übergänge aus Δ sind und γ_1' ein Suffix von γ_1 ist, dann sind x und x' aus Σ und verschieden, d. h. $x \neq \varepsilon \neq x'$ und $x \neq x'$.

Besitzt die Übergangsrelation die Eigenschaft (D), dann gibt es in jeder Konfiguration höchstens einen Übergang in eine Nachfolgekonfiguration.

3.2.4 Der Item-Kellerautomat zu einer kontextfreien Grammatik

In diesem Abschnitt wird ein Verfahren angegeben, mit dem zu jeder kontextfreien Grammatik ein Kellerautomat konstruiert werden kann, der die von der Grammatik definierte Sprache akzeptiert. Dieser Automat ist nichtdeterministisch und deshalb für einen praktischen Einsatz nur bedingt geeignet. Durch geeignete Entwurfsentscheidungen können wir aus ihm jedoch sowohl die LL-Analysatoren aus Abschn. 3.3, als auch die LR-Analysatoren aus Abschn. 3.4 ableiten.

Eine entscheidende Rolle spielt der Begriff des kontextfreien *Items*. Sei $G = (V_N, V_T, P, S)$ eine kontextfreie Grammatik. Ein *kontextfreies Item* von G ist ein Tripel (A, α, β) mit $A \to \alpha\beta \in P$. Dieses Tripel schreiben wir intuitiver als $[A \to \alpha.\beta]$. Das Item $[A \to \alpha.\beta]$ beschreibt die Situation, dass bei dem Versuch, ein Wort w aus A abzuleiten, bereits ein Präfix von w erfolgreich aus α abgeleitet wurde. α heißt deshalb die *Geschichte* des Items.

Ein Item $[A \to \alpha.\beta]$ mit $\beta = \varepsilon$ heißt *vollständig*. Die Menge aller kontextfreien Items von G bezeichnen wir mit It_G. Ist ρ die Folge von Items:

$$\rho = [A_1 \to \alpha_1.\beta_1][A_2 \to \alpha_2.\beta_2]\dots[A_n \to \alpha_n.\beta_n]$$

dann bezeichnet $\text{hist}(\rho)$ die Konkatenation der Geschichten der Items von ρ, d. h.

$$\text{hist}(\rho) = \alpha_1\alpha_2\dots\alpha_n.$$

Zu der kontextfreien Grammatik $G = (V_N, V_T, P, S)$ konstruieren wir nun den *Item-Kellerautomaten*. Als Zustände und damit auch als Kellersymbole verwendet er die Items der Grammatik. Der aktuelle Zustand ist das Item, an dessen rechter Seite der Automat gerade arbeitet. Im Keller darunter stehen die Items, von deren rechten Seiten die Bearbeitung bereits begonnen, aber noch nicht vollendet wurde.

Bevor wir den Item-Kellerautomaten konstruieren, wollen wir die Grammatik G jedoch so erweitern, dass die Terminierung des konstruierten Kellerautomaten eindeutig am aktuellen Zustand abgelesen werden kann. Ist S das Startsymbol der Grammatik, dann sind die Kandidaten für die Endzustände des Item-Kellerautomaten alle vollständigen Items $[S \to \alpha.]$ der Grammatik. Tritt S auch auf der rechten Seite einer Produktion auf, können solche vollständigen Items jedoch auch oben auf dem Keller auftreten, ohne dass der Automat deswegen terminieren sollte, da darunter noch unvollständig bearbeitete Items liegen. Darum erweitern wir die Grammatik G um ein neues Startsymbol S', das in keiner rechten Seite vorkommt. Für S' fügen wir die Produktion $S' \to S$ zu der Menge der Produktionen von G hinzu. Als Startzustand des Item-Kellerautomaten für die erweiterte Grammatik wählen wir das Item $[S' \to .S]$ und als einzigen Endzustand das vollständige Item $[S' \to S.]$. Der *Item-Kellerautomat* zu der Grammatik G ist dann der Kellerautomat

$$K_G = (\mathsf{It}_G, V_T, \Delta, [S' \to .S], \{[S' \to S.]\})$$

wobei die Übergangsrelation Δ drei Typen von Übergängen bereit stellt:

(E) $\Delta([X \to \beta.Y\gamma], \varepsilon)$ $= \{[X \to \beta.Y\gamma][Y \to .\alpha] \mid Y \to \alpha \in P\}$

(L) $\Delta([X \to \beta.a\gamma], a)$ $= \{[X \to \beta a.\gamma]\}$

(R) $\Delta([X \to \beta.Y\gamma][Y \to \alpha.], \varepsilon) = \{[X \to \beta Y.\gamma]\}$.

Übergänge gemäß (E) heißen *Expansionsübergänge*, solche gemäß (L) *Leseübergänge* und solche gemäß (R) *Reduktionsübergänge*.

Für eine Folge von Items, die als Kellerinhalt in einer Berechnung des Item-Kellerautomaten auftreten, gilt die folgende Invariante (I):

(I) Falls $([S' \to .S], uv) \vdash^{*}_{K_G} (\rho, v)$, dann gilt: $\mathsf{hist}(\rho) \overset{*}{\underset{G}{\Longrightarrow}} u$.

Diese Invariante ist ein wesentlicher Bestandteil des Beweises, dass der Item-Kellerautomat K_G nur Sätze von G akzeptiert, d. h. dass $L(K_G) \subseteq L(G)$ ist. Wir erläutern nun die Arbeitsweise des Automaten K_G und beweisen gleichzeitig durch Induktion (über die Länge von Berechnungen), dass die Invariante (I) für jede aus einer Anfangskonfiguration erreichbare Konfiguration erfüllt ist.

Betrachten wir zuerst die Anfangskonfiguration für die Eingabe w. Diese Anfangskonfiguration ist $([S' \to .S], w)$. Das Wort $u = \varepsilon$ wurde bereits gelesen, $\mathsf{hist}([S' \to .S]) = \varepsilon$, und es gilt $\varepsilon \overset{*}{\Longrightarrow} \varepsilon$. Deshalb gilt die Invariante in dieser Konfiguration.

Betrachten wir nun Ableitungen, die mindestens einen Übergang enthalten. Nehmen wir als erstes an, der letzte Übergang sei ein Expansionsübergang. Dann wurde vor diesem Übergang aus der Anfangskonfiguration $([S' \to .S], uv)$ eine Konfiguration $(\rho[X \to \beta.Y\gamma], v)$ erreicht. Diese Konfiguration erfüllt nach Induktionsvoraussetzung die Invariante (I), d. h. es gilt $\mathsf{hist}(\rho)\beta \overset{*}{\Longrightarrow} u$. Als aktueller Zustand legt das Item $[X \to \beta.Y\gamma]$ nahe, einen Präfix von v aus Y abzuleiten. Dazu sollte der Automat nichtdeterministisch eine der Alternativen für Y auswählen. Gerade das beschreiben die Übergänge gemäß (E). Alle möglichen Folgekonfigurationen $(\rho[X \to \beta.Y\gamma][Y \to .\alpha], v)$ für $Y \to \alpha \in P$ erfüllen ebenfalls die Invariante (I), denn

$$\mathsf{hist}(\rho[X \to \beta.Y\gamma][Y \to .\alpha]) = \mathsf{hist}(\rho)\beta \overset{*}{\Longrightarrow} u .$$

Als nächstes nehmen wir an, der letzte Übergang sei ein Leseübergang. Dann wurde vor diesem Übergang aus $([S' \to .S], uav)$ eine Konfiguration $(\rho[X \to \beta.a\gamma], av)$ erreicht. Diese Konfiguration erfüllt nach Induktionsvoraussetzung die Invariante (I), d. h. es gilt $\mathrm{hist}(\rho)\beta \overset{*}{\Longrightarrow} u$. Dann erfüllt die Nachfolgekonfiguration $(\rho[X \to \beta a.\gamma], v)$ ebenfalls die Invariante (I), denn

$$\mathrm{hist}(\rho[X \to \beta a.\gamma]) = \mathrm{hist}(\rho)\beta a \overset{*}{\Longrightarrow} ua$$

Nehmen wir schließlich an, dass der letzte Schritt ein Reduktionsübergang ist. Vor dem letzten Schritt wurde aus $([S' \to .S], uv)$ eine Konfiguration $(\rho[X \to \beta.Y\gamma][Y \to \alpha.], v)$ erreicht. Nach Induktionsvoraussetzung erfüllt sie die Invariante (I), d. h. es gilt $\mathrm{hist}(\rho)\beta\alpha \overset{*}{\underset{G}{\Longrightarrow}} u$. Der aktuelle Zustand ist das vollständige Item $[Y \to \alpha.]$. Er ist das Ergebnis einer Berechnung, die mit dem Item $[Y \to .\alpha]$ begonnen wurde, als $[X \to \beta.Y\gamma]$ aktueller Zustand war und die Alternative $Y \to \alpha$ für Y ausgewählt wurde. Diese Alternative wurde erfolgreich abgearbeitet. Die Nachfolgekonfiguration $(\rho[X \to \beta Y.\gamma], v)$ erfüllt ebenfalls die Invariante (I), denn aus $\mathrm{hist}(\rho)\beta\alpha \overset{*}{\underset{G}{\Longrightarrow}} u$ folgt $\mathrm{hist}(\rho)\beta Y \overset{*}{\underset{G}{\Longrightarrow}} u$. $\square$

Insgesamt gilt der folgende Satz:

Satz 3.2.1 Für jede kontextfreie Grammatik G gilt $L(K_G) = L(G)$.

Beweis. Nehmen wir an, $w \in L(K_G)$. Dann gilt

$$([S' \to .S], w) \overset{*}{\underset{K_G}{\vdash}} ([S' \to S.], \varepsilon) .$$

Wegen der Invariante (I), die wir bereits bewiesen haben, folgt, dass

$$S = \mathrm{hist}([S' \to S.]) \overset{*}{\underset{G}{\Longrightarrow}} w$$

Deshalb ist $w \in L(G)$. Für die umgekehrte Richtung nehmen wir an, dass $w \in L(G)$ ist. Dann gilt $S \overset{*}{\underset{G}{\Longrightarrow}} w$. Um zu zeigen, dass dann auch

$$([S' \to .S], w) \overset{*}{\underset{K_G}{\vdash}} ([S' \to S.], \varepsilon)$$

gilt, zeigt man allgemeiner, dass für jede Ableitung $A \overset{}{\underset{G}{\Longrightarrow}} \alpha \overset{*}{\underset{G}{\Longrightarrow}} w$ mit $A \in V_N$ gilt, dass

$$(\rho[A \to .\alpha], wv) \overset{*}{\underset{K_G}{\vdash}} (\rho[A \to \alpha.], v)$$

für beliebige $\rho \in \mathrm{It}_G^*$ und beliebige $v \in V_T^*$. Diese allgemeinere Behauptung lässt sich durch Induktion über die Länge der Ableitung $A \underset{G}{\Longrightarrow} \alpha \underset{G}{\overset{*}{\Longrightarrow}} w$ beweisen.   □

Beispiel 3.2.12 Sei $G' = (\{S, E, T, F\}, \{+, *, (,), \mathrm{Id}\}, P', S)$ die Erweiterung der Grammatik G_0 um das neue Startsymbol S. Die Menge der Produktionen P' ist gegeben durch:

$$S \to E$$
$$E \to E + T \mid T$$
$$T \to T * F \mid F$$
$$F \to (E) \mid \mathrm{Id}$$

Die Übergangsrelation Δ von K_{G_0} ist in Tabelle 3.1 beschrieben. Eine akzeptierende Berechnung von K_{G_0} für das Wort $\mathrm{Id} + \mathrm{Id} * \mathrm{Id}$ zeigt Tabelle 3.2.   □

Kellerautomaten mit Ausgabe

Kellerautomaten als solche sind nur Akzeptoren, d. h. sie entscheiden nur, ob ein vorgelegtes Wort ein Satz der Sprache ist oder nicht. Will man dagegen einen Kellerautomaten zur syntaktischen Analyse in einem Übersetzer benutzen, so interessiert aber auch die syntaktische Struktur akzeptierter Wörter. Diese kann in der Form eines Syntaxbaums oder in der Folge der in einer Rechts- bzw. Linksableitung angewandten Produktionen dargestellt werden. Deshalb erweitern wir Kellerautomaten um entsprechende Ausgabemöglichkeiten.

Ein Kellerautomat *mit Ausgabe* ist ein Tupel $P = (Q, V_T, O, \Delta, q_0, F)$, wobei Q, V_T, q_0, F wie bei einem normalen Kellerautomaten definiert sind und O ein endliches Ausgabealphabet ist. Die Relation Δ ist eine endliche Relation zwischen $Q^+ \times (V_T \cup \{\varepsilon\})$ und $Q^* \times (O \cup \{\varepsilon\})$. Eine *Konfiguration* beschreibt den aktuellen Kellerinhalt, die verbleibende Eingabe und die bereits getätigte Ausgabe. Sie ist deshalb ein Element aus $Q^+ \times V_T^* \times O^*$.

Bei jedem Übergang kann der Automat ein Symbol aus O ausgeben. Setzen wir einen Kellerautomaten mit Ausgabe als Parser ein, so besteht sein Ausgabealphabet aus den Produktionen der kontextfreien Grammatik oder ihren Nummern.

Den Item-Kellerautomaten können wir auf zwei Weisen um Möglichkeiten zur Ausgabe erweitern. Wird bei jeder Expansion die angewandte Produktion ausgegeben, ist die gesamte Ausgabe für jede akzeptierende Berechnung eine Linksableitung für das akzeptierte Wort. Einen Kellerautomaten mit einer solchen Ausgabe nennen wir einen *Linksparser*.

Anstatt bei den Expansionen könnte der Item-Kellerautomat auch bei jeder Reduktion die angewandte Produktion ausgeben. Dann liefert seine Ausgabe für eine akzeptierende Berechnung eine *gespiegelte Rechtsableitung* für das akzeptierte Wort. Einen Kellerautomaten mit einer solchen Ausgabe nennen wir einen *Rechtsparser*.

Tab. 3.1 Tabellarische Darstellung der Übergangsrelation aus Beispiel 3.2.12. Die mittlere Spalte gibt die konsumierte Eingabe an

oberes Kellerende	Eingabe	neues oberes Kellerende
$[S \to .E]$	ε	$[S \to .E][E \to .E + T]$
$[S \to .E]$	ε	$[S \to .E][E \to .T]$
$[E \to .E + T]$	ε	$[E \to .E + T][E \to .E + T]$
$[E \to .E + T]$	ε	$[E \to .E + T][E \to .T]$
$[F \to (.E)]$	ε	$[F \to (.E)][E \to .E + T]$
$[F \to (.E)]$	ε	$[F \to (.E)][E \to .T]$
$[E \to .T]$	ε	$[E \to .T][T \to .T * F]$
$[E \to .T]$	ε	$[E \to .T][T \to .F]$
$[T \to .T * F]$	ε	$[T \to .T * F][T \to .T * F]$
$[T \to .T * F]$	ε	$[T \to .T * F][T \to .F]$
$[E \to E + .T]$	ε	$[E \to E + .T][T \to .T * F]$
$[E \to E + .T]$	ε	$[E \to E + .T][T \to .F]$
$[T \to .F]$	ε	$[T \to .F][F \to .(E)]$
$[T \to .F]$	ε	$[T \to .F][F \to .\text{Id}]$
$[T \to T * .F]$	ε	$[T \to T * .F][F \to .(E)]$
$[T \to T * .F]$	ε	$[T \to T * .F][F \to .\text{Id}]$
$[F \to .(E)]$	(	$[F \to (.E)]$
$[F \to .\text{Id}]$	Id	$[F \to \text{Id}.]$
$[F \to (E.)]$	)	$[E \to (E).]$
$[E \to E. + T]$	+	$[E \to E + .T]$
$[T \to T. * F]$	*	$[T \to T * .F]$
$[T \to .F][F \to \text{Id}.]$	ε	$[T \to F.]$
$[T \to T * .F][F \to \text{Id}.]$	ε	$[T \to T * F.]$
$[T \to .F][F \to (E).]$	ε	$[T \to F.]$
$[T \to T * .F][F \to (E).]$	ε	$[T \to T * F.]$
$[T \to .T * F][T \to F.]$	ε	$[T \to T. * F]$
$[E \to .T][T \to F.]$	ε	$[E \to T.]$
$[E \to E + .T][T \to F.]$	ε	$[E \to E + T.]$
$[E \to E + .T][T \to T * F.]$	ε	$[E \to E + T.]$
$[T \to .T * F][T \to T * F.]$	ε	$[T \to T. * F]$
$[E \to .T][T \to T * F.]$	ε	$[E \to T.]$
$[F \to (.E)][E \to T.]$	ε	$[F \to (E.)]$
$[F \to (.E)][E \to E + T.]$	ε	$[F \to (E.)]$
$[E \to .E + T][E \to T.]$	ε	$[E \to E. + T]$
$[E \to .E + T][E \to E + T.]$	ε	$[E \to E. + T]$
$[S \to .E][E \to T.]$	ε	$[S \to E.]$
$[S \to .E][E \to E + T.]$	ε	$[S \to E.]$

Tab. 3.2 Die akzeptierende Berechnung von K_G für das Wort Id $+$ Id $*$ Id

Kellerinhalt	restliche Eingabe
$[S \rightarrow .E]$	Id $+$ Id $*$ Id
$[S \rightarrow .E][E \rightarrow .E + T]$	Id $+$ Id $*$ Id
$[S \rightarrow .E][E \rightarrow .E + T][E \rightarrow .T]$	Id $+$ Id $*$ Id
$[S \rightarrow .E][E \rightarrow .E + T][E \rightarrow .T][T \rightarrow .F]$	Id $+$ Id $*$ Id
$[S \rightarrow .E][E \rightarrow .E + T][E \rightarrow .T][T \rightarrow .F][F \rightarrow .\text{Id}]$	Id $+$ Id $*$ Id
$[S \rightarrow .E][E \rightarrow .E + T][E \rightarrow .T][T \rightarrow .F][F \rightarrow \text{Id}.]$	Id $*$ Id
$[S \rightarrow .E][E \rightarrow .E + T][E \rightarrow .T][T \rightarrow F.]$	Id $*$ Id
$[S \rightarrow .E][E \rightarrow .E + T][E \rightarrow T.]$	$+$Id $*$ Id
$[S \rightarrow .E][E \rightarrow E. + T]$	$+$Id $*$ Id
$[S \rightarrow .E][E \rightarrow E + .T]$	Id $*$ Id
$[S \rightarrow .E][E \rightarrow E + .T][T \rightarrow .T * F]$	Id $*$ Id
$[S \rightarrow .E][E \rightarrow E + .T][T \rightarrow .T * F][T \rightarrow .F]$	Id $*$ Id
$[S \rightarrow .E][E \rightarrow E + .T][T \rightarrow .T * F][T \rightarrow .F][F \rightarrow .\text{Id}]$	Id $*$ Id
$[S \rightarrow .E][E \rightarrow E + .T][T \rightarrow .T * F][T \rightarrow .F][F \rightarrow \text{Id}.]$	$*$Id
$[S \rightarrow .E][E \rightarrow E + .T][T \rightarrow .T * F][T \rightarrow F.]$	$*$Id
$[S \rightarrow .E][E \rightarrow E + .T][T \rightarrow T. * F]$	$*$Id
$[S \rightarrow .E][E \rightarrow E + .T][T \rightarrow T * .F]$	Id
$[S \rightarrow .E][E \rightarrow E + .T][T \rightarrow T * .F][F \rightarrow .\text{Id}]$	Id
$[S \rightarrow .E][E \rightarrow E + .T][T \rightarrow T * .F][F \rightarrow \text{Id}.]$	
$[S \rightarrow .E][E \rightarrow E + .T][T \rightarrow T * F.]$	
$[S \rightarrow .E][E \rightarrow E + T.]$	
$[S \rightarrow E.]$	

Deterministische Parser

In Satz 3.2.1 haben wir bewiesen, dass der Item-Kellerautomat K_G zu einer kontextfreien Grammatik G genau deren Sprache $L(G)$ akzeptiert. Jedoch ist die nichtdeterministische Arbeitsweise des Kellerautomaten für die Praxis ungeeignet. Die Quelle des Nichtdeterminismus liegt in den Übergängen des Typs (E): der Item-Kellerautomat kann bei jedem Expansionsübergang für ein Nichtterminal zwischen mehreren Alternativen auswählen. Bei einer eindeutigen Grammatik ist jedoch höchstens eine davon die richtige, um die restliche Eingabe abzuleiten. Die anderen Alternativen führen früher oder später in die Irre. Der Item-Kellerautomat kann diese richtige Alternative jedoch nur *raten*.

In den Abschn. 3.3 und 3.4 geben wir zwei Methoden an, die das Raten beseitigen. Die LL-Analysatoren aus Abschn. 3.3 wählen deterministisch eine Alternative für das aktuelle Nichtterminal aus und benutzen dazu eine beschränkte Vorausschau in die restliche Eingabe. Nicht für alle Grammatiken, aber für Grammatiken vom Typ $LL(k)$ kann deterministisch ein (E)-Übergang ausgewählt werden, wenn die bereits gelesene Eingabe, das zu expandierende Nichtterminal und die nächsten k Eingabesymbole in Betracht gezogen werden. LL-Analysatoren sind Linksparser.

Die LR-Analysatoren arbeiten anders. Sie *verzögern* die Entscheidung, die der LL-Analysator bei der Expansion trifft, bis zu den Reduktionsstellen. Zu jedem Zeitpunkt der Analyse verfolgen sie parallel alle Möglichkeiten, die noch zu einer gespiegelten Rechtsableitung für das Eingabewort führen können. Erst, wenn eine der Möglichkeiten eine Reduktion verlangt, muss der Analysator eine Entscheidung treffen. Diese Entscheidung betrifft die Frage, ob weiter gelesen oder reduziert werden soll, und im zweiten Fall mit welcher Produktion reduziert werden soll. Für diese Entscheidung wird der aktuelle Kellerinhalt und ebenfalls eine beschränkte Zahl von Symbolen Vorausschau herangezogen. Weil LR-Analysatoren Reduktionen melden, sind sie Rechtsparser. Auch LR-Analysatoren existieren nicht für jede kontextfreie Grammatik, sondern nur für Grammatiken vom Typ $LR(k)$, wobei k wieder die Anzahl der benötigten Symbole Vorausschau angibt.

3.2.5 first- und follow-Mengen

Betrachten wir den Item-Kellerautomaten K_G zu einer kontextfreien Grammatik G bei einer Expansion, d. h. einem (E)-Übergang. Vor einem solchen Übergang ist K_G in einem aktuellen Zustand der Form $[X \rightarrow \alpha.Y\beta]$. In diesem Zustand muss der Kellerautomat K_G nichtdeterministisch aus den Alternativen $Y \rightarrow \alpha_1 \mid \ldots \mid \alpha_n$ für das Nichtterminal Y auswählen. Für diese Entscheidung ist es hilfreich, die Mengen der Wörter zu kennen, die von den verschiedenen Alternativen produziert werden können. Wenn der Anfang der restlichen Eingabe nur zu Wörtern einer Alternative $Y \rightarrow \alpha_i$ passt, wird diese Alternative auszuwählen sein. Wenn einige der Alternativen auch kurze Wörter, z. B. ε, produzieren können, ist ebenfalls die Menge der Wörter oder ihrer Anfänge interessant, die auf Y folgen können.

Da die Mengen der Wörter, die von einer Alternative produziert werden können, i. A. unendlich sind, begnügt man sich mit den Mengen der *Präfixe* dieser Wörter von einer vorgegebenen Länge k. Diese Mengen sind endlich, Der erzeugte Parser gründet seine Entscheidungen auf einem Vergleich eines Präfixes der restlichen Eingabe der Länge k mit den Elementen dieser vorberechneten endlichen Mengen. Für diesen Zweck führen wir die Funktionen first_k und follow_k ein.

Für ein Alphabet V_T schreiben wir $V_T^{\leq k}$ für $\bigcup\limits_{i=0}^{k} V_T^i$ und $V_{T,\#}^{\leq k}$ für $V^{\leq k} \cup (V_T^{\leq k-1} \{\#\})$, wobei $\#$ ein Symbol ist, das nicht in V_T enthalten ist. Wie das Dateiendesymbol eof markiert es das Ende eines Wortes. Sei $w = a_1 \ldots a_n$ ein Wort mit $a_i \in V_T$ für $(1 \leq i \leq n)$, $n \geq 0$. Für $k \geq 0$ definieren wir den k-*Präfix* von w als:

$$w|_k = \begin{cases} a_1 \ldots a_n & \text{falls } n \leq k \\ a_1 \ldots a_k & \text{sonst} \end{cases}$$

Abb. 3.5 first_k und follow_k im Syntaxbaum

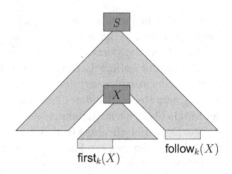

Weiterhin führen wir den Operator $\odot_k : V_T \times V_T \rightarrow V_T^{\leq k}$ ein, der definiert ist durch

$$u \odot_k v = (uv)|_k$$

Diesen Operator nennen wir *k-Konkatenation*. Beide Operationen erweitern wir auf Mengen von Wörtern. Für Mengen $L \subseteq V_T^*$ und $L_1, L_2 \subseteq V^{\leq k}$ definieren wir

$$L|_k = \{w|_k \mid w \in L\} \quad \text{und} \quad L_1 \odot_k L_2 = \{x \odot_k y \mid x \in L_1, y \in L_2\}.$$

Sei $G = (V_N, V_T, P, S)$ eine kontextfreie Grammatik. Für $k \geq 1$ definieren wir die Funktion $\text{first}_k : (V_N \cup V_T)^* \rightarrow 2^{V_T^{\leq k}}$, die zu jedem Wort α die Menge aller Präfixe der Länge k von Terminalworten liefert, die aus α ableitbar sind:

$$\text{first}_k(\alpha) = \{u|_k \mid \alpha \overset{*}{\Longrightarrow} u\}$$

Entsprechend liefert die Funktion $\text{follow}_k : V_N \rightarrow 2^{V_{T,\#}^{\leq k}}$ zu jedem Nichtterminal X die Menge der Terminalworte der Länge kleiner oder gleich k, die in einer Satzform direkt auf X folgen können:

$$\text{follow}_k(X) = \{w \in V_T^* \mid S \overset{*}{\Longrightarrow} \beta X \gamma \text{ und } w \in \text{first}_k(\gamma\#)\}$$

Die Menge $\text{first}_k(X)$ besteht aus den k-Präfixen der Blattwörter aller Bäume für X. $\text{follow}_k(X)$ aus den k-Präfixen des zweiten Teils der Blattwörter aller oberen Baumfragmente für X (siehe Abb. 3.5). Einige Eigenschaften der k-Konkatenation und der Funktion first_k beschreibt das folgende Lemma.

Lemma 3.2.2 Sei $k \geq 1$, und seien $L_1, L_2, L_3 \subseteq V^{\leq k}$ gegeben. Dann gilt:

$$(a) \quad L_1 \odot_k (L_2 \odot_k L_3) = (L_1 \odot_k L_2) \odot_k L_3$$
$$(b) \quad L_1 \odot_k \{\varepsilon\} = \{\varepsilon\} \odot_k L_1 = L_1|_k$$
$$(c) \quad L_1 \odot_k L_2 = \emptyset \quad \text{gdw.} \quad L_1 = \emptyset \vee L_2 = \emptyset$$

(d) $\quad \varepsilon \in L_1 \odot_k L_2$ $\quad$ gdw. $\quad \varepsilon \in L_1 \wedge \varepsilon \in L_2$

(e) $\quad (L_1 L_2)|_k = L_1|_k \odot_k L_2|_k$

(f) $\quad \mathsf{first}_k(X_1 \dots X_n) = \mathsf{first}_k(X_1) \odot_k \dots \odot_k \mathsf{first}_k(X_n)$

$$\text{für } X_1, \dots, X_n \in (V_T \cup V_N)$$

Die Beweise zu (b), (c), (d) und (e) sind trivial. (a) ergibt sich aus Fallunterscheidungen über die Länge von Wörtern $x \in L_1$, $y \in L_2$, $z \in L_3$. Der Beweis zu (f) benutzt (e) sowie die Beobachtung, dass $X_1 \dots X_n \overset{*}{\Longrightarrow} u$ gilt genau dann, wenn $u = u_1 \dots u_n$ gilt für geeignete Worte u_i mit $X_i \overset{*}{\Longrightarrow} u_i$.

Wegen der Eigenschaft (f) lässt sich die Berechnung der Menge $\mathsf{first}_k(\alpha)$ auf die Berechnung der Mengen $\mathsf{first}_k(X)$ für einzelne Symbole $X \in V_T \cup V_N$ zurückführen. Da $\mathsf{first}_k(a) = \{a\}$ für $a \in V_T$ gilt, genügt es, die Mengen $\mathsf{first}_k(X)$ für Nichtterminale X zu ermitteln. Ein Wort $w \in V_T^{\leq k}$ ist genau dann in $\mathsf{first}_k(X)$ enthalten, wenn w für eine der Produktionen $X \to \alpha \in P$ in der Menge $\mathsf{first}_k(\alpha)$ enthalten ist. Wegen der Eigenschaft (f) des Lemmas 3.2.2 erfüllen die first_k-Mengen deshalb das Gleichungssystem (fi):

$$\mathsf{first}_k(X) = \bigcup \{\mathsf{first}_k(X_1) \odot_k \dots \odot_k \mathsf{first}_k(X_n) \mid X \to X_1 \dots X_n \in P\},$$
$$X_i \in V_N \tag{fi}$$

Beispiel 3.2.13 Sei G_2 die kontextfreie Grammatik mit den Produktionen:

$0: S \to E$	$3: E' \to +E$	$6: T' \to *T$
$1: E \to TE'$	$4: T \to FT'$	$7: F \to (E)$
$2: E' \to \varepsilon$	$5: T' \to \varepsilon$	$8: F \to \mathsf{Id}$

G_2 erzeugt die gleiche Sprache der arithmetischen Ausdrücke wie G_0 und G_1. Als Gleichungssystem zur Berechnung der first_1-Mengen erhalten wir:

$$\mathsf{first}_1(S) = \mathsf{first}_1(E)$$
$$\mathsf{first}_1(E) = \mathsf{first}_1(T) \odot_1 \mathsf{first}_1(E')$$
$$\mathsf{first}_1(E') = \{\varepsilon\} \cup \{+\} \odot_1 \mathsf{first}_1(E)$$
$$\mathsf{first}_1(T) = \mathsf{first}_1(F) \odot_1 \mathsf{first}_1(T')$$
$$\mathsf{first}_1(T') = \{\varepsilon\} \cup \{*\} \odot_1 \mathsf{first}_1(T)$$
$$\mathsf{first}_1(F) = \{\mathsf{Id}\} \cup \{(\} \odot_1 \mathsf{first}_1(E) \odot_1 \{)\}$$

$\square$

Die rechten Seiten des Gleichungssystems zur Berechnung der first_k-Mengen können als Ausdrücke repräsentiert werden, die aus Unbekannten $\text{first}_k(Y)$, $Y \in V_N$ und den Mengenkonstanten $\{x\}$, $x \in V_T \cup \{\varepsilon\}$, mit Hilfe der Operatoren $\odot_k$ und $\cup$ aufgebaut sind. Es stellen sich sofort mehrere Fragen:

- Ist dieses Gleichungssystem lösbar, d. h. besitzt dieses Gleichungssystem Lösungen?
- Wenn ja, welche Lösung ist diejenige, die den first_k-Mengen entspricht?
- Wie berechnet man diese gewünschte Lösung?

Zur Beantwortung dieser Fragen betrachten wir zuerst einmal generell Gleichungssysteme wie (fi) und untersuchen eine algorithmische Idee, wie eine Lösung berechnet werden könnte. Sei $x_1, \ldots, x_n$ eine Folge von Unbekannten,

$$x_1 = f_1(x_1, \ldots, x_n)$$
$$x_2 = f_2(x_1, \ldots, x_n)$$
$$\vdots$$
$$x_n = f_n(x_1, \ldots, x_n)$$

ein Gleichungssystem, das über einem Bereich $\mathbb{D}$ gelöst werden soll. Dabei bezeichnet jedes f_i auf der rechten Seite eine Funktion $f_i : \mathbb{D}^n \to \mathbb{D}$. Eine Lösung I^* dieses Gleichungssystems ordnet jeder Unbekannten x_i einen Wert $I^*(x_i)$ zu, so dass alle Gleichungen erfüllt sind, d. h. dass

$$I^*(x_i) = f_i(I^*(x_1), \ldots, I^*(x_n))$$

gilt für alle $i = 1, \ldots, n$.

Nehmen wir an, $\mathbb{D}$ enthalte ein ausgezeichnetes Element d_0, das sich als Startwert zur Berechnung einer Lösung anbietet. Eine einfache Idee zur Berechnung einer Lösung besteht dann darin, zuerst einmal alle Unbekannten $x_1, \ldots, x_n$ auf diesen Startwert d_0 zu setzen. Sei $I^{(0)}$ diese Variablenbelegung. Mit dieser Belegung der Unbekannten werden nun alle rechten Seiten f_i ausgewertet. Dann erhält jede Variable x_i einen neuen Wert. Alle diese Werte bilden eine neue Variablenbelegung $I^{(1)}$, in der erneut die rechten Seiten ausgewertet werden, usw. Nehmen wir also an, wir haben bereits eine Variablenbelegung $I^{(j)}$ berechnet. Dann erhalten wir die Variablenbelegung $I^{(j+1)}$ durch:

$$I^{(j+1)}(x_i) = f_i(I^{(j)}(x_1), \ldots, I^{(j)}(x_n))$$

Es ergibt sich eine Folge $I^{(0)}, I^{(1)}, \ldots$ von Variablenbelegungen. Gilt für irgend ein $j \geq 0$, dass $I^{(j+1)} = I^{(j)}$, dann folgt, dass

$$I^{(j)}(x_i) = f_i(I^{(j)}(x_1), \ldots, I^{(j)}(x_n)) \qquad (i = 1, \ldots, n)$$

gilt. Damit ist $I^{(j)} = I^*$ eine Lösung.

Ohne weitere Voraussetzungen ist allerdings unklar, ob ein j mit $I^{(j+1)} = I^{(j)}$ jemals erreicht wird. In den speziellen Fällen, die wir in diesem Band betrachten, können wir allerdings garantieren, dass dieses Verfahren nicht nur gegen eine Lösung, sondern sogar gegen die Lösung konvergiert, die wir benötigen. Denn wir wissen einiges über die Bereiche $\mathbb{D}$, die in unserer Anwendung auftreten:

- Auf $\mathbb{D}$ gibt es stets eine *Halbordnung*, dargestellt durch das Symbol $\sqsubseteq$. Bei den first$_k$-Mengen besteht die Menge $\mathbb{D}$ aus allen Teilmengen der (endlichen) Grundmenge $V_T^{\leq k}$ aller Terminalwörter der Länge höchstens k. Die Halbordnung auf diesem Bereich ist die *Teilmengenrelation*.

- $\mathbb{D}$ enthält als ausgezeichnetes Element, mit dem die Iteration starten kann, ein eindeutig bestimmtes *kleinstes Element*. Dieses Element bezeichnen wir mit $\perp$ (bottom). Bei den first$_k$-Mengen ist dieses kleinste Element die *leere* Menge.

- Für jede Teilmenge $Y \subseteq \mathbb{D}$ gibt es bzgl. der Relation $\sqsubseteq$ stets eine *kleinste obere Schranke* $\bigsqcup Y$. Bei den first$_k$-Mengen ist die kleinste obere Schranke einer Menge von Mengen ihre Vereinigung. Halbordnungen mit dieser Eigenschaft heißen *vollständige Verbände*.

Weiterhin sind alle Funktionen f_i *monoton*, d. h. sie respektieren die Ordnungsrelation $\sqsubseteq$ auf ihren Argumenten. Bei den first$_k$-Mengen gilt dies, weil die rechten Seiten der Gleichungen aus den Operatoren Vereinigung und k-Konkatenation aufgebaut sind, die beide monoton sind, und Kompositionen monotoner Funktionen wieder monoton sind.

Wird der Algorithmus mit $d_0 = \perp$ gestartet, dann folgt daraus, dass $I^{(0)} \sqsubseteq I^{(1)}$ gilt. Dabei nehmen wir an, dass eine Variablenbelegung kleiner oder gleich einer anderen ist, wenn dies für die Werte jeder Variablen gilt. Aus der Monotonie der Funktionen f_i folgt dann mittels Induktion, dass wir eine *aufsteigende* Folge:

$$I^{(0)} \sqsubseteq I^{(1)} \sqsubseteq I^{(2)} \sqsubseteq \dots I^{(k)} \sqsubseteq \dots$$

von Variablenbelegungen erhalten. Ist der Bereich $\mathbb{D}$ endlich, gibt es ein j, sodass $I^{(j)} = I^{(j+1)}$ gilt, d. h. der Algorithmus findet tatsächlich eine Lösung. Es lässt sich sogar zeigen, dass diese Lösung die *kleinste* Lösung ist. Eine solche kleinste Lösung existiert auch dann, wenn der vollständige Verband nicht endlich ist und die einfache Iteration nicht terminiert. Dies folgt aus dem Fixpunktsatz von Knaster-Tarski, den wir im dritten Band *Übersetzerbau: Analyse und Transformation* ausführlich behandeln.

Beispiel 3.2.14 Wenden wir dieses Verfahren zur Bestimmung einer Lösung auf das Gleichungssystem aus Beispiel 3.2.13 an. Am Anfang wird allen Nichtterminalen die leere Menge zugeordnet. Die Wörter, die in der i-ten Iteration zu den jeweiligen first$_1$-Mengen hinzugefügt werden, zeigt die folgende Tabelle:

	1	2	3	4	5	6	7	8
S				Id			(	
E			Id			(		
E'	ϵ		+					
T			Id			(		
T'	ϵ		*					
F	Id				(			

Als Ergebnis erhalten wir deshalb:

$$\mathrm{first}_1(S) = \{\mathrm{Id}, (\} \qquad \mathrm{first}_1(T) = \{\mathrm{Id}, (\}$$
$$\mathrm{first}_1(E) = \{\mathrm{Id}, (\} \qquad \mathrm{first}_1(T') = \{\varepsilon, *\}$$
$$\mathrm{first}_1(E') = \{\varepsilon, +\} \qquad \mathrm{first}_1(F) = \{\mathrm{Id}, (\}$$

□

Um die Anwendbarkeit des iterativen Algorithmus auf ein gegebenes Gleichungssystem über einem vollständigen Verband zu garantieren, reicht es also nachzuweisen, dass alle rechten Seiten monoton sind und der Wertebereich endlich ist.

Mit dem folgenden Satz vergewissern wir uns, dass die *kleinste* Lösung des Gleichungssystems (fi) tatsächlich die first_k-Mengen charakterisiert.

Satz 3.2.2 Korrektheit der first_k-Mengen Sei $G = (V_N, V_T, P, S)$ eine kontextfreie Grammatik, $\mathbb{D}$ der vollständige Verband der Teilmengen von $V_T^{\leq k}$ und $I : V_N \to \mathbb{D}$ die kleinste Lösung des Gleichungssystems (fi). Dann gilt:

$$I(X) = \mathrm{first}_k(X) \quad \text{für alle } X \in V_N$$

Beweis. Für $i \geq 0$ sei $I^{(i)}$ die Variablenbelegung nach der i-ten Iteration des Lösungsverfahrens für (fi). Durch Induktion über i zeigt man, dass für alle $i \geq 0$ $I^{(i)}(X) \subseteq \mathrm{first}_k(X)$ gilt für alle $X \in V_N$. Deshalb gilt auch $I(X) = \bigcup_{i \geq 0}(X) \subseteq \mathrm{first}_k(X)$ für alle $X \in V_N$. Für die umgekehrte Richtung genügt es zu zeigen, dass für jede Ableitung $X \underset{lm}{\overset{*}{\Longrightarrow}} w$ ein $i \geq 0$ existiert mit $w|_k \in I^{(i)}(X)$. Diese Behauptung wird erneut mit Induktion bewiesen, diesmal durch Induktion über die Länge $n \geq 1$ der Linksableitung. Ist $n = 1$, besitzt die Grammatik eine Produktion $X \to w$. Dann gilt:

$$I^{(1)}(X) \supseteq \mathrm{first}_k(w) = \{w|_k\}$$

und die Behauptung folgt mit $i = 1$. Ist $n > 1$, dann gibt es eine Produktion $X \to u_0 X_1 u_1 \ldots X_m u_m$ mit $u_0, \ldots, u_m \in V_T^*$ und $X_1, \ldots, X_m \in V_N$ und Linksableitungen $X_i \underset{lm}{\overset{*}{\Longrightarrow}} w_j, j = 1, \ldots, k$, die alle eine Länge kleiner als n haben, mit

$w = u_0 w_1 u_1 \ldots w_m u_m$. Für jedes $j \in \{1, \ldots, m\}$ gibt es deshalb nach Induktionsvoraussetzung ein i_j, so dass $(w_i|_k) \in I^{(i_j)}(X_i)$ gilt. Sei i' das Maximum dieser i_j. Für $i = i' + 1$ gilt dann:

$$I^{(i)}(X) \supseteq \{u_0\} \odot_k I^{(i')}(X_1) \odot_k \{u_1\} \ldots \odot_k I^{(i')}(X_m) \odot_k \{u_m\}$$
$$\supseteq \{u_0\} \odot_k \{w_1|_k\} \odot_k \{u_1\} \ldots \odot_k \{w_m|_k\} \odot_k \{u_m\}$$
$$\supseteq \{w|_k\}$$

Die Behauptung folgt. $\square$

Kleinste Lösungen von Gleichungssystemen oder gelegentlich auch Ungleichungssystemen über einem vollständigen Verband zu berechnen, ist eine Aufgabe, die auch bei der Bestimmung von Programminvarianten auftritt. Programminvarianten können ausgenutzt werden, um ein Programm in ein möglicherweise effizienteres Programm umzuschreiben. Statische Analysen zur Berechnung von Programminvarianten und Transformationen zur Effizienzsteigerung stellen wir im Band *Übersetzerbau: Analyse und Transformation* vor. In diesem Band beschreiben wir auch effizientere Verfahren als den eben skizzierten global iterativen Ansatz, um Gleichungssysteme zu lösen.

Zur Berechnung der follow_k-Mengen für eine erweiterte kontextfreie Grammmatik G beginnen wir wieder mit einer geeigneten rekursiven Eigenschaft. Für ein Wort $w \in V_T^k \cup V_T^{\leq k-1}\{\#\}$ gilt $w \in \mathrm{follow}_k(X)$, falls
(1) $X = S'$ das Startsymbol der erweiterten Grammatik ist und $w = \#$ ist, oder
(2) es eine Produktion $Y \to \alpha X \beta$ in G gibt, so dass $w \in \mathrm{first}_k(\beta) \odot_k \mathrm{follow}_k(Y)$ ist.
Die Mengen $\mathrm{follow}_k(X)$ erfüllen also das folgende Gleichungssystem:

$$\mathrm{follow}_k(S') = \{\#\}$$
$$\mathrm{follow}_k(X) = \bigcup\{\mathrm{first}_k(\beta) \odot_k \mathrm{follow}_k(Y) \mid Y \to \alpha X \beta \in P\}, \qquad \text{(fo)}$$
$$S' \neq X \in V_N$$

Beispiel 3.2.15 Betrachten wir erneut die kontextfreie Grammatik G_2 aus Beispiel 3.2.13. Für die Bestimmung der follow_1-Mengen für die Grammatik G_2 ergibt sich das Gleichungssystem:

$$\mathrm{follow}_1(S) = \{\#\}$$
$$\mathrm{follow}_1(E) = \mathrm{follow}_1(S) \cup \mathrm{follow}_1(E') \cup \})\} \odot_1 \mathrm{follow}_1(F)$$
$$\mathrm{follow}_1(E') = \mathrm{follow}_1(E)$$

$$\text{follow}_1(T) = \{\varepsilon, +\} \odot_1 \text{follow}_1(E) \ \cup \ \text{follow}_1(T')$$
$$\text{follow}_1(T') = \text{follow}_1(T)$$
$$\text{follow}_1(F) = \{\varepsilon, *\} \odot_1 \text{follow}_1(T)$$

$\square$

Das Gleichungssystem (fo) muss wieder über einem Teilmengenverband gelöst werden, wobei die rechten Seiten aus konstanten Mengen und Unbekannten mit Hilfe monotoner Operatoren aufgebaut sind. Deshalb besitzt auch (fo) eine kleinste Lösung, welche durch globale Iteration berechnet werden kann. Wir vergewissern uns, dass dieser Algorithmus tatsächlich das richtige berechnet.

Satz 3.2.3 Korrektheit der follow$_k$-Mengen Sei $G = (V_N, V_T, P, S')$ eine erweiterte kontextfreie Grammatik, $\mathbb{D}$ der vollständige Verband der Teilmengen von $V_T^k \cup V_T^{\leq k-1}\{\#\}$ und $I : V_N \to \mathbb{D}$ die kleinste Lösung des Gleichungssystems (fo). Dann gilt:

$$I(X) = \text{follow}_k(X) \quad \text{für alle } X \in V_N$$

$\square$

Der Beweis ist ähnlich dem Beweis von Satz 3.2.2 und wird dem Leser zur Übung empfohlen (Aufgabe 6).

Beispiel 3.2.16 Betrachten wir das Gleichungssystem aus Beispiel 3.2.15. Zur Berechnung der kleinsten Lösung beginnt die Iteration wieder mit dem Wert $\emptyset$ für jedes Nichtterminal. Die Wörter, die bei den folgenden Iterationen hinzukommen, zeigt die Tabelle:

	1	2	3	4	5	6	7
S	#						
E		#		)			
E'			#			)	
T		+,#,)					
T'			+,#,)				
F			*,+,#,)				

Insgesamt erhalten wir die folgenden Mengen:

$$\text{follow}_1(S) = \{\#\} \qquad \text{follow}_1(T) = \{+,\#,)\}$$
$$\text{follow}_1(E) = \{\#,)\} \qquad \text{follow}_1(T') = \{+,\#,)\}$$
$$\text{follow}_1(E') = \{\#,)\} \qquad \text{follow}_1(F) = \{*,+,\#,)\}$$

$\square$

3.2.6 Der Spezialfall first₁ und follow₁

Die Iteration, mit der wir die kleinsten Lösungen der Gleichungssysteme für die first_1- bzw. follow_1-Mengen in unseren Beispielen berechnet haben, ist nicht sehr effizient. Aber auch für effizientere Lösungsmethoden wird die Berechnung von first_k- bzw. follow_1-Mengen für größere Werte von k schnell sehr mühsam. Deshalb wird bei den Verfahren zur syntaktischen Analyse meist nur Vorausschau der Länge $k = 1$ eingesetzt. In diesem Fall kann die Berechnung der first- und follow-Mengen besonders effizient durchgeführt werden. Das folgende Lemma ist die Basis für unser weiteres Vorgehen:

Lemma 3.2.3 Seien $L_1, L_2 \subseteq V_T^{\leq 1}$ nichtleere Sprachen. Dann gilt:

$$
L_1 \odot_1 L_2 = \begin{cases} L_1 & \text{falls } L_2 \neq \emptyset \text{ und } \varepsilon \notin L_1 \\ (L_1 \backslash \{\varepsilon\}) \cup L_2 & \text{falls } L_2 \neq \emptyset \text{ und } \varepsilon \in L_1 \end{cases}
$$

Nach Voraussetzung sind die betrachteten Grammatiken stets reduziert. Deshalb enthalten sie weder unproduktive noch unerreichbare Nichtterminale. Es gilt für alle $X \in V_N$, dass sowohl $\text{first}_1(X)$ wie $\text{follow}_1(X)$ nichtleer sind. Zusammen mit Lemma 3.2.3 erlaubt uns das, die Transferfunktionen für first_1 und follow_1 so zu vereinfachen, dass die 1-Konkatenation (im Wesentlichen) durch *Vereinigungen* ersetzt wird. Um die Fallunterscheidung, ob ε in first_1-Mengen enthalten ist oder nicht, zu eliminieren, gehen wir in zwei Schritten vor. Im ersten Schritt wird die Menge der Nichtterminale X mit $\varepsilon \in \text{first}_1(X)$ bestimmt. Im zweiten Schritt werden anstelle der first_1-Menge zu jedem Nichtterminal X die *ε-freie* first_1-Menge

$$
\begin{aligned}
\text{eff}(X) &= \text{first}_1(X) \backslash \{\varepsilon\} \\
&= \{(w|_1) \mid X \underset{G}{\overset{*}{\Longrightarrow}} w, w \neq \varepsilon\}
\end{aligned}
$$

bestimmt. Zur Implementierung des ersten Schritts bemerken wir, dass für jedes Nichtterminal X

$$
\varepsilon \in \text{first}_1(X) \quad \text{genau dann, wenn} \quad X \overset{*}{\Longrightarrow} \varepsilon
$$

In einer Ableitung des Worts ε kann jedoch keine Produktion eingesetzt werden, die ein Terminalsymbol $a \in V_T$ enthält. Sei also G_ε die Grammatik, die man aus G erhält, indem man alle diese Produktionen streicht. Dann gilt $X \underset{G}{\overset{*}{\Longrightarrow}} \varepsilon$ genau dann, wenn X bzgl. der Grammatik G_ε produktiv ist. Für dieses Problem kann unser effizienter Löser für Produktivität aus Abschn. 3.2.2 eingesetzt werden.

Beispiel 3.2.17 Betrachten wir die Grammatik G_2 aus Beispiel 3.2.13. Die Menge der Produktionen, in denen kein Terminalsymbol vorkommt, ist gegeben durch:

$$
\begin{aligned}
0 &: S &&\to E \\
1 &: E &&\to TE' &\qquad 4 &: T &&\to FT' \\
2 &: E' &&\to \varepsilon &\qquad 5 &: T' &&\to \varepsilon
\end{aligned}
$$

Bezüglich dieser Menge von Produktionen sind nur die Nichtterminale E' und T' produktiv. Diese beiden Nichtterminale sind folglich die beiden einzigen Nichtterminale der Grammatik G_2, die ε-produktiv sind. □

Wenden wir uns nun dem zweiten Schritt, der Berechnung der ε-freien first_1-Mengen zu. Betrachten wir eine Produktion von der Form $X \to X_1 \ldots X_m$. Der zugehörige Beitrag für $\mathsf{eff}(X)$ lässt sich schreiben als:

$$
\bigcup \left\{ \mathsf{eff}(X_j) \mid X_1 \ldots X_{j-1} \xRightarrow[G]{*} \varepsilon \right\}
$$

Insgesamt erhalten wir deshalb das Gleichungssystem:

$$
\mathsf{eff}(X) = \bigcup \left\{ \mathsf{eff}(Y) \mid X \to \alpha Y \beta \in P, \alpha \xRightarrow[G]{*} \varepsilon \right\}, \quad X \in V_N \qquad \text{(eff)}
$$

Beispiel 3.2.18 Schauen wir uns erneut die kontextfreie Grammatik G_2 aus Beispiel 3.2.13 an. Zur Berechnung der ε-freien first_1-Mengen ergibt sich das Gleichungssystem:

$$
\begin{aligned}
\mathsf{eff}(S) &= \mathsf{eff}(E) &\qquad \mathsf{eff}(T) &= \mathsf{eff}(F) \\
\mathsf{eff}(E) &= \mathsf{eff}(T) &\qquad \mathsf{eff}(T') &= \emptyset \cup \{*\} \\
\mathsf{eff}(E') &= \emptyset \cup \{+\} &\qquad \mathsf{eff}(F) &= \{\mathsf{Id}\} \cup \{(\}
\end{aligned}
$$

Alle Vorkommen von $\odot_1$-Operatoren sind verschwunden. Stattdessen tauchen nur noch konstante Mengen, Vereinigungen bzw. Variablen $\mathsf{eff}(X)$ auf der rechten Seite auf. Als kleinste Lösung erhalten wir:

$$
\begin{aligned}
\mathsf{eff}(S) &= \{\mathsf{Id}, (\} &\qquad \mathsf{eff}(T) &= \{\mathsf{Id}, (\} \\
\mathsf{eff}(E) &= \{\mathsf{Id}, (\} &\qquad \mathsf{eff}(T') &= \{*\} \\
\mathsf{eff}(E') &= \{+\} &\qquad \mathsf{eff}(F) &= \{\mathsf{Id}, (\}
\end{aligned}
$$

□

Bei der Berechnung der ε-freien first_1-Mengen leisten Nichtterminale, die rechts von Terminalen stehen, keinen Beitrag. Für die Korrektheit der Konstruktion ist es deshalb wichtig, dass alle Nichtterminale der Grammatik produktiv sind.

Mithilfe der ε-freien first_1-Mengen $\mathsf{eff}(X)$ lässt sich auch das Gleichungssystem zur Berechnung der follow_1-Mengen vereinfachen. Betrachten wir eine Produktion von der Form $Y \to \alpha X X_1 \ldots X_m$. Der zugehörige Beitrag des Vorkommens von X in der rechten Seite von Y zu der Menge $\mathsf{follow}_1(X)$ ist gegeben durch:

$$\bigcup \left\{ \mathsf{eff}(X_j) \mid X_1 \ldots X_{j-1} \underset{G}{\overset{*}{\Longrightarrow}} \varepsilon \right\} \cup \left\{ \mathsf{follow}_1(Y) \mid X_1 \ldots X_m \underset{G}{\overset{*}{\Longrightarrow}} \varepsilon \right\}$$

Falls alle Nichtterminale nicht nur produktiv, sondern auch erreichbar sind, vereinfacht sich das Gleichungsystem zur Berechnung der follow_1-Mengen damit zu:

$$\mathsf{follow}_1(S') = \{\#\}$$

$$\mathsf{follow}_1(X) = \bigcup \left\{ \mathsf{eff}(Y) \mid A \to \alpha X \beta Y \gamma \in P, \beta \underset{G}{\overset{*}{\Longrightarrow}} \varepsilon \right\}$$

$$\cup \bigcup \left\{ \mathsf{follow}_1(A) \mid A \to \alpha X \beta, \beta \underset{G}{\overset{*}{\Longrightarrow}} \varepsilon \right\}, \quad X \in V_N \backslash \{S'\}$$

Beispiel 3.2.19 Das vereinfachte Gleichungssystem zur Berechnung der follow_1-Mengen der kontextfreien Grammatik G_2 aus Beispiel 3.2.13 ergibt sich zu:

$$\mathsf{follow}_1(S) = \{\#\}$$
$$\mathsf{follow}_1(E) = \mathsf{follow}_1(S) \cup \mathsf{follow}_1(E') \cup \{)\}$$
$$\mathsf{follow}_1(E') = \mathsf{follow}_1(E)$$
$$\mathsf{follow}_1(T) = \{+\} \cup \mathsf{follow}_1(E) \cup \mathsf{follow}_1(T')$$
$$\mathsf{follow}_1(T') = \mathsf{follow}_1(T)$$
$$\mathsf{follow}_1(F) = \{*\} \cup \mathsf{follow}_1(T)$$

Wieder beobachten wir, dass alle Vorkommen des Operators $\odot_1$ beseitigt wurden. Neben konstanten Mengen und Variablen $\mathsf{follow}_1(X)$ taucht auf den rechten Seiten der Gleichungen nur noch der Vereinigungsoperator auf. □

Im nächsten Abschnitt wird ein Verfahren vorgestellt, das beliebige Gleichungssysteme, welche die besonderen Eigenschaften der vereinfachten Gleichungssysteme für die Mengen $\mathsf{eff}(X)$ und $\mathsf{follow}_1(X)$ haben, besonders effizient löst. Nach der Beschreibung des Verfahrens wenden wir es auf die Berechnung der first_1- und follow_1-Mengen an.

3.2.7 Reine Vereinigungsprobleme

Nehmen wir an, wir haben ein Gleichungssystem

$$\mathbf{x}_i = e_i, \quad i = 1, \ldots, n$$

Abb. 3.6 Der Variablenabhängigkeitsgraph zu dem
Gleichungssystem aus Beispiel 3.2.20

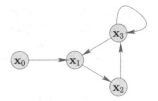

über einem beliebigen vollständigen Verband $\mathbb{D}$, wobei auf der rechten Seite Ausdrücke e_i stehen, die nur aus Konstanten aus $\mathbb{D}$, Variablen x_j und Anwendungen des Operators $\sqcup$ (kleinste obere Schranke des vollständigen Verbands $\mathbb{D}$) aufgebaut sind. Unsere Aufgabe besteht darin, die kleinste Lösung dieses Gleichungssystems zu bestimmen. Ein solches Problem nennen wir ein *reines Vereinigungsproblem*.

Die Berechnung der Menge der erreichbaren Nichtterminale einer kontextfreien Grammatik ist ein reines Vereinigungsproblem über dem Booleschen Verband $\mathbb{B} = \{false, true\}$. Auch die Berechnung der ε-freien $first_1$-Mengen und der $follow_1$-Mengen für eine reduzierte kontextfreie Grammatik erfüllen die Bedingungen eines reinen Vereinigungsproblems. In diesem Fall sind die vollständigen Verbände 2^{V_T} bzw. $2^{V_T \cup \{\#\}}$, geordnet durch die Teilmengenrelation.

Beispiel 3.2.20 Als fortlaufendes Beispiel betrachten wir den Teilmengenverband $\mathbb{D} = 2^{\{a,b,c\}}$ zusammen mit dem Gleichungssystem

$$x_0 = \{a\}$$
$$x_1 = \{b\} \cup x_0 \cup x_3$$
$$x_2 = \{c\} \cup x_1$$
$$x_3 = \{c\} \cup x_2 \cup x_3$$

$\square$

Zu einem reinen Vereinigungsproblem konstruieren wir den Variablenabhängigkeitsgraphen. Die Knoten dieses Graphen sind gegeben durch die Variablen x_i des Gleichungssystems. Eine Kante (x_i, x_j) gibt es genau dann in dem Variablen-Abhängigkeitsgraphen, wenn die Variable x_i in der rechten Seite der Variablen x_j vorkommt. Den Variablenabhängigkeitsgraphen zu dem Gleichungssystem aus Beispiel 3.2.20 zeigt Abb. 3.6.

Sei I die kleinste Lösung des Gleichungssystems. Als erstes bemerken wir, dass stets $I(x_i) \sqsubseteq I(x_j)$ gelten muss, wenn es einen Weg von x_i nach x_j im Variablenabhängigkeitsgraphen gibt. Folglich sind die Werte für alle Variablen in einer *starken Zusammenhangskomponente* des Variablenabhängigkeitsgraphen gleich.

Wir berechnen für jede Variable x_i die kleinste obere Schranke aller Konstanten, die auf der rechten Seite der Gleichung für die Variable x_i vorkommen. Nennen wir diesen Wert $I_0(x_i)$. Dann gilt für alle j, dass

$$I(x_j) = \sqcup \{I_0(x_i) \mid x_j \text{ ist von } x_i \text{ erreichbar}\}$$

Beispiel 3.2.21 (Fortsetzung von Beispiel 3.2.20) Für das Gleichungssystem aus Beispiel 3.2.20 finden wir:

$$I_0(\mathbf{x}_0) = \{a\}$$
$$I_0(\mathbf{x}_1) = \{b\}$$
$$I_0(\mathbf{x}_2) = \{c\}$$
$$I_0(\mathbf{x}_3) = \{c\}$$

Damit gilt:

$$
\begin{aligned}
I(\mathbf{x}_0) &= I_0(\mathbf{x}_0) & &= \{a\} \\
I_0(\mathbf{x}_1) &= I_0(\mathbf{x}_0) \cup I_0(\mathbf{x}_1) \cup I_0(\mathbf{x}_2) \cup I_0(\mathbf{x}_3) & &= \{a,b,c\} \\
I_0(\mathbf{x}_2) &= I_0(\mathbf{x}_0) \cup I_0(\mathbf{x}_1) \cup I_0(\mathbf{x}_2) \cup I_0(\mathbf{x}_3) & &= \{a,b,c\} \\
I_0(\mathbf{x}_3) &= I_0(\mathbf{x}_0) \cup I_0(\mathbf{x}_1) \cup I_0(\mathbf{x}_2) \cup I_0(\mathbf{x}_3) & &= \{a,b,c\}
\end{aligned}
$$

□

Diese Beobachtung legt das folgende Vorgehen nahe, um die kleinste Lösung I des Gleichungssystems zu berechnen. Zuerst werden die starken Zusammenhangskomponenten des Variablenabhängigkeitsgraphen berechnet. Dafür reichen linear viele Schritte aus. Dann wird über die Liste der starken Zusammenhangskomponenten iteriert.

Wir beginnen mit einer starken Zusammenhangskomponente Q, die keine eingehenden Kanten aus anderen starken Zusammenhangskomponenten besitzt. Die Werte aller Variablen $\mathbf{x}_j \in Q$ sind:

$$I(\mathbf{x}_j) = \bigsqcup \{I_0(\mathbf{x}_i) \mid \mathbf{x}_i \in Q\}$$

Die Werte $I(\mathbf{x}_j)$ können folglich berechnet werden durch die beiden Schleifen:

$$
\begin{aligned}
&\mathbb{D}\ t \leftarrow \bot; \\
&\textbf{forall } (\mathbf{x}_i \in Q) \\
&\qquad t \leftarrow t \sqcup I_0(\mathbf{x}_i); \\
&\textbf{forall } (\mathbf{x}_i \in Q) \\
&\qquad I(\mathbf{x}_i) \leftarrow t;
\end{aligned}
$$

Die Laufzeit jeder der beiden Schleifen ist proportional zu der Anzahl der Elemente in der starken Zusammenhangskomponente Q. Die Werte der Variablen aus Q werden entlang der ausgehenden Kanten propagiert. Sei E_Q die Menge der Kanten $(\mathbf{x}_i, \mathbf{x}_j)$ des Variablenabhängigkeitsgraphen mit $\mathbf{x}_i \in Q$ und $\mathbf{x}_j \notin Q$, d.h. der von Q ausgehenden Kanten. Dann setzen wir:

$$
\begin{aligned}
&\textbf{forall } ((\mathbf{x}_i, \mathbf{x}_j) \in E_Q) \\
&\qquad I_0(\mathbf{x}_j) \leftarrow I_0(\mathbf{x}_j) \sqcup I(\mathbf{x}_i);
\end{aligned}
$$

Die Anzahl der Schritte für die Propagation ist proportional zu der Anzahl der Kanten in E_Q.

Nun wird die starke Zusammenhangskomponente Q zusammen mit der Menge E_Q der ausgehenden Kanten aus dem Graphen entfernt und mit der nächsten starken Zusammenhangskomponente ohne eingehende Kanten fortgefahren. Dies wird wiederholt, bis keine weiteren starken Zusammenhangskomponenten übrig sind. Insgesamt erhalten wir ein Verfahren, das linear viele Operationen $\sqcup$ in dem vollständigen Verband $\mathbb{D}$ ausführt.

Beispiel 3.2.22 (Fortsetzung von Beispiel 3.2.20) Der Abhängigkeitsgraph zu dem Gleichungssystem aus Beispiel 3.2.20 hat die starken Zusammenhangskomponenten

$$Q_0 = \{x_0\} \quad \text{und} \quad Q_1 = \{x_1, x_2, x_3\}\,.$$

Für Q_0 erhalten wir den Wert $I_0(x_0) = \{a\}$. Nach Beseitigung von Q_0 und der Kante (x_0, x_1) erhalten wir die neue Zuordnung:

$$I_0(x_1) = \{a, b\}$$
$$I_0(x_2) = \{c\}$$
$$I_0(x_3) = \{c\}$$

Die Werte aller Variablen in der starken Zusammenhangskomponente Q_1 ergeben sich als $I_0(x_1) \cup I_0(x_2) \cup I_0(x_3) = \{a, b, c\}$. $\square$

3.3 *Top-down*-Syntaxanalyse

3.3.1 Einführung

Die Arbeitsweise von Parsern kann man sich intuitiv am besten klar machen, wenn man sich vorstellt, wie sie den Syntaxbaum zu einem Eingabewort konstruieren. *Top-down*-Parser beginnen die Konstruktion des Syntaxbaums an der Wurzel. In der Anfangssituation besteht das Fragment des Syntaxbaums aus der Wurzel, markiert mit dem Startsymbol der kontextfreien Grammatik; das gesamte w steht noch in der Eingabe. Jetzt wird eine Alternative für das Startsymbol zur Expansion ausgewählt. Die Symbole der rechten Seite dieser Alternative werden unter die Wurzel gehängt. Dadurch wird das obere Fragment des Syntaxbaums erweitert. Das nächste Nichtterminal, das betrachtet wird, ist das jeweils am weitesten links stehende. Die Auswahl einer Alternative für dieses Nichtterminal und deren Anbau an das aktuelle Fragment des Syntaxbaums werden solange wiederholt, bis der Syntaxbaum vollständig ist. Durch den Anbau der Symbole der rechten Seite einer Produktion können Terminalsymbole im Blattwort des Baumfragments auftreten. Stehen links von ihnen keine Nichtterminale im Blattwort, so vergleicht der *top-down*-Analysator sie mit dem jeweils nächsten Symbol in der Eingabe. Stimmen die

$$S \to E \qquad E' \to +E \mid \varepsilon \qquad T' \to *T \mid \varepsilon$$
$$E \to T\,E' \qquad T \to F\,T' \qquad F \to (E) \mid \text{Id}$$

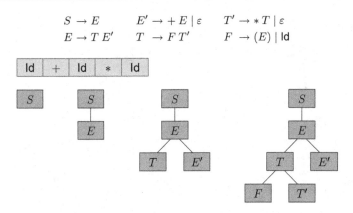

Abb. 3.7 Die ersten Syntaxbaumfragmente einer *top-down*-Analyse des Satzes Id + Id * Id der Grammatik G_2, die aufgebaut werden, ohne ein Symbol der Eingabe zu lesen

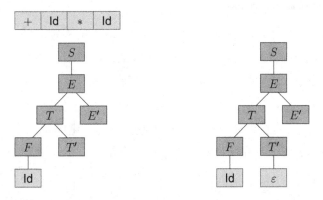

Abb. 3.8 Die Syntaxbaumfragmente nach Lesen des Symbols Id und bevor das Terminalsymbol + an das Fragment angehängt wird

auftretenden Terminalsymbole mit der Eingabe überein, wird das Symbol der Eingabe konsumiert. Andernfalls wird ein Fehler gemeldet.

Die *top-down*-Analyse führt also die folgenden zwei Arten von Schritten aus:

- Auswahl einer Produktion und Anbau der rechten Seite der Produktion an das aktuelle Baumfragment;
- Vergleich der Terminalsymbole links vom nächsten Nichtterminal mit der Eingabe.

Abbildungen 3.7, 3.8, 3.9 und 3.10 zeigen einige Syntaxbaumfragmente für den arithmetischen Ausdruck Id + Id * Id bzgl. der Grammatik G_2. Die Auswahl der Alternativen für die zu expandierenden Nichtterminale wurde jeweils so vorgenommen, dass die Analyse erfolgreich zu Ende geführt werden kann.

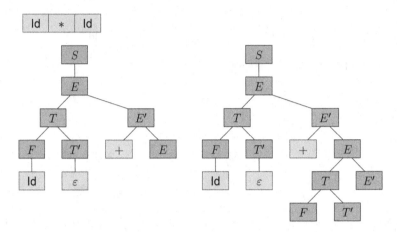

Abb. 3.9 Der erste und der letzte Syntaxbaum nach Lesen des Symbols $+$ und bevor das zweite Symbol Id im Syntaxbaum erscheint

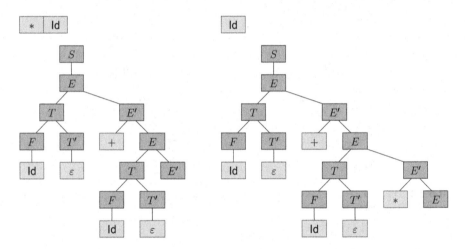

Abb. 3.10 Der Syntaxbaum nach der Reduktion für das zweite Vorkommen von T' und der Syntaxbaum nach Lesen des Symbols $*$, jeweils mit der verbleibenden Eingabe

3.3.2 $LL(k)$: Definition, Beispiele, Eigenschaften

Der Item-Kellerautomat K_G zu einer kontextfreien Grammatik G arbeitet im Prinzip wie ein *top-down*-Parser; seine (E)-Übergänge machen eine Voraussage, welche Alternative für das aktuelle Nichtterminal auszuwählen ist, um das Eingabewort abzuleiten. Störend daran ist, dass der Item-Kellerautomat K_G diese Auswahl nichtdeterministisch trifft. Der ganze Nichtdeterminismus steckt in den (E)-Übergängen. Wenn $[X \rightarrow \beta.Y\gamma]$ der aktuelle Zustand ist und Y die Alternativen

$Y \rightarrow \alpha_1 \mid \ldots \mid \alpha_n$ hat, so gibt es die n Übergänge

$$\Delta([X \rightarrow \beta.Y\gamma], \varepsilon) = \{[X \rightarrow \beta.Y\gamma][Y \rightarrow .\alpha_i] \mid 1 \leq i \leq n\}$$

Um aus dem Item-Kellerautomaten K_G einen deterministischen Automaten abzuleiten, gestatten wir eine *begrenzte* Vorausschau auf die restliche Eingabe. Wir
geben eine natürliche Zahl $k \geq 1$ vor und lassen den Item-Kellerautomaten bei
jedem (E)-Übergang als Entscheidungshilfe die k ersten Symbole der restlichen
Eingabe zu Rate ziehen. Ist sichergestellt, dass diese Vorausschau der Länge k
immer ausreicht, um die richtige Alternative auszuwählen, nennen wir die Aus-
gangsgrammatik G eine $LL(k)$-Grammatik.

Schauen wir uns eine entsprechende Konfiguration an, die der Item-Kellerautomat K_G aus einer Anfangskonfiguration erreicht hat:

$$([S' \rightarrow .S], uv) \vdash^*_{K_G} (\rho[X \rightarrow \beta.Y\gamma], v)$$

Wegen der Invariante (I) aus Abschn. 3.2.4 gilt $\mathrm{hist}(\rho)\beta \overset{*}{\Longrightarrow} u$.

Sei $\rho = [X_1 \longrightarrow \beta_1.X_2\gamma_1] \ldots [X_n \longrightarrow \beta_n.X_{n+1}\gamma_n]$ eine Folge von Items.
Dann nennen wir die Folge

$$\mathrm{fut}(\rho) = \gamma_n \ldots \gamma_1 \qquad ,$$

die *Zukunft* von ρ. Sei $\delta = \mathrm{fut}(\rho)$. Bisher haben wir die Linksableitung
$S' \overset{*}{\underset{lm}{\Longrightarrow}} uY\gamma\delta$ gefunden. Wenn sich diese Ableitung zur Ableitung des Termi-
nalwortes uv fortsetzen lässt, d. h. $S' \overset{*}{\underset{lm}{\Longrightarrow}} uY\gamma\delta \overset{*}{\underset{lm}{\Longrightarrow}} uv$, dann hängt in einer
$LL(k)$-Grammatik die Alternative, die für Y ausgewählt werden muss, nur von
u, Y und $v|_k$ ab.

Sei $k \geq 1$ eine natürliche Zahl. Die reduzierte kontextfreie Grammatik G ist eine
$LL(k)$-*Grammatik*, wenn für je zwei Linksableitungen:

$$S \overset{*}{\underset{lm}{\Longrightarrow}} uY\alpha \underset{lm}{\Longrightarrow} u\beta\alpha \overset{*}{\underset{lm}{\Longrightarrow}} ux \quad \text{und} \quad S \overset{*}{\underset{lm}{\Longrightarrow}} uY\alpha \underset{lm}{\Longrightarrow} u\gamma\alpha \overset{*}{\underset{lm}{\Longrightarrow}} uy$$

und $x|_k = y|_k$ folgt, dass auch $\beta = \gamma$ gilt.

Bei einer $LL(k)$-Grammatik kann damit die Auswahl der Alternative für das
nächste Nichtterminal Y im Allgemeinen nicht nur von Y und den nächsten k Symbolen, sondern auch von dem bereits konsumierten Präfix u der Eingabe abhängen.
Hängt die Auswahl dagegen nicht von dem bereits konsumierten Linkskontext u
ab, nennen wir die Grammatik *stark-LL(k)*.

Beispiel 3.3.1 Sei G_1 die kontextfreie Grammatik mit den Produktionen:

$$
\begin{aligned}
\langle stat \rangle \quad &\rightarrow \quad \text{if (Id) } \langle stat \rangle \text{ else } \langle stat \rangle \quad | \\
&\qquad \text{while (Id) } \langle stat \rangle \quad | \\
&\qquad \{ \langle stats \rangle \} \quad | \\
&\qquad \text{Id }'='\text{ Id}; \\
\langle stats \rangle \quad &\rightarrow \quad \langle stat \rangle \ \langle stats \rangle \quad | \\
&\qquad \varepsilon
\end{aligned}
$$

Die Grammatik G_1 ist eine $LL(1)$-Grammatik. Tritt $\langle stat \rangle$ als linkestes Nichtterminal in einer Satzform auf, dann bestimmt das nächste Eingabesymbol, welche Alternative angewendet werden muss. Genauer bedeutet das für zwei Ableitungen der Form:

$$
\langle stat \rangle \underset{lm}{\overset{*}{\Longrightarrow}} w \ \langle stat \rangle \ \alpha \underset{lm}{\Longrightarrow} w \ \beta \ \alpha \underset{lm}{\overset{*}{\Longrightarrow}} w \ x
$$

$$
\langle stat \rangle \underset{lm}{\overset{*}{\Longrightarrow}} w \ \langle stat \rangle \ \alpha \underset{lm}{\Longrightarrow} w \ \gamma \ \alpha \underset{lm}{\overset{*}{\Longrightarrow}} w \ y
$$

dass aus $x|_1 = y|_1$ folgt, dass $\beta = \gamma$ ist. Ist z. B. $x|_1 = y|_1 = $ if, dann ist $\beta = \gamma = $ if (Id) $\langle stat \rangle$ else $\langle stat \rangle$. □

Beispiel 3.3.2 Nun fügen wir zu der Grammatik G_1 aus Beispiel 3.3.1 die folgenden Produktionen hinzu:

$$
\begin{aligned}
\langle stat \rangle \quad \rightarrow \quad &\text{Id} : \langle stat \rangle \quad | \qquad && // \quad \text{markierte Anweisung} \\
&\text{Id (Id)}; \qquad && // \quad \text{Prozeduraufruf}
\end{aligned}
$$

Die Grammatik G_2, die wir so erhalten, ist keine $LL(1)$-Grammatik mehr. Denn es gilt:

$$
\langle stat \rangle \underset{lm}{\overset{*}{\Longrightarrow}} w \ \langle stat \rangle \ \alpha \underset{lm}{\Longrightarrow} w \ \overbrace{\text{Id}'='\text{Id};}^{\beta} \ \alpha \underset{lm}{\overset{*}{\Longrightarrow}} w \ x
$$

$$
\langle stat \rangle \underset{lm}{\overset{*}{\Longrightarrow}} w \ \langle stat \rangle \ \alpha \underset{lm}{\Longrightarrow} w \ \overbrace{\text{Id} : \langle stat \rangle}^{\gamma} \ \alpha \underset{lm}{\overset{*}{\Longrightarrow}} w \ y
$$

$$
\langle stat \rangle \underset{lm}{\overset{*}{\Longrightarrow}} w \ \langle stat \rangle \ \alpha \underset{lm}{\Longrightarrow} w \ \overbrace{\text{Id(Id)};}^{\delta} \ \alpha \underset{lm}{\overset{*}{\Longrightarrow}} w \ z
$$

wobei $x|_1 = y|_1 = z|_1 = $ Id, aber β, γ, δ paarweise verschieden sind.

G_2 ist aber eine $LL(2)$-Grammatik. Für die drei eben angegebenen Linksableitungen sind

$$x|_2 = \mathsf{Id}\,'=' \qquad y|_2 = \mathsf{Id} : \qquad z|_2 = \mathsf{Id}\,($$

paarweise verschieden. Und dies sind tatsächlich die einzigen kritischen Fälle. □

Beispiel 3.3.3 G_3 enthalte die Produktionen

$$
\begin{aligned}
\langle stat \rangle \;\to\;\; & \text{if } (\langle var \rangle)\; \langle stat \rangle \text{ else } \langle stat \rangle & | \\
& \text{while } (\langle var \rangle)\; \langle stat \rangle & | \\
& \{\; \langle stats \rangle\; \} & | \\
& \langle var \rangle\; '='\; \langle var \rangle\; ; & | \\
& \langle var \rangle\; ; & \\
\langle stats \rangle \;\to\;\; & \langle stat \rangle\; \langle stats \rangle & | \\
& \varepsilon & \\
\langle var \rangle \;\to\;\; & \mathsf{Id} & | \\
& \mathsf{Id}() & | \\
& \mathsf{Id}(\langle vars \rangle) & \\
\langle vars \rangle \;\to\;\; & \langle var \rangle\, ,\, \langle vars \rangle & | \\
& \langle var \rangle &
\end{aligned}
$$

Die Grammatik G_3 ist für kein $k \geq 1$ eine $LL(k)$-Grammatik. Nehmen wir für einen Widerspruch an, G_3 wäre eine $LL(k)$-Grammatik für ein $k > 0$.

Sei $\quad \langle stat \rangle \Rightarrow \beta \overset{*}{\underset{lm}{\Longrightarrow}} x$ und $\langle stat \rangle \Rightarrow \gamma \overset{*}{\underset{lm}{\Longrightarrow}} y$ mit

$$x = \mathsf{Id}\,\underbrace{(\mathsf{Id}, \mathsf{Id}, \ldots, \mathsf{Id})}_{k}\,'='\mathsf{Id}; \text{ und } y = \mathsf{Id}\,\underbrace{(\mathsf{Id}, \mathsf{Id}, \ldots, \mathsf{Id})}_{k};$$

Dann gilt zwar $x|_k = y|_k$, aber

$$\beta = \langle var \rangle\; '='\; \langle var \rangle \qquad \gamma = \langle var \rangle\; ;$$

und damit $\beta \neq \gamma$. □

Zu der Sprache $L(G_3)$ der Grammatik G_3 kann allerdings eine $LL(2)$-Grammatik aus der Grammatik G_3 durch *Faktorisierung* konstruiert werden. Kritisch in G_3 sind die Produktionen für die Wertzuweisung und den Prozeduraufruf. Faktorisierung fasst gemeinsame Anfänge solcher Produktionen zusammen. Auf diesen gemeinsamen Präfix folgt ein neues Nichtterminalsymbol, aus dem die unterschiedlichen Fortsetzungen abgeleitet werden können. Die Produktionen:

$$\langle stat \rangle \to \langle var \rangle\; '='\; \langle var \rangle\; ; \quad | \quad \langle var \rangle\; ;$$

werden ersetzt durch:

$$
\begin{aligned}
\langle stat \rangle \;&\to\; \langle var \rangle\; Z \\
Z \;&\to\; '='\; \langle var \rangle\; ; \quad | \quad ;
\end{aligned}
$$

Jetzt kann ein $LL(1)$-Parser zwischen den kritischen Alternativen mit Hilfe der nächsten Zeichen Id bzw. ; entscheiden.

Beispiel 3.3.4 Sei $G_4 = (\{S, A, B\}, \{0, 1, a, b\}, P_4, S)$, wobei die Menge P_4 der Produktionen gegeben ist durch:

$$S \rightarrow A \mid B$$
$$A \rightarrow aAb \mid 0$$
$$B \rightarrow aBbb \mid 1$$

Dann ist
$$L(G_4) = \{a^n 0 b^n \mid n \geq 0\} \cup \{a^n 1 b^{2n} \mid n \geq 0\}$$

und G_4 ist keine $LL(k)$-Grammatik für irgendein $k \geq 1$. Um das einzusehen, betrachten wir die beiden Linksableitungen:

$$S \underset{lm}{\Longrightarrow} A \underset{lm}{\overset{*}{\Longrightarrow}} a^k 0 b^k$$

$$S \underset{lm}{\Longrightarrow} B \underset{lm}{\overset{*}{\Longrightarrow}} a^k 1 b^{2k}$$

Da für jedes $k \geq 1$, $(a^k 0 b^k)|_k = (a^k 1 b^{2k})|_k$ gilt, aber die rechten Seiten A und B für S verschieden sind, kann G_4 für kein $k \geq 1$ eine $LL(k)$-Grammatik sein. In diesem Fall kann man sogar zeigen, dass es zu der Sprache $L(G_4)$ für kein $k \geq 1$ eine $LL(k)$-Grammatik gibt. $\square$

Satz 3.3.1 Die reduzierte kontextfreie Grammatik $G = (V_N, V_T, P, S)$ ist genau dann eine $LL(k)$-Grammatik, wenn für jeweils zwei verschiedene Produktionen $A \rightarrow \beta$ und $A \rightarrow \gamma$ von G gilt:

$$\text{first}_k(\beta\alpha) \cap \text{first}_k(\gamma\alpha) = \emptyset \quad \text{für alle } \alpha \quad \text{mit } S \underset{lm}{\overset{*}{\Longrightarrow}} wA\alpha$$

Beweis. Zum Beweis der Richtung „$\Rightarrow$" nehmen wir an, G sei eine $LL(k)$-Grammatik, es existiere aber ein $x \in \text{first}_k(\beta\alpha) \cap \text{first}_k(\gamma\alpha)$. Nach Definition von first_k und wegen der Reduziertheit von G gibt es dann Ableitungen:

$$S \underset{lm}{\overset{*}{\Longrightarrow}} uA\alpha \underset{lm}{\Longrightarrow} u\beta\alpha \underset{lm}{\overset{*}{\Longrightarrow}} uxy$$

$$S \underset{lm}{\overset{*}{\Longrightarrow}} uA\alpha \underset{lm}{\Longrightarrow} u\gamma\alpha \underset{lm}{\overset{*}{\Longrightarrow}} uxz,$$

wobei in dem Fall, dass $|x| < k$ ist, $y = z = \varepsilon$ gelten muss. Aus $\beta \neq \gamma$ folgt, dass G keine $LL(k)$-Grammatik sein kann – im Widerspruch zu unserer Annahme.

Zum Beweis der anderem Richtung „ $\Leftarrow$ " nehmen wir an, G sei keine $LL(k)$-Grammatik. Dann gibt es zwei Linksableitungen

$$S \underset{lm}{\overset{*}{\Longrightarrow}} uA\alpha \underset{lm}{\Longrightarrow} u\beta\alpha \underset{lm}{\overset{*}{\Longrightarrow}} ux$$

$$S \underset{lm}{\overset{*}{\Longrightarrow}} uA\alpha \underset{lm}{\Longrightarrow} u\gamma\alpha \underset{lm}{\overset{*}{\Longrightarrow}} uy$$

mit $x|_k = y|_k$, wobei $A \to \beta$, $A \to \gamma$ verschiedene Produktionen sind. Dann ist aber das Wort $x|_k = y|_k$ in $\mathrm{first}_k(\beta\alpha) \cap \mathrm{first}_k(\gamma\alpha)$ enthalten – im Widerspruch zu der Aussage des Satzes. □

Satz 3.3.1 besagt, dass in einer $LL(k)$-Grammatik die Anwendung zweier verschiedener Produktionen auf eine Linkssatzform immer zu verschiedenen k-Präfixen der restlichen Eingabe führt. Aus Satz 3.3.1 kann man gute Kriterien für die Zugehörigkeit zu gewissen Teilklassen der $LL(k)$-Grammatiken ableiten. Die ersten betreffen den Fall $k = 1$.

Die Menge $\mathrm{first}_1(\beta\alpha) \cap \mathrm{first}_1(\gamma\alpha)$ für alle Linkssatzformen $wA\alpha$ und je zwei verschiedene Alternativen $A \to \beta$ und $A \to \gamma$ lässt sich zu $\mathrm{first}_1(\beta) \cap \mathrm{first}_1(\gamma)$ vereinfachen, wenn weder β noch γ das leere Wort ε produzieren. Dies ist dann der Fall, wenn kein Nichtterminal von G ε-produktiv ist. Für die Praxis wäre es jedoch eine zu starke Einschränkung, ε-Produktionen zu verbieten. Betrachten wir deshalb den Fall, dass eine der beiden rechten Seiten β bzw. γ das leere Wort produzieren kann. Produzieren sowohl β als auch γ das leere Wort, kann G keine $LL(1)$-Grammatik sein. Nehmen wir deshalb an, dass $\beta \overset{*}{\Longrightarrow} \varepsilon$, dass sich aber aus γ nicht ε ableiten lässt. Dann aber gilt für alle Linkssatzformen $uA\alpha, u'A\alpha'$:

$$\begin{aligned}
\mathrm{first}_1(\beta\alpha) \cap \mathrm{first}_1(\gamma\alpha') &= \mathrm{first}_1(\beta\alpha) \cap \mathrm{first}_1(\gamma) \odot_1 \mathrm{first}_1(\alpha') \\
&= \mathrm{first}_1(\beta\alpha) \cap \mathrm{first}_1(\gamma) \\
&= \mathrm{first}_1(\beta\alpha) \cap \mathrm{first}_1(\gamma\alpha) \\
&= \emptyset
\end{aligned}$$

Daraus folgt aber, dass

$$\begin{aligned}
&\mathrm{first}_1(\beta) \odot_1 \mathrm{follow}_1(A) \cap \mathrm{first}_1(\gamma) \odot_1 \mathrm{follow}_1(A) \\
&= \bigcup \left\{ \mathrm{first}_1(\beta\alpha) \mid S \underset{lm}{\overset{*}{\Longrightarrow}} uA\alpha \right\} \cap \bigcup \left\{ \mathrm{first}_1(\gamma\alpha') \mid S \underset{lm}{\overset{*}{\Longrightarrow}} u'A\alpha' \right\} \\
&= \emptyset
\end{aligned}$$

Damit erhalten wir den folgenden Satz.

Satz 3.3.2 Eine reduzierte kontextfreie Grammatik G ist eine $LL(1)$-Grammatik genau dann, wenn für je zwei verschiedene Produktionen $A \to \beta$ und $A \to \gamma$ gilt:

$$\text{first}_1(\beta) \odot_1 \text{follow}_1(A) \cap \text{first}_1(\gamma) \odot_1 \text{follow}_1(A) = \emptyset .$$

□

Im Gegensatz zu den Charakterisierungen aus dem Satz 3.3.1 lässt sich die Charakterisierung aus Satz 3.3.2 leicht überprüfen. Wenn wir zusätzlich die Eigenschaften der 1-Konkatenation in Betracht ziehen, erhalten wir sogar eine noch etwas handlichere Formulierung.

Korollar 3.3.2.1 Eine reduzierte kontextfreie Grammatik G ist genau dann eine $LL(1)$-Grammatik, wenn für alle Alternativen $A \to \alpha_1 \mid \ldots \mid \alpha_n$ gilt:
1. $\text{first}_1(\alpha_1), \ldots, \text{first}_1(\alpha_n)$ sind paarweise disjunkt; insbesondere enthält höchstens eine dieser Mengen ε;
2. Gilt $\varepsilon \in \text{first}_1(\alpha_i)$, dann folgt: $\text{first}_1(\alpha_j) \cap \text{follow}_1(A) = \emptyset$ für alle $1 \le j \le n$, $j \ne i$. □

Die Eigenschaft aus dem Satz 3.3.2 verallgemeinern wir auf beliebige Vorausschaulängen $k \ge 1$.

Eine reduzierte kontextfreie Grammatik $G = (V_N, V_T, P, S)$ heißt *starke* $LL(k)$-Grammatik, wenn für je zwei verschiedene Produktionen $A \to \beta$ und $A \to \gamma$ eines Nichtterminals A stets

$$\text{first}_k(\beta) \odot_k \text{follow}_k(A) \cap \text{first}_k(\gamma) \odot_k \text{follow}_k(A) = \emptyset$$

gilt. Gemäß dieser Definition und Satz 3.3.2 ist jede $LL(1)$-Grammatik eine starke $LL(1)$-Grammatik. Für $k > 1$ ist eine $LL(k)$-Grammatik jedoch nicht automatisch bereits eine starke $LL(k)$-Grammatik. Der Grund dafür ist, dass die Menge $\text{follow}_k(A)$ die Folgeworte aus *allen* Linkssatzformen mit A enthält: in der $LL(k)$-Bedingung treten jedoch nur Folgeworte zu *einer* Linkssatzform auf.

Beispiel 3.3.5 Sei G die kontextfreie Grammatik mit den Produktionen

$$S \to a\,Aaa \mid bAba \qquad\qquad A \to b \mid \varepsilon$$

Wir überprüfen:
1. Fall: Die Ableitung fängt mit $S \Rightarrow a\,Aaa$ an. Dann gilt:
   $\text{first}_2(baa) \cap \text{first}_2(aa) = \emptyset$.
2. Fall: Die Ableitung fängt mit $S \Rightarrow bAba$ an. Dann gilt:
   $\text{first}_2(bba) \cap \text{first}_2(ba) = \emptyset$.

Also ist G nach Satz 3.3.1 eine $LL(2)$-Grammatik. Die Grammatik G ist jedoch keine starke $LL(2)$-Grammatik, denn

$$\text{first}_2(b) \odot_2 \text{follow}_2(A) \cap \text{first}_2(\varepsilon) \odot_2 \text{follow}_2(A)$$
$$= \{b\} \odot_2 \{aa, ba\} \cap \{\varepsilon\} \odot_2 \{aa, ba\}$$
$$= \{ba, bb\} \cap \{aa, ba\}$$
$$= \{ba\}$$

In dem Beispiel ist $\text{follow}_1(A)$ also zu undifferenziert, da es die terminalen Folgewörter zusammenfasst, die bei *verschiedenen* Satzformen möglich sind. □

3.3.3 Linksrekursion

Parser, die den Syntaxbaum für die Eingabe *topdown* konstruieren, können nicht mit *linksrekursiven* Nichtterminalen umgehen. Eine Nichtterminal A einer reduzierten kontextfreien Grammatik G heißt dabei linksrekursiv, wenn es eine Ableitung $A \overset{+}{\Longrightarrow} A\beta$ gibt.

Satz 3.3.3 Sei G eine reduzierte kontextfreie Grammatik. Falls ein Nichtterminal der Grammatik G linksrekursiv ist, ist G für kein $k \geq 1$ eine $LL(k)$-Grammatik.

Beweis. Sei X ein linksrekursives Nichtterminal der Grammatik G. Zur Vereinfachung nehmen wir an, dass G direkt eine Produktion $X \rightarrow X\beta$ besitzt. Da G reduziert ist, muss es eine weitere Produktion $X \rightarrow \alpha$ geben. Tritt in einer Linkssatzform X auf, d. h. gilt $S \overset{*}{\underset{lm}{\Longrightarrow}} uX\gamma$, kann beliebig oft die Alternative $X \rightarrow X\beta$ angewandt werden. Für jedes $n \geq 1$ gibt es damit eine Linksableitung:

$$S \overset{*}{\underset{lm}{\Longrightarrow}} wX\gamma \overset{n}{\underset{lm}{\Longrightarrow}} wX\beta^n\gamma \ .$$

Nehmen wir an, die Grammatik G wäre eine $LL(k)$-Grammatik. Dann ist nach Satz 3.3.1

$$\text{first}_k(X\beta^{n+1}\gamma) \cap \text{first}_k(\alpha\beta^n\gamma) = \emptyset$$

Wegen $X \rightarrow \alpha$ ist

$$\text{first}_k(\alpha\beta^{n+1}\gamma) \subseteq \text{first}_k(X\beta^{n+1}\gamma)$$

Also ist auch

$$\text{first}_k(\alpha\beta^{n+1}\gamma) \cap \text{first}_k(\alpha\beta^n\gamma) = \emptyset$$

Falls $\beta \overset{*}{\Longrightarrow} \varepsilon$ gilt, erhalten wir sofort den Widerspruch. Andernfalls wählen wir $n \geq k$ und erhalten ebenfalls einen Widerspruch. Folglich kann G keine $LL(k)$-Grammatik sein. □

Wir schließen, dass kein Generator für $LL(k)$-Parser linksrekursive Grammatiken behandeln kann. Jede Grammatik kann jedoch in eine Grammatik transformiert werden, die nicht mehr linksrekursiv ist, aber die gleiche Sprache beschreibt. Nehmen wir zur Vereinfachung an, die Grammatik G habe keine ε-Produktionen (siehe Aufg. 3) und außerdem keine rekursiven Kettenproduktionen, d. h. es gibt kein Nichtterminal A mit $A \overset{+}{\underset{G}{\Longrightarrow}} A$. Sei $G = (V_N, V_T, P, S)$. Dann konstruieren wir zu G eine kontextfreie Grammatik $G' = (V'_N, V_T, P', S)$ mit der gleichen Menge V_T an Terminalsymbolen und dem gleichen Startsymbol S, dessen Menge V'_N an Nichtterminalsymbolen gegeben ist durch:

$$V'_N = V_N \cup \{\langle A, B \rangle \mid A, B \in V_N\}$$

und P' aus den folgenden Produktionen besteht:
- Ist $B \to a\beta \in P$ für ein Terminalsymbol $a \in V_T$, dann ist $A \to a\beta \langle A, B \rangle \in P'$ für jedes $A \in V_N$;
- Ist $C \to B\beta \in P$, dann ist $\langle A, B \rangle \to \beta \langle A, C \rangle \in P'$;
- Schließlich ist $\langle A, A \rangle \to \varepsilon \in P'$ für alle $A \in V_N$.

Beispiel 3.3.6 Für die Grammatik G_0 mit den Produktionen:

$$E \to E + T \mid T$$
$$T \to T * F \mid F$$
$$F \to (E) \mid \mathsf{Id}$$

erhalten wir nach Beseitigung der nichtproduktiven Nichtterminale:

$$
\begin{aligned}
E &\to (E)\,\langle E, F \rangle \mid \mathsf{Id}\,\langle E, F \rangle \\
\langle E, F \rangle &\to \langle E, T \rangle \\
\langle E, T \rangle &\to *F\,\langle E, T \rangle \mid \langle E, E \rangle \\
\langle E, E \rangle &\to +T\,\langle E, E \rangle \mid \varepsilon \\
T &\to (E)\,\langle T, F \rangle \mid \mathsf{Id}\,\langle E, F \rangle \\
\langle T, F \rangle &\to \langle T, T \rangle \\
\langle T, T \rangle &\to *F\,\langle T, T \rangle \mid \varepsilon \\
F &\to (E)\,\langle F, F \rangle \mid \mathsf{Id}\,\langle F, F \rangle \\
\langle F, F \rangle &\to \varepsilon
\end{aligned}
$$

Die Grammatik G_0 benötigt drei Nichtterminale und sechs Produktionen, die Grammatik G_1 benötigt dagegen neun Nichtterminale und fünfzehn Produktionen.

Den Syntaxbaum für $\mathsf{Id} + \mathsf{Id}$ gemäß G_0 zeigt Abb. 3.11 (a), denjenigen gemäß G_1 Abb. 3.11 (b). Dieser Ableitungsbaum hat eine deutlich andere Struktur. Intuitiv erzeugt die Grammatik direkt das erste mögliche Terminalsymbol, um dann rückwärts die Reste der rechten Seiten aufzusammeln, die rechts auf das jeweilige Nichtterminalsymbol links folgen. Das Nichtterminal $\langle A, B \rangle$ steht deshalb für die Aufgabe, von dem B aus zurück zu A zu gelangen. □

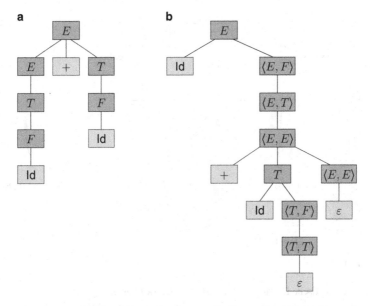

Abb. 3.11 Syntaxbaum für Id + Id bzgl. der Grammatik G_0 aus Beispiel 3.3.6 bzw. der zugehörigen Grammatik ohne Linksrekursion

Wir überzeugen uns, dass die Grammatik G', die wir zu der Grammatik G konstruiert haben, die folgenden Eigenschaften besitzt:

- Die Grammatik G' enthält keine linksrekursiven Nichtterminale.
- Es gibt eine Linksableitung

$$A \stackrel{*}{\underset{G}{\Longrightarrow}} B\gamma \underset{G}{\Longrightarrow} a\beta\gamma$$

genau dann, wenn es eine Rechtsableitung

$$A \underset{G'}{\Longrightarrow} a\beta \ \langle A, B \rangle \stackrel{*}{\underset{G'}{\Longrightarrow}} a\beta\gamma \ \langle A, A \rangle$$

gibt, bei der nach dem ersten Schritt nur Nichtterminale der Form $\langle X, Y \rangle$ ersetzt werden.

Aus der letzten Eigenschaft folgt insbesondere, dass die Grammatiken G und G' äquivalent sind, d. h. dass $L(G) = L(G')$ gilt.

In einigen Fällen ist die Grammatik nach Beseitigung der Linksrekursion eine $LL(k)$-Grammatik. Dies ist etwa für die Grammatik G_0 aus Beispiel 3.3.6 der Fall. Die Transformation zur Beseitigung der Linksrekursion hat jedoch auch Nachteile. Sei n die Anzahl der Nichtterminale. Dann kann sich sowohl die Anzahl der Nichtterminale wie der Produktionen um einen Faktor $n + 1$ erhöhen. Bei großen

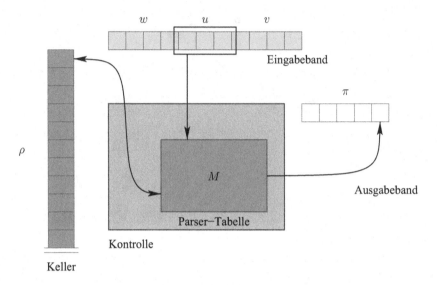

Abb. 3.12 Schematische Darstellung eines starken $LL(k)$-Parsers

Grammatiken wird es sich deshalb i. A. nicht lohnen, die Transformation *manuell* auszuführen. Ein Parsergenerator könnte dagegen diese Transformation vornehmen, um automatisch aus dem Ableitungsbaum für die transformierte Grammatik einen Ableitungsbaum für die ursprüngliche Grammatik zu rekonstruieren (siehe Aufg. 7 des nächsten Kapitels). Dem Benutzer bliebe die Transformation der Grammatik, die der Parser aus rein pragmatischen Gründen vornimmt, damit verborgen.

Wie sehr sich der Syntaxbaum eines Ausdrucks gemäß der transformierten Grammatik von dem Syntaxbaum gemäss der ursprünglichen Grammatik unterscheidet, illustriert Beispiel 3.3.6: der Operator sitzt etwas isoliert zwischen seinen weit entfernten Operanden. Eine Alternative zur nachträglichen Eliminierung der Linksrekursion sind Grammatiken mit *regulären* rechten Seiten, wie wir sie im übernächsten Abschnitt betrachten werden.

3.3.4 Starke $LL(k)$-Parser

Die Struktur eines Parsers für starke $LL(k)$-Grammatiken zeigt Abb. 3.12. Von der Eingabe auf dem Eingabeband ist das Präfix w bereits gelesen. Die restliche Eingabe beginnt mit einem Präfix u der Länge k. Der Keller enthält eine Folge von Items der kontextfreien Grammatik. Das oberste Item, der aktuelle Zustand Z, bestimmt, ob als nächstes
- das nächste Eingabesymbol gelesen,
- auf das Ende der Analyse getestet oder
- das aktuelle Nichtterminal expandiert werden soll.

Bei einer Expansion verwendet der Parser die Parser-*Tabelle*, um die richtige Alternative für das Nichtterminal auszuwählen. Die Parser-Tabelle M ist ein zweidimensionales Feld, dessen Zeilen durch Nichtterminale und dessen Spalten durch Wörter der Länge (maximal) k indiziert werden. Sie repräsentiert eine Auswahlfunktion

$$V_N \times V_{T\#}^{\leq k} \to (V_T \cup V_N)^* \cup \{\text{error}\}$$

die jedem Nichtterminal die Alternative zuordnet, die bei der gegebenen Vorausschau ausgewählt werden soll – oder einen Fehler anzeigt, falls es keine passende Alternative gibt. Sei $[X \to \beta.Y\gamma]$ das oberste Item auf dem Keller und u der Präfix der Länge k der restlichen Eingabe. Gilt $M[Y, u] = (Y \to \alpha)$, dann wird $[Y \to .\alpha]$ neues oberstes Kellersymbol und die Produktion $Y \to \alpha$ auf das Ausgabeband geschrieben.

Die Tabelleneinträge in M werden für ein Nichtterminal Y auf die folgende Weise berechnet. Seien $Y \to \alpha_1 \mid \dots \mid \alpha_r$ die Alternativen für Y. Bei einer starken $LL(k)$-Grammatik sind die Mengen $\text{first}_k(\alpha_i) \odot_k \text{follow}_k(Y)$ disjunkt. Für jedes $u \in \text{first}_k(\alpha_1) \odot_k \text{follow}_k(Y) \cup \dots \cup \text{first}_k(\alpha_r) \odot_k \text{follow}_k(Y)$ ist deshalb:

$$M[Y, u] \leftarrow \alpha_i \qquad \text{gdw.} \qquad u \in \text{first}_k(\alpha_i) \odot_k \text{follow}_k(Y)$$

Andernfalls wird $M[Y, u] \leftarrow \text{error}$ gesetzt. Der Eintrag $M[Y, u] = \text{error}$ bedeutet, dass das aktuelle Nichtterminal und das Präfix der restlichen Eingabe nicht zusammenpassen. Ein syntaktischer Fehler liegt vor. Deshalb wird eine Fehlerdiagnose- und -behandlungsroutine gestartet, die eine Fortsetzung der Analyse ermöglichen soll. Solche Verfahren werden im Abschn. 3.3.8 beschrieben.

Für $k = 1$ ist die Konstruktion der Parser-Tabelle besonders einfach. Wegen Korollar 3.3.2.1 kommt sie ohne k-Konkatenation aus. Stattdessen reicht es, u auf Enthaltensein in einer der Mengen $\text{first}_1(\alpha_i)$ bzw. gegebenenfalls noch $\text{follow}_1(Y)$ zu testen.

Beispiel 3.3.7 Tabelle 3.3 ist die $LL(1)$-Parser-Tabelle für die Grammatik aus Beispiel 3.2.13. Tabelle 3.4 beschreibt den Lauf des zugehörigen Parsers für die Eingabe Id $*$ Id#. □

Unsere Konstruktion von $LL(k)$-Parsern sind nur auf *starke* $LL(k)$-Grammatiken anwendbar. Diese Einschränkung ist jedoch nicht so gravierend, wie es den Anschein hat:

- Der Fall, der am häufigsten in der Praxis vorkommt ist $k = 1$. Jede $LL(1)$-Grammatik ist aber stets eine starke $LL(1)$-Grammatik.
- Wird dennoch eine Vorausschau $k > 1$ benötigt und ist die Grammatik $LL(k)$, aber nicht stark $LL(k)$, dann gibt es immerhin eine allgemeine Konstruktion, wie zu der Grammatik eine starke $LL(k)$-Grammatik konstruiert werden kann, die die gleiche Sprache beschreibt (siehe Aufgabe 7).

Tab. 3.3 $LL(1)$-Parsertabelle für die Grammatik aus Beispiel 3.2.13

	(	)	+	*	Id	#
S	E	error	error	error	E	error
E	$(E)\ \langle E,F\rangle$	error	error	error	Id $\langle E,F\rangle$	error
T	$(E)\ \langle T,F\rangle$	error	error	error	Id $\langle T,F\rangle$	error
F	$(E)\ \langle F,F\rangle$	error	error	error	Id $\langle F,F\rangle$	error
$\langle E,F\rangle$	error	$\langle E,T\rangle$	$\langle E,T\rangle$	$\langle E,T\rangle$	error	$\langle E,T\rangle$
$\langle E,T\rangle$	error	$\langle E,E\rangle$	$\langle E,E\rangle$	$*F\ \langle E,T\rangle$	error	$\langle E,E\rangle$
$\langle E,E\rangle$	error	ε	$+T\ \langle E,E\rangle$	error	error	ε
$\langle T,F\rangle$	error	$\langle T,T\rangle$	$\langle T,T\rangle$	$\langle T,T\rangle$	error	$\langle T,T\rangle$
$\langle T,T\rangle$	error	ε	ε	$*F\ \langle T,T\rangle$	error	ε
$\langle F,F\rangle$	error	ε	ε	ε	error	ε

Wir verzichten deshalb darauf, das Syntaxanalyseverfahren für starke $LL(k)$-Grammatiken auf beliebige $LL(k)$-Grammatiken zu verallgemeinern.

Im folgenden Abschn. 3.3.5 wird für den Fall $k = 1$ eine zweite und weitaus populärere Art der Implementierung von starken $LL(k)$-Parsern beschrieben, die auf wechselseitig rekursiven Prozeduren basiert.

3.3.5 Rechtsreguläre kontextfreie Grammatiken

Linksrekursive Nichtterminale zerstören die LL-Eigenschaft von kontextfreien Grammatiken. Linksrekursion wird meist benutzt, um Listen, etwa von Parametern, Anweisungen und Deklarationen, oder Folgen von Operanden, die durch einen assoziativen Operator verküpft sind, zu beschreiben. Wir werden jetzt reguläre Ausdrücke auf den rechten Seiten von Produktionen als Ersatz für die Linksrekursion zulassen.

Eine *rechtsreguläre* kontextfreie Grammatik ist ein Tupel $G = (V_N, V_T, p, S)$, wobei V_N, V_T, S wie üblich die Alphabete der Nichtterminale, der Terminale und das Startsymbol sind, und $p : V_N \to RA$ nun eine Abbildung der Nichtterminale in die Menge der regulären Ausdrücke über $V_N \cup V_T$ ist.

Beispiel 3.3.8 Eine rechtsreguläre kontextfreie Grammatik für arithmetische Ausdrücke ist

$$G_e = (\{S, E, T, F\}, \{\mathsf{Id}, \boxed{(}, \boxed{)}, \boxed{+}, \boxed{-}, \boxed{*}, \boxed{/}\}, p, S)$$

Um die Terminalsymbole $+, -, *, /$ sowie die beiden Klammern von den Metazeichen der regulären Ausdrücke zu unterscheiden, wurden sie in Kästchen gesetzt. Die Abbildung p ist dann gegeben durch:

Tab. 3.4 Parserlauf für die Eingabe: $Id * Id\#$

Kellerinhalt	Eingabe
$[S \to .E]$	Id * Id#
$[S \to .E][E \to .\text{Id} \langle E, F \rangle]$	Id * Id#
$[S \to .E][E \to \text{Id} . \langle E, F \rangle]$	*Id#
$[S \to .E][E \to \text{Id} . \langle E, F \rangle][\langle E, F \rangle \to . \langle E, T \rangle]$	*Id#
$[S \to .E][E \to \text{Id} . \langle E, F \rangle][\langle E, F \rangle \to . \langle E, T \rangle][\langle E, T \rangle \to . * F \langle E, T \rangle]$	*Id#
$[S \to .E][E \to \text{Id} . \langle E, F \rangle][\langle E, F \rangle \to . \langle E, T \rangle][\langle E, T \rangle \to *.F \langle E, T \rangle]$	Id#
$[S \to .E][E \to \text{Id} . \langle E, F \rangle][\langle E, F \rangle \to . \langle E, T \rangle]$ $[\langle E, T \rangle \to *.F \langle E, T \rangle][F \to .\text{Id} \langle F, F \rangle]$	Id#
$[S \to .E][E \to \text{Id} . \langle E, F \rangle][\langle E, F \rangle \to . \langle E, T \rangle]$ $[\langle E, T \rangle \to *.F \langle E, T \rangle][F \to \text{Id} . \langle F, F \rangle]$	#
$[S \to .E][E \to \text{Id} . \langle E, F \rangle][\langle E, F \rangle \to . \langle E, T \rangle]$ $[\langle E, T \rangle \to *.F \langle E, T \rangle][F \to \text{Id} . \langle F, F \rangle][\langle F, F \rangle \to .]$	#
$[S \to .E][E \to \text{Id} . \langle E, F \rangle][\langle E, F \rangle \to . \langle E, T \rangle]$ $[\langle E, T \rangle \to *.F \langle E, T \rangle][F \to \text{Id} \langle F, F \rangle .]$	#
$[S \to .E][E \to \text{Id} . \langle E, F \rangle][\langle E, F \rangle \to . \langle E, T \rangle][\langle E, T \rangle \to *F. \langle E, T \rangle]$	#
$[S \to .E][E \to \text{Id} . \langle E, F \rangle][\langle E, F \rangle \to . \langle E, T \rangle]$ $[\langle E, T \rangle \to *F. \langle E, T \rangle][\langle E, T \rangle \to . \langle E, E \rangle]$	#
$[S \to .E][E \to \text{Id} . \langle E, F \rangle][\langle E, F \rangle \to . \langle E, T \rangle]$ $[\langle E, T \rangle \to *F. \langle E, T \rangle][\langle E, T \rangle \to . \langle E, E \rangle][\langle E, E \rangle \to .]$	#
$[S \to .E][E \to \text{Id} . \langle E, F \rangle][\langle E, F \rangle \to . \langle E, T \rangle]$ $[\langle E, T \rangle \to *F. \langle E, T \rangle][\langle E, T \rangle \to \langle E, E \rangle .]$	#
$[S \to .E][E \to \text{Id} . \langle E, F \rangle][\langle E, F \rangle \to . \langle E, T \rangle][\langle E, T \rangle \to *F \langle E, T \rangle .]$	#
$[S \to .E][E \to \text{Id} . \langle E, F \rangle][\langle E, F \rangle \to \langle E, T \rangle .]$	#
$[S \to .E][E \to \text{Id} \langle E, F \rangle .]$	#
$[S \to E.]$	#

Ausgabe:
$(S \to E) \, (E \to \text{Id} \langle E, F \rangle) \, (\langle E, F \rangle \to \langle E, T \rangle) \, (\langle E, T \rangle \to * F \langle E, T \rangle)$
$(F \to \text{Id} \langle F, F \rangle) \, (\langle F, F \rangle \to \varepsilon) \, (\langle E, T \rangle \to \langle E, E \rangle) \, (\langle E, E \rangle \to \varepsilon)$

$$S \to E$$
$$E \to T \left(\left(\boxed{+} \mid \boxed{-} \right) T \right)^{*}$$
$$T \to F \left(\left(\boxed{*} \mid \boxed{/} \right) F \right)^{*}$$
$$F \to \left(\left(\boxed{(} E \boxed{)} \right) \mid \text{Id} \right)$$

□

Sei $G = (V_N, V_T, p, S)$ eine rechtsreguläre kontextfreie Grammatik und $\mathcal{R}$ die Menge der regulären Teilausdrücke r, die in rechten Seiten $p(A)$, $A \in V_N$, vorkommen. Die Grammatik G fassen wir als Spezifikation einer normalen kontextfreien Grammatik $\langle G \rangle$ auf, die zusätzlich über Hilfsnichtterminale $\langle r \rangle$, $r \in \mathcal{R}$, verfügt, sowie über eine Menge Produktionen, um aus $\langle r \rangle$ alle Wörter der Sprache $L(r) \subseteq (V_N \cup V_T)^*$ abzuleiten. Formal definieren wir deshalb $\langle G \rangle$ als die kontextfreie Grammatik (V_N', V_T, P', S), wobei $V_N' = V_N \cup \{\langle r \rangle \mid r \in \mathcal{R}\}$ ist und P' die Menge der folgenden Produktionen:

$$
\begin{aligned}
A &\longrightarrow \langle r \rangle && \text{falls } A \in V_N, p(A) = r \\
\langle X \rangle &\longrightarrow X && \text{falls } X \in V_N \cup V_T \\
\langle \varepsilon \rangle &\longrightarrow \varepsilon && \text{falls } X \in V_N \cup V_T \\
\langle r^* \rangle &\longrightarrow \varepsilon \mid \langle r \rangle \langle r^* \rangle && \text{falls } r^* \in \mathcal{R} \\
\langle (r_1 \mid \ldots \mid r_n) \rangle &\longrightarrow \langle r_1 \rangle \mid \ldots \mid \langle r_n \rangle && \text{falls } (r_1 \mid \ldots \mid r_n) \in \mathcal{R} \\
\langle (r_1 \ldots r_n) \rangle &\longrightarrow \langle r_1 \rangle \ldots \langle r_n \rangle && \text{falls } (r_1 \ldots r_n) \in \mathcal{R}
\end{aligned}
$$

Die Sprache $L(G)$ der rechtsregulären kontextfreien Grammatik G ist dann definiert als die Sprache $L(\langle G \rangle)$ der normalen kontextfreien Grammatik $\langle G \rangle$.

Beispiel 3.3.9 Die transformierte kontextfreie Grammatik $\langle G_e \rangle$ zu der rechtsregulären kontextfreien Grammatik G_e aus Beispiel 3.3.8 ist gegeben durch die folgenden Produktionen:

$$
\begin{aligned}
S &\to E \\
E &\to \left\langle T \left(\left(\boxed{+} \mid \boxed{-}\right) T\right)^* \right\rangle \\
T &\to \left\langle F \left(\left(\boxed{*} \mid \boxed{/}\right) F\right)^* \right\rangle \\
F &\to \left\langle \boxed{(}\, E \,\boxed{)} \mid \mathsf{Id} \right\rangle \\
\left\langle T \left(\left(\boxed{+} \mid \boxed{-}\right) T\right)^* \right\rangle &\to T \left\langle \left(\left(\boxed{+} \mid \boxed{-}\right) T\right)^* \right\rangle \\
\left\langle \left(\left(\boxed{+} \mid \boxed{-}\right) T\right)^* \right\rangle &\to \varepsilon \mid \left\langle \left(\boxed{+} \mid \boxed{-}\right) T\right\rangle \left\langle \left(\left(\boxed{+} \mid \boxed{-}\right) T\right)^* \right\rangle \\
\left\langle \left(\boxed{+} \mid \boxed{-}\right) T \right\rangle &\to \left\langle \boxed{+} \mid \boxed{-}\right\rangle T \\
\left\langle \boxed{+} \mid \boxed{-}\right\rangle &\to \boxed{+} \mid \boxed{-} \\
\left\langle F \left(\left(\boxed{*} \mid \boxed{/}\right) F\right)^* \right\rangle &\to F \left\langle \left(\left(\boxed{*} \mid \boxed{/}\right) F\right)^* \right\rangle \\
\left\langle \left(\left(\boxed{*} \mid \boxed{/}\right) F\right)^* \right\rangle &\to \varepsilon \mid \left\langle \boxed{*} \mid \boxed{/}\right\rangle \left\langle \left(\left(\boxed{*} \mid \boxed{/}\right) F\right)^* \right\rangle \\
\left\langle \boxed{*} \mid \boxed{/}\right\rangle &\to \boxed{*} \mid \boxed{/} \\
\left\langle \boxed{(}\, E \,\boxed{)} \mid \mathsf{Id} \right\rangle &\to \boxed{(}\, E \,\boxed{)} \mid \mathsf{Id}
\end{aligned}
$$

Um die Lesbarkeit zu erhöhen, wurden äußere Klammern bei der syntaktischen Repräsentation von Ausdrücken weggelassen sowie innere Klammern, wenn dies aufgrund der Operatorpräzedenzen möglich war. Weiterhin wurden Vorkommen von Nichtterminalen $\langle X \rangle$ direkt durch X selbst ersetzt für Nichtterminale und Terminale X. □

Wir nennen die Grammatik G eine $RLL(1)$-Grammatik, falls die zugehörige normale kontextfreie Grammatik $\langle G \rangle$ eine $LL(1)$-Grammatik ist. Falls G eine $RLL(1)$-Grammatik ist, können wir einen $LL(1)$-Parser für die transformierte Grammatik $\langle G \rangle$ direkt als Parser für G verwenden. Dieser Parser hat allerdings den Nachteil, dass er zusätzliche Kellermanipulationen vornehmen muss – alleine um die Auswertung der regulären Ausdrücke auf den rechten Seiten zu implementieren. Stattdessen wird nun ein Verfahren vorgestellt, das *direkt* auf der Struktur der regulären Ausdrücke arbeitet, ohne den Umweg über die transformierte Grammatik zu nehmen.

Die Generierung des $RLL(1)$-Parsers benötigt nur die first_1–Mengen, und zwar nun für reguläre Unterausdrücke r rechter Produktionsseiten. Diese werden als first_1-Mengen der entsprechenden Nichtterminale $\langle r \rangle$ der transformierten Grammatik $\langle G \rangle$ definiert:

$$\mathrm{first}_1(r) = \mathrm{first}_1(\langle r \rangle)$$

Beispiel 3.3.10 Die eff- wie auch die first_1-Mengen für die Nichtterminale der Grammatik G_e aus Beispiel 3.3.8 sind

$$\mathrm{first}_1(S) = \mathrm{first}_1(E) = \mathrm{first}_1(T) = \mathrm{first}_1(F) = \{\boxed{(}, \mathsf{Id}\}$$

□

3.3.6 Rekursive Abstiegsparser für $RLL(1)$-Grammatiken

Analog zu dem tabellengesteuerten $LL(1)$-Parser könnte man ebenfalls einen tabellengesteuerten $RLL(1)$-Parser konstruieren. Wesentlich populärer ist es jedoch, den $RLL(1)$-Parser von Hand mit der Technik des *rekursiven Abstiegs* (recursive descent) zu erstellen. Rekursive Abstiegsparser haben gegenüber tabellengesteuerten Parsern einige praktische Vorzüge:

- Sie weisen meist eine höhere Geschwindigkeit auf, da tabellengesteuerte Parser beim Zugriff auf die Tabelle, aufgrund deren Größe, häufig Cache-Misses verursachen.
- Rekursive Abstiegsparser sind so einfach, dass sie direkt in in der Programmiersprache des Übersetzers geschrieben werden können und nicht generiert werden müssen. Das erleichtert die Fehlersuche in der Implementierung des Parsers: es muss nicht generierter Code untersucht werden, der unleserlich und fremd anmutet, wenn der Autor des Übersetzers mit den technischen Details des Generators nicht vertraut ist.

- Des Weiteren kann der Parser zusammen mit allen semantischen Aktionen als ein Programm in einer Sprache geschrieben werden. Die oft mühselige Fehlersuche in einem teils generierten, teils selbst geschriebenen Programm wird so vermieden.
- Generatoren unterstützen den Übersetzerschreiber nur schlecht in der Erstellung einer geeigneten Fehlerbehandlung. Diese ist aber zur Erstellung brauchbarer Parser unerlässlich. In einen rekursiven Abstiegsparser ist die Fehlerbehandlung elegant integrierbar.

Gegeben sei eine rechtsreguläre kontextfreie Grammatik $G = (V_N, V_T, p, S)$, die $RLL(1)$ ist. Für jedes Nichtterminal A wird eine Prozedur mit Namen A erzeugt. Die Konstruktoren für reguläre Ausdrücke der rechten Seiten werden werden durch die Funktion **generate** in imperative Programmkonstrukte übersetzt. Die Funktion **generate** ist ein Metaprogramm, das aus einem regulären Ausdruck r ein entsprechendes Programmstück erzeugt, das eine Eingabe analysiert, die aus $\langle r \rangle$ abgeleitet wurde: Aus einem Stern-Ausdruck wird eine *while*-Schleife, aus einer Konkatenation wird sequentielle Komposition und aus einem Auswahlausdruck eine Fallunterscheidung. Terminalsymbole werden in Tests und Nichtterminalsymbole in rekursive Aufrufe der entsprechenden Prozeduren übersetzt. Die $first_1$-Menge für die regulären Teilausdrücke werden verwendet um zu entscheiden, wann Schleifen verlassen werden sollen, und um die richtige von mehreren Alternativen auszuwählen. Man nennt einen solchen Parser rekursiven Abstiegsparser, da er anstelle eines expliziten Kellers den Laufzeitkeller und Rekursion verwendet.

Der Parser verwendet die Prozedur **expect** um zu testen, ob das nächste Eingabezeichen im 1-Anfang des folgenden regulären Ausdrucks steht. Im Folgenden nehmen wir an, dass das nächste Terminalsymbol der Eingabe in der globalen Variable *next* abgelegt ist.

```
void expect(set⟨string ⟨terminal⟩⟩ E) {
    if ({ε, next} ∩ E = ∅){
        output("Expected one of " + E + ". Found " + next); exit();
    }
}
```

Einem Aufruf der Prozedur **expect** wird eine Menge von Terminalwörtern der Länge höchstens 1 übergeben. Insbesondere kann diese Menge auch ε als Element enthalten Falls weder das nächste Eingabesymbol noch ε in der Menge E der erwarteten Zeichen enthalten sind, gibt **expect** eine Fehlermeldung aus und bricht die Syntaxanalyse ab, indem die Prozedur **exit** aufgerufen wird. Dieses Verhalten im Fehlerfall ist natürlich unbefriedigend. Stattdessen würde man erwarten, dass der Parser trotz des Fehlers weiter läuft, versucht, an einem geeigneten Punkt wieder aufzusetzen und auch den Rest der Eingabe verarbeitet. In einem einzigen Parserlauf könnten so unter Umständen mehrere Fehler erkannt werden. Im nächsten Abschnitt stellen wir eine Erweiterung von **expect** (und **generate**) vor, die dieses Verhalten ermöglicht.

Der Parser wird mittels einer Prozedur parse gestartet, die zu Beginn die Invariante, die während des gesamtem Parserlauf hält, herstellt:

- *next* enthält immer das nächste Eingabezeichen (1).
- Bevor der Code, der einen regulären Ausdruck r analysiert, ausgeführt wird, hat ein Aufruf an expect überprüft, ob das nächste Eingabezeichen im 1-Anfang von r liegt (2).

```
void parse() {
    next ← scan();              // (1)
    expect(first₁(S));          // (2)
    S();
    expect({#});
}
```

Für ein Nichtterminal $A \in V_N$ ist die Prozedur $A()$ definiert durch:

```
void  A() {
          generate r
      }
```

sofern $p(A) = r$ die rechte Seite für A in p ist. Für die regulären Teilausdrücke der rechten Seiten definieren wir:

$$
\begin{aligned}
\text{generate } (r_1 \cdots r_k) \quad &\equiv \quad \text{generate } r_1 \\
&\qquad \text{expect}(\text{first}_1(r_2)) \\
&\qquad \text{generate } r_2 \\
&\qquad \vdots \\
&\qquad \text{expect}(\text{first}_1(r_k)) \\
&\qquad \text{generate } r_k
\end{aligned}
$$

$$
\begin{aligned}
\text{generate } (r_1 \mid \ldots \mid r_k) \quad &\equiv \quad \textbf{switch } (next) \ \{ \\
&\qquad \text{labels}(\text{first}_1(r_1)) \quad \text{generate } r_1 \quad \textbf{break}; \\
&\qquad \vdots \\
&\qquad \text{labels}(\text{first}_1(r_k)) \quad \text{generate } r_k \quad \textbf{break}; \\
&\qquad \}
\end{aligned}
$$

$$
\begin{aligned}
\text{labels } \{a_1, \ldots, a_m\} \quad &\equiv \quad \textbf{label } a_1 : \ldots \textbf{label } a_m : \\
\text{label } a \quad &\equiv \quad \textbf{case } a \\
\text{label } \varepsilon \quad &\equiv \quad \textbf{default} \\
\text{generate } r^* \quad &\equiv \quad \textbf{while } (next \in \text{eff}(r)) \ \{ \\
&\qquad \text{generate } r \\
&\qquad \}
\end{aligned}
$$

$$
\begin{aligned}
\text{generate } \varepsilon \quad &\equiv \quad ; \\
\text{generate } a \quad &\equiv \quad \text{consume}(); \\
\text{generate } A \quad &\equiv \quad A();
\end{aligned}
$$

wobei $a \in V_T$ und $A \in V_N$ sind. Wir verwenden die Funktion consume() als Abkürzung für *next* $\leftarrow$ scan();. Die Prozedur $A()$ zu einem Nichtterminal A ist dafür zuständig, Wörter zu erkennen, die aus A abgeleitet wurden. Wenn sie aufgerufen wird, ist bereits das erste Symbol der Eingabe durch die Funktion scan des integrierten Scanners/Siebers gelesen. Hat sie ein Wort für A gefunden und kehrt zurück, hat sie ihrerseits bereits das Symbol gelesen, das auf dieses Wort folgt.

Beispiel 3.3.11 Für die erweiterte Ausdrucksgrammatik G_e aus Beispiel 3.3.8 ergibt sich der folgende Parser (die Prozeduren expect und parse sind nicht nochmals aufgeführt).

```
void   S() { E(); }
void   E() {
         T();
         expect({ε, + , - });
         while (next ∈ { + , - })   {
             switch (next)   {
                 case + :   consume(); break;
                 case - :   consume(); break;
             }
             expect({Id, ( });
             T();
         }
       }
```

```
void   T() {
         F();
         expect({ε, * , / });
         while (next ∈ { * , / })   {
             switch (next)   {
                 case * :   consume(); break;
                 case / :   consume(); break;
             }
             expect({Id, ( });
             F();
         }
       }
```

```
void  F() {
      switch (next)  {
          case Id :   consume(); break;
          case ( :    consume();
                      expect({ Id , ( });
                      E();
                      expect({ ) });
                      consume();
                      break;
      }
}
```

□

3.3.7 Baumerzeugung durch rekursive Abstiegsparser

Der Rekursive Abstiegsparser für eine rechtsreguläre kontextfreie Grammatik G, so wir ihn bisher beschrieben haben, liefert nur die Information zurück, ob die gegebene Eingabe syntaktisch korrekt ist oder beim Parsen ein Fehler auftrat. Die Parser-Funktionen können jedoch so modifiziert werden, dass jeder Aufruf $A()$ für eine korrekte Eingabe eine Repräsentation des Syntaxbaums dieser Eingabe bzgl. der Grammatik $\langle G \rangle$ zurück liefert. Sie können aber auch so instrumentiert werden, dass sie gegebenenfalls eine für die spätere Anwendung geeignetere Baumrepräsentation liefern.

Beispiel 3.3.12 Betrachten Sie erneut die Grammatik G_e aus Beispiel 3.3.8 und für diese Grammatik die Parserfunktion für das Nichtterminal E. Nehmen wir an, für jeden Knoten des Syntaxbaums werde ein Objekt der Klasse Tree angelegt. Für das Nichtterminalsymbol E definieren wir die Funktion:

```
Tree  E() {
      Tree l ← T();
      expect({ε, + , - });
      while (next ∈ { + , - }) {
          switch (next) {
              case + :   consume();
                         op ← PLUS;
                         break;
              case - :   consume();
                         op ← MINUS;
                         break;
          }
```

$$\text{expect}(\{\text{Id}, \boxed{(} \});$$
$$\text{Tree } r \leftarrow T();$$
$$l \leftarrow \textbf{new } \text{Tree}(op, l, r);$$
$$\}$$
$$\textbf{return } l;$$
$$\}$$

Für eine Folge von Additionen und Subtraktionen baut die Funktion E nach und nach die Baumrepräsentation zusammen. Die Marken der Fallunterscheidung, die im letzten Beispiel noch keine Bedeutung trugen, werden nun dazu verwendet, den richtigen Operator für den Baumknoten auszuwählen. Prinzipiell kann mit dieser Technik die Gestalt des Syntaxbaums frei gewählt werden. Alternativ könnten alle Baumknoten, die zu den Symbolen eines regulären Ausdrucks gehörenm in einer Reihung abgelegt werden (siehe Aufg. 15). Oder der Baum muss, etwa für rechtsassoziative Operatoren, nicht nach links sondern nach rechts geschachtelt abgelegt werden. □

3.3.8 Fehlerbehandlung in $RLL(1)$-Parsern

$RLL(1)$-Parser haben die Eigenschaft des *fortsetzungsfähigen Präfixes*: jeder von einem $RLL(1)$-Parser bestätigte Anfang eines Eingabewortes hat mindestens eine Fortsetzung zu einem Satz der Sprache. Obwohl Parser i. A. nur Fehlersymptome und nicht die Fehlerursachen selbst finden, legt es diese Eigenschaft nahe, auf Korrekturen in dem bereits gelesenen Teil der Eingabe zu verzichten und stattdessen durch Veränderung oder teilweises Überlesen der restlichen Eingabe wieder eine Parserkonfiguration zu suchen, aus der eine Analyse der restlichen Eingabe möglich ist. Das Verfahren, das nun vorgestellt wird, bemüht sich, durch möglichst geschicktes Überlesen eines Anfangs der restlichen Eingabe wieder eine Kombination von Kellerinhalt und restlicher Eingabe herzustellen, in der die Analyse zu Ende geführt werden kann.

Eine naheliegende Vorgehensweise besteht darin, eine Endklammer oder ein Trennsymbol für das aktuelle Nichtterminal zu suchen und alle dazwischenliegenden Eingabesymbole zu überlesen. Wird kein solches Symbol gefunden, aber stattdessen ein aussagekräftiges Endesymbol für ein anderes Nichtterminal, dann werden Einträge im Keller so lange gelöscht, bis das zu diesem Endesymbol gehörende Nichtterminal oben auf dem Keller erscheint. Das hieße in C oder ähnlichen Sprachen etwa:

- Bei der Analyse einer Zuweisung nach einem Semikolon zu suchen,
- bei der Analyse einer Deklaration ein Komma oder ein Semikolon,
- bei einer bedingten Anweisungen nach einem else,
- zu einer öffnenden Klammer { für einen Block eine schließende Klammer } zu suchen.

Ein solcher *Panik-Modus* hat jedoch mehrere gravierende Nachteile. Selbst wenn das gesuchte Symbol im Programm vorhanden ist, muss der Parser gegebenenfalls größere Folgen von Wörtern ohne Analyse überlesen, bis er das Symbol findet. Fehlt das Symbol ganz oder gehört es nicht zu der gegenwärtigen Inkarnation des aktuellen Nichtterminals, gerät der Parser meist aus dem Tritt.

Unser Fehlerbehandlungsverfahren geht deshalb differenzierter vor. Während der syntaktischen Analyse verwaltet der rekursive Abstiegsparser eine Menge T von *Ankerterminalen*. Diese Ankermenge enthält Terminale, bei denen man im Fehlerfall wieder aufsetzen kann. Das heißt, sie tauchen im Rechtskontext eines der Teilausdrücke oder Produktionen auf, die sich gerade in Bearbeitung befinden. Die Ankermenge ist nicht statisch, sondern passt sich der Situation des Parsers an. Betrachten wir als Beispiel den Parser für eine *if*-Anweisung in C:

```
void ⟨if_stat⟩ () {
                        consume();
    expect({ ( });      consume();
    expect(first₁(E));  E();
    expect({ ) });      consume();
    expect(first₁(S));  ⟨stat⟩ ();
    expect({else, ε})   switch (next) {
                            case else :  consume();
                                         expect(first₁(⟨stat⟩));  ⟨stat⟩ ();
                                         break;
                            default :
                        }
}
```

Tritt beispielsweise bei der syntaktischen Analyse der Bedingung ein Fehler auf, so könnte bei der Klammer, welche die Bedingung abschließt, wieder aufgesetzt werden. Genauso können aber auch der 1-Anfang einer Anweisung oder ein else dazu dienen, wieder aufzusetzen. Nachdem aber die schließende Klammer akzeptiert wurde, kann sie nicht mehr als Terminal zum Wiederaufsetzen dienen; sie muss aus der Ankermenge entfernt werden. Der *if*-Parser gibt also den Parsern der Nichtterminale der rechten Seite von ⟨if_stat⟩ jeweils eine Menge von Symbolen mit, bei denen der *if*-Parser fortfahren könnte, sollte während der syntaktischen Analyse des aktuellen Nichtterminals ein Fehler auftreten.

Bevor wir diskutieren, wie die Ankermengen bestimmt werden, diskutieren wir zunächst, wie sie verwendet werden. Dies vermittelt bereits eine Intuition, wie sie zu konstruieren sind. Die Hauptarbeit der Fehlerbehandlung leistet eine angepasste

Version der Prozedur expect:

```
void expect(set ⟨string ⟨terminal⟩⟩ E, set ⟨terminal⟩ anc) {
    bool skipped_input ← discard_until(E \ {ε} ∪ anc);
    if (¬in_error_mode ∧ (skipped_input ∨ {next, ε} ∩ E = ∅)) {
        in_error_mode ← true;
        output(...);
    }
}
```

Die neue Version der Prozedur expect erhält die aktuelle Ankermenge in dem zusätzlichen Parameter *anc*. Zunächst verwirft expect solange Eingabesymbole, bis das Eingabesymbol entweder ein erwartetes Terminal oder ein Ankerterminal ist. Die verworfene Eingabe kann weder konsumiert werden (sie war ja nicht erwartet), noch kann sie dazu verwendet werden wieder aufzusetzen. Falls Eingabe verworfen wurde oder das momentane Eingabesymbol ein Ankerterminal ist, das *kein* erwartetes Terminal ist (der Schnitt aus E und *anc* muss nicht leer sein!), wird eine Fehlermeldung ausgegeben, und der Parser wechselt in den Fehlermodus. Der Fehlermodus ist notwendig, um das Konsumieren nicht erwarteter Eingabesymbole zu unterdrücken.

Beispiel 3.3.13 Betrachten wir folgendes Beispiel eines syntaktisch inkorrekten C-Programms, bei dem der Programmierer den rechten Operanden des Vergleichs und die schließende Klammer des if vergessen hat:

$$\text{If} \quad (\quad \text{Id} \quad < \quad \text{while} \quad ...$$

Bei der syntaktischen Analyse der *if*-Bedingung soll der 1-Anfang der Produktion S, welche Anweisungen analysiert, in der Ankermenge enthalten sein. Das heißt, dass beispielsweise while ein geeignetes Symbol ist, um wieder aufzusetzen und die *if*-Anweisung zu Ende zu analysieren. Der Aufruf von expect, mit dem die Analyse der rechten Seite des Ausdrucks beginnt, erwartet ein Terminal aus $first_1(F)$ (siehe Beispiel 3.3.11), findet aber while. Da while zwar nicht erwartet wird, aber in der Ankermenge ist, wird keine Eingabe verworfen, aber in den Fehlermodus gewechselt. Nachdem E zurückkehrt, erwartet die Prozedur ⟨if_stat⟩ eine schließende Klammer), welche aber nicht vorhanden ist, da das nächste Eingabesymbol immer noch while ist. Um zu vermeiden, dass dieser zweite Aufruf von expect einen Folgefehler meldet, wurde in den Fehlermodus gewechselt. Im Fehlermodus werden weitere Fehlermeldungen (die Folgefehler sind) unterdrückt. Der Fehlermodus ist solange aktiv, bis expect ein erwartetes Symbol vorfindet, ohne Eingabe zu verwerfen zu müssen. □

Der Parser kann den Fehlermodus wieder verlassen, wenn er ein erwartetes Symbol konsumieren kann. Dies wird in der Prozedur consume implementiert:

```
void consume(terminal a) {
    if (next = a) {
        in_error_mode ← false;
        next ← scan();
    }
}
```

Die Eingabe wird nur dann weitergeschaltet, wenn tatsächlich das erwartete Terminal konsumiert werden kann. Andernfalls tut consume nichts. Das sorgt dafür, dass der Parser im Fehlerfall (in dem das nächste Eingabesymbol nicht erwartet, aber in der Ankermenge enthalten ist) weitermachen kann, bis er an die Stelle kommt, wo das Eingabesymbol tatsächlich erwartet wird und konsumiert werden kann.

Die Generierungschemata des Parsers werden nun um die Berechnung der Ankermengen erweitert. Interessant ist vor allem der Code für eine Sequenz $(r_1 \cdots r_k)$ regulärer Ausdrücke. Dem Parser für r_i wird jeweils die Vereinigung der 1-Anfänge der $r_{i+1} \ldots r_k$ übergeben. Das erlaubt dem Parser, bei jedem (Nicht-)Terminal rechts von r_i wieder aufzusetzen. Bei Alternativen wird die Ankermenge nicht modifiziert. Jedes Ankerterminal der ganzen Alternative ist auch ein Ankerterminal jedes einzelnen Falles. Bei einem regulären Ausdruck r^* kann man sowohl rechts von r^* wieder aufsetzen als auch vor r^* selbst.

$$
\begin{aligned}
\text{generate } (r_1 \cdots r_k) \, t \quad &\equiv \quad \text{generate } r_1 \, t_1 \\
&\qquad \text{expect}(\text{first}_1(r_2), t_2); \\
&\qquad \text{generate } r_2 \, t_2 \\
&\qquad \vdots \\
&\qquad \text{expect}(\text{first}_1(r_k), t_k); \\
&\qquad \text{generate } r_k \, t_k \\
&\qquad \text{mit } t_i = \text{eff}(r_{i+1}) \cup \ldots \cup \text{eff}(r_k) \cup t \\
\text{generate } (r_1 \mid \ldots \mid r_k) \, t \quad &\equiv \quad \textbf{switch } (next) \; \{ \\
&\qquad \text{labels}(\text{first}_1(r_1)) \quad \text{generate } r_1 \, t \quad \textbf{break}; \\
&\qquad \vdots \\
&\qquad \text{labels}(\text{first}_1(r_k)) \quad \text{generate } r_k \, t \quad \textbf{break}; \\
&\qquad \} \\
\text{labels } \{a_1, \ldots, a_m\} \quad &\equiv \quad \text{label } a_1 : \ldots \text{label } a_m : \\
\text{label } a \quad &\equiv \quad \textbf{case } a \\
\text{label } \varepsilon \quad &\equiv \quad \textbf{default} \\
\text{generate } r^* \, t \quad &\equiv \quad \textbf{while } (next \in \text{eff}(r)) \; \{ \\
&\qquad \text{generate } r \; (t \cup \text{eff}(r)) \\
&\qquad \text{expect}(\text{eff}(r), t \cup \text{eff}(r)); \\
&\qquad \}
\end{aligned}
$$

$$\text{generate } \varepsilon\ t \quad \equiv \quad ;$$
$$\text{generate } a\ t \quad \equiv \quad \text{consume}(a);$$
$$\text{generate } A\ t \quad \equiv \quad A(t);$$

Die Prozeduren für Nichtterminalsymble A erhalten nun ebenfalls einen Parameter *anc*, in dem die aktuelle Ankermenge übergeben wird. Entsprechend wird der Code für Prozeduren A mit rechter Seite r abgeändert zu:

> **void** $A(\textbf{set } \langle terminal \rangle\ anc)$ {
>   generate $r\ anc$
> }

wobei die Prozedur parse dem Aufruf der Prozedur für das Startsymbol die Ankermenge {#} mitgibt.

Beispiel 3.3.14 Der Parser einer *if*-Anweisung in C sieht mit Fehlerbehandlung nun so aus:

void $\langle if\_stat \rangle$ (**set** $\langle terminal \rangle$ *anc*) {

consume(if);

expect({ (}, *anc*

$\cup$ first$_1(E) \cup \{) \}$

$\cup$ first$_1(\langle$stat$\rangle) \cup \{$else$\}$);   consume(( );

expect(first$_1(E)$, *anc* $\cup \{) \}$

$\cup$ first$_1(\langle$stat$\rangle) \cup \{$else$\}$); E (*anc* $\cup \{) \} \cup$ first$_1(\langle$stat$\rangle) \cup \{$else$\}$);

expect({) }, *anc*

$\cup$ first$_1(\langle$stat$\rangle) \cup \{$else$\}$);   consume( ));

expect(first$_1(\langle$stat$\rangle)$, *anc* $\cup \{$else$\}$); $\langle$stat$\rangle$ (*anc* $\cup \{$else$\}$);

expect({else, ε}, *anc*);   **switch** (*next*) {

case else :   consume(else);

expect(first$_1(\langle$stat$\rangle)$, *anc*);

$\langle$stat$\rangle$ (*anc*);

break;

default :

}

}

$\square$

3.4 *Bottom-up*-Syntaxanalyse

3.4.1 Einführung

Bottom-up-Parser lesen ihre Eingabe wie *top-down*-Parser von links nach rechts. Sie sind Kellerautomaten, die im wesentlichen zwei Operationen ausführen können:

- Kellern des nächsten Eingabesymbols (*shift*), und
- Lokalisieren der rechten Seite einer Produktion $X \to \alpha$ am oberen Kellerende und ihr Ersetzen durch einen Zustand, der der linken Seite X der Produktion entspricht (*reduce*).

Wegen dieser beiden Operationen heißen sie *shift-reduce*-Parser. Weil stets am oberen Kellerende reduziert wird, ist ein *shift-reduce*-Parser ein Rechtsparser: als Ergebnis einer erfolgreichen Analyse wird eine Rechtsableitung in gespiegelter Reihenfolge geliefert.

Ein *shift-reduce*-Parser darf niemals eine *gebotene* Reduktion verpassen d. h. durch ein eingelesenes Symbol im Keller zudecken. Dabei ist eine Reduktion *geboten*, wenn ohne sie keine gespiegelte Rechtsableitung bis zum Startsymbol möglich ist. Ist eine rechte Seite nämlich erst einmal zugedeckt, taucht sie nie mehr am oberen Ende des Kellers auf und kann darum nie mehr reduziert werden. Eine rechte Seite am oberen Kellerende, die reduziert werden muss, um eine Ableitung zu erhalten, nennen wir *Griff* (engl.: handle).

Nicht alle Vorkommen rechter Seiten am oberen Kellerende sind jedoch Griffe: manchmal führen Reduktionen am oberen Kellerende in Sackgassen, d. h. können nicht zu einer gespiegelten Rechtsableitung fortgesetzt werden.

Beispiel 3.4.1 G_0 sei wieder die Ausdrucksgrammatik mit den Produktionen:

$$
\begin{aligned}
S &\to E \\
E &\to E + T \mid T \\
T &\to T * F \mid F \\
F &\to (E) \mid \mathsf{Id}
\end{aligned}
$$

Tabelle 3.5 zeigt eine erfolgreiche *bottom-up*-Analyse des Satzes Id * Id von G_0. In der dritten Spalte sind Aktionen angegeben, welche in der jeweiligen Analysesituation ebenfalls möglich wären, aber in Sackgassen führen. Im dritten Schritt würde man eine gebotene Reduktion verpassen. In den anderen beiden Schritten würden die alternativen Reduktionen in Sackgassen, d. h. nicht zu Rechtssatzformen führen. □

Bottom-up-Parser konstruieren den Syntaxbaum von *unten nach oben*. Sie beginnen bei dem Blattwort des Syntaxbaums, dem Eingabewort. Sie konstruieren für immer größere Teile der gelesenen Eingabe Unterbäume des Syntaxbaums, indem sie bei der Reduktion mit einer Produktion $X \to \alpha$ die Teilbäume für die rechte

Tab. 3.5 Eine erfolgreiche Analyse des Satzes Id ∗ Id mit möglichen Sackgassen

Keller	Eingabe	fehlerhafte alternative Aktion
	Id ∗ Id	
Id	∗ Id	
F	∗ Id	Lesen von ∗ verpasst gebotene Reduktion
T	∗ Id	Reduktion von T zu E führt in eine Sackgasse
T ∗	Id	
T ∗ Id		
T ∗ F		Reduktion von F zu T führt in eine Sackgasse
T		
E		
S		

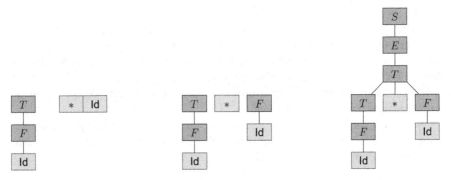

Abb. 3.13 Teilweiser Aufbau des Syntaxbaums nach Lesen des ersten Symbols Id mit verbleibender Eingabe, vor der Reduktion des Griffs T ∗ F sowie der vollständige Syntaxbaum

Seite α unter dem neuen Nichtterminalknoten X zusammenhängen. Die Analyse ist erfolgreich, wenn ein Syntaxbaum für die gesamte Eingabe konstruiert wurde, dessen Wurzelknoten mit dem Startsymbol der Grammatik markiert ist.

Abbildung 3.13 zeigt zwei Schnappschüsse des schrittweisen Aufbau des Syntaxbaums zur Ableitung aus Tab. 3.5. Der Baum links versammelt alle Knoten, die nach Lesen des Symbols Id aufgebaut werden können. Die Folge der drei Bäume in der Mitte repräsentiert den Zustand, bevor der Griff T ∗ F reduziert wird, während rechts der vollständige Syntaxbaum abgebildet ist.

3.4.2 $LR(k)$-Analysatoren

In diesem Abschnitt wird das mächtigste deterministische Syntaxanalyseverfahren behandelt, das *bottom-up* arbeitet: die $LR(k)$-Analyse. Der Buchstabe L steht dafür, dass die Analysatoren dieser Klasse ihre Eingabe von links nach rechts lesen, und R kennzeichnet sie als Rechtsparser; k gibt an, wieviele Symbole sie in der Eingabe vorausschauen dürfen, um Entscheidungen zu treffen.

Wir gehen wieder von dem Item-Kellerautomaten K_G für eine kontextfreie Grammatik G aus und bauen ihn zu einem *shift-reduce*-Parser um. Bei der *top-down*-Analyse wurden aus der Grammatik Vorausschauworte berechnet, die für die *Expansionsübergänge* von K_G eine eindeutige Auswahl der zu wählenden Alternative gestatten. $LR(k)$-Analysatoren verfolgen stattdessen *alle* Möglichkeiten zu expandieren oder zu lesen *parallel*. Eine Entscheidung muss getroffen werden, wenn eine der verfolgten Möglichkeiten mit einem Reduktionsübergang fortgesetzt werden kann. Gibt es unterschiedliche Produktionen, für die eine Reduktion möglich ist, oder ist gleichzeitig auch ein Leseübergang möglich, werden zur Lösung dieses Konflikts die nächsten k Symbole betrachtet.

Im Folgenden wird zuerst ein $LR(0)$-Analysator entwickelt, der noch keine Vorausschau berücksichtigt. In Abschn. 3.4.3 wird dann der *kanonische* $LR(k)$-Parser vorgestellt. In Abschn. 3.4.3 werden schwächere, aber für die Praxis oft ausreichend starke Varianten der $LR(k)$-Analyse eingeführt. Zum Abschluss wird in Abschn. 3.4.4 ein Verfahren zur Fehlerbehandlung für die $LR(k)$-Analysemethode beschrieben. Beachten Sie, dass bei allen gegebenen kontextfreien Grammatiken immer angenommen wird, dass sie um unproduktive und unerreichbare Nichtterminale reduziert und um ein neues Startsymbol erweitert sind.

Der charakteristische endliche Automat zu einer kontextfreien Grammatik

Unser Ziel ist ein Kellerautomat, der mögliche Expansions- und Leseübergänge des Item-Kellerautomaten parallel verfolgt und sich erst bei einer Reduktion festlegt, welche Regel im letzten Schritt angewendet wurde. Zu einer reduzierten erweiterten kontextfreien Grammatik G definieren wir deshalb den *charakteristischen* endlichen Automaten char(G). Die Zustände des charakteristischen Automaten char(G) sind die Items $[A \rightarrow \alpha.\beta]$ der Grammatik G, d. h. die Menge der Zustände des Item-Kellerautomaten K_G. Der Automat char(G) soll genau dann in den Zustand $[X \rightarrow \alpha.\beta]$ übergehen, wenn der Item-Kellerautomat einen Keller ρ erreichen kann, dessen *Geschichte* mit dem gelesenen Wort des charakteristischen Automaten übereinstimmt. Der charakteristische Automat liest also die Konkatenation der bereits abgearbeiteten Präfixe von Produktionen ein, deren Abarbeitung im Item-Kellerautomaten zu dem aktuellen Item führten. Weil diese Präfixe von Produktionen sowohl Terminal- wie Nichtterminalsymbole enthalten, ist die Menge der Eingabesymbole von char(G) gegeben durch $V_T \cup V_N$. Der Anfangszustand des charakteristischen Automaten stimmt mit dem Start-Item $[S' \rightarrow .S]$ des Item-Kellerautomaten K_G überein. Die Endzustände des charakteristischen Automaten sind die vollständigen Items $[A \rightarrow \alpha.]$. Ein solcher Endzustand signalisiert, dass das gelesene Wort einem Kellerinhalt des Item-Kellerautomaten entspricht, in dem eine Reduktion mit der Produktion $A \rightarrow \alpha$ durchgeführt werden kann. Die Über-

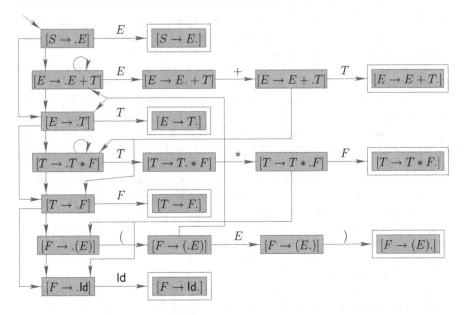

Abb. 3.14 Der charakteristische endliche Automat char(G_0) für die Grammatik G_0

gangsrelation Δ des charakteristischen Automaten besteht aus den Übergängen:

$$([X \to \alpha.Y\beta], \varepsilon, [Y \to .\gamma]) \qquad \text{für} \quad X \to \alpha Y\beta \in P, \quad Y \to \gamma \in P$$

$$([X \to \alpha.Y\beta], Y, [X \to \alpha Y.\beta]) \qquad \text{für} \quad X \to \alpha Y\beta \in P, \quad Y \in V_N \cup V_T$$

Das Lesen eines Terminalsymbols a entspricht einem *shift*-Übergang des Item-Kellerautomaten unter a. Die ε-Übergänge entsprechen den Expansionsübergängen, während das Lesen eines Nichtterminalsymbols dem Fortschalten des Punkts nach einem Reduktionsübergang des Item-Kellerautomaten entspricht.

Beispiel 3.4.2 Sei G_0 wieder die Grammatik für arithmetische Ausdrücke mit den Produktionen

$$
\begin{aligned}
S &\to E \\
E &\to E + T \mid T \\
T &\to T * F \mid F \\
F &\to (E) \mid \text{Id}
\end{aligned}
$$

Den charakteristischen endlichen Automaten zu der Grammatik G_0 zeigt Abb. 3.14.
□

Das genaue Verhältnis zwischen dem charakteristischen endlichen Automaten und dem Item-Kellerautomaten klärt der folgende Satz:

Satz 3.4.1 Sei G eine erweiterte reduzierte kontextfreie Grammatik und $\gamma \in (V_T \cup V_N)^*$. Die folgenden drei Aussagen sind äquivalent:

1. Es gibt eine Berechnung $([S' \to .S], \gamma) \vdash^*_{\text{char}(G)} ([A \to \alpha.\beta], \varepsilon)$ des charakteristischen Automaten $\text{char}(G)$.

2. Es gibt eine Berechnung $(\rho\,[A \to \alpha.\beta], w) \vdash^*_{K_G} ([S' \to S.], \varepsilon)$ des Item-Kellerautomaten K_G, so dass $\gamma = \text{hist}(\rho)\,\alpha$ gilt.

3. Es gibt eine Rechtsableitung $S' \underset{rm}{\overset{*}{\Longrightarrow}} \gamma' A w \underset{rm}{\Longrightarrow} \gamma' \alpha \beta w$ mit $\gamma = \gamma' \alpha$. $\square$

Die Äquivalenz der Aussagen (1) und (2) besagt, dass die Wörter, die zu einem Item im charakteristischen endlichen Automaten zu G führen, genau den Geschichten von Kellerinhalten des Item-Kellerautomaten zu G entsprechen, deren oberstes Kellersymbol dieses Item ist, von denen aus bei Vorliegen einer geeigneten Eingabe w der Endzustand des Item-Kellerautomaten erreicht werden kann. Die Äquivalenz der Aussagen (2) und (3) besagt, dass eine akzeptierende Berechnung des Item-Kellerautomaten für ein Eingabewort w, die mit einem bestimmten Kellerinhalt ρ beginnt, einer Rechtsableitung entspricht, die zu einer Satzform αw führt, wobei α die Geschichte des Kellerinhalts ρ ist.

Bevor wir den Satz 3.4.1 beweisen, führen wir die folgende Sprechweise ein. Für eine Rechtsableitung $S' \underset{rm}{\overset{*}{\Longrightarrow}} \gamma' A v \underset{rm}{\Longrightarrow} \gamma \alpha v$ und eine Produktion $A \to \alpha$ nennen wir α den *Griff* der Rechtssatzform $\gamma \alpha v$. Ist die rechte Seite $\alpha = \alpha' \beta$, dann heißt das Präfix $\gamma = \gamma' \alpha'$ ein *zuverlässiges Präfix* von G für das Item $[A \to \alpha'.\beta]$. Das Item $[A \to \alpha.\beta]$ ist *gültig* für γ. Satz 3.4.1 besagt also, dass die Menge der Wörter, mit denen der charakteristische Automat ein Item $[A \to \alpha'.\beta]$ erreicht, gerade die Menge der zuverlässigen Präfixe für dieses Item ist.

Beispiel 3.4.3 Für die Grammatik G_0 haben wir:

Rechtssatzform	Griff	zuverlässige Präfixe	Begründung
$E + F$	F	$E,\ E+,\ E+F$	$S \underset{rm}{\Longrightarrow} E \underset{rm}{\Longrightarrow} E + T \underset{rm}{\Longrightarrow} E + F$
$T * \text{Id}$	Id	$T,\ T*,\ T*\text{Id}$	$S \underset{rm}{\overset{3}{\Longrightarrow}} T * F \underset{rm}{\Longrightarrow} T * \text{Id}$

$\square$

In einer eindeutigen Grammatik ist der Griff einer Rechtssatzform das eindeutig bestimmte Teilwort, welches der *bottom-up*-Analysator im nächsten Reduktionsschritt durch ein Nichtterminal ersetzen muss, um zu einer Rechtsableitung zu kommen.

Beispiel 3.4.4 Wir geben zwei zuverlässige Präfixe von G_0 und einige für sie gültige Items an.

zuverlässiges Präfix	gültiges Item	Begründung
$E +$	$[E \to E + .T]$	$S \underset{rm}{\Longrightarrow} E \underset{rm}{\Longrightarrow} E + T$
	$[T \to .F]$	$S \overset{*}{\underset{rm}{\Longrightarrow}} E + T \underset{rm}{\Longrightarrow} E + F$
	$[F \to .\mathsf{Id}]$	$S \overset{*}{\underset{rm}{\Longrightarrow}} E + F \underset{rm}{\Longrightarrow} E + \mathsf{Id}$
$(E + ($	$[F \to (.E)]$	$S \overset{*}{\underset{rm}{\Longrightarrow}} (E + F) \underset{rm}{\Longrightarrow} (E + (E))$
	$[T \to .F]$	$S \overset{*}{\underset{rm}{\Longrightarrow}} (E + (.T) \underset{rm}{\Longrightarrow} (E + (F))$
	$[F \to .\mathsf{Id}]$	$S \overset{*}{\underset{rm}{\Longrightarrow}} (E + (F) \underset{rm}{\Longrightarrow} (E + (\mathsf{Id}))$

$\square$

Ist beim Versuch, eine Rechtsableitung für einen Satz zu erstellen, das bisher gelesene Präfix u des Satzes zu einem zuverlässigen Präfix γ reduziert worden, dann
beschreibt jedes für γ gültige Item $[X \to \alpha.\beta]$ eine mögliche Interpretation der
Analysesituation. Es gibt also eine Rechtsableitung, in der γ Präfix einer Rechtssatzform und $X \to \alpha\beta$ eine der möglichen gerade bearbeiteten Produktionen ist.
Alle solchen Produktionen sind Kandidaten für spätere Reduktionen.

Betrachten wir die Rechtsableitung $S' \overset{*}{\underset{rm}{\Longrightarrow}} \gamma Aw \underset{rm}{\Longrightarrow} \gamma\alpha\beta w$. Da sie als Rechtsableitung fortgesetzt werden soll, muss eine Reihe von Schritten folgen, die β zu
einem Terminalwort v ableitet, darauf eine Reihe von Schritten, die α zu einem Ter-
minalwort u ableitet. Insgesamt ergibt sich $S' \overset{*}{\underset{rm}{\Longrightarrow}} \gamma Aw \underset{rm}{\Longrightarrow} \gamma\alpha\beta w \overset{*}{\underset{rm}{\Longrightarrow}} \gamma\alpha v w$
$\overset{*}{\underset{rm}{\Longrightarrow}} \gamma u v w \overset{*}{\underset{rm}{\Longrightarrow}} x u v w$. Jetzt betrachten wir diese Rechtsableitung in Redukti-
onsrichtung, d. h. in der Richtung, in welcher der *bottom-up*-Parser sie aufbaut. Es
wird erst in einer Reihe von Schritten x zu γ reduziert, dann u zu α, dann v zu β.
Das gültige Item $[A \to \alpha.\beta]$ für das zuverlässige Präfix $\gamma\alpha$ beschreibt die Analyse-
situation, in welcher die Reduktion von u nach α bereits geschehen ist, während die
Reduktion von v nach β noch nicht begonnen hat. Ein mögliches Fernziel in dieser
Situation ist die Anwendung der Produktion $X \to \alpha\beta$.

Wir kommen zu der Frage zurück, welche Sprache der charakteristische endliche
Automat von K_G akzeptiert. Satz 3.4.1 besagt, dass er unter einem zuverlässigen
Präfix in einen Zustand übergeht, der ein gültiges Item für dieses Präfix ist. End-
zustände, d. h. vollständige Items, sind nur gültig für zuverlässige Präfixe, an deren
Ende eine Reduktion möglich ist.

Beweis von Satz 3.4.1. Wir führen einen Ringschluss (1) $\Rightarrow$ (2) $\Rightarrow$ (3) $\Rightarrow$ (1)
durch. Nehmen wir zuerst an, dass $([S' \to .S], \gamma) \overset{*}{\underset{\mathrm{char}(G)}{\vdash}} ([A \to \alpha.\beta], \varepsilon)$ gilt. Mit
Induktion nach der Anzahl n der ε-Übergänge konstruieren wir eine Rechtsablei-
tung $S' \overset{rm}{\underset{*}{\Longrightarrow}} \gamma Aw \overset{rm}{\Longrightarrow} \gamma\alpha\beta w$.

Ist $n = 0$, dann ist $\gamma = \varepsilon$ und $[A \to \alpha.\beta] = [S' \to .S]$. Da $S' \overset{rm}{\underset{*}{\Longrightarrow}} S'$ gilt, ist die Behauptung in diesem Fall erfüllt. Ist $n > 0$, betrachten wir den letzten ε-Übergang. Dann lässt sich die Berechnung des charakteristischen Automaten zerlegen in:

$$([S' \to .S], \gamma) \overset{*}{\underset{\mathsf{char}(G)}{\vdash}} ([X \to \alpha'.A\beta'], \varepsilon) \underset{\mathsf{char}(G)}{\vdash} ([A \to .\alpha\beta], \alpha)$$

$$\overset{*}{\underset{\mathsf{char}(G)}{\vdash}} ([A \to \alpha.\beta], \varepsilon)$$

wobei $\gamma = \gamma'\alpha$. Nach Induktionsannahme gibt es eine Rechtsableitung $S' \overset{rm}{\underset{*}{\Longrightarrow}} \gamma''Xw' \overset{rm}{\Longrightarrow} \gamma''\alpha'A\beta'w'$ mit $\gamma' = \gamma''\alpha'$. Da die Grammatik G reduziert ist, gibt es ebenfalls eine Rechtsableitung $\beta' \overset{rm}{\underset{*}{\Longrightarrow}} v$. Deshalb haben wir:

$$S' \overset{rm}{\underset{*}{\Longrightarrow}} \gamma'Avw' \overset{rm}{\Longrightarrow} \gamma'\alpha\beta w$$

mit $w = vw'$. Damit ist die Richtung (1) $\Rightarrow$ (2) bewiesen.

Nehmen wir an, wir hätten eine Rechtsableitung $S' \overset{rm}{\underset{*}{\Longrightarrow}} \gamma'Aw \overset{rm}{\Longrightarrow} \gamma'\alpha\beta w$. Diese Ableitung lässt sich zerlegen in:

$$S' \overset{rm}{\Longrightarrow} \alpha_1 X_1 \beta_1 \overset{rm}{\underset{*}{\Longrightarrow}} \alpha_1 X_1 v_1 \overset{rm}{\underset{*}{\Longrightarrow}} \ldots \overset{rm}{\underset{*}{\Longrightarrow}} (\alpha_1 \ldots \alpha_n) X_n (v_n \ldots v_1)$$

$$\overset{rm}{\Longrightarrow} (\alpha_1 \ldots \alpha_n)\alpha\beta(v_n \ldots v_1)$$

für $X_n = A$. Mit Induktion nach n folgt, dass $(\rho, vw) \overset{*}{\underset{K_G}{\vdash}} ([S' \to S.], \varepsilon)$ gilt für

$$\rho = [S' \to \alpha_1.X_1\beta_1] \ldots [X_{n-1} \to \alpha_n.X_n\beta_n]$$
$$w = vv_n \ldots v_1$$

sofern $\beta \overset{*}{\underset{rm}{\Longrightarrow}} v$, $\alpha_1 = \beta_1 = \varepsilon$ und $X_1 = S$. Damit ergibt sich der Schluss (2) $\Rightarrow$ (3).

Für den letzten Schluss betrachten wir einen Kellerinhalt $\rho = \rho' [A \to \alpha.\beta]$ mit $(\rho, w) \overset{*}{\underset{K_G}{\vdash}} ([S' \to S.], \varepsilon)$. Zuerst überzeugen wir uns mit Induktion nach der Anzahl der Übergänge in einer solchen Berechnung, dass ρ' notwendigerweise von der Form:

$$\rho' = [S' \to \alpha_1.X_1\beta_1] \ldots [X_{n-1} \to \alpha_n.X_n\beta_n]$$

ist für ein $n \geq 0$ und $X_n = A$. Mit Induktion nach n folgt aber, dass $([S' \to .S], \gamma) \overset{*}{\underset{\mathsf{char}(G)}{\vdash}} ([A \to \alpha.\beta], \varepsilon)$ gilt für $\gamma = \alpha_1 \ldots \alpha_n\alpha$. Da $\gamma = \mathsf{hist}(\rho)$, gilt auch die Behauptung (1). Damit ist der Beweis vollständig. $\square$

Der kanonische $LR(0)$-Automat

In Kap. 2 wurde ein Verfahren vorgestellt, welches aus einem nichtdeterministischen endlichen Automaten einen äquivalenten deterministischen endlichen Automaten erzeugt. Dieser deterministische endliche Automat verfolgt alle Pfade parallel, die der nichtdeterministische für eine Eingabe durchlaufen könnte. Seine Zustände sind Mengen von Zuständen des nichtdeterministischen Automaten. Diese Teilmengenkonstruktion wird jetzt auf den charakteristischen endlichen Automaten $char(G)$ einer kontextfreien Grammatik G angewendet. Den deterministischen endlichen Automaten, der sich so ergibt, nennen wir den *kanonischen* $LR(0)$-Automaten für G und bezeichnen ihn mit $LR_0(G)$.

Beispiel 3.4.5 Der $LR(0)$-Automat für die kontextfreie Grammatik G_0 aus Beispiel 3.2.2 auf Seite 55 ergibt sich durch Anwendung der Teilmengenkonstruktion auf den charakteristischen endlichen Automaten $char(G_0)$ aus Abb. 3.14 auf Seite 116. Ihn zeigt Abb. 3.15 auf Seite 121. Seine Zustände sind gegeben durch:

$$
\begin{aligned}
S_0 &= \{\, [S \to .E], & S_4 &= \{\, [F \to (.E)], & S_7 &= \{\, [T \to T * .F], \\
&\quad [E \to .E + T], & & \quad [E \to .E + T], & & \quad [F \to .(E)], \\
&\quad [E \to .T], & & \quad [E \to .T], & & \quad [F \to .\mathsf{Id}]\,\} \\
&\quad [T \to .T * F], & & \quad [T \to .T * F] & S_8 &= \{\, [F \to (E.)], \\
&\quad [T \to .F], & & \quad [T \to .F] & & \quad [E \to E. + T]\,\} \\
&\quad [F \to .(E)], & & \quad [F \to .(E)] & S_9 &= \{\, [E \to E + T.], \\
&\quad [F \to .\mathsf{Id}]\,\} & & \quad [F \to .\mathsf{Id}]\,\} & & \quad [T \to .T * F]\,\} \\
S_1 &= \{\, [S \to E.], & S_5 &= \{\, [F \to \mathsf{Id}.]\,\} & S_{10} &= \{\, [T \to T * F.]\} \\
&\quad [E \to E. + T]\,\} & S_6 &= \{\, [E \to E + .T], & S_{11} &= \{\, [F \to (E).]\,\} \\
S_2 &= \{\, [E \to T.], & & \quad [T \to .T * F], & S_{12} &= \emptyset \\
&\quad [T \to T. * F]\,\} & & \quad [T \to .F], \\
S_3 &= \{\, [T \to F.]\,\} & & \quad [F \to .(E)], \\
& & & \quad [F \to .\mathsf{Id}]\,\}
\end{aligned}
$$

□

Der kanonische $LR(0)$-Automat $LR_0(G)$ zu einer kontextfreien Grammatik G hat einige interessante Eigenschaften. Sei $LR_0(G) = (Q_G, V_T \cup V_N, \Delta_G, q_{G,0}, F_G)$ und $\Delta_G^* : Q_G \times (V_T \cup V_N)^* \to Q_G$ die Fortsetzung der Übergangsfunktion Δ_G von Symbolen auf Wörter. Dann gilt:

1. $\Delta_G^*(q_{G,0}, \gamma)$ ist die Menge aller Items aus It_G, für die γ ein zuverlässiges Präfix ist.
2. $L(LR_0(G))$ ist die Menge aller zuverlässigen Präfixe für vollständige Items $[A \to \alpha.] \in \mathsf{It}_G$.

Zuverlässige Präfixe sind Präfixe von Rechtssatzformen, wie sie während der Reduktion eines Eingabewortes auftreten. Wenn in ihnen eine Reduktion möglich ist, die wieder zu einer Rechtssatzform führt, dann kann dies nur am äußersten rech-

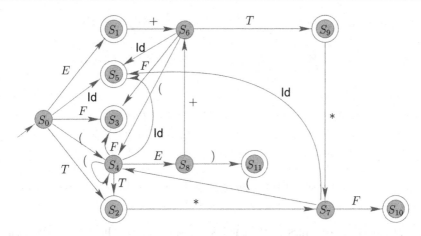

Abb. 3.15 Das Übergangsdiagramm des $LR(0)$-Automaten für die Grammatik G_0, der sich aus dem charakteristischen Automaten char(G_0) in Abb. 3.14 ergibt. Der Fehlerzustand $S_{12} = \emptyset$ und alle Übergänge in den Fehlerzustand wurden weggelassen

ten Ende passieren. Ein für ein zuverlässiges Präfix gültiges Item beschreibt eine mögliche Sicht der aktuellen Analysesituation.

Beispiel 3.4.6 $E + F$ ist ein zuverlässiges Präfix für die Grammatik G_0. Der Zustand $\Delta^*_{G_0}(S_0, E + F) = S_3$ wird auch durch die folgenden zuverlässigen Präfixe erreicht:

$$F\,, \quad (F\,, \quad ((F\,, \quad (((F\,, \quad \ldots$$
$$T * (F\,, \quad T * ((F\,, \quad T * (((F\,, \quad \ldots$$
$$E + F\,, \quad E + (F\,, \quad E + ((F\,, \quad \ldots$$

Der Zustand S_6 in dem kanonischen $LR(0)$-Automaten zu G_0 enthält alle gültigen Items für das zuverlässige Präfix $E+$, nämlich die Items:

$$[E \to E + .T], [T \to .T * F], [T \to .F], [F \to .\mathsf{Id}], [F \to .(E)].$$

Denn $E+$ ist Präfix der Rechtssatzform $E + T$:

$$S \underset{rm}{\Longrightarrow} E \underset{rm}{\Longrightarrow} \quad E + T \quad \underset{rm}{\Longrightarrow} \quad E + F \quad \underset{rm}{\Longrightarrow} \quad E + \mathsf{Id}$$
$$\qquad\qquad\qquad\qquad \uparrow \qquad\qquad\qquad \uparrow \qquad\qquad\qquad \uparrow$$
$$\text{Gültig sind z. B.} \quad [E \to E + .T] \qquad\quad [T \to .F] \qquad\quad [F \to .\mathsf{Id}]$$

$\square$

Der kanonische $LR(0)$-Automat $LR_0(G)$ zu einer kontextfreien Grammatik G ist ein deterministischer endlicher Automat, der die zuverlässigen Präfixe zu vollständigen Items akzeptiert. Weil er so Reduktionsstellen identifiziert, bietet er sich

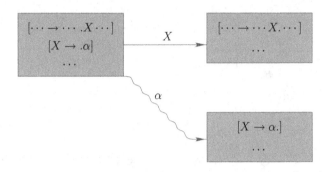

Abb. 3.16 Ausschnitt aus dem Übergangsdiagramm eines kanonischen $LR(0)$-Automaten

für die Konstruktion eines Rechtsparsers an. Anstelle von Items (wie der Item-Kellerautomat) kellert dieser Parser Zustände des kanonischen $LR(0)$-Automaten, also *Mengen* von Items. Den zugrunde liegenden Kellerautomaten K_0 definieren wir durch das Tupel $K_0 = (Q_G \cup \{f\}, V_T, \Delta_0, q_{G,0}, \{f\})$. Die Menge der Zustände ist gegeben durch die Menge Q_G der Zustände des kanonischen $LR(0)$-Automaten $LR_0(G)$, erweitert um einen neuen Zustand f; der Anfangszustand von K_0 ist gleich dem Anfangszustand $q_{G,0}$ von $LR_0(G)$; der Endzustand ist gegeben durch den neuen Zustand f. Die Übergangsrelation Δ_0 besteht aus den folgenden Übergängen:

Lesen: $(q, a, q\, \Delta_G(q, a)) \in \Delta_0$, falls $\Delta_G(q, a) \neq \emptyset$ ist. In diesem Übergang werden das nächste Eingabesymbol a gelesen und der Nachfolgezustand von q unter a gekellert. Er ist nur dann möglich, wenn mindestens ein Item der Form $[X \to \alpha.a\beta]$ in q vorhanden ist.

Reduzieren: $(qq_1 \ldots q_n, \varepsilon, q\, \Delta_G(q, X)) \in \Delta$, falls $[X \to \alpha.] \in q_n$ gilt mit $|\alpha| = n$. Das vollständige Item $[X \to \alpha.]$ im obersten Kellereintrag signalisiert eine mögliche Reduktion. Daraufhin werden soviele Einträge aus dem Keller entfernt, wie die rechte Seite lang ist. Danach wird der X-Nachfolger des neuen obersten Kellereintrags gekellert. In Abb. 3.16 wird ein Ausschnitt aus dem Übergangsdiagramm eines $LR_0(G)$ gezeigt, der diese Situation widerspiegelt. Dem α-Weg im Übergangsdiagramm entsprechen $|\alpha|$ Einträge oben auf dem Keller. Diese Einträge werden bei der Reduktion entfernt. Der darunterliegende neue oberste Zustand hat einen Übergang unter X, der jetzt durchlaufen wird.

Abschließen: $(q_{G,0}\, q, \varepsilon, f)$ falls $[S' \to S.] \in q$. Dieser Übergang ist der Reduktionsübergang zu der Produktion $S' \to S$. Die Eigenschaft $[S' \to S.] \in q$ signalisiert, dass ein Satz erfolgreich auf das Startsymbol reduziert wurde. Der Abschlussübergang leert den Keller und ersetzt ihn durch den Endzustand f.

Der Sonderfall $[X \to .]$ verdient Beachtung. Nach unserer Darstellung sind bei einer Reduktion $|\varepsilon| = 0$ oberste Kellereinträge zu entfernen, aus dem neuen (wie alten) aktuellen Zustand q ein Übergang unter X vorzunehmen und den Zustand

$\Delta_G(q, X)$ zu kellern. Durch diesen Reduktionsübergang *verlängert* sich also der Keller.

Die Konstruktion von $LR_0(G)$ garantiert, dass es zu jedem seiner Zustände q, die verschieden von Start- und Fehlerzustand sind, jeweils genau ein Eingangssymbol gibt, mit dem der Automat in q übergehen kann. Deshalb entspricht einem Kellerinhalt $q_0, \ldots, q_n$ mit $q_0 = q_{G,0}$ eindeutig ein Wort $\alpha = X_1 \ldots X_n \in (V_T \cup V_N)^*$, für das $\Delta_G(q_i, X_{i+1}) = q_{i+1}$ gilt. Dieses Wort α ist ein zuverlässiges Präfix, und q_n ist die Menge aller für α gültigen Items.

Der Kellerautomat K_0, den wir gerade konstruiert haben, ist jedoch nicht notwendigerweise deterministisch. Es gibt zwei Arten von Konflikten, die Nichtdeterminismus verursachen:

shift-reduce-Konflikt: ein Zustand q erlaubt sowohl einen Leseübergang unter einem Symbol $a \in V_T$ als auch einen Reduktions- bzw. Abschlussübergang, und

reduce-reduce-Konflikt: ein Zustand q erlaubt Reduktions- bzw. Abschlussübergänge gemäß zweier verschiedener Produktionen.

Im ersten Fall enthält der aktuelle Zustand mindestens ein Item $[X \to \alpha.a\beta]$ und mindestens ein vollständiges Item $[Y \to \gamma.]$; im zweiten Fall enthält q zwei verschiedene vollständige Items $[Y \to \alpha.]$, $[Z \to \beta.]$. Einen Zustand q des $LR(0)$-Automaten mit einer dieser Eigenschaften nennen wir auch $LR(0)$-*ungeeignet*. Andernfalls nennen wir q $LR(0)$-*geeignet*. Es gilt:

Lemma 3.4.4 Für einen $LR(0)$-*geeigneten* Zustand q gibt es drei Möglichkeiten:
1. Der Zustand q enthält kein vollständiges Item.
2. Der Zustand q besteht aus genau einem vollständigen Item $[A \to \alpha.]$;
3. Der Zustand q enthält genau ein vollständiges Item $[A \to .]$, und alle unvollständigen Items in q sind von der Form $[X \to \alpha.Y\beta]$, wobei alle Rechtsableitungen für Y, die zu einem terminalen Wort führen, von der Form:

$$Y \underset{rm}{\overset{*}{\Longrightarrow}} Aw \underset{rm}{\Longrightarrow} w$$

sind für ein $w \in V_T^*$. □

Ungeeignete Zustände des kanonischen $LR(0)$-Automaten machen den Kellerautomaten K_0 nichtdeterministisch. Deterministische Parser erhalten wir, indem eine Vorausschau in die restliche Eingabe eingesetzt wird, um die richtige Aktion in ungeeigneten Zuständen auszuwählen.

Beispiel 3.4.7 Die Zustände S_1, S_2 und S_9 des kanonischen $LR(0)$-Automat in Abb. 3.15 sind $LR(0)$-ungeeignet. Im Zustand S_1 kann die rechte Seite E zu der linken Seite S reduziert (vollständiges Item $[S \to E.]$) oder das Terminalsymbol $+$ in der Eingabe gelesen werden (Item $[E \to E. + T]$). Im Zustand S_2 kann die rechte Seite T zu der linken Seite E reduzier (vollständiges Item $[E \to T.]$) oder das Terminalsymbol $*$ gelesen werden (Item $[T \to T. * F]$). Im Zustand S_9 schließlich kann der Parser die rechte Seite $E + T$ zu E reduzieren (vollständiges Item $[E \to E + T.]$) oder das Terminalsymbol $*$ lesen (Item $[T \to T. * F]$). □

Direkte Konstruktion des kanonischen $LR(0)$-Automaten

Der kanonische $LR(0)$-Automat $LR_0(G)$ zu einer kontextfreien Grammatik G muss nicht über den Umweg der Konstruktion des charakteristischen endlichen Automaten char(G) und die Teilmengenkonstruktion erstellt werden. Er lässt sich auch direkt aus G konstruieren. Als Hilfsfunktion benötigen wir dazu die Funktion $\Delta_{G,\varepsilon}$, die zu einer Menge q von Items alle Items hinzufügt, die durch ε-Übergänge des charakteristischen Automaten erreichbar sind. Die Menge $\Delta_{G,\varepsilon}(q)$ ist deshalb die kleinste Lösung der Gleichung:

$$ I = q \cup \{[A \to .\gamma] \mid \exists X \to \alpha A \beta \in P : [X \to \alpha.A\beta] \in I\} $$

In Anlehnung an die Funktion closure() der Teilmengenkonstruktion können wir sie deshalb berechnen durch:

```
set ⟨item⟩ closure(set ⟨item⟩ q) {
    set ⟨item⟩ result ← q;
    list ⟨item⟩  W ← list_of(q);
    symbol X;  string ⟨symbol⟩ α;
    while (W ≠ []) {
        item i ← hd(W);  W ← tl(W);
        switch (i) {
            case [_ → _.X _] :      forall (α : (X → α) ∈ P)
                                        if ([X → .α] ∉ result) {
                                            result ← result ∪ {[X → .α]};
                                            W ← [X → .α] :: W;
                                        }
            default :               break;
        }
    }
    return result;
}
```

wobei V die Menge aller Symbole $V = V_T \cup V_N$ bezeichnet. Die Menge Q_G der Zustände und die Übergangsrelation Δ_G berechnen wir, indem wir zuerst den Anfangszustand $q_{G,0} = \Delta_{G,\varepsilon}(\{[S' \to .S]\})$ konstruieren und so lange Nachfolgezustände und Übergänge hinzufügen, bis alle Nachfolgezustände bereits in der Menge der gefundenen Zustände enthalten sind. Zur Implementierung spezialisieren wir die Hilfsfunktion nextState() der Teilmengenkonstruktion:

```
set ⟨item⟩ nextState(set ⟨item⟩ q, symbol X) {
    set ⟨item⟩ q' ← ∅;
    nonterminal A;  string ⟨symbol⟩ α, β;
    forall (A, α, β : ([A → α.Xβ] ∈ q))
        q' ← q' ∪ {[A → αX.β]};
    return closure(q');
}
```

Wie bei der Teilmengenkonstruktion kann die Menge aller Zustände *states* und die Menge aller Übergänge *trans* iterativ berechnet werden durch:

list ⟨**set** ⟨*item*⟩⟩ W;
set ⟨*item*⟩ q_0 ← closure($\{[S' \to .S]\}$);
states ← $\{q_0\}$; W ← $[q_0]$;
trans ← $\emptyset$;
set ⟨*item*⟩ q, q';
while $(W \neq [])$ {
    q ← hd(W); W ← tl(W);
    forall (*symbol X*) {
        q' ← nextState(q, X);
        trans ← *trans* ∪ $\{(q, X, q')\}$;
        if ($q' \notin$ *states*) {
            states ← *states* ∪ $\{q'\}$;
            W ← $q' :: W$;
        }
    }
}

3.4.3 $LR(k)$: Definition, Eigenschaften, Beispiele

Sei $S' = \alpha_0 \underset{rm}{\Longrightarrow} \alpha_1 \underset{rm}{\Longrightarrow} \alpha_2 \cdots \underset{rm}{\Longrightarrow} \alpha_m = v$ eine Rechtsableitung zu einer kontextfreien Grammatik G. Wir nennen G eine $LR(k)$-Grammatik, wenn in jeder solchen Rechtsableitung und jeder darin auftretenden Rechtssatzform α_i

- der Griff lokalisiert werden kann, und
- die anzuwendende Produktion bestimmt werden kann,

indem man α_i von links bis höchstens k Symbole hinter dem Griff betrachtet. In einer $LR(k)$-Grammatik ist also die Aufteilung von α_i in $\gamma\beta w$ und die Bestimmung von $X \to \beta$, so dass $\alpha_{i-1} = \gamma X w$ ist, eindeutig durch $\gamma\beta$ und $w|_k$ bestimmt. Formal nennen wir G deshalb eine $LR(k)$-Grammatik, wenn aus

$$S' \underset{rm}{\overset{*}{\Longrightarrow}} \alpha X w \underset{rm}{\Longrightarrow} \alpha\beta w \qquad \text{und}$$

$$S' \underset{rm}{\overset{*}{\Longrightarrow}} \gamma Y x \underset{rm}{\Longrightarrow} \alpha\beta y \qquad \text{und}$$

$$w|_k = y|_k \qquad \text{folgt, dass} \qquad \alpha = \gamma \wedge X = Y \wedge x = y.$$

Beispiel 3.4.8 Sei G die Grammatik mit den Produktionen:

$$S \to A \mid B \qquad A \to aAb \mid 0 \qquad B \to aBbb \mid 1$$

Dann ist $L(G) = \{a^n 0 b^n \mid n \geq 0\} \cup \{a^n 1 b^{2n} \mid n \geq 0\}$. Wir wissen schon, dass G für kein $k \geq 1$ eine $LL(k)$-Grammatik ist. Die Grammatik G ist jedoch eine $LR(0)$-Grammatik. Die Rechtssatzformen von G haben die Formen

$$S, \quad \underline{A}, \quad \underline{B}, \quad a^n \underline{a A b b}^n, \quad a^n \underline{a B b b b}^{2n}, \quad a^n a \underline{0} b b^n, \quad a^n a \underline{1} b b b^{2n}$$

für $n \geq 0$. Dabei wurde der Griff jeweils unterstrichen. Nur im Falle der Rechtssatzformen $a^n a A b b^n$ und $a^n a B b b b^{2n}$ gibt es jeweils zwei verschiedene mögliche Reduktionen. Man könnte $a^n a A b b^n$ zu $a^n A b^n$ und zu $a^n a S b b^n$ reduzieren. Die erste gehört zu der Rechtsableitung

$$S \underset{rm}{\overset{*}{\Longrightarrow}} a^n A b^n \underset{rm}{\Longrightarrow} a^n a A b b^n$$

die zweite gehört zu keiner Rechtsableitung. Aus dem Präfix a^n von $a^n A b^n$ ergibt sich eindeutig, ob A Griff ist, nämlich im Fall $n = 0$, oder ob $a A b$ Griff ist, nämlich im Fall $n > 0$. Die Rechtssatzformen $a^n B b^{2n}$ werden analog behandelt. □

Beispiel 3.4.9 Die Grammatik G_1 mit den Produktionen

$$S \rightarrow a A c \qquad A \rightarrow A b b \mid b$$

und der Sprache $L(G_1) = \{a b^{2n+1} c \mid n \geq 0\}$ ist eine $LR(0)$-Grammatik. In einer Rechtssatzform $a A b b b^{2n} c$ gibt es nur die Reduktion zu $a A b^{2n} c$ als Teil einer Rechtsableitung. Der Präfix $a A b b$ bestimmt dies eindeutig. Für die Rechtssatzform $a b b^{2n} c$ ist b der Griff, und der Präfix $a b$ bestimmt dies eindeutig. □

Beispiel 3.4.10 Die Grammatik G_2 mit den Produktionen

$$S \rightarrow a A c \qquad A \rightarrow b b A \mid b$$

mit der Sprache $L(G_2) = L(G_1)$ ist eine $LR(1)$-Grammatik. Die kritischen Rechtssatzformen haben die Form $a b^n w$. Falls $w|_1$, so liegt der Griff in w; falls $w|_1$, so bildet das letzte b in b^n den Griff. □

Beispiel 3.4.11 Die Grammatik G_3 mit den Produktionen

$$S \rightarrow a A c \qquad A \rightarrow b A b \mid b$$

und mit $L(G_3) = L(G_1)$ ist keine $LR(k)$-Grammatik für irgendein $k \geq 0$. Denn sei k beliebig, aber fest gewählt. Man betrachte die zwei Rechtsableitungen

$$S \underset{rm}{\overset{*}{\Longrightarrow}} a b^n A b^n c \underset{rm}{\Longrightarrow} a b^n b b^n c$$

$$S \underset{rm}{\overset{*}{\Longrightarrow}} a b^{n+1} A b^{n+1} c \underset{rm}{\Longrightarrow} a b^{n+1} b b^{n+1} c$$

mit $n \geq k$. Hier sind mit den Bezeichnungen aus der Definition einer $LR(k)$-Grammatik: $\alpha = ab^n, \beta = b, \gamma = ab^{n+1}, w = b^n c, y = b^{n+2} c$. Dabei ist $w|_k = y|_k = b^k$. Aus $\alpha \neq \gamma$ folgt, dass G_3 keine $LR(k)$-Grammatik sein kann. $\square$

Der folgende Satz stellt eine Beziehung zwischen der Definition einer $LR(0)$-Grammatik und den Eigenschaften des kanonischen $LR(0)$-Automaten her.

Satz 3.4.2 Eine kontextfreie Grammatik G ist genau dann eine $LR(0)$-Grammatik, wenn der kanonische $LR(0)$-Automat zu G keine $LR(0)$-ungeeigneten Zustände hat.

Beweis: " $\Rightarrow$ " Sei G eine $LR(0)$-Grammatik, und nehmen wir an, der kanonische $LR(0)$-Automat $LR_0(G)$ habe einen einen $LR(0)$-ungeeigneten Zustand p.
Fall 1: Der Zustand p hat einen *reduce-reduce*-Konflikt, d. h. p enthält zwei verschiedene Items $[X \rightarrow \beta.]$, $[Y \rightarrow \delta.]$. Dem Zustand p zugeordnet ist eine nichtleere Menge von zuverlässigen Präfixen. Sei $\gamma = \gamma'\beta$ ein solches zuverlässiges Präfix. Weil beide Items gültig für γ sind, gibt es Rechtsableitungen

$$S' \underset{rm}{\overset{*}{\Longrightarrow}} \gamma'Xw \underset{rm}{\Longrightarrow} \gamma'\beta w \qquad \text{und}$$

$$S' \underset{rm}{\overset{*}{\Longrightarrow}} vYy \underset{rm}{\Longrightarrow} v\delta y \qquad \text{mit} \quad v\delta = \gamma'\beta = \gamma$$

Das ist aber ein Widerspruch zur $LR(0)$-Eigenschaft.
Fall 2: Zustand p hat einen *shift-reduce*-Konflikt, d. h. p enthält Items $[X \rightarrow \beta.]$ und $[Y \rightarrow \delta.a\alpha]$. Sei γ ein zuverlässiges Präfix für beide Item Weil beide Items gültig für γ sind, gibt es Rechtsableitungen

$$S' \underset{rm}{\overset{*}{\Longrightarrow}} \gamma'Xw \underset{rm}{\Longrightarrow} \gamma'\beta w \qquad \text{und}$$

$$S' \underset{rm}{\overset{*}{\Longrightarrow}} vYy \underset{rm}{\Longrightarrow} v\delta a\alpha y \qquad \text{mit} \quad v\delta = \gamma'\beta = \gamma$$

Ist $\beta' \in V_T^*$, erhalten wir sofort einen Widerspruch. Andernfalls gibt es eine Rechtsableitung

$$\alpha \underset{rm}{\overset{*}{\Longrightarrow}} v_1 X v_3 \underset{rm}{\Longrightarrow} v_1 v_2 v_3$$

Weil $y \neq a v_1 v_2 v_3 y$ gilt, ist die $LR(0)$-Eigenschaft verletzt.
" $\Leftarrow$ " Nehmen wir an, der kanonische $LR(0)$-Automat $LR_0(G)$ habe keine $LR(0)$-ungeeigneten Zustände. Betrachten wir die zwei Rechtsableitungen:

$$S' \underset{rm}{\overset{*}{\Longrightarrow}} \alpha Xw \underset{rm}{\Longrightarrow} \alpha\beta w$$

$$S' \underset{rm}{\overset{*}{\Longrightarrow}} \gamma Yx \underset{rm}{\Longrightarrow} \alpha\beta y$$

Zu zeigen ist, dass $\alpha = \gamma$, $X = Y$, $x = y$ gelten. Sei p der Zustand des kanonischen $LR(0)$-Automaten nach Lesen von $\alpha\beta$. Dann enthält p alle für $\alpha\beta$ gültigen Items. Nach Voraussetzung ist p $LR(0)$-geeignet. Wir unterscheiden zwei Fälle:

Fall 1: $\beta \neq \varepsilon$. Wegen Lemma 3.4.4 ist $p = \{[X \to \beta.]\}$, d. h. $[X \to \beta.]$ ist das einzige gültige Item für $\alpha\beta$. Daraus folgt, dass $\alpha = \gamma$, $X = Y$ und $x = y$ sein muss.

Fall 2: $\beta = \varepsilon$. Nehmen wir an, die zweite Rechtsableitung widerspreche der $LR(0)$-Bedingung. Dann gibt es ein weiteres Item $[Y \to \delta.Y'\eta] \in p$, so dass $\alpha = \alpha'\delta$ ist. Die letzte Anwendung einer Produktion in der unteren Rechtsableitung ist die letzte Anwendung einer Produktion in einer terminalen Rechtsableitung für Y'. Nach Lemma 3.4.4 folgt daraus, dass die untere Ableitung gegeben ist durch:

$$S' \underset{rm}{\overset{*}{\Longrightarrow}} \alpha'\delta Y'w \underset{rm}{\overset{*}{\Longrightarrow}} \alpha'\delta Xvw \underset{rm}{\Longrightarrow} \alpha'\delta vw$$

wobei $y = vw$ ist. Damit gilt $\alpha = \alpha'\delta = \gamma$, $Y = X$ und $x = vw = y$ – im Widerspruch zu unserer Annahme. $\square$

Fassen wir zusammen. Ausgehend von einer kontextfreien Grammatik G können wir den kanonischen $LR(0)$-Automaten $LR_0(G)$ konstruieren: entweder direkt oder auf dem Umweg über den charakteristischen endlichen Automaten $\mathsf{char}(G)$. Mit Hilfe des deterministischen endlichen Automaten $LR_0(G)$ können wir einen Kellerautomaten K_0 konstruieren. Der Kellerautomat K_0 ist deterministisch, wenn $LR_0(G)$ keine $LR(0)$-ungeeigneten Zustände enthält. Satz 3.4.2 besagt, dass dies genau dann der Fall ist, wenn die Grammatik G eine $LR(0)$-Grammatik ist. Damit haben wir ein Verfahren zur Generierung eines Parsers für $LR(0)$-Grammatiken.

In der Praxis kommen $LR(0)$-Grammatiken jedoch nicht sehr häufig vor. Oft muss eine Vorausschau der Länge $k > 0$ eingesetzt werden, um zwischen unterschiedlichen Aktionen des Parsers auswählen zu können. In einem $LR(0)$-Parser legt der aktuelle Zustand fest, was die nächste Aktion ist – unabhängig von den nächsten Symbolen in der Eingabe. $LR(k)$-Parser für $k > 0$ haben Zustände, die ebenfalls aus Mengen von Items bestehen. Als Items werden hier allerdings nicht mehr kontextfreie Items verwendet, sondern $LR(k)$-Items. $LR(k)$-Items sind kontextfreie Items, erweitert um Vorausschauwörter. Ein $LR(k)$-Item ist von der Form $i = [A \to \alpha.\beta, x]$ für eine Produktion $A \to \alpha\beta$ von G und ein Wort $x \in (V_T^k \cup V_T^{<k}\#)$. Das kontextfreie Item $[A \to \alpha.\beta]$ heißt der *Kern*, das Wort x die *Vorausschau* des $LR(k)$-Items i. Die Menge aller $LR(k)$-Items für die Grammatik G bezeichnen wir mit $\mathsf{It}_{G,k}$. Das $LR(k)$-Item $[A \to \alpha.\beta, x]$ ist *gültig* für ein zuverlässiges Präfix γ, wenn es eine Rechtsableitung

$$S'\# \underset{rm}{\overset{*}{\Longrightarrow}} \gamma'Xw\# \underset{rm}{\Longrightarrow} \gamma'\alpha\beta w\#$$

gibt mit $x = (w\#)|_k$. Ein kontextfreies Item $[A \to \alpha.\beta]$ können wir als $LR(0)$-Item auffassen, indem wir es um die Vorausschau ε erweitern.

Beispiel 3.4.12 Betrachten wir wieder die Grammatik G_0. Dann gilt:

(1) $[E \rightarrow E + .T,)]$

$[E \rightarrow E + .T, +]$ sind gültige $LR(1)$-Items für das Präfix $(E+$

(2) $[E \rightarrow T., *]$ ist kein gültiges $LR(1)$-Item für irgendein zuverlässiges Präfix.

Um die Beobachtung (1) einzusehen, betrachtet man die beiden Rechtsableitungen:

$$S' \overset{*}{\underset{rm}{\Longrightarrow}} (E) \underset{rm}{\Longrightarrow} (E + T)$$

$$S' \overset{*}{\underset{rm}{\Longrightarrow}} (E + \mathsf{Id}) \underset{rm}{\Longrightarrow} (E + T + \mathsf{Id})$$

Die Beobachtung (2) folgt, weil in keiner Rechtssatzform das Teilwort $E *$ auftreten kann. □

Der folgende Satz gibt eine Charakterisierung der $LR(k)$-Eigenschaft mit Hilfe gültiger $LR(k)$-Items.

Satz 3.4.3 Sei G eine kontextfreie Grammatik. Für ein zuverlässiges Präfix γ sei $\mathsf{It}(\gamma)$ die Menge der $LR(k)$-Items von G, die für γ gültig sind.

Die Grammatik G ist genau dann eine $LR(k)$-Grammatik, wenn für alle zuverlässigen Präfixe γ und alle $LR(k)$-Items $[A \rightarrow \alpha., x] \in \mathsf{It}(\gamma)$ gilt:

1. Gibt es ein weiteres $LR(k)$-Item $[X \rightarrow \delta., y] \in \mathsf{It}(\gamma)$, dann ist $x \neq y$.
2. Gibt es ein weiteres $LR(k)$-Item $[X \rightarrow \delta.a\beta, y] \in \mathsf{It}(\gamma)$, dann ist $x \notin \mathsf{first}_k(a\beta) \odot_k \{y\}$. □

Satz 3.4.3 gibt Anlass, auch für $k > 0$ $LR(k)$-geeignete bzw. $LR(k)$-ungeeignete Mengen von Items zu definieren. Sei I eine Menge von $LR(k)$-Items. Dann hat I einen *reduce-reduce*-Konflikt, wenn es $LR(k)$-Items $[X \rightarrow \alpha., x], [Y \rightarrow \beta., y] \in I$ gibt mit $x = y$. I hat einen *shift-reduce*-Konflikt, wenn es $LR(k)$-Items $[X \rightarrow \alpha.a\beta, x], [Y \rightarrow \gamma., y] \in I$ gibt mit

$$y \in \{a\} \odot_k \mathsf{first}_k(\beta) \odot_k \{x\}$$

Für $k = 1$ vereinfacht sich diese Bedingung zu $y = a$.

Die Menge I nennen wir $LR(k)$-ungeeignet, wenn sie einen *reduce-reduce*- oder einen *shift-reduce*-Konflikt besitzt. Andernfalls nennen wir sie $LR(k)$-geeignet.

Die $LR(k)$-Eigenschaft bedeutet, dass man beim Lesen einer Rechtssatzform einen Kandidaten für eine Reduktion zusammen mit der anzuwendenden Produktion eindeutig mithilfe des dazugehörigen zuverlässigen Präfixes und der k nächsten Symbole der Eingabe identifizieren kann. Wenn wir jedoch alle Kombinationen aus zuverlässigen Präfixen und Wörtern der Länge k tabellieren wollten, hätten wir Schwierigkeiten, weil es i. A. unendlich viele zuverlässige Präfixe gibt. Analog zu unserem Vorgehen bei $LR(0)$-Grammatiken können wir jedoch einen kanonischen

$LR(k)$-Automaten konstruieren. Der kanonische $LR(k)$-Automat $LR_k(G)$ ist ein deterministischer endlicher Automat. Seine Zustände sind Mengen von $LR(k)$-Items. Für jedes zuverlässige Präfix γ liefert der deterministische endliche Automat $LR_k(G)$ die Menge aller $LR(k)$-Items, die für γ gültig sind. Nun hilft uns Satz 3.4.3 weiter. Wegen Satz 3.4.3 bestimmt für eine $LR(k)$-Grammatik die Menge der für γ gültigen $LR(k)$-Items zusammen mit der Vorausschau eindeutig, ob im nächsten Schritt reduziert werden muss, und wenn ja, mit welcher Produktion.

So wie der $LR(0)$-Parser Zustände des kanonischen $LR(0)$-Automaten kellert, kellert der $LR(k)$-Parser Zustände des kanonischen $LR(k)$-Automaten. Die Auswahl zwischen verschiedenen möglichen Aktionen des $LR(k)$-Parsers wird durch die *action*-Tabelle gesteuert. Diese Tabelle enthält für jede Kombination von Zustand und Vorausschau einen der folgenden Einträge:

shift:	lies das nächste Eingabesymbol;
reduce($X \to \alpha$):	reduziere mittels der Produktion $X \to \alpha$;
error:	melde Fehler und
accept:	melde erfolgreiches Ende des Parserlaufs.

Eine zweite Tabelle, die *goto*-Tabelle, enthält die Darstellung der Übergangsfunktion des kanonischen $LR(k)$-Automaten $LR_k(G)$. Sie wird konsultiert, wenn eine *shift*-Aktion oder eine *reduce*-Aktion passiert ist, um den neuen aktuellen Zustand oben auf dem Keller zu berechnen. Bei einem *shift* bestimmt sie den Übergang aus dem aktuellen Zustand unter dem gelesenen Symbol; bei einer Reduktion mittels $X \to \alpha$ den Übergang unter X aus dem Zustand unterhalb der Kellerzustände oben auf dem Keller, die zu α gehören.

Neben *action*- und *goto*-Tabelle benötigt der $LR(k)$-Parser für eine Grammatik G ein Programm, welches diese Tabellen interpretiert. Wir betrachten wieder nur den Fall $k = 1$. Zumindest im Prinzip ist dieser Fall sogar ausreichend, da es zu jeder Sprache, für die es eine $LR(k)$-Grammatik und damit einen $LR(k)$-Parser gibt, auch eine $LR(1)$-Grammatik gibt und dementsprechend ein $LR(1)$-Parser konstruiert werden kann. Nehmen wir an, die Menge der Zustände des $LR(1)$-Parsers sei Q. Dann lässt sich dieses Treiberprogramm implementieren durch:

```
list ⟨state⟩  stack ← [q₀];
terminal  buffer ← scan();
state q;  nonterminal X;  string ⟨symbol⟩  α;
while (true) {
    q ← hd(stack);
    switch (action[q, buffer]) {
        case shift :   stack ← goto[q, buffer] :: stack;
                       buffer ← scan();
                       break;
```

```
case reduce(X → α) :    output(X → α);
                        stack ← tl(|α|, stack);  q ← hd(stack);
                        stack ← goto[q, X] :: stack;
                        break;
case accept :           stack ← f :: tl(2, stack);
                        return accept;
case error :            output("..."); goto err;
}
```

Die Funktion **list** ⟨state⟩ tl(**int**n, **list** ⟨state⟩ s) liefert die Liste s in ihrem zweiten Argument zurück, von der die obersten n Elemente entfernt wurden. Im Fehlerfall wird zu einer Marke err gesprungen, an der der Code zur Fehlerbehandlung steht.

Wir stellen drei Ansätze vor, wie aus einer kontextfreien Grammatik G ein $LR(1)$-Parser für G konstruiert werden kann. Das allgemeinste Verfahren ist das kanonische $LR(1)$-Verfahren. Für jede $LR(1)$-Grammatik G gibt es einen kanonischen $LR(1)$-Parser. Die Anzahl der Zustände dieses Parsers kann jedoch gegebenenfalls groß sein. Deshalb wurden vereinfachte Verfahren vorgeschlagen, die mit den Zuständen des kanonischen $LR(0)$-Automaten auskommen. Von diesen betrachten wir das $SLR(1)$- und das $LALR(1)$-Verfahren.

Unser Treiberprogramm für $LR(1)$-Parser ist auf alle drei Parsertypen anwendbar: es gibt eine Menge Q von Zuständen sowie eine *action*- und eine *goto*-Tabelle, die das Treiberprogramm des Parsers steuern. Die verschiedenen Verfahren unterscheiden sich einerseits in dem zu Grunde liegenden deterministischen endlichen Automaten. Das hat unterschiedliche Mengen von Zuständen zur Folge und entsprechend unterschiedliche *goto*-Tabellen. Andererseits wird bei den verschiedenen Verfahren auch die *action*-Tabelle, d. h. die Vorausschausymbole für unterschiedliche Aktionen auf unterschiedliche Weise berechnet.

Konstruktion eines $LR(1)$-Parsers

Der $LR(1)$-Parser basiert auf dem kanonischen $LR(1)$-Automaten $LR_1(G)$. Seine Zustände sind deshalb Mengen von $LR(1)$-Items. Bei der Konstruktion des kanonischen $LR(1)$-Automaten gehen wir wie bei der Konstruktion des kanonischen $LR(0)$-Automaten vor, nur dass wir anstelle von $LR(0)$-Items $LR(1)$-Items verwenden. Das bedeutet, dass wir beim Abschluss einer Menge q von $LR(1)$-Items unter ε-Übergängen für die neu hinzugefügten Items die Vorausschausymbole berechnen müssen. Diese Menge ist die kleinste Lösung der Gleichung:

$$I = q \cup \{[A \to .\gamma, y] \mid \exists X \to \alpha A\beta \in P : [X \to \alpha.A\beta, x] \in I,$$
$$y \in \mathsf{first}_1(\beta) \odot_1 \{x\}\}$$

Sie wird durch die folgende Funktion berechnet:

```
set ⟨item₁⟩ closure(set ⟨item₁⟩ q) {
    set ⟨item₁⟩ result ← q;
    list ⟨item₁⟩  W ← list_of(q);
    nonterminal X;  string ⟨symbol⟩ α, β;  terminal  x, y;
    while (W ≠ []) {
        item₁ i ← hd(W);  W ← tl(W);
        switch (i) {
        case [_ → _.Xβ, x] :
                        forall (α : (X → α) ∈ P)
                            forall (y ∈ first₁(β) ⊙₁ {x})
                                if ([X → .α, y] ∉ result) {
                                    result ← result ∪ {[X → .α, y]};
                                    W ← [X → .α, y] :: W;
                                }
            default :   break;
            }
        }
    return result;
}
```

wobei V die Menge aller Symbole $V = V_T \cup V_N$ bezeichnet. Der Anfangszustand q_0 von $LR_1(G)$ ist gegeben durch:

$$q_0 = \text{closure}(\{[S' \to .S, \#]\})$$

Weiterhin benötigen wir eine Hilfsfunktion nextState(), die uns zu einer gegebenen Menge q von LR_1-Items und einem Symbol $X \in V_N \cup V_T$ den Nachfolgezustand des kanonischen $LR(1)$-Automaten berechnet. Die entsprechende Funktion bei der Konstruktion von $LR_0(G)$ muss nun um eine Behandlung der Vorausschausymbole erweitert werden:

```
set ⟨item₁⟩ nextState(set ⟨item₁⟩  q, symbol X) {
    set ⟨item₁⟩ q' ← ∅;
    nonterminal A;  string ⟨symbol⟩ α, β;  terminal x;
    forall (A, α, β, x : ([A → α.Xβ, x] ∈ q))
        q' ← q' ∪ {[A → αX.β, x]};
    return closure(q');
}
```

Die Menge der Zustände und die Übergangsrelation des kanonischen $LR(1)$-Automaten wird analog zum kanonischen $LR(0)$-Automaten berechnet. Der Generator geht von dem Anfangszustand und einer leeren Menge von Übergängen aus und fügt so lange Nachfolgezustände und Übergänge hinzu, bis alle Nachfolgezustände bereits in der Menge der gefundenen Zustände enthalten sind. Die Übergangsfunktion des kanonischen $LR(1)$-Automaten liefert die _goto_-Tabelle des $LR(1)$-Parsers.

Wenden wir uns der Konstruktion der _action_-Tabelle des $LR(1)$-Parsers zu. Enthält ein Zustand q des kanonischen $LR(1)$-Automaten vollständige $LR(1)$-Items $[X \to \alpha., x], [Y \to \beta., y]$, liegt kein _reduce-reduce_-Konflikt vor, sofern nur $x \neq y$ ist. Wenn der $LR(1)$-Parser in dem Zustand q ist, wird er die Reduktion auswählen, deren Vorausschausymbol das nächste Eingabesymbol ist.

Enthält der Zustand q gleichzeitig ein vollständiges $LR(1)$-Item $[X \to \alpha., x]$ und ein $LR(1)$-Item $[Y \to \beta.a\gamma, y]$, liegt kein _shift-reduce_-Konflikt zwischen ihnen vor, wenn $a \neq x$ ist. Im Zustand q wird der erzeugte Parser reduzieren, wenn das nächste Eingabesymbol x ist und lesen, wenn es gleich a ist. Deshalb kann die _action_-Tabelle durch die folgende Iteration berechnet werden:

```
forall (state q) {
    forall (terminal x)  action[q, x] ← error;
    forall ([X → α.β, x] ∈ q)
        if (β = ε)
            if (X = S' ∧ α = S ∧ x = #)  action[q, #] ← accept;
            else  action[q, x] ← reduce(X → α);
        else if (β = aβ')  action[q, a] ← shift;
}
```

Beispiel 3.4.13 Wir betrachten einige Zustände des kanonischen $LR(1)$-Automaten für die kontextfreie Grammatik G_0. Die Nummerierung der Zustände ist dieselbe wie in Abb. 3.15. Um eine Menge S von $LR(1)$-Items übersichtlicher darzustellen, werden alle Vorausschauwörter in $LR(1)$-Items aus S mit demselben Kern $[A \to \alpha.\beta]$ zu einer Vorausschaumenge

$$L = \{x \mid [A \to \alpha.\beta, x] \in q\}$$

zusammengefasst. Die Teilmenge $\{[A \to \alpha.\beta, x] \mid x \in L\}$ repräsentieren wir durch $[A \to \alpha.\beta, L]$. Damit erhalten wir:

$$
\begin{aligned}
S_0' &= \text{closure}(\{[S \to .E, \{\#\}]\}) \\
&= \{ \quad [S \to .E, \{\#\}] \\
&\qquad [E \to .E + T, \{\#, +\}], \\
&\qquad [E \to .T, \{\#, +\}], \\
&\qquad [T \to .T * F, \{\#, +, *\}], \\
&\qquad [T \to .F, \{\#, +, *\}], \\
&\qquad [F \to .(E), \{\#, +, *\}], \\
&\qquad [F \to .\text{Id}, \{\#, +, *\}] \quad \}
\end{aligned}
$$

$$
\begin{aligned}
S_1' &= \text{nextState}(S_0', E) \\
&= \{ \quad [S \to E., \{\#\}], \\
&\qquad [E \to E. + T, \{\#, +\}] \quad \}
\end{aligned}
$$

$$
\begin{aligned}
S_2' &= \text{nextState}(S_1', T) \\
&= \{ \quad [E \to T., \{\#, +\}], \\
&\qquad [T \to T. * F, \{\#, +, *\}] \quad \}
\end{aligned}
$$

$$
\begin{aligned}
S_6' &= \text{nextState}(S_1', +) \\
&= \{ \quad [E \to E + .T, \{\#, +\}], \\
&\qquad [T \to .T * F, \{\#, +, *\}], \\
&\qquad [T \to .F, \{\#, +, *\}], \\
&\qquad [F \to .(E), \{\#, +, *\}], \\
&\qquad [F \to .\text{Id}, \{\#, +, *\}] \quad \}
\end{aligned}
$$

$$
\begin{aligned}
S_9' &= \text{nextState}(S_6', T) \\
&= \{ \quad [E \to E + T., \{\#, +\}], \\
&\qquad [T \to T. * F, \{\#, +, *\}] \quad \}
\end{aligned}
$$

Nach der Erweiterung um Vorausschausymbole enthalten die Zustände S_1, S_2 und S_9, die $LR(0)$-ungeeignet waren, keine Konflikte mehr. In Zustand S_1' wird bei nächstem Eingabesymbol $+$ gelesen, bei $\#$ reduziert. In Zustand S_2' wird bei $*$ gelesen, bei $\#$ und $+$ reduziert; ebenso in Zustand S_9'.

Die Tab. 3.6 zeigt die Zeilen der *action*-Tabelle des kanonischen $LR(1)$-Parsers für die Grammatik G_0, die zu den Zuständen S_0', S_1', S_2', S_6' und S_9' gehören.   □

$SLR(1)$- und $LALR(1)$-Parser

Die Zustandsmengen von $LR(1)$-Parsern können eventuell sehr groß werden. Deshalb werden oft LR-Analyseverfahren eingesetzt, die nicht ganz so mächtig sind, aber mit weniger Zuständen auskommen. Zwei häufig verwendete LR-Analyseverfahren sind die $SLR(1)$- (*simple LR-*) und $LALR(1)$- (*lookahead LR-*) Verfahren. Jeder $SLR(1)$-Parser ist ein spezieller $LALR(1)$-Parser, und jede Grammatik, die einen $LALR(1)$-Parser besitzt, ist eine $LR(1)$-Grammatik.

Anstelle von Mengen von $LR(1)$-Items werden bei $SLR(1)$- und $LALR(1)$-Parsern nur Mengen kontextfreier Items als Zustände verwendet. Der Ausgangspunkt bei der Konstruktion von $SLR(1)$- und $LALR(1)$-Parsern ist deshalb der kanonische $LR(0)$-Automat $LR_0(G)$. Die Menge Q der Zustände und die *goto*-Tabelle für diese Parser stimmen mit der Menge der Zustände und der *goto*-Tabelle

Tab. 3.6 Einige Zeilen der *action*-Tabelle des kanonischen $LR(1)$-Parsers für G_0. s steht für *shift*, $r(i)$ für *reduce* mit Produktion i, *acc* für den Eintrag *accept*. Alle unbesetzten Einträge sind *error*-Einträge

	Id	( )	*	+	#
S_0'	s	s			
S_1'				s	acc
S_2'			s	r(3)	r(3)
S_6'	s	s			
S_9'			s	r(2)	r(2)

Verwendete Nummerierung der Produktionen:

$1 : S \rightarrow E$

$2 : E \rightarrow E + T$

$3 : E \rightarrow T$

$4 : T \rightarrow T * F$

$5 : T \rightarrow F$

$6 : F \rightarrow (E)$

$7 : F \rightarrow \text{Id}$

des entsprechenden $LR(0)$-Parsers überein. Um eventuell auftretende Konflikte in den Zuständen aus Q aufzulösen, wird Vorausschau eingesetzt. Sei $q \in Q$ ein Zustand des kanonischen $LR(0)$-Automaten und $[X \rightarrow \alpha.\beta]$ ein Item in q. Dann bezeichnen wir mit $\lambda(q, [X \rightarrow \alpha.\beta])$ die Vorausschaumenge, die zu dem Item $[X \rightarrow \alpha.\beta]$ in q hinzu gefügt wird. Das $SLR(1)$-Verfahren unterscheidet sich von dem $LALR(1)$-Verfahren in der Definition der Funktion

$$\lambda : Q \times \text{It}_G \rightarrow 2^{V_T \cup \{\#\}}$$

Relativ zu einer solchen Funktion λ enthält der Zustand q von $LR_0(G)$ einen *reduce-reduce*-Konflikt, wenn es verschiedene vollständige Items $[X \rightarrow \alpha.], [Y \rightarrow \beta.] \in q$ gibt mit

$$\lambda(q, [X \rightarrow \alpha.]) \cap \lambda(q, [Y \rightarrow \beta.]) \neq \emptyset$$

Relativ zu λ enthält q einen *shift-reduce*-Konflikt, wenn es Items $[X \rightarrow \alpha.a\beta], [Y \rightarrow \gamma.] \in q$ gibt mit $a \in \lambda(q, [Y \rightarrow \gamma.])$.

Gibt es in keinem Zustand des kanonischen $LR(0)$-Automaten einen Konflikt, reichen die Vorausschaumengen $\lambda(q, [X \rightarrow \alpha.])$ aus, um eine *action*-Tabelle zu konstruieren.

Bei $SLR(1)$-Parsern sind die Vorausschaumengen für Items unabhängig von den Zuständen, in denen sie auftreten: die Vorausschau hängt einzig von der linken Seite der Produktion in dem Item ab:

$$\lambda_S(q, [X \rightarrow \alpha.\beta]) = \{a \in V_T \cup \{\#\} \mid S'\# \overset{*}{\Longrightarrow} \gamma Xaw\} = \text{follow}_1(X)$$

für alle Zustände q mit $[X \rightarrow \alpha.\beta] \in q$. Einen Zustand q des kanonischen $LR(0)$-Automaten nennen wir $SLR(1)$-*ungeeignet*, wenn er bzgl. der Funktion λ_S Konflikte enthält. Gibt es keine $SLR(1)$-ungeeigneten Zustände, nennen wir G eine $SLR(1)$-*Grammatik*.

Beispiel 3.4.14 Wir betrachten wieder die Grammatik G_0 aus Beispiel 3.4.1. Ihr kanonischer $LR(0)$-Automat $LR_0(G_0)$ besitzt die ungeeigneten Zustände S_1, S_2 und S_9. Um die Funktion λ_S übersichtlich darzustellen, erweitern die vollständigen Items in den Zuständen durch die follow_1-Mengen ihrer linken Seiten. Weil $\text{follow}_1(S) = \{\#\}$ und $\text{follow}_1(E) = \{\#, +,)\}$ ist, erhalten wir:

$$
\begin{aligned}
S_1'' = \{ \quad & [S \rightarrow E., \{\#\}], && \text{Konflikt beseitigt,} \\
& [E \rightarrow E. + T]\} && \text{da} \quad + \notin \{\#\}
\end{aligned}
$$

$$
\begin{aligned}
S_2'' = \{ \quad & [E \rightarrow T., \{\#, +,)\}], && \text{Konflikt beseitigt,} \\
& [T \rightarrow T. * F]\} && \text{da} \quad * \notin \{\#, +,)\}
\end{aligned}
$$

$$
\begin{aligned}
S_9'' = \{ \quad & [E \rightarrow E + T., \{\#, +,)\}], && \text{Konflikt beseitigt,} \\
& [T \rightarrow T. * F]\} && \text{da} \quad * \notin \{\#, +,)\}
\end{aligned}
$$

Also ist G_0 eine $SLR(1)$-Grammatik und besitzt einen $SLR(1)$-Parser. □

Die Menge $\text{follow}_1(X)$ fasst alle Symbole zusammen, die auf das Nichtterminal X in Satzformen der Grammatik folgen können. Bei der Konstruktion eines $SLR(1)$-Parsers werden alleine die follow_1-Mengen eingesetzt, um Konflikte zu lösen. In vielen Fällen ist reicht das jedoch nicht aus. Mehr Konflikte lassen sich lösen, wenn der Zustand berücksichtigt wird, in dem das vollständige Item $[X \rightarrow \alpha.]$ auftritt. Die *genaueste* Vorausschaumenge, die den Zustand berücksichtigt, ist definiert durch:

$$
\lambda_L(q, [X \rightarrow \alpha.\beta]) = \{a \in V_T \cup \{\#\} \mid S'\# \overset{*}{\underset{rm}{\Longrightarrow}} \gamma X a w \wedge \Delta_G^*(q_0, \gamma\alpha) = q\}
$$

Dabei ist q_0 der Anfangszustand und Δ_G die Übergangsfunktion des kanonischen $LR(0)$-Automaten $LR_0(G)$. In $\lambda_L(q, [X \rightarrow \alpha.])$ sind nur die Terminalsymbole enthalten, die auf X in einer Rechtssatzform $\beta X a w$ folgen können, sodass $\beta\alpha$ den kanonischen $LR(0)$-Automaten in den Zustand q überführt.

Wir nennen einen Zustand q des kanonischen $LR(0)$-Automaten $LALR(1)$-*ungeeignet*, wenn er bzgl. der Funktion λ_L Konflikte enthält. Die Grammatik G ist eine $LALR(1)$-Grammatik, wenn der kanonische $LR(0)$-Automat keine $LALR(1)$-ungeeigneten Zustände besitzt.

Zu einer $LALR(1)$-Grammatik gibt es also stets einen $LALR(1)$-Parser. Die Definition der Funktion λ_L ist jedoch nicht konstruktiv, da in ihr Mengen von Rechtssatzformen auftreten, die i. A. unendlich sind. Die Mengen $\lambda_L(q, [A \rightarrow$

$\alpha.\beta]$) lassen sich jedoch als kleinste Lösung des folgenden Gleichungssystems charakterisieren:

$$\lambda_L(q_0, [S' \to .S]) = \{\#\}$$
$$\lambda_L(q, [A \to \alpha X.\beta]) = \bigcup\{\lambda_L(p, [A \to \alpha.X\beta]) \mid \Delta_G(p, X) = q\}, X \in (V_T \cup V_N)$$
$$\lambda_L(q, [A \to .\alpha]) = \bigcup\{\mathsf{first}_1(\beta) \odot_1 \lambda_L(q, [X \to \gamma.A\beta]) \mid [X \to \gamma.A\beta] \in q'\}$$

Das Gleichungssystem gibt an, wie die Mengen von Nachfolgesymbolen von Items in Zuständen zustande kommen. Die erste Gleichung gibt an, dass hinter dem Startsymbol S' nur $\#$ kommen kann. Die zweite Klasse von Gleichungen beschreibt, dass die Folgesymbole eines Items $[A \to \alpha X.\beta]$ in einem Zustand q sich aus den Folgesymbolen hinter dem Item $[A \to \alpha.X\beta]$ in Zuständen p ergeben, aus denen man unter Lesen von X nach q gelangen kann. Die dritte Klasse von Gleichungen formalisiert, dass die Folgesymbole eines Items $[A \to .\alpha]$ in einem Zustand q sich ergeben aus den Folgesymbolen von *Vorkommen* von A in Items aus q hinter dem Punkt, d. h. aus den Mengen $\mathsf{first}_1(\beta) \odot_1 \lambda_L(q, [X \to \gamma.A\beta])$ für Items $[X \to \gamma.A\beta]$ in q.

Auf das Gleichungssystem für die Mengen $\lambda_L(q, [A \to \alpha.\beta])$ über dem endlichen Teilmengenverband $2^{V_T \cup \{\#\}}$ ist das iterative Verfahren zur Berechnung kleinster Lösungen anwendbar. Indem wir berücksichtigen, welche Nichtterminale ε produzieren, können allerdings die Vorkommen der 1-Konkatenation durch Vereinigungen ersetzt werden. Wir erhalten so ein äquivalentes reines Vereinigungsproblem, dessen Lösung sich mit dem schnellen Verfahren aus Abschn. 3.2.7 lösen lässt.

Beispiel 3.4.15 Die folgende Grammatik aus [2] beschreibt eine Vereinfachung der C-Wertzuweisung:

$$\begin{aligned}
S' &\to S \\
S &\to L = R \mid R \\
L &\to * R \mid \mathsf{Id} \\
R &\to L
\end{aligned}$$

Diese Grammatik ist keine $SLR(1)$-Grammatik, aber eine $LALR(1)$-Grammatik. Die Zustände des kanonischen $LR(0)$-Automaten sind gegeben durch:

$$
\begin{aligned}
S_0 = \{ &[S' \to .S], & S_2 = \{ &[S \to L. = R], & S_6 = \{ &[S \to L = .R], \\
&[S \to .L = R], & &[R \to L.] \} & &[R \to .L], \\
&[S \to .R], & S_3 = \{ &[S \to R.] \} & &[L \to . * R], \\
&[L \to . * R], & S_4 = \{ &[L \to *.R], & &[L \to .\mathsf{Id}] \} \\
&[L \to .\mathsf{Id}], & &[R \to .L], & S_7 = \{ &[L \to *R.] \} \\
&[R \to .L] \} & &[L \to . * R], & S_8 = \{ &[R \to L.] \} \\
S_1 = \{ &[S' \to S.] \} & &[L \to .\mathsf{Id}] \} & S_9 = \{ &[S \to L = R.] \} \\
& & S_5 = \{ &[L \to \mathsf{Id}.] \}
\end{aligned}
$$

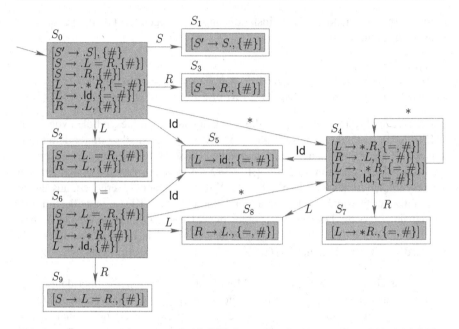

Abb. 3.17 Übergangsdiagramm des $LALR(1)$-Parsers für die Grammatik aus Beispiel 3.4.15

Der Zustand S_2 ist der einzige $LR(0)$-ungeeignete Zustand. Es gilt $\mathsf{follow}_1(R) =$ $\{\#, =\}$. Diese Vorausschaumenge für das Item $[R \to L.]$ reicht nicht, um den *shift-reduce*-Konflikt in S_2 zu lösen, da das nächste zu lesende Symbol $=$ in der Vorausschaumenge enthalten ist. Folglich ist die Grammatik keine $SLR(1)$-Grammatik.

Die Grammatik ist jedoch eine $LALR(1)$-Grammatik. Das Übergangsdiagramm ihres $LALR(1)$-Parsers zeigt Abb. 3.17. Der Übersichtlichkeit halber wurden die Vorausschaumengen $\lambda_L(q, [A \to \alpha.\beta])$ direkt an dem Item $[A \to \alpha.\beta]$ des Zustands q vermerkt. Im Zustand S_2 besitzt das Item $[R \to L.]$ nun die Vorausschaumenge $\{\#\}$. Weil diese Menge das nächste zu lesende Symbol $=$ nicht enthält, ist der Konflikt gelöst. □

3.4.4 Fehlerbehandlung in LR-Parsern

LR-Parser besitzen ebenso wie LL-Parser die Eigenschaft des fortsetzungsfähigen Präfixes. Das bedeutet, dass jedes durch einen LR-Parser fehlerfrei analysierte Präfix der Eingabe zu einem korrekten Eingabewort, einem Satz der Sprache, fortgesetzt werden kann. Trifft ein LR-Parser in einer Konfiguration auf ein Eingabesymbol a mit $action[q, a] = \mathsf{error}$, ist dies die frühestmögliche Situation, in der ein Fehler entdeckt werden kann. Diese Konfiguration nennen wir *Fehlerkonfigurati-*

on und q den *Fehlerzustand* dieser Konfiguration. Auch für LR-Parser gibt es ein Spektrum von Fehlerbehandlungsverfahren:

- Vorwärtsfehlerbehandlung. Modifikationen werden in der restlichen Eingabe, nicht aber auf dem Parserkeller vorgenommen.
- Rückwärtsfehlerbehandlung. Modifikationen werden auch auf dem Parserkeller vorgenommen.

Nehmen wir an, q sei der aktuelle Zustand und a das nächste Symbol in der Eingabe. Als mögliche Korrekturen bieten sich als Aktionen ein verallgemeinertes *shift*(βa) für ein Item $[A \to \alpha.\beta a\gamma]$ aus q, ein *reduce* für unvollständige Items aus q oder *skip* an:

- Die Korrektur *shift*(βa) nimmt an, dass das Teilwort zu β ausgefallen ist. Es kellert deshalb die Zustände, die der Item-Kellerautomat bei Lesen der Symbolfolge β von q aus durchläuft. Anschließend wird das Symbol a gelesen und der entsprechende *shift*-Übergang des Parsers ausgeführt.
- Die Korrektur *reduce*($A \to \alpha.\beta$) nimmt an, dass das Teilwort, das zu β gehört, fehlt. Deshalb werden $|\alpha|$ viele Zustände vom Keller entfernt. Sei p der Zustand, der danach oben auf dem Keller liegt. Dann wird der Zustand gekellert, der sich aus p und A gemäß der *goto*-Tabelle ergibt.
- Die Korrektur *skip* fährt mit dem nächsten Symbol a' in der Eingabe fort.

Eine einfache Standardfehlerbehandlung könnte so aussehen. Nehmen wir an, es gebe keinen korrekten Übergang unter a. Enthält der aktuelle Zustand ein Item $[A \to \alpha.\beta a\gamma]$, könnte versucht werden, mit Lesen von a wiederaufzusetzen. Als Korrektur wird dann *shift*(βa) ausgeführt. Tritt das Symbol a in keiner rechten Seite eines Items aus q auf, aber als Vorausschau eines nichtvollständigen Item $[A \to \alpha.\beta]$ in q, dann könnte als Korrektur *reduce*($A \to \alpha.\beta$) ausgeführt werden. Sind in q mehrere solcher Korrekturen möglich, wird eine *plausible* Korrektur ausgewählt. Plausibel könnte etwa sein, die Operation *shift*(βa) bzw. *reduce*($A \to \alpha.\beta$) auszuwählen, bei der das fehlende Teilwort β am kürzesten ist. Ist weder eine *shift*- noch eine *reduce*-Korrektur möglich, wird die Korrektur *skip* angewendet.

Beispiel 3.4.16 Betrachten Sie die Grammatik G_0 mit den Produktionen

$$E \to E + T \qquad T \to T * F \qquad F \to (E)$$
$$E \to T \qquad T \to F \qquad F \to \mathsf{Id}$$

für die wir in Beispiel 3.4.5 den kanonischen $LR(0)$-Automaten konstruiert haben. Als Eingabe wählen wir

$$(\mathsf{Id} +)$$

Nach Lesen des Präfixes ($\mathsf{Id} +$ enthält der Keller eines $SLR(1)$-Parsers die Folge der Zustände $S_0 S_4 S_8 S_6$, die dem zuverlässigen Präfix ($E +$ entspricht. Der aktuelle Zustand S_6 besteht aus den Items:

$$S_6 = \{ \quad [E \rightarrow E + .T],$$
$$[T \rightarrow .F],$$
$$[F \rightarrow .\text{Id}], \quad \}$$

Weil wir einen $SLR(1)$-Parser betrachten, sind die Vorausschaumengen der Items in S_6 jeweils gegeben durch die follow_1-Mengen der linken Seiten, d. h.

S_6	λ_S
$[E \rightarrow E + .T]$	$+,)$
$[T \rightarrow .F]$	$*,+,)$
$[F \rightarrow .\text{Id}]$	$*,+,)$
$[F \rightarrow .(E)]$	$*,+,)$

Lesen von) im Zustand S_6 liefert den Wert error. Es gibt jedoch in S_6 unvollständige Items mit Vorausschau). Deshalb wird eines dieser Items zur Reduktion verwendet. Dazu kommt etwa das Item $[E \rightarrow E + .T]$ in Frage. Die Reduktion liefert als neuen Kellerinhalt $S_0 S_4 S_8$, da S_8 der Nachfolgezustand von S_4 unter Lesen der linken Seite E ist. In S_8 kann dann ein *shift*-Übergang unter Lesen von) erfolgen. Dies liefert den neuen Zustand S_{11} auf dem Keller. In einer Folge von Reduktionen wird nun der Endzustand f erreicht. $\square$

Diese Fehlerbehandlung ist eine reine Vorwärtsbehandlung. Sie wird in ähnlicher Form etwa von dem Parsergenerator CUP für JAVA angeboten.

Die Ein-Fehler-Hypothese
Im Folgenden stellen wir ein verfeinertes Verfahren vor, das aus den Parsertabellen eine Fehlerbehandlung erzeugt, dabei aber annimmt, dass das Programm *im wesentlichen* syntaktisch korrekt ist und deshalb nur minimal abgeändert werden muss. Das Verfahren geht ebenfalls vorwärts über die Eingabe. Im Fehlerfall versuchts es, die Eingabe nach Möglichkeit nur an einer einzigen Stelle abzuändern. Das nennen wir die *Ein-Fehler-Hypothese*. Vorberechnete Informationen werden eingesetzt, um effizient zu entscheiden, wie der Fehler in der Eingabe korrigiert werden sollte.

Eine Konfiguration des LR-Parsers notieren wir als $(\varphi q, a_i \ldots a_n)$, wobei φq der Kellerinhalt ist mit aktuellem Zustand q, und die restliche Eingabe $a_i \ldots a_n$. Das verfeinerte Verfahren versucht, zu jeder Fehlerkonfiguration $(\varphi q, a_i \ldots a_n)$ eine *passende* Konfiguration zu finden, in der eine Fortsetzung der Analyse durch Lesen mindestens eines weiteren Eingabesymbols möglich ist. Eine Konfiguration *passt* zu der Fehlerkonfiguration, wenn sie durch möglichst wenig Veränderungen aus der Fehlerkonfiguration hervorgeht. Mit der Annahme der *ein-Fehler-Hypothese* schränken wir die zugelassenen Veränderungen drastisch ein. Die ein-Fehler-Hypothese besagt, dass der Fehler an der gegebenen Stelle durch *ein* fehlendes, *ein* überflüssiges oder *ein* falsches Symbol an der Fehlerstelle verursacht wurde. Der Fehlerbehandlungsalgorithmus verfügt deshalb über eine Operation für das Einsetzen, eine Operation für das Löschen und eine Operation für das Ersetzen *eines* Symbols.

Sei $(\varphi q, a_i \ldots a_n)$ eine Fehlerkonfiguration. Das Ziel der Fehlerkorrektur mit einer der drei Operationen lässt sich wie folgt beschreiben:

Löschen: Finde Kellerinhalte $\varphi' p$ mit

$$(\varphi q, a_{i+1} \ldots a_n) \vdash^* (\varphi' p, a_{i+1} \ldots a_n) \quad \text{und} \quad action[p, a_{i+1}] = shift$$

Ersetzen: Finde ein Symbol a und Kellerinhalte $\varphi' p$ mit

$$(\varphi q, a a_{i+1} \ldots a_n) \vdash^* (\varphi' p, a_{i+1} \ldots a_n) \quad \text{und} \quad action[p, a_{i+1}] = shift$$

Einfügen: Finde ein Symbol a und Kellerinhalte $\varphi' p$ mit

$$(\varphi q, a a_i \ldots a_n) \vdash^* (\varphi' p, a_i \ldots a_n) \quad \text{und} \quad action[p, a_i] = shift$$

Die gesuchten Kellerinhalte $\varphi' p$ können sich dadurch ergeben, dass unter dem jeweils neuen nächsten Eingabesymbol Reduktionen möglich sind, die in der Fehlerkonfiguration nicht möglich waren. Eine wichtige Eigenschaft der drei Operationen ist, dass sie die Terminierung des Fehlerbehandlungsverfahren garantieren: jeder der drei Schritte stellt im Erfolgsfall den Lesezeiger um mindestens ein Symbol weiter.

Fehlerbehandlungsmethoden mit Zurücksetzen erlauben zusätzlich, eine zuletzt angewandte Produktion der Form $X \rightarrow \alpha Y$ rückgängig zu machen und $Y a_i \ldots a_n$ als Eingabe zu betrachten, wenn die anderen Korrekturversuche gescheitert sind.

Ein naives Verfahren wird die verschiedenen Möglichkeiten einer Fehlerkorrektur dynamisch, d. h. während des Parserlaufs durchsuchen, bis eine geeignete Korrektur gefunden ist. Das Überprüfen einer Möglichkeit verlangt eventuell, eine Reihe Reduktionen durchzuführen, gefolgt von einem Test, ob man ein Symbol lesen kann. Bei Misserfolg ist dann die Fehlerkonfiguration wiederherzustellen und die nächste Möglichkeit auszuprobieren. Die Suche nach der *richtigen* Abänderung eines Symbols kann damit sehr teuer sein. Deshalb interessieren wir uns für *Vorberechnungen*, die man bereits zur Generierungszeit des Parsers durchführen kann, um Sackgassen bei der Fehlerkorrektur schneller zu erkennen. Sei $(\varphi q, a_i \ldots a_n)$ wieder die Fehlerkonfiguration. Betrachten wir das *Einfügen* eines Symbols $a \in V_T$. Die Fehlerbehandlung kann aus der folgenden Sequenz von Schritten bestehen (siehe Abb. 3.18 (a)):

(1) eine Folge von Reduktionen unter Vorausschausymbol a, gefolgt von
(2) einer Leseaktion bezüglich a, gefolgt von
(3) einer Folge von Reduktionen unter Vorausschausymbol a_i.

Eine Vorberechnung ermöglicht es, viele Symbole a von vornherein auszuschließen, weil es keine Teilfolgen für (1) oder (3) geben kann. Dazu berechnen wir für jeden Zustand q und jedes $a \in V_T$ die Menge $Succ(q, a)$ möglicher *Reduktionsnachfolger* von q unter a berechnet. Die Menge $Succ(q, a)$ enthält den Zustand q

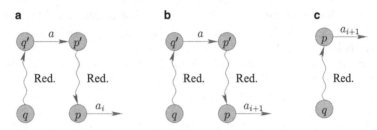

Abb. 3.18 Schließen der Brücke bei der Fehlerkorrektur, **a** beim Einfügen, **b** beim Ersetzen, **c** beim Löschen eines Symbols

zusammen mit allen Zuständen, in die der Parser aus q durch Reduktionen unter Vorausschau a kommen kann. Die Menge $Succ(q, a)$ ist die kleinste Menge Q' mit den folgenden Eigenschaften:

- $q \in Q'$;
- sei $q' \in Q'$ und enthalte q' ein vollständiges Item zu einer Produktion $A \to X_1 \dots X_k$. Dann ist auch $goto[p, A] \in Q'$ für jeden Zustand p mit

$$goto[\dots goto[p, X_1] \dots, X_k] = q$$

Mit Hilfe der Menge $Succ(q, a)$ lässt sich die Menge $Sh(q, a)$ aller Zustände definieren, die von Reduktionsnachfolgern von q unter a durch einen *shift*-Übergang für a erreicht werden kann:

$$Sh(q, a) = \{goto[q', a] \mid q' \in Succ(q, a)\}$$

Mit Hilfe der Mengen $Sh(q', a')$ für alle Zustände q' und Terminalsymbole a wird nun die Menge aller Zustände definiert, die sich aus den Zuständen in $Sh(q, a)$ durch Reduktionen mit Vorausschau a_i ergeben, gefolgt von einer Leseoperation für a_i:

$$Sh(q, a, a_i) = \bigcup \{Sh(q', a_i) \mid q' \in Sh(q, a)\}$$

Eine Korrektur mittels Einfügen eines Symbols a ist vielversprechend, wenn die Menge $Sh(q, a, a_i)$ nichtleer ist. Das Terminalsymbol a ist ein Kandidat zum Schließen der Brücke in der Fehlerkonfiguration. Soll die Vorberechnung weitergetrieben werden, kann für den Zustand q und das Terminalsymbol a_i die Menge

$$Bridge(q, a_i) = \{a \in V_T \mid Sh(q, a, a_i) \neq \emptyset\}$$

aller Kandidaten berechnet werden, die zur Fehlerkorrektur durch Einfügen in Betracht kommen.

Beispiel 3.4.17 Wir betrachten die Grammatik aus Beispiel 3.4.15 mit dem $LALR(1)$-Parser aus Abb. 3.17. Die Reduktionsnachfolger $Succ(q, a)$ von q unter

a, die Mengen $Sh(q,a)$ und die Mengen $Bridge(q,a)$ für $a \in \{=, *, \text{Id}\}$ ergeben sich zu:

$Succ(q,a)$:				$Sh(q,a)$:				$Bridge(q,a)$:			
q	$=$	$*$	Id	q	$=$	$*$	Id	q	$=$	$*$	Id
S_0	S_0	S_0	S_0	S_0		S_4	S_5	S_0	Id	$*$	$*$
S_1	S_1	S_1	S_1	S_1				S_1			
S_2	S_2	S_2	S_2	S_2	S_6			S_2		$=$	$=$
S_3	S_3	S_3	S_3	S_3				S_3			
S_4	S_4	S_4	S_4	S_4		S_4	S_5	S_4	Id	$*$	$*$
S_5	S_2, S_5	S_5	S_5	S_5	S_6			S_5		$=$	$=$
S_6	S_6	S_6	S_6	S_6		S_4	S_5	S_6	Id	$*$	$*$
S_7	S_2, S_7	S_7	S_7	S_7	S_6			S_7		$=$	$=$
S_8	S_2, S_8	S_8	S_8	S_8	S_6			S_8			
S_9	S_9	S_9	S_9	S_9				S_9			

Betrachten wir, welche Fehlerkorrekturen unsere Vorberechnung vorschlagen würde.

Eingabe	Fehlerkonfiguration	Brücke	Korrektur
$*$ $=$ Id #	$(S_0 S_4, = \text{Id } \#)$	$Bridge(S_4, =) = \{\text{Id}\}$	Einfügen von Id
Id $==$ Id #	$(S_0 S_2 S_6, = \text{Id } \#)$	$Bridge(S_6, \text{Id}) = \{*\}$	Ersetzen von $=$ durch $*$

Ein Beispiel für eine Löschkorrektur ist:

Eingabe	Fehlerkonfiguration	Brücke	Korrektur
Id Id $=$ Id #	$(S_0 S_5, \text{Id} = \text{Id } \#)$	$Sh(S_5, =) \neq \emptyset$	Löschen von Id

□

Auf der Basis der vorberechneten Mengen kann ebenfalls effizient eine ein-Symbol-*Ersetzungskorrektur* versucht werden. Der einzige Unterschied ist, dass Symbole aus $Bridge(q, a_{i+1})$ betrachtet werden müssen (siehe Abb. 3.18 (b)).

Analoge Überlegungen liefern uns einen Test, ob eine ein-Symbol-*Löschkorrektur* vernünftig ist. Das Löschen eines Symbols a wird zur Fehlerbehandlung in Betracht gezogen, wenn die Menge $Sh(q, a_{i+1})$ nichtleer ist (siehe Abb. 3.18 (c)). Für jede Kombination aus einem Zustand q und einem Symbol a lässt sich vorberechnen, ob es einen solchen Zustand p gibt. Tabelliert man dieses Prädikat, lässt sich der Test durch einfaches Nachschlagen implementieren.

Einen Sonderfall haben wir bisher ignoriert, nämlich Korrekturen bei erschöpfter Eingabe. Da das Endesymbol # nie gelesen wird, sind Löschaktionen oder Ersetzungsaktionen nicht möglich. Hier bleiben nur Einsetzungskorrekturen übrig.

Die Einsetzung eines Terminalsymbols a ist sinnvoll, wenn nach eventuellen Reduktionen aus q unter a ein Zustand p erreicht wird, aus dem nach Lesen von a ein Zustand p' erreicht wird, aus dem wiederum unter # Reduktionen in *accept*-Konfigurationen möglich sind. Dazu kann für jeden Zustand q die Menge $Acc(q)$ vorberechnet werden, die alle Terminalsymbole enthält, die dazu in Frage kommen.

Sei $(\varphi q, a_i \ldots a_n)$ wieder die Fehlerkonfiguration. Eine optimierte Fehlerbehandlung kann nun so beschrieben werden:

Versuch zu löschen: Ist $Sh(q, a_{i+1}) \neq \emptyset$, dann $teste(\varphi q, a_{i+1} \ldots a_n)$;

Versuch zu ersetzen: Gibt es ein $a \in Bridge(q, a_{i+1})$, dann $teste(\varphi q, aa_{i+1} \ldots a_n)$;

Versuch einzusetzen: Gibt es ein $a \in Bridge(q, a_i)$, dann $teste(\varphi q, aa_i a_{i+1} \ldots a_n)$.

In der Prozedur *teste* wird das Parsen nach dem Korrekturversuch fortgesetzt. Wird der Rest der Eingabe erfolgreich abgearbeitet, ist der Korrekturversuch gelungen. Schlägt der Versuch, erfolgreich den Rest der Eingabe zu verarbeiten, jedoch fehl, kann der Parser einen weiteren Fehler annehmen und erneut eine Fehlerkorrektur versuchen.

In einer ambitionierteren Implementierung wird der Parser nach Scheitern eines Korrekturversuchs an die Fehlerstelle zurückkehren und einen weiteren Korrekturvorschlag testen. Schlagen sämtliche Korrekturvorschläge fehl, wird ein besonders *erfolgreicher* Korrekturversuch ausgewählt und in der dabei erreichten Konfiguration erneut eine Fehlerkorrektur versucht. Als Maß für den Erfolg einer Korrektur könnte etwa die Länge der danach fehlerfrei konsumierten Eingabe dienen. Beachten Sie, dass sich der Parser in diesem Fall nur jeweils einen erfolgreichsten bisher unternommenen Korrekturversuch merken muss.

Die Vorwärtsbewegung

Unsere Vorberechnungen haben die Anzahl der zu überprüfenden Korrekturvorschläge deutlich eingeschränkt. Nichtsdestoweniger kann es mehrere Möglichkeiten zur Korrektur geben. In dem Fall kann es sich lohnen, eine Teilberechnung heraus zu faktorisieren, die von sämtlichen Korrekturversuchen durchgeführt wird. Eine solche Teilberechnung ist eine *Vorwärtsbewegung*, die allen Versuchen gemeinsam ist. Um eine solche Vorwärtsbewegung zu identifizieren, starten wir nicht mit einem spezifischen Kellerinhalt, sondern betrachten sämtliche Zustände, in denen das Zeichen a_{i+1} gelesen werden kann. Dann wird versucht, ein möglichst langes Präfix von $a_{i+1} \ldots a_n$ zu reduzieren. Die Konfigurationen bestehen dabei aus Folgen von *Mengen* von Zuständen Q in einem Fehlerkeller und der jeweiligen restlichen Eingabe. Ist der Parser in der Menge von Zuständen Q bei nächstem Eingabesymbol a, so macht er für alle $q \in Q$ alle Nichtfehler-Übergänge gemäß $action[q, a]$, wenn entweder alle *shift* liefern oder alle $reduce(X \to \alpha)$ mit der gleichen Produktion $X \to \alpha$ und der Fehlerkeller nicht kürzer als $|\alpha|$ ist. Die Vorwärtsbewegung stoppt,

- wenn für alle $q \in Q$ $action[q, a] = \mathsf{error}$ gilt: dann liegt ein *zweiter* Fehler vor;
- wenn die *action*-Tabelle für Q und a mehr als eine Aktion angibt;
- wenn sie die einzige Aktion *accept* angibt: dann ist das Parsen beendet; oder
- wenn sie eine Reduktion verlangt, wobei die Länge der rechten Seite größer als die Tiefe des Fehlerkellers ist: das würde zu einer *Reduktion über die Fehlerstelle* hinaus führen.

Als Ergebnis gibt die Vorwärtsbewegung das Wort γ zurück, zu dem sie das bis dahin gelesene Präfix $a_{i+1} \ldots a_k$ reduziert hat, gefolgt von der restlichen Eingabe $a_{k+1} \ldots a_n$. Beachten Sie, dass das Wort γ oft sehr viel kürzer sein wird als das Teilwort $a_{i+1} \ldots a_k$. In der Eingabe für die Aufrufe der Prozedur *teste* kann dann das Teilwort $a_{i+1} \ldots a_n$ durch $\gamma \; a_{k+1} \ldots a_n$ ersetzt werden, wobei der Parser ein Nichtterminal A in der Eingabe stets wie ein *shift* des Symbols A behandelt.

Falsche Reduktionen in $SLR(1)$- und $LALR(1)$-Parsern

Kanonische $LR(1)$-Parser entdecken Fehler zum frühestmöglichen Zeitpunkt; sie lesen weder ein Symbol über die Fehlerstelle hinaus, noch reduzieren sie unter einem falschen Vorausschausymbol. $SLR(1)$- und $LALR(1)$-Parser lesen zwar auch nie ein Symbol über die Fehlerstelle hinaus, machen wegen der weniger differenzierten Vorausschaumengen jedoch eventuell noch Reduktionen, bevor sie bei einem *shift*-Zustand den Fehler entdecken. Dazu legt man einen zusätzlichen Keller an, auf dem man alle seit dem jeweils letzten Lesen durchgeführten Reduktionen speichert. Dieser Keller wird bei einer Leseaktion wieder geleert. Im Fehlerfall werden die gekellerten Reduktionen in umgekehrter Reihenfolge wieder rückgängig gemacht.

3.5 Übungen

1. **Reduzierte Grammatik**
   Überprüfen Sie die Produktivität und die Erreichbarkeit der Nichtterminale der Grammatik $G = (\{S, A, B, C, D, E\}, \{a, b, c\}, P, S)$, wobei P aus den folgenden Produktionen besteht:

$$
\begin{aligned}
S &\;\rightarrow\; a\,A\,a \mid b\,S \\
A &\;\rightarrow\; B\,B \mid C \\
B &\;\rightarrow\; b\,C \\
C &\;\rightarrow\; B \mid c \\
D &\;\rightarrow\; a\,A\,E \\
E &\;\rightarrow\; D\,b
\end{aligned}
$$

2. **Items**
   Geben Sie eine Definition der *Zukunft* einer Folge von Items, $\mathsf{fut}(\gamma)$, so dass Sie die folgende Invariante (I') beweisen können:
   (I') Für alle Sätze $uv \in L(G)$ gibt es ein $\gamma \in \mathsf{It}_G^*$ mit der Eigenschaft:
   Aus $(q_0, uv) \vdash_{K_G}^* (\gamma, v)$ folgt $\mathsf{fut}(\gamma) \overset{*}{\Longrightarrow} v$.

3. **ε-Produktionen**
   Sei $G = (V_N, V_T, P, S)$ eine reduzierte kontextfreie Grammatik und nehmen wir an, das Startsymbol komme nicht in den rechten Seiten von Produktionen vor. Dann heißt G ε-frei, falls aus $A \rightarrow \varepsilon \in P$ folgt, dass A gleich dem Startsymbol S ist. Zeigen Sie, dass zu jeder Grammatik G eine ε-freie Grammatik konstruiert werden kann, die die gleiche Sprache beschreibt.

4. **Item-Kellerautomaten**
   (a) Konstruieren Sie den Item-Kellerautomaten zu der Grammatik
   $G = (\{S\}, \{\textbf{if}, \textbf{then}, \textbf{else}, a, b\}, P, S)$

$$S \quad \rightarrow \quad a \quad |$$

$$\textbf{if } b \textbf{ then } S \quad |$$

$$\textbf{if } b \textbf{ then } S \textbf{ else } S$$

   (b) Geben Sie eine akzeptierende Konfigurationenfolge an für

$$\textbf{if } b \textbf{ then if } b \textbf{ then } a \textbf{ else } a$$

   (c) Zeigen Sie, dass G mehrdeutig ist.
   (d) Geben Sie eine eindeutige Grammatik G' an mit $L(G') = L(G)$.
5. **Item-Kellerautomaten (Forts.)**
   (a) Konstruieren Sie den Item-Kellerautomaten zu der Grammatik
   $G = (\{S, A, B, C\}, \{a, b\}, P, S)$, bei der P aus den Produktionen

$$S \quad \rightarrow \quad AB \mid BC$$
$$A \quad \rightarrow \quad BA \mid a$$
$$B \quad \rightarrow \quad CC \mid b$$
$$C \quad \rightarrow \quad AB \mid a$$

   besteht.
   (b) Wieviele akzeptierende Konfigurationsfolgen gibt es für $babaab$?
6. **follow-Mengen**
   Beweisen Sie Satz 3.2.3.
7. **Starke $LL(k)$-Grammatiken**
   Entwickeln Sie eine allgemeine Konstruktion, wie zu einer beliebigen $LL(k)$-Grammatik eine Grammatik konstruiert werden kann, die stark $LL(k)$ ist und die gleiche Sprache beschreibt.
   [Hinweis: Verwenden Sie als Nichtterminale Paare $\langle A, \text{first}_k(\beta) \rangle$ für Nichtterminale A und Wörter β mit $S'\# \overset{*}{\underset{L}{\Longrightarrow}} wA\beta$.]
   In welchem Verhältnis stehen die Ableitungsbäume der ursprünglichen Grammatik zu denjenigen der transformierten Grammatik?
8. **k-Konkatenation**
   Beweisen Sie, dass die Operation $\odot_k$ assoziativ ist.

9. **first₁- und follow₁-Mengen**

Gegeben sei die Grammatik $G = (\{S', S, B, E, J, L\}, \{; , : =, (,), ,, \}, P, S')$ mit den Produktionen

$$
\begin{aligned}
S' &\rightarrow S \\
S &\rightarrow LB \\
B &\rightarrow ; S; L \mid : = L \\
E &\rightarrow a \mid L \\
J &\rightarrow , E J \mid) \\
L &\rightarrow (E J
\end{aligned}
$$

Berechnen Sie first₁ und follow₁ mit dem iterativen Verfahren.

10. **ε-freie first₁-Mengen**

Betrachten Sie die Grammatik $G = (\{S, A, B\}, \{a, b\}, P, S)$ mit den Produktionen

$$
\begin{aligned}
S &\rightarrow a\,Aa\,B \mid b\,Ab\,B \\
A &\rightarrow a \mid ab \\
B &\rightarrow aB \mid a
\end{aligned}
$$

(a) Stellen Sie die Gleichungssysteme zur Berechnung der ε-freien first₁-Mengen bzw. der follow₁-Mengen auf.

(b) Bestimmen Sie die Variablenabhängigkeitsgraphen der beiden Gleichungssysteme und ihre starken Zusammenhangskomponenten.

(c) Lösen Sie die beiden Gleichungssysteme.

11. **$LL(1)$-Grammatiken**

Testen Sie die $LL(1)$-Eigenschaft für

(a) die Grammatik aus Aufgabe 5;

(b) die Grammatik aus Aufgabe 9;

(c) die Grammatik aus Aufgabe 10;

(d) die Grammatik $G = (\{E, E', D, D', F\}, \{a, (,), +, *\}, P, E)$ mit den Produktionen

$$
\begin{aligned}
E &\rightarrow DE' \\
E' &\rightarrow + DE' \mid \varepsilon \\
D &\rightarrow FD' \\
D' &\rightarrow * FD' \mid \varepsilon \\
F &\rightarrow (E) \mid a
\end{aligned}
$$

12. **$LL(1)$-Parser**

(a) Stellen Sie die $LL(1)$-Parsertabelle für G aus Aufgabe 11.(d) auf.

(b) Geben Sie einen Lauf des zugehörigen Parsers für die Eingabe $(a+a)*a+a$ an.

13. **$LL(1)$-Parser (Forts.)**

Geben Sie die $LL(1)$-Tabelle für die Grammatik mit der folgenden Menge von Produktionen an:

$$E \quad \rightarrow \quad -E \mid (E) \mid VE'$$
$$E' \quad \rightarrow \quad -E \mid \varepsilon$$
$$V \quad \rightarrow \quad \mathsf{Id}\ V'$$
$$V' \quad \rightarrow \quad (E) \mid \varepsilon$$

Skizzieren Sie einen Lauf des Parsers für die Eingabe $- \mathsf{Id}\ (- \mathsf{Id}) - \mathsf{Id}$.

14. **Erweiterung rechtsregulärer Grammatiken**

Erweitern Sie rechtsreguläre Grammatiken, indem Sie in den reglären Ausdrücken auf den rechten Seiten zusätzlich die Operatoren ? und $(\_)^+$ zulassen.

(a) Geben Sie die Produktionen der transformierten Grammatik für die Nichtterminale $\langle r? \rangle$ und $\langle r^+ \rangle$ an!

(b) Erweitern Sie das Generierungsschema **generate** des *recursive-descent*-Parsers auf Ausdrücke $r?$ und r^+.

15. **Syntaxbäume für $RLL(1)$-Grammatiken**

Instrumentieren Sie die Parserprozeduren des rekursiven Abstiegsparsers für eine $RLL(1)$-Grammatik G so, dass sie Syntaxbäume erzeugen.

(a) Instrumentieren Sie die Prozedur zu einem Nichtterminal A so, dass Syntaxbäume der transformierten kontextfreien Grammatik $\langle G \rangle$ konstruiert werden.

(b) Instrumentieren Sie die Prozedur zu einem Nichtterminal A so, dass die Teilbäume zu sämtlichen Symbolen des vorliegenden Worts aus der Sprache des regulären Ausdrucks $p(A)$ in einem Vektor gesammelt werden.

Passen Sie jeweils gegebenenfalls auch die Generierungsschemata für Teilausdrücke rechter Seiten an.

16. **Operatorpräzedenzen**

Betrachten Sie die kontextfreie Grammatik mit dem einen Nichtterminalsymbol A und den Produktionen:

$$A \rightarrow \quad \mathsf{lop}\ A \mid A\ \mathsf{rop} \mid$$
$$A\ \mathsf{bop}\ A \mid$$
$$(A) \mid \mathsf{var} \mid \mathsf{const}$$

für verschiedene unäre Präfixoperatoren lop, unäre Postfixoperatoren rop und binäre Infixoperatoren bop, wobei die Mengen der Postfix- und Infixoperatoren disjunkt sind. Nehmen Sie weiterhin an, dass jedem unären Operator eine Präzedenz und jedem binären Operator sowohl eine Linkspräzedenz wie eine Rechtspräzedenz zugeordnet ist, mit denen die Bindungsstärke des Operators bzw. seine Assoziativität gesteuert werden kann. Bei einer Präzedenz 1 für die Negation und Links- bzw. Rechtspräzedenzen 2 und 3 für den $+$-Operator entspricht z. B. der Ausdruck:

$$-1 + 2 + 3$$

dem geklammerten Ausdruck:

$$((-1) + 2) + 3$$

Kleinere Präzedenz bindet traditionell stärker. Bei gleicher Präzedenz geben wir der Rechtsklammerung den Vorrang. Die Klammerung, die sich für diesen Ausdruck ergibt, wenn sämtliche Präzedenzen als 1 festgelegt wurden, ist deshalb:

$$-(1 + (2 + 3))$$

(a) Transformieren Sie die Grammatik so, dass es zu jedem Ausdruck genau einen Syntaxbaum gibt, der einer korrekten Klammerung entsprechend den Operatorpräzedenzen entspricht.
Ist Ihre Grammatik eine $LR(1)$-Grammatik? Begründen Sie Ihre Antwort.

(b) Konstruieren Sie für die Grammatik *direkt* einen *shift-reduce*-Parser, der zur Entscheidung, wann reduziert werden soll, nur die 1-Vorausschau und die Präzedenzen der Operatoren berücksichtigt.

(c) Realisieren Sie Ihren *shift-reduce*-Parser mit Hilfe rekursiver Funktionen.

17. **$LR(k)$-Grammatiken**
Welche der folgenden Grammatiken sind keine $LR(0)$-Grammatiken? Begründen Sie Ihre Antwort.

$S \rightarrow L$	$S \rightarrow L$	$S \rightarrow L$	$S \rightarrow L$
$L \rightarrow L; A \mid A$	$L \rightarrow A; L \mid A$	$L \rightarrow L; L \mid A$	$L \rightarrow aT$
$A \rightarrow a$	$A \rightarrow a$	$A \rightarrow a$	$T \rightarrow \varepsilon \mid ; L$
(a)	(b)	(c)	(d)

18. **$SLR(1)$-Grammatiken**
Zeigen Sie, dass die folgende Grammatik eine $SLR(1)$-Grammatik ist, und geben Sie die *action*-Tabelle an:

$$
\begin{aligned}
S &\rightarrow E \\
E &\rightarrow T \mid E + T \\
T &\rightarrow P \mid T * P \\
P &\rightarrow F \mid F \uparrow P \\
F &\rightarrow \text{Id} \mid (E)
\end{aligned}
$$

19. **$SLR(1)$-Grammatiken (Forts.)**
Zeigen Sie, dass die folgende Grammatik eine $LL(1)$-Grammatik, aber keine $SLR(1)$-Grammatik ist:

$$
\begin{aligned}
S &\rightarrow Aa Ab \mid BbBa \\
A &\rightarrow \varepsilon \\
B &\rightarrow \varepsilon
\end{aligned}
$$

20. $LALR(1)$-Grammatiken

Zeigen Sie, dass die folgende Grammatik eine $LALR(1)$-Grammatik, aber keine $SLR(1)$-Grammatik ist:

$$S \rightarrow Aa \mid bAc \mid dc \mid bda$$
$$A \rightarrow d$$

21. $LALR(1)$-Grammatiken (Forts.)

Zeigen Sie, dass die folgende Grammatik eine $LR(1)$-Grammatik, aber keine $LALR(1)$-Grammatik ist:

$$S \rightarrow Aa \mid bAc \mid Bc \mid bBa$$
$$A \rightarrow d$$
$$B \rightarrow d$$

22. $LR(1)$-Automaten

Gegeben sei die Grammatik mit den Produktionen:

$$S \rightarrow A$$
$$A \rightarrow bB \mid a$$
$$B \rightarrow cC \mid cCe$$
$$C \rightarrow dA$$

(a) Berechnen Sie die Menge der $LR(1)$-Items.
(b) Ist die Grammatik eine $SLR(1)$-Grammatik?
(c) Ist die Grammatik eine $LALR(1)$-Grammatik?
(d) Ist die Grammatik eine $LR(1)$-Grammatik?

23. $LR(1)$-Automaten (Forts.)

Gegeben sei die Grammatik mit den folgenden Produktionen:

$$S \rightarrow A$$
$$B \rightarrow \varepsilon$$
$$C \rightarrow \varepsilon$$
$$A \rightarrow BCA \mid a$$

(a) Berechnen Sie die Menge der $LR(1)$-Items. Ist die Grammatik eine $LR(1)$-Grammatik?
(b) Konstruieren Sie den kanonischen $LR(0)$-Automaten für die Grammatik. Berechnen Sie für die ungeeigneten Zustände die $LALR(1)$-Vorausschaumengen.

3.6 Literaturhinweise

Ausführliche Darstellungen der Theorie der formalen Sprachen und der Automaten finden sich in den Büchern von Hopcroft und Ullman [25] und Harrison [22]. Ganz dem Gebiet der Syntaxanalyse gewidmet sind die Bücher [46], [59] und [60].

Für einige der in diesem Kapitel beschriebenen Algorithmen wie die Berechnung der Produktivität und der Erreichbarkeit, die Berechnung der $first_k$ und $follow_k$-Mengen, oder für die Berechnung globaler Attributabhängigkeiten in Attributgrammatiken wurde von Möncke und Wilhelm als generische Methode die Grammatikflussanalyse entwickelt. Grammatikflussanalyse wurde in [49] erstmals beschrieben und in [48] und [50] weiter ausgearbeitet. Knuth stellte in [39] einen verwandten Ansatz vor, allerdings auf total geordneten Mengen. Ein ähnlicher Ansatz wurde in mehreren Arbeiten von Courcelle, z. B. in [9] verfolgt.

$LL(k)$-Grammatiken wurden von Lewis und Stearns eingeführt [26], [27]. Heckmann [23] entwickelte einen effizienten $RLL(1)$-Parsergenerator, der die $first_1$- und $follow_1$-Mengen nicht iterativ, sondern durch Lösen eines reinen Vereinigungsproblems berechnet. Das beschriebene Verfahren zur Fehlerbehandlung in $RLL(1)$-Parsern ist eine Verfeinerung des von Ammann im Züricher PASCAL-P4-Übersetzer realisierten Verfahrens [4], [69]. Verwandte Techniken werden auch in [43] beschrieben. Die Transformation zur Beseitigung der Linksrekursion folgt in etwa dem Verfahren in [5].

Bereits Ende der fünfziger Jahre des letzten Jahrhunderts wurde nach Analyseverfahren für Ausdrücke gesucht, die mit Hilfe von Präfix-, Postfix- und Infixoperatoren unterschiedlicher Präzedenzen aufgebaut sind. In [16] schlug Dijkstra für dieses Problem den *Rangierbahnhof*-Algorithmus vor, der auf einem Keller Operatoren zwischenspeichert und auf einem weiteren Keller die Operanden verwaltet. Ein *shift-reduce*-Parser für das gleiche Problem geht auf Floyd zurück [18]. Einen alternativen anderen Ansatz verfolgt Pratt [57]. Der *Pratt*-Parser erweitert den rekursiven Abstiegsparser und integriert die Behandlung der unterschiedlichen Operatoren und Operatorprzedenzen direkt in die rekursiven Parse-Funktionen. Eine formale Ausarbeitung dieser Idee zusammen mit einer Implementierung in LISP findet sich in Van De Vanters Masterarbeit [64].

$LR(k)$-Grammatiken wurden von Knuth [36] eingeführt. Dass $LR(k)$-Parsing nicht notwendigerweise mit exponentiellem Aufwand verbunden sein muss, wurde 2010 von Norbert Blum gezeigt [6]. Die praktisch oft eingesetzten Teilklassen $SLR(k)$ und $LALR(k)$ wurden von DeRemer entdeckt [13], [14]. Neben Parsern, die auf diesen Teilklassen von $LR(1)$ basieren, werden seit längerem auch Techniken diskutiert, wie allgemeine $LR(1)$-Parser effizient implementiert werden könnten. Nützliche Optimierungen zu diesem Zweck wurden bereits in den 70ger Jahren von Pager vorgeschlagen [53, 54]. Einen interessanten neueren Ansatz bietet Kannapinn in seiner Dissertation [33], in dem auch Erweiterungen des Verfahrens auf kontextfreie Grammatiken mit rechtsregulären Seiten diskutiert werden. Die Generierung verifizierter $LR(1)$-Parser beschreibt [32]. Das vorgestellte Verfahren zur Fehlerbehandlung bei $LR(1)$-Parsern folgt [55].

Als Verallgemeinerung von LR-Parsing stellte Tomita *Generalized LR*-Parsing vor, das auch die Sprachen nichtdeterministischer kontextfreier Grammatiken erkennen kann [62, 63]. Wenn ein Konflikt auftritt, werden alle Möglichkeiten parallel in jeweils eigenen Kellern verfolgt. Allerdings versucht das Verfahren, möglichst viel deterministisch zu analysieren und mit einem einzigen Keller auszukommen. Im schlechtesten Fall ergibt sich dennoch eine Laufzeit von $O(n^3)$. Ursprünglich wurde das Verfahren für die Analyse natürlicher Sprachen entworfen, ist aber auch für die Analyse von Programmiersprachen interessant, die wie C++ keine deterministisch kontextfreie Grammatik besitzen.

Semantische Analyse

4

4.1 Aufgabe der semantischen Analyse

Einige Eigenschaften von Programmen sind nicht durch kontextfreie Grammatiken beschreibbar. Diese Eigenschaften werden durch *Kontextbedingungen* beschrieben. Grundlegend für diese Anforderungen sind die Regeln der Programmiersprache für die *Deklariertheit*, die *Gültigkeit* und die *Sichtbarkeit* von Bezeichnern (engl. Identifier).

Die Regeln für die *Deklariertheit* bestimmen, inwiefern zu einem Bezeichner eine explizite Deklaration gegeben werden muss, wo diese zu platzieren ist und ob Mehrfachdeklarationen verboten sind. Die *Gültigkeitsregeln* legen für deklarierte Bezeichner fest, in welchem Teil des Programms ihre Deklaration einen Effekt haben kann. Die *Sichtbarkeitsregeln* wiederum bestimmen, wo in seinem Gültigkeitsbereich ein Bezeichner *sichtbar* bzw. *verdeckt* ist.

Ziel einiger Einschränkungen ist es, häufige Programmierfehler auszuschließen. Dazu gehören Regeln zur Erzwingung der *Typkonsistenz* und Regeln, welche die *Initialisierung* von Variablen und Attributen erzwingen. Initialisierungsregeln versuchen, Programmzugriffe auf *uninitialisierte* Variablen zu verhindern, deren Ergebnis undefiniert wäre. Die *Typkonsistenz* eines Programms garantiert, dass zur Ausführungszeit keine Operation auf Operanden angewendet wird, auf die sie von ihren Argumenttypen her nicht passt.

Einige Begriffe

Wir benutzen die folgenden Begriffe, um einige Aufgaben der semantischen Analyse zu beschreiben.

Ein *Bezeichner* (Identifier) ist ein Symbol (im Sinne der lexikalischen Analyse), welches in einem Programm zur Benennung eines Programmelements benutzt werden kann. Programmelemente imperativer Sprachen, die benannt werden, sind etwa Module, Funktionen bzw. Prozeduren, Sprungziele, Konstanten, Variablen, Parameter und ihre Typen. In objekt-orientierten Sprachen wie JAVA kommen Klassen

R. Wilhelm, H. Seidl, S. Hack, *Übersetzerbau*, DOI 10.1007/978-3-642-01135-1_4,   153
© Springer-Verlag Berlin Heidelberg 2012

und Interfaces mit Attributen, Methoden und Parametern hinzu. In funktionalen Sprachen wie OCAML können auch Module Parameter haben. Variablen und Funktionen haben zwar eine etwas andere Semantik als in imperativen Sprachen, können aber ebenfalls mit einem Bezeichner versehen werden. Eine wichtige Klasse von Datenstrukturen wird mit Hilfe von *Konstruktoren* aufgebaut, deren Bezeichner zusammen mit dem entsprechenden Datentyp eingeführt werden. Das Konzept solcher Konstruktordatentypen ist eine Verallgemeinerung von Aufzähldatentypen in imperativen Sprachen, welche feste Folgen von Konstanten bereitstellen. In logischen Sprachen wie PROLOG gibt es Bezeichner für Prädikate, Konstanten, Datenkonstruktoren und Variablen.

Manche Bezeichner werden in einer expliziten *Deklaration* eingeführt. Das Vorkommen des Bezeichners in der Deklaration ist das *definierende Vorkommen* des Bezeichners, alle anderen Vorkommen sind *angewandte Vorkommen*. In imperativen Programmiersprachen wie C und objekt-orientierten wie JAVA müssen sämtliche Bezeichner explizit eingeführt werden. Das Gleiche gilt im Wesentlichen auch für funktionale Programmiersprachen wie OCAML. In PROLOG dagegen werden weder die verwendeten Konstruktoren und Atome noch die lokalen Variablen in Klauseln explizit eingeführt. Um sie unterscheiden zu können, stammen deren Bezeichner aus unterschiedlichen *Namensräumen*. So beginnen Variablen etwa mit einem Großbuchstaben oder einem Unterstrich, während Konstruktoren und Atome mit einem kleinen Buchstaben beginnen. Der Term $f(X, a)$ etwa entsteht durch Anwendung des zweistelligen Konstruktors $f/2$ auf die Variable X und das Atom a. Anstatt durch explizite Deklaration wird hier eine Bezeichnung implizit durch ihr syntaktisch erstes Vorkommen im Programm bzw. in einer Klausel eingeführt.

In jeder Programmiersprache gibt es Strukturierungsmöglichkeiten für Programme, die bei der Benutzbarkeit von Bezeichnern berücksichtigt werden müssen. In imperativen Sprachen dienen etwa Pakete, Module, Funktions- oder Prozedurdeklarationen zur Strukturierung sowie Blöcke, die mehrere Anweisungen (und gegebenenfalls Deklarationen) zusammenfassen. In objekt-orientierten Sprachen wie JAVA kommen als weitere Strukturierungsmöglichkeiten Klassen und Interfaces hinzu, die selbst wiederum in Hierarchien organisiert sind. Funktionale Sprachen wie OCAML bieten ebenfalls Module an, um eine Menge von Deklarationen zusammenzufassen. Deklarationen von Variablen und Funktionen erlauben es, die Verwendbarkeit auf einen Teilausdruck des Programms einzuschränken. Die Strukturierungsmöglichkeiten in PROLOG beschränken sich zuerst einmal nur auf Klauseln. Moderne Versionen bieten jedoch ebenfalls eine Strukurierung von Programmen durch Module an.

Der *Typ* eines Werts kann als eine Spezifikation aufgefasst werden, welche der Wert erfüllt. Ist das Programmelement ein Modul, gibt er an, welche Operationen, Datenstrukturen oder sonstige Programmelemente exportiert werden. Ist es eine Funktion oder Methode, gibt er an, welche Typen die Argumente haben dürfen und welchen Typ das Ergebnis hat. Ist das Programmelement eine Programmvariable in einer imperativen oder objekt-orientierten Programmiersprache, schränkt der Typ ein, welche Werte in der Variablen abgespeichert werden dürfen. In rein funktionalen Sprachen können Werte nicht explizit einer Variablen zugewiesen d. h. in dem Speicherbereich abgelegt werden, die dieser Variablen zugeordnet ist. Eine Variable ist hier nicht der Bezeichner eines Speicherbereichs, sondern für einen Wert selbst. Der Typ einer Variablen muss deshalb zu den Typen der Werte passen, die die Variable möglicherweise haben kann. Repräsentiert das Programmelement einen Wert, lässt sich aus dem Typ ableiten, wieviel Platz vom Laufzeitsystem für diesen Wert bereit gestellt werden muss, um seine interne Repräsentation abzuspeichern. Ein Wert vom Typ **int** in der Programmiersprache JAVA benötigt z. B. gegenwärtig 32 Bit oder vier Byte für seine Internrepräsentation, ein Wert vom Typ **double** dagegen 64 Bit oder acht Byte. Der Typ schränkt auch gegebenenfalls ein, welche interne Repräsentation zu verwenden ist und welche Operationen auf den Wert angewendet werden dürfen bzw. welche Semantik sie haben. Ein *int*-Wert in JAVA z. B. muss im Zweierkomplement dargestellt werden und kann durch arithmetische Operationen mit anderen Werten vom Typ **int** verknüpft werden, um neue Werte vom Typ **int** zu berechnen. Überläufe sind erlaubt. C dagegen regelt die Größe und interne Darstellung der Basistypen nicht so genau. Für vorzeichenbehaftete *int*-Werte kann z. B. intern sowohl das Einer- wie das Zweierkomplement verwendet werden – je nachdem, was auf der Zielarchitektur verfügbar ist. Insofern ist hier nicht festgelegt, was bei einem Überlauf passieren soll. Deshalb muss das Progammfragment:

$$\textbf{if } (\text{MAX\_INT} + 1 = \text{MIN\_INT}) \quad \textsf{printf}(\textsf{"Hallo\textbackslash n"});$$

nicht unbedingt `Hallo` ausgeben. Vielmehr darf es der Übersetzer zu einer leeren Anweisung weg optimieren. Bei **unsigned int** muss es in C jedoch tatsächlich beim Überlauf einen Wrap-Around geben:

$$\textbf{if } (\text{MAX\_UINT} + 1 = 0) \quad \textsf{printf}(\textsf{"Hallo\textbackslash n"}); i$$

gibt immer `Hallo` aus.

Konkrete und abstrakte Syntax

Eingabe für die semantische Analyse ist eine hierarchische Aufgliederung des Programms, die von der Syntaxanalyse bereitgestellt wird. Die Aufgliederung repräsentiert die Schachtelung der Programmkonstrukte. Wird der Syntaxbaum des Programms gemäß der kontextfreien Grammatik für die Programmiersprache verwendet, sprechen wir von der *konkreten Syntax* des Programms. Die kontextfreie Grammatik zu einer Programmiersprache enthält jedoch oft Informationen, die für die weitere Verarbeitung von Programmen nicht wichtig sind. Dazu gehören einige Terminalsymbole, die zwar für die syntaktische Analyse und für das Lesen von Programmen wichtig sind, aber keinen weiteren semantischen Wert beinhalten wie z. B. die Schlüsselwörter if, else oder while. Präzedenzen von Operatoren führen in vielen Grammatiken zu Schachtelungen von Nichtterminalen, typischerweise einem Nichtterminal pro Präzedenztiefe. Diese Nichtterminale und die zugehörigen Produktionen sind oft nicht mehr von Bedeutung, wenn die syntaktische Struktur erkannt ist.

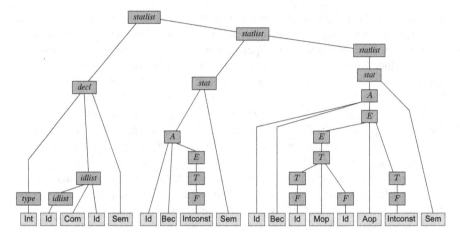

Abb. 4.1 Repräsentation der konkreten Syntax

Deshalb benutzen Übersetzer zur expliziten Darstellung der syntaktischen Struktur von Programmen oft vereinfachte Syntaxbäume. Wir sprechen hier deshalb von *abstrakter Syntax*. Sie identifiziert nur noch die im Programm auftretenden Konstrukte und ihre Schachtelungsbeziehung.

Beispiel 4.1.1 Den konkreten Syntaxbaum für das Programmstück

$$\text{int } a, b;$$
$$a \leftarrow 42;$$
$$b \leftarrow A * A - 7;$$

aus der Einleitung zeigt noch einmal die Abb. 4.1. Dabei gingen wir davon aus, dass die zugehörige kontextfreie Grammatik zwischen den Präzedenzstufen für Zuweisungen, Additions- und Multiplikationsoperatoren unterscheidet. Auffällig sind die langen Abfolgen von Kettenproduktionen, die für die Überbrückung der Präzedenzunterschiede eingeführt wurden. Eine abstraktere Darstellung erhalten wir, indem wir zuerst die Anwendungen der Kettenproduktionen aus dem Syntaxbaum entfernen und in einem zweiten Schritt zusätzlich überflüssige Terminalsymbole entfernen. Das Ergebnis dieser beiden Vereinfachungen zeigt Abb. 4.2.   □

Der erste Schritt der Transformation in eine abstrakte Syntax, den wir in Beispiel 4.1.1 manuell durchgeführt haben, braucht nicht für jeden Syntaxbaum erneut durchgeführt zu werden. Stattdessen können wir auch die Grammatik G systematisch so umschreiben, dass keine Kettenproduktionen mehr vorkommen. Es gilt:

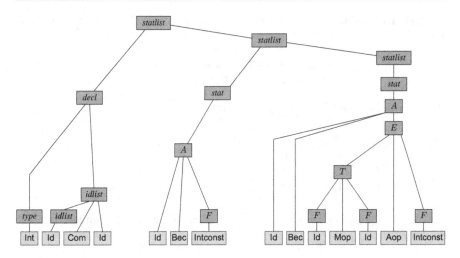

Abb. 4.2 Repräsentation der abstrakten Syntax

Satz 4.1.1 Zu jeder kontextfreien Grammatik G kann eine kontextfreie Grammatik G' ohne Kettenproduktionen konstruiert werden mit den folgenden Eigenschaften:
1. $L(G) = L(G')$;
2. Ist G eine (starke) $LL(k)$-Grammatik, dann auch G';
3. Ist G eine $LR(k)$-Grammatik, dann auch G'.

Beweis. Nehmen wir an, die kontextfreie Grammatik G sei gegeben durch $G = (V_N, V_T, P, S)$. Die kontextfreie Grammatik G' erhalten wir dann als das Tupel $G' = (V_N, V_T, P', S)$ mit den gleichen Mengen V_N und V_T an Nichtterminal- und Terminalsymbolen und dem gleichen Startsymbol S, wobei die neue Menge P' der Produktionsregeln von G' aus allen Produktionen $A \rightarrow \beta$ besteht mit

$$A_0 \underset{G}{\Longrightarrow} A_1 \underset{G}{\Longrightarrow} \ldots \underset{G}{\Longrightarrow} A_n \underset{G}{\Longrightarrow} \beta \quad \text{wobei} \quad A = A_0, \beta \notin V_N$$

für ein $n \geq 0$. Die Anzahl $\#P'$ der Produktionen in P' ist damit möglicherweise deutlich gößer als die Anzahl $\#P$ der Produktionen der ursprünglichen Grammatik, aber zumindest beschränkt durch $\#N \cdot \#P$.

Sei $R \subseteq V_N \times V_N$ mit $(A, B) \in R$ falls $a \rightarrow B \in P$. Dann reicht es, den *reflexiven und transitiven Abschluss* R^* dieser Relation berechnen, um die Menge aller Paare (A, B) zu ermitteln, bei denen B durch eine beliebige Folge von Anwendungen von Kettenproduktionen aus A ableitbar ist. Zur Berechnung des reflexiven und transitiven Abschlusses einer binären Relation lässt sich z. B. der Floyd-Warshall-Algorithmus einsetzen [1].

Den Beweis der Eigenschaften (1), (2) und (3) überlassen wir dem Leser. □

Beispiel 4.1.2 Betrachten Sie unsere Beispielgrammatik G_1 mit den Produktionen:

$$
\begin{aligned}
E &\rightarrow E + T \mid T \\
T &\rightarrow T * F \mid F \\
F &\rightarrow (E) \mid \textsf{Id}
\end{aligned}
$$

Die Relationen R und R^* sind gegeben durch:

R	E	T	F
E	0	1	0
T	0	0	1
F	0	0	0

R^*	E	T	F
E	1	1	1
T	0	1	1
F	0	0	1

Durch Beseitigung der Kettenproduktionen erhalten wir eine Grammatik mit den Produktionen:

$$
\begin{aligned}
E &\rightarrow E + T \mid T * F \mid (E) \mid \textsf{Id} \\
T &\rightarrow T * F \mid (E) \mid \textsf{Id} \\
F &\rightarrow (E) \mid \textsf{Id}
\end{aligned}
$$

$\square$

Kettenproduktionen sind damit, zumindest was die Ausdruckskraft angeht, überflüssig. Die Duplizierung rechter Seiten jedoch, die zur Beseitigung der Kettenproduktionen erforderlich ist, wird bei der *Spezifikation* von Grammatiken gerne vermieden. Bei der *Benutzung* der Syntaxbäume der Grammatik möchten wir dagegen gerne auf die Kettenproduktionen verzichten. Ein Kompromiss kann darin bestehen, die Beseitigung der Kettenproduktionen dem Parsergenerator zu überlassen.

Im Folgenden werden wir uns je nachdem, was vorteilhafter ist, auf die konkrete oder abstrakte Syntax beziehen.

4.1.1 Gültigkeits- und Sichtbarkeitsregeln

Programmiersprachen lassen es im Allgemeinen zu, dass derselbe Bezeichner für unterschiedliche Programmelemente verwendet wird und damit gegebenenfalls mehrere Deklarationen besitzt. Deshalb muss geregelt werden, auf welches definierende Vorkommen sich ein angewandtes Vorkommen beziehen soll. Dies regeln die *Gültigkeits-* und die *Sichtbarkeitsregeln* der Programmiersprache.

Der *Gültigkeitsbereich* (scope, range of validity) eines definierenden Vorkommens eines Bezeichners x ist der Teil des Programms (oder mehrerer Programme), in dem sich ein angewandtes Vorkommen von x auf dieses definierende Vorkommen beziehen kann.

In Programmiersprachen mit Blockschachtelung erstreckt sich der *Gültigkeitsbereich* des Bezeichners über den Block, der die Deklaration des Bezeichners enthält.

Solche Sprachen fordern meist, dass es innerhalb des Gültigkeitsbereichs nur eine Deklaration desselben Bezeichners gibt. Alle angewandten Auftreten des Bezeichners innerhalb des Blockes beziehen sich auf diese Deklaration. Von dieser Regel kann durch Blockschachtelung abgewichen werden. Wird innerhalb eines Blocks ein neuer Block geöffnet, erlauben es manche Sprachen (beispielsweise C/C++) alle Bezeichner in einem inneren Block neu zu deklarieren, auch wenn sie in äußeren Blöcken bereits deklariert wurden. Die Deklarationen des äußeren Blocks sind dann im inneren Block immer noch gültig, aber nicht mehr *sichtbar*, da sie von den Deklarationen im inneren Block *überdeckt* werden. Der Programmtext in dem ein Bezeichner gültig und sichtbar ist, heißt *Sichtbarkeitsbereich*.

JAVA beispielsweise verbietet das Überdecken lokaler Variablen, da dies eine Quelle von unangenehmen Fehlern ist. Die Schachtelung:

$$\textbf{for } (\textbf{int } i \leftarrow 0; i < n; i{+}{+}) \quad \{$$
$$\quad \textbf{for } (\textbf{int } i \leftarrow 0; i < m; i{+}{+}) \quad \{$$
$$\quad\quad \ldots$$
$$\quad \}$$
$$\}$$

ist in JAVA nicht möglich, da die innere Deklaration von i die äußere überschreiben würde. Bei Feldern von Klassen ist JAVA jedoch nicht so restriktiv:

```
class Test {
    int x;
    void foo (int x) {
        x ← 5;
    }
}
```

Die Methode foo ändert den Wert des Feldes x ihres Empfängerobjektes nicht, sondern modifiziert statdessen den Wert des Parameters x.

Manche Sprachen, wie zum Beispiel JAVA und C++ lassen es auch zu, dass die Deklaration einer Variable erst irgendwo im Block, vor ihrem ersten angewandten Auftreten steht:

```
{
    int y;
    ...
    int x ← 2;
    ...
    y ← x + 1;
}
```

Die Variable x ist zwar im ganzen Block gültig, aber erst nach ihrer Deklaration sichtbar. Ersteres verhindert, dass eine weitere Deklaration von x existieren darf neben derjenigen, die im Programmfragment angegeben ist.

Die Aufgabe, jedem angewandten Vorkommen eines Bezeichners das gemäß der Gültigkeits- und der Sichtbarkeitsregeln zugehörige definierende Vorkommen oder die zugehörigen definierenden Vorkommen zuzuordnen, nennt man die *Identifizierung von Bezeichnern* (identification of identifiers). Die Gültigkeits- und die Sichtbarkeitsregeln einer Programmiersprache hängen stark davon ab, welche Art von Strukturierungsmöglichkeiten die Sprache anbietet.

COBOL erlaubt keine Schachtelung von Blöcken; alle Bezeichner sind überall gültig und sichtbar. FORTRAN77 erlaubt nur die Schachtelungstiefe 1, also nicht weiter geschachtelte Blöcke, d. h. Prozedur-/ Funktionsdeklarationen in einem Hauptprogramm. Bezeichner, die in einem Block definiert sind, sind nur innerhalb dieses Blocks sichtbar. Ein im Hauptprogramm deklarierter Bezeichner ist ab der Deklaration überall sichtbar, außer in Prozedurdeklarationen, die eine neue Deklaration des Bezeichners enthalten.

Modernere imperative oder objekt-orientierte Sprachen wie PASCAL, ADA, C, C++, C♯ oder JAVA und funktionale Programmiersprachen erlauben, Blöcke unbeschränkt tief zu schachteln. Der Gültigkeits- und der Sichtbarkeitsbereich definierender Vorkommen von Bezeichnern wird dann durch zusätzliche Festlegungen geregelt. Bei einem *let*-Konstrukt

$$\textbf{let } x = e_1 \textbf{ in } e_0$$

in OCAML ist der Bezeichner x nur in dem *Rumpf* e_0 des *let*-Konstrukts gültig. Angewandte Vorkommen von x in dem Ausdruck e_1 beziehen sich also auf definierende Vorkommen von x in umfassenden Blöcken. Der Gültigkeitsbereich der Bezeichner $x_1, \ldots, x_n$ eines *let-rec*-Konstrukts

$$\textbf{let rec } x_1 = e_1 \textbf{ and } \ldots \textbf{ and } x_n = e_n \textbf{ in } e_0$$

besteht dagegen aus den Ausdrücken $e_0, e_1, \ldots, e_n$. Diese Regelung macht die 1-Pass-Übersetzbarkeit einer Programmiersprache schwierig: der Übersetzer benötigt zur Übersetzung einer Deklaration gegebenenfalls Informationen über einen Bezeichner, dessen Deklaration noch nicht bearbeitet wurde. In PASCAL, ADA und C gibt es deshalb *forward*-Deklarationen, um dieses Problem zu vermeiden.

PROLOG hat mehrere Klassen von Bezeichnern, die durch ihre syntaktische Position charakterisiert sind. Da es keine Verdeckung gibt, stimmen Gültigkeit und Sichtbarkeit überein. Die Bezeichner aus den verschiedenen Klassen haben die folgenden Gültigkeitsbereiche:

- Prädikate, Atome und Konstruktoren haben globale Gültigkeit; sie sind im ganzen Prolog-Programm und in zugehörigen Anfragen gültig.
- Bezeichner von Klauselvariablen haben Gültigkeit nur in der Klausel, in der sie vorkommen.

Explizite Deklarationen gibt es dagegen für Prädikate: diese werden durch die Liste ihrer Alternativen spezifiziert.

Ein wichtiges Konzept, um Bezeichner in einem gegebenen Bereich sichtbar zu machen, ist die *Qualifizierung*. Betrachten wir den Ausdruck $x.a$ in der Programmmiersprache C. Die Komponente a aus welcher Typdeklaration hier gemeint ist, hängt von der Variablen x ab. Die Variable x, genauer: der Typ von x dient zur Qualifizierung der Komponente a. Qualifizierung wird auch in Programmiersprachen mit einem Modulkonzept wie MODULA oder OCAML eingesetzt, um (öffentliche) Bezeichner aus Modulen außerhalb des definierenden Moduls sichtbar zu machen. Ist z. B. A ein OCAML-Modul, dann kann mit $A.f$ eine Funktion f aufgerufen werden, die in A deklariert wurde.

Ähnliche Qualifizierungen gibt es in objektorientierten Programmiersprachen wie JAVA. Betrachten wir als Beispiel einen Namen x in JAVA, der in einer Klasse C als public deklariert wurde. Innerhalb einer Klasse A, die verschieden von C, aber weder eine innere Klasse noch eine Unterklasse von C ist, ist der Bezeichner x der Klasse C gültig.

Betrachten wir zuerst den Fall, dass x auch als static deklariert ist. Dann existiert x nur einmal für die gesamte Klasse C. Gehört die Klasse C zu einem anderen Paket als die Klasse A, muss zur Identifizierung von x nicht nur die Klasse C, sondern zusätzlich dieses Paket angegeben werden. Ein Aufruf der statischen Methode *newInstance*() beispielsweise aus der Klasse *DocumentBuilderFactory* des Pakets *javax.xml.parsers* hat die Form:

$$javax.xml.parsers.DocumentBuilderFactory.newInstance()$$

Solche Bandwurmqualifizierungen sind bei wiederholtem Vorkommen etwas mühsam. Deshalb stellt JAVA eine *import*-Direktive zur Verfügung. Z. B. macht die Direktive:

$$\textbf{import } javax.xml.parsers.*$$

am Anfang einer Datei alle öffentlichen Klassen des Pakets *javax.xml.parsers* ohne Qualifizierung des Pakets in allen Klassen der gegenwärtigen Datei sichtbar. Der Aufruf *newInstance*() der statischen Methode der Klasse *DocumentBuilderFactory* kann dann abgekürzt werden zu:

$$DocumentBuilderFactory.newInstance()$$

Die Direktive:

$$\textbf{static import } javax.xml.parsers.DocumentBuilderFactory.*$$

am Anfang einer Datei macht dagegen in dieser Datei nicht nur die Klasse *DocumentBuilderFactory*, sondern auch alle statischen öffentlichen Attribute und Methoden der Klasse *DocumentBuilderFactory* sichtbar. Ähnliche Direktiven, die gültige, aber nicht direkt sichtbare Bezeichner im aktuellen Kontext sichtbar machen, gibt es in vielen Programmiersprachen. In OCAML kann man in einem Modul B durch: **open** A alle Variablen und Typen des Moduls A in B sichtbar machen, die öffentlich verfügbar sind. Entsprechend listet die *use*-Direktive in ADA Bezeichner von umgebenden Programmeinheiten auf, deren Deklarationen dadurch sichtbar werden. Die Sichtbarkeit dieser Bezeichner erstreckt sich vom Ende der *use*-Direktive bis zum Ende der umfassenden Programmeinheit.

Etwas anders verhält es sich, wenn ein Feld oder eine Methode x in JAVA nicht **static** ist. Die Klasse, zu der ein Vorkommen des Bezeichners x gehört, ergibt sich dann aus dem *statischen* Typ des Ausdrucks, dessen Wert zur Laufzeit das Objekt liefert, für das x selektiert wird.

Beispiel 4.1.3 Betrachten Sie die Klassendeklarationen:

```
class A {                          class B extends A {
    int a ← 1;                         int b ← 2;
}                                      int foo () {
                                           A  o ← new B();
                                           return o.a;
                                       }
                                   }
```

Der statische Typ des Attributs o ist A. Zur Laufzeit erhält das Attribut o als Wert jedoch ein Objekt der Unterklasse B von A. Sichtbar sind an den Objekten, zu denen sich o möglicherweise auswerten lässt, jedoch nur die sichtbaren Attribute, Methoden und inneren Klassen der Oberklasse A. □

Zusammenfassung

Nicht an jeder Stelle des Gültigkeitsbereichs eines definierenden Vorkommens von x meint ein angewandtes Auftreten von x tatsächlich dieses definierende Vorkommen. Ist das definierende Vorkommen *global* zum aktuellen Block, kann es durch eine lokale Deklaration von x *verdeckt* werden. Es ist dann nicht *direkt sichtbar*. Innerhalb seines Gültigkeitsbereichs kann ein nicht direkt sichtbares definierendes Vorkommen eines Bezeichners x gegebenenfalls sichtbar gemacht werden. Dazu stellen viele Programmiersprachen Möglichkeiten zur Qualifizierung bereit sowie Direktiven, um innerhalb eines gegebenen Kontexts auf diese expliziten Qualifizierungen zu verzichten.

4.1.2 Überprüfung der Kontextbedingungen

Wir skizzieren nun, wie man in Übersetzern die Einhaltung der Kontextbedingungen überprüft. Dazu betrachten wir den einfachen Fall einer Programmiersprache mit geschachtelten Blöcken aber ohne Überladung, die Neudeklarationen von Bezeichnern in inneren Blöcken erlaubt.

Die Aufgabe wird in zwei Teilaufgaben zerlegt. Die erste Aufgabe besteht darin, Bezeichner zu identifizieren und ihre Deklariertheitseigenschaften zu überprüfen. Diese Aufgabe nennen wir *Deklarations-Analyse*. Hier gehen die Gültigkeits- und die Sichtbarkeitsregeln der Programmiersprache ein. Die zweite Teilaufgabe, die *Typüberprüfung*, untersucht, ob die angegebenen Typinformationen für Programmbestandteile zusammen passen und leitet gegebenenfalls für bestimmte Programmteile, für die keine Typen angegeben wurden, einen Typ her.

Identifizierung von Bezeichnern

Gemäß den Gültigkeits- und Sichtbarkeitsregeln gehört (in unserem einfachen Fall) zu jedem angewandten Vorkommen eines Bezeichners in einem korrekten Programm genau ein definierendes Vorkommen. Die Identifizierung von Bezeichnern besteht darin, diesen Bezug von angewandten Vorkommen auf definierende Vorkommen herzustellen, bzw. festzustellen, dass kein solcher Bezug oder kein eindeutiger besteht. Das Ergebnis dieser Identifizierung wird von der Typüberprüfung und der Codeerzeugung benutzt. Deshalb muss es diese Phase überleben. Für die Darstellung der Korrespondenz zwischen angewandten und definierenden Vorkommen gibt es eine Reihe von Möglichkeiten. Traditionell erstellt ein Übersetzer eine sogenannte *Symboltabelle*, in der für jedes definierende Vorkommen eines Bezeichners die zugehörige deklarative Information abgespeichert ist. Diese Symboltabelle ist meist analog zur Blockstruktur des Programms organisiert, so dass man von jedem angewandten Vorkommen (schnell) zu dem korrespondierenden definierenden Vorkommen gelangen kann. Eine solche Symboltabelle ist nicht das Ergebnis der Identifizierung sondern dient nur dazu, diese vorzunehmen. Das Ergebnis der Identifizierung besteht darin, dass bei jedem Knoten für ein angewandtes Vorkommen eines Bezeichners x ein Verweis auf den Knoten für die Deklaration dieses Vorkommens von x abgespeichert ist.

Welche Operationen muss die Symboltabelle anbieten? Wenn der Deklarationsanalysator eine Deklaration antrifft, muss er den deklarierten Bezeichner und einen Verweis auf den zugehörigen Deklarationsknoten im Syntaxbaum in die Symboltabelle eintragen. Solch eine Deklaration steht in einem Block. Eine weitere Operation muss das Öffnen von Blöcken vermerken, eine andere das Schließen von Blöcken. Beim Schließen können die Einträge zu Deklarationen des geschlossenen Blocks aus der Symboltabelle entfernt werden. Dadurch enthält die Symboltabelle zu jeder Zeit genau die Einträge zu Deklarationen aller zu dieser Zeit geöffneten, aber noch nicht geschlossenen Blöcke. Trifft der Deklarationsanalysator auf ein angewandtes Vorkommen eines Bezeichners, so sucht er die Symboltabelle gemäß den Gültigkeits- und Sichtbarkeitsregeln nach dem Eintrag des zugehörigen definierenden Vorkommens ab. Hat er es gefunden, so kopiert er den dort eingetragenen Verweis auf die Deklarationsstelle zum Knoten für das angewandte Vorkommen.

Damit sind insgesamt die folgenden Operationen auf der Symboltabelle notwendig:

create_table()   legt eine leere Symboltabelle an.

enter_block()   vermerkt das Öffnen eines neuen Blocks.

exit_block()   setzt die Symboltabelle auf den Stand zurück, den sie vor dem letzten enter_block() hatte.

enter_id(*id*, *ref*)   fügt einen Eintrag für Bezeichner id in die Symboltabelle ein. Dieser enthält den Verweis *ref*.

search_id(*id*)   liefert zu *id* den Verweis auf die zugehörige Deklarationsstelle zurück bzw. **null**, wenn diese nicht existiert.

search_block_id(*id*) liefert zu *id* den Verweis auf die zugehörige Deklarationsstelle zurück bzw. **null**, wenn es keine solche innerhalb des aktuellen Blocks gibt.

Beispiel 4.1.4 Wir wollen eine Symboltabelle zur Annotierung des Syntaxbaums für ein einfaches Fragment einer C-artigen imperativen Sprache ohne Funktionen oder Prozeduren einsetzen.

$$
\begin{aligned}
\langle decl \rangle &\longrightarrow \langle type \rangle \text{ var}; \\
\langle type \rangle &\longrightarrow \textbf{int} \\
\langle stat \rangle &\longrightarrow \text{var} = E; \\
\langle stat \rangle &\longrightarrow \{ \langle block \rangle \} \\
E &\longrightarrow \text{const} \mid \text{var} \\
\langle block \rangle &\longrightarrow \langle decl \rangle \langle block \rangle \\
\langle block \rangle &\longrightarrow \langle stat \rangle \langle block \rangle \\
\langle block \rangle &\longrightarrow \epsilon
\end{aligned}
$$

Um die Beispielgrammatik klein zu halten, wurde nur eine minimalistische Menge von Typen und Produktionen für die Nichtterminalsymbole betrachtet.

Um die Zuordnung von Benutzungen von Bezeichnern zu ihren Deklarationen zu berechnen, betrachten wir eine einfache interne Repräsentation, die sich am Syntaxbaum orientiert. Jeder Knoten des Syntaxbaums wird durch ein Objekt repräsentiert, dessen Klasse der Einfachheit halber wie das entsprechende Terminal- oder Nichtterminalsymbol heißt. Jedes solche Objekt verfügt über ein Feld *succs*, das Referenzen auf seine Nachfolgerknoten enthält. Interne Knoten zu Nichtterminalen enthalten zusätzlich ein Attribut *rhs*, das die rechte Seite der jeweils angewendeten Regel enthält.

Nehmen wir an, die Symbole der Klasse var dienen als Bezeichner von Variablen und verfügen über ein Attribut *id*, das ihren konkreten Namen beinhaltet. Zusätzlich statten wir jedes solche Symbol mit einem weiteren Attribut *ref* aus, das eine Referenz auf die Deklaration erhalten soll, die zu diesem Symbolvorkommen gehört. Bei der Berechnung dieser Referenzen soll beachtet werden, dass die Neudeklaration eines Bezeichners innerhalb eines Blocks verboten sein soll, während sie in einem Unterblock erlaubt ist. Die Berechnung dieser Attribute erfolgt durch einen DFS-Links-Rechts-Durchlauf durch den Syntaxbaum. Dabei wird für jeden besuchten Knoten eine Methode process() aufgerufen, die sich je nach der Klasse des Knotens unterschiedlich verhält.

Für die Klasse $\langle decl \rangle$ definieren wir:

```
void process() {
    ⟨decl⟩ ref;
    switch (rhs) {
        case ' ⟨type⟩ var;' :   ref ← table.search_block_id(succs[1].id);
                                if (ref ≠ null)  error();
                                else  table.enter_id(succs[1].id, this);
                                return;
    }
}
```

Für die Klasse $\langle block \rangle$ definieren wir:

```
void process()  {
    switch (rhs){
        case ' ⟨decl⟩ ⟨block⟩' :    succs[0].process();
                                     succs[1].process();
                                     return;
        case ' ⟨stat⟩ ⟨block⟩' :    succs[0].process();
                                     succs[1].process();
                                     return;
        case 'ε' :                   return;
    }
}
```

Für die Klasse $\langle stat \rangle$ definieren wir:

```
void process()  {
    ⟨decl⟩ ref;
    switch (rhs)  {
        case 'var = E;' :    ref ← table.search_id(succs[0].id);
                             if (ref = null)   error();
                             else   succs[0].ref ← ref;
                             return;
        case '{⟨block⟩}' :   table.enter_block();
                             succs[1].process();
                             table.exit_block();
                             return;
    }
}
```

Die Klasse E hat:

```
void process()  {
    switch (rhs)  {
        case 'const' :   return;
        case 'var' :     ref ← table.search_id(succs[0].id);
                         if (ref = null)   error();
                         else   succs[0].ref ← ref;
                         return;
    }
}
```

Bei dem Durchlauf über den Syntaxbaum müssen den Besonderheiten der Sichtbarkeitsregeln Rechnung getragen werden. Ist z. B. eine Neudeklaration einer Variable

x innerhalb desselben Blocks verboten, darf enter_id nur ausgeführt werden, falls im aktuellen Block noch keine Deklaration von x vorliegt.   □

Bei etwas komplexeren Programmiersprachen als derjenigen aus Beispiel 4.1.4 reicht ein Links-Rechts-DFS-Durchlauf über den Syntaxbaum oft nicht aus. In JA-VA z. B. dürfen in einer Klasse Methoden dieser Klasse auch *vor* dem syntaktischen Vorkommen ihrer Deklaration aufgerufen werden. Für Klassen müssen deshalb in einem ersten Pass die Deklarationen aufgesammelt werden, damit dann in einem zweiten Pass den angewandten Vorkommen von Bezeichnern die zugehörigen Deklarationen zugeordnet werden können. Ein ähnliches Vorgehen ist in funktionalen Sprachen erforderlich, wenn mehrere wechselseitig rekursive Funktionen definiert werden.

Eine Besonderheit PASCAL-artiger Programmiersprachen wie auch von C ist, den Links-Rechts-DFS-Durchlauf bei zu behalten, vor der ersten Benutzung einer Funktion oder Prozedur aber eine *Vorwärts*-Deklaration einzufügen. Diese Vorwärts-Deklaration besteht nur aus dem Namen, dem Rückgabetyp und der Parameterliste.

Beispiel 4.1.5 Zur Illustration erweitern wir die Grammatik aus Beispiel 4.1.4 um parameterlose Prozeduren, die auch in inneren Blöcken vorkommen können und Forwärts-Deklarationen. Dazu fügen wir die folgenden Produktionen hinzu:

$$\langle decl \rangle \longrightarrow \text{void var ();}$$
$$\langle decl \rangle \longrightarrow \text{void var () \{ } \langle block \rangle \text{ \}}$$
$$\langle stat \rangle \longrightarrow \text{var();}$$

Die Vereinbarung Die Methode process() für Deklarationen erweitern wir dann um die Fälle einer Vorwärts-Deklaration bzw. Deklaration einer Prozedur:

```
...
case 'void var ();' :        ref ← table.search_block_id();
                             if (ref = null)
                                 table.enter_id(succs[1].id, this);
                             else return;
case 'void var () {⟨block⟩};' :  ref ← table.search_block_id();
                             if (ref = null)
                                 table.enter_id(succs[1].id, this);
                             else {
                                 if (ref.impl ≠ null)   error();
                                 else   ref.impl ← this;
                             }
                             succs[5].process();
                             return;
...
```

Für die Deklaration einer Prozedur, die eine Implementierung bereit stellt, muss überprüft werden, dass es bisher *ausschließlich* Vorwärts-Deklarationen der angegebenen Prozedur gegeben hat. Dazu werden ⟨decl⟩-Objekte mit einem Attribut *impl* versehen, das bei Vorwärts-Deklarationen mit **null** initialisiert ist. Bei allen anderen Deklarationen sollte es verschieden von null, also z. B. mit **this** initialisiert werden. Das Attribut *impl* einer Vorwärts-Deklaration in der Symboltabelle wird dann auf die Deklarationsstelle innerhalb des gegebenen Blocks gesetzt, die einen Rumpf für die Prozedur bereit stellt. Jetzt bleibt nur noch, die Methode process() für ⟨*stat*⟩ um einen Fall für Prozeduraufrufe zu erweitern:

> ...
>
> **case** ′var();′ : *ref* ← table.search_id(*succs*[0].*id*);
>   **if** (*ref* = **null**) error();
>   **else** *succs*[0].*ref* ← *ref*;
>   **return**;
>
> ...

☐

Die Behandlung der Vorwärtsdeklarationen in Beispiel 4.1.5 ist nicht ganz vollständig. Tatsächlich müsste bei mehreren Deklarationen einer Prozedur im selben Block jeweils überprüft werden, dass die verschiedenen Deklarationen in ihren *Typen* übereinstimmen. Bereits am Beispiel der Vorwärtsdeklarationen wird damit klar, dass die Deklariertheitsanalyse in komplexeren Situationen nicht unabhängig von der Typanalyse durchgeführt werden kann. Eine ähnliche Verflechtung von Deklariertheitsanalyse und Typüberprüfung ist ebenfalls in Programmiersprachen wie JAVA erforderlich, wo die statischen Typen der Parameter mitbestimmen, welche Implementierung einer Methode gemeint ist.

Implementierung der Symboltabelle

Bei der Implementierung der Symboltabelle muss darauf geachtet werden, dass die Methode search_id() die Sichtbarkeitsregeln anwendet, um aus mehreren möglichen Einträgen für einen Bezeichner den jeweils richtigen auszuwählen.

Eine Lösung besteht darin, sämtliche betretenen Blöcke in einem Keller zu verwalten. Für jeden betretenen Block wird eine Abbildung bereit gestellt, die die in dem Block deklarierten Bezeichner auf die zugehörige Deklaration abbildet. Die Methode enter_block() kellert dann eine neue leere Abbildung, während die Methode exit_block die oberste Abbildung aus dem Keller entfernt. Die Methode *search_block_id*(*id*) schlägt den Bezeichner *id* in der obersten Abbildung auf dem Keller nach, die dem aktuellen Block entspricht. Die Methode *search_id*(*id*) schlägt den Bezeichner *id* in der obersten Abbildung auf dem Keller nach. Wenn sie dort aber keine zugehörige Deklaration findet, setzt sie die Suche in der Abbildung darunter fort, die zu dem nächst umfassenden Block gehört. Dies wird wiederholt, bis die Suche bei dem äußersten Block angekommen ist. Erst, wenn auch dort keine Deklaration gefunden wurde, schlägt die Suche fehl.

Betreten und Verlassen eines Blocks erfordert bei diesem Ansatz nur einen geringen Zeitaufwand. Die Effizienz der Methoden search_block_id() und search_id() hängt dagegen davon ab, welche Datenstruktur für die Abbildungen zu jedem Block gewählt wird. Ist diese Datenstruktur einfach eine *Liste*, hängt die Laufzeit in jedem Block linear von der Zahl der deklarierten Bezeichner ab. Logarithmische Suchzeiten werden erreicht, wenn *binäre Suchbäume* verwendet werden. Fast konstante Laufzeiten erhält man mit Hilfe von *Hashmaps*.

Ein Nachteil der vorgestellten Methode ist, dass die Laufzeit der Methode search_id() selbst bei geschickter Implementierung der Zuordnungen der Bezeichner zu Deklarationsstellen von der *Schachtelungstiefe* der Blöcke abhängt. Enthalten die Programme der Programmiersprache oft sehr tiefe Schachtelungen, könnte es sich empfehlen, eine Datenstruktur für die Symboltabelle zu wählen, bei der die Laufzeit von search_id() von der Schachtelungstiefe der Blöcke unabhängig ist. Die alternative Implementierung organisiert die Symboltabelle dann nicht mehr als Keller von Abbildungen, sondern als eine einzige Abbildung, die jedem Bezeichner x einen *eigenen* Deklarationskeller zuordnet. Zu jedem Zeitpunkt enthält der Deklarationskeller für x alle aktuell gültigen definierenden Vorkommen von x. Eine neue Deklaration für x wird oben auf diesem Keller abgelegt. Das Auffinden der Deklaration eines Bezeichners im nächst umfassenden Block ist damit sehr schnell möglich. Nicht ganz so leicht ist die Methode exit_block() für das Verlassen des aktuellen Blocks b zu realisieren. Bei dieser Operation sollten sämtliche Deklarationen des Blocks b aus der Tabelle beseitigt werden.

Die Methode exit_block() kann leicht implementiert werden, wenn zusätzlich für jeden Block alle in diesem Block deklarierten Bezeichner in einer Liste gesammelt werden. Diese Listen werden in einem eigenen Blockkeller verwaltet. Ein Methodenaufruf enter_block() legt eine neue leere Liste oben auf den Blockkeller. Der Methodenaufruf enter_id(x, *ref*) vermerkt den Bezeichner x in der Liste für den aktuellen Block und fügt dann die Deklaration *ref* in den Deklarationskeller für x ein. Der Methodenaufruf exit_block() nimmt die Liste der deklarierten Bezeichner des aktuellen Blocks und entfernt alle entsprechenden Deklarationen aus den zugehörigen Deklarationskellern. Anschließend wird diese Liste aus dem Blockkeller entfernt. Die zusätzlichen Kosten der Verwaltung des Blockkellers können damit auf die einzelnen Aufrufe der Methode enter_id() umgelegt werden und verteuern diese nur um einen (kleinen) konstanten Faktor.

Beispiel 4.1.6 Für das Programm in Abb. 4.3 und den mit * markierten Punkt ergibt sich die Symboltabelle in Abb. 4.4. Die hellen Felder repräsentieren Verweise auf Deklarationen. Die modifizierte Implementierung der Symboltabelle, die für jeden Bezeichner einen eigenen Deklarationskeller verwaltet, zeigt Abb. 4.5. Zusätzlich wird der Blockkeller dargestellt, dessen Einträge die Bezeichner auflisten, die in den jeweiligen Blöcken deklariert wurden. ☐

Überprüfung der Typkonsistenz

Die Überprüfung der Typkonsistenz kann in einem *bottom-up*-Durchlauf über Ausdrucksbäume erfolgen. Für terminale Operanden, die Konstanten sind, steht der Typ schon fest; für Bezeichner besorgt man sich den Typ von seiner Definitionsstelle.

Abb. 4.3 Geschachtelte Gültigkeitsbereiche

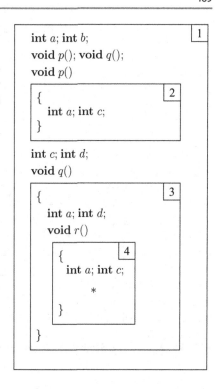

Abb. 4.4 Symboltabelle zum Programm aus Abb. 4.3

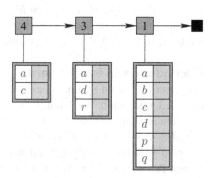

Für jeden Operator schlägt man nach, ob die Typen der Operanden zu ihm passen und welches der Ergebnistyp ist.

Gegebenenfalls erlaubt die Programmiersprache automatische *Typanpassungen*, etwa vom Typ **int** nach **float** oder **double**, oder von einer Unterklasse zu einer Oberklasse. Diese müssen bei der Typüberprüfung berücksichtigt werden. In JA-VA werden die erforderlichen Typanpassungen während des *bottom-up*-Durchlaufs der Typüberprüfung identifiziert und eingefügt. In ADA sind dagegen keine automatischen Typanpassungen möglich.

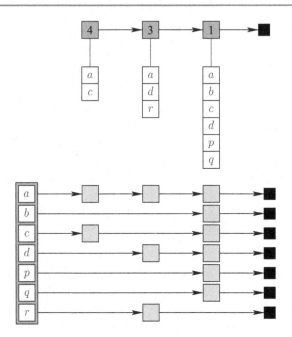

Abb. 4.5 Modifizierte Symboltabelle zum Programm aus Abb. 4.3

Allerdings kann es in ADA wie in JAVA *mehrere* Operatoren gleichen Namens geben. Solche Operatoren heißen *überladen*. Für überladene Operatoren muss die Programmiersprache Regeln festlegen, nach denen an einer Anwendungsstelle jeweils die richtige Operation ausgewählt werden kann.

Überladung von Bezeichnern

Allgemein heißt ein Symbol *überladen*, wenn es an einer Stelle im Programm mehrere Bedeutungen haben kann. Schon die Mathematik kennt überladene Symbole, etwa die arithmetischen Operatoren, die je nach Kontext Operationen auf den ganzen, den reellen oder den komplexen Zahlen oder sogar allgemein in Ringen oder Körpern bedeuten. Entsprechend der mathematischen Tradition haben schon die frühen Programmiersprachen FORTRAN und ALGOL60 die arithmetischen Operatoren überladen.

Programmiersprachen wie ADA oder JAVA erlauben auch die Überladung benutzerdefinierter Symbole, etwa von Prozedur-, Funktions- oder Methodennamen. In korrekten Programmen können dann bei einem angewandten Vorkommen eines Bezeichners x mehrere definierende Vorkommen von x sichtbar sein. Eine Neudeklaration eines Bezeichners x verbirgt eine äußere Deklaration von x, wenn die beiden nicht mit Hilfe ihrer Typen unterschieden werden können. In JAVA werden für diese Unterscheidung nur die Typen in den Parameterlisten herangezogen. Deshalb kann die Auflösung der Überladung hier in den *bottom-up*-Durchlauf der

Typüberprüfung für Ausdrücke integriert werden. In ADA dagegen spielt auch der Typ des Rückgabewerts eine Rolle. Ein Programm ist nur dann korrekt, wenn aufgrund der gesamten *Umgebung* des angewandten Vorkommens eines Bezeichners genau eines seiner definierenden Vorkommen ausgewählt werden kann. Die *Umgebung* bei Prozedur- oder Funktionsaufrufen besteht dabei in der Kombination der Typen der aktuellen Parameter und des geforderten Rückgabetyps.

Beispiel 4.1.7 (**ADA-Programm (Istvan Bach)**) Die Sichtbarkeitsregeln von ADA kombiniert mit den Möglichkeiten für die Überladung von Symbolen erfordern eine kaum überschaubare und verständliche Menge von Konfliktauflösungsregeln für die Fälle, wo auf verschiedene Weise sichtbare oder sichtbar gemachte aber nicht überladene Bezeichner in Konkurrenz stehen.

```
procedure BACH is
    procedure put (x: boolean) is begin null; end;
    procedure put (x: float)   is begin null; end;
    procedure put (x: integer) is begin null; end;
    package x is
        type boolean is (false, true);
        function f return boolean;                    -- (D1)
    end x;
    package body x is
        function f return boolean is begin null; end;
    end x;
    function f return float is begin null; end;        -- (D2)
    use x;
begin
    put (f);                                           -- (A1)
    A: declare
        f: integer;                                    -- (D3)
    begin
        put (f);                                       -- (A2)
        B: declare
            function f return integer is begin null; end;  -- (D4)
            begin
                put (f);                               -- (A3)
            end B;
    end A;
end BACH;
```

Das Paket x deklariert in seinem öffentlichen Teil zwei neue Bezeichner, nämlich den Typ-Bezeichner `boolean` und den Funktions-Bezeichner f. Diese beiden Bezeichner werden durch die use-Anweisung `use x;` (siehe hinter (D2)) ab dem Semikolon (potentiell) sichtbar gemacht. Funktions-Bezeichner sind in Ada überladbar. Da die beiden Deklarationen von f, bei (D1) und (D2), verschiedene „Parameterprofile" haben, d. h. in diesem Fall unterschiedliche Ergebnistypen, sind sie beide am Punkt (A1) (potentiell) sichtbar.

Die Deklaration f: `integer` in der Programmeinheit A (siehe (D3)) verdeckt die äußere Deklaration (D2) von f, da Variablen-Bezeichner in Ada nicht überladbar sind. Aus diesem Grunde ist auch die Deklaration (D1) nicht sichtbar. Die Deklaration (D4) von f in der Programmeinheit B verdeckt wiederum die Deklaration (D3), und da diese die Deklaration (D2) verdeckt, transitiv auch D2. Die durch die *use*-Anweisung (potentiell) sichtbar gemachte Deklaration (D1) wird allerdings nicht verdeckt, sondern ist nach wie vor potentiell sichtbar. Im Kontext put (f) (siehe (A3)) kann sich f nur auf die Deklaration (D4) beziehen, da die erste Deklaration von put einen anderen Typ, boolean, benutzt als der Ergebnistyp von f in (D1). □

Betrachten wir eine Zuweisung $x \leftarrow e$ in der Programmiersprache ADA. Die Überladung der Operatoren im Ausdruck e kann in zwei Pässen über den (abstrakten) Syntaxbaum von e aufgelöst werden. Wir nehmen an, dass sowohl für die linke Seite x als auch für jede Variable und jede Konstante in e bereits der Typ vorliegt. Schließlich benötigen wir noch für jedes Vorkommen eines Operators f in e die Menge seiner möglichen Implementierungen. In einem ersten *bottom-up*-Durchlauf durch e wird dann für jeden Teilausdruck e' von e die Menge $\tau[e']$ der *möglichen* Typen von e' ermittelt.

Ist e' eine Konstante oder Variable vom Typ t, dann besteht $\tau[e']$ aus der Menge $\{t\}$. Ist e' eine Operatoranwendung $f(e_1, \ldots, e_k)$, dann ergibt sich $\tau[e']$ als die Menge aller Ergebnistypen möglicher Implementierungen von f, deren Tupel $(t_1, \ldots, t_k)$ von Parametertypen in $\tau[e_1] \times \ldots \times \tau[e_k]$ enthalten sind.

Die Auswahl der Operatorimplementierungen erfolgt in einem zweiten Durchgang, select. Dieser zweite Durchgang versucht, die Implementierungen so auszuwählen, dass der Ergebnistyp für e gleich dem Typ der linken Seite x der Zuweisung ist. Da $\tau[e]$ alle möglichen Typen von e enthält, muss also insbesondere dieser Typ in $\tau[e]$ enthalten sein. Der select-Durchgang propagiert *top down* den jeweils vom Kontext geforderten Ergebnistyp zu jedem Teilausdruck e' von e.

Nehmen wir an, der geforderte Ergebnistyp für eine Operatoranwendung $f(e_1, \ldots, e_k)$ sei t'. Dann muss eine Implementierung von f gewählt werden, deren Ergebnistyp t' ist und die ein Tupel $(t_1, \ldots, t_k)$ von Parametertypen besitzt mit $t_i \in \tau[e_i]$ für $i = 1, \ldots, k$. Gibt es genau eine solche Implementierung, wird diese Implementierung für f ausgewählt. Dann fährt select mit den Teilausdrücken e_i fort, wobei t_i der geforderte Ergebnistyp für e_i ist. Gibt es dagegen mehr als eine solche Implementierung für f, wird das Programm zurückgewiesen.

4.2 Typinferenz

In imperativen Sprachen werden üblicherweise die Typen von Bezeichnern angegeben, aus denen die Typen von Ausdrücken abgeleitet werden. Im Gegensatz dazu werden in modernen *funktionalen* Programmiersprachen nicht nur die Typen von Ausdrücken, sondern auch die Typen der Bezeichner automatisch hergeleitet. Deshalb werden hier bei der Einführung neuer Bezeichner für Werte (i.A.) keine Typen angegeben.

Beispiel 4.2.1 Betrachten Sie die OCAML-Funktion:

$$\textbf{let rec } \mathsf{fac} \; = \; \textbf{fun } x \; \to \; \textbf{if } x \le 0 \textbf{ then } 1$$
$$\textbf{else } \; x \cdot \mathsf{fac} \, (x-1)$$

Auf das Argument x der Funktion fac wird eine arithmetische Operation für ganze Zahlen angewendet. Deshalb muss der Typ des Arguments **int** sein. Weil der Rückgabewert entweder 1 ist oder mit Hilfe des Operators · für ganze Zahlen berechnet wird, muss der Typ des Rückgabewerts ebenfalls **int** sein. Daraus schließt der OCAML-Übersetzer, dass die Funktion fac den Typ: **int** $\to$ **int** hat, d. h. eine Funktion darstellt, die *int*-Werte als Argument erwartet und *int*-Werte zurückliefert.
□

Die Idee einer automatischen Ableitung von Typen geht auf J.R. Hindley und R. Milner zurück. Ihnen folgend stellen wir Axiome und Regeln auf, die den Typ eines Ausdrucks in Beziehung setzen zu den Typen seiner Teilausdrücke. Damit kann die Menge der möglichen Typen eines Ausdrucks charakterisiert werden. Der Einfachheit halber betrachten wir nur eine funktionale *Kernsprache*, die an OCAML angelehnt ist. Eine ähnliche funktionale Kernsprache ist uns bereits im ersten Band: *Übersetzerbau: Virtuelle Maschinen* begegnet. Ein Programm in dieser Programmiersprache ist ein Ausdruck ohne freie Variablen, wobei Ausdrücke e gemäß der folgenden Grammatik gebildet werden:

$$
\begin{aligned}
e \;::=\; & b \;\mid\; x \;\mid\; (\Box_1 \, e) \;\mid\; (e_1 \, \Box_2 \, e_2) \\
& \mid\; (\textbf{if } e_0 \textbf{ then } e_1 \textbf{ else } e_2) \\
& \mid\; (e_1,\ldots,e_k) \;\mid\; [\,] \;\mid\; (e_1 :: e_2) \\
& \mid\; (\textbf{match } e_0 \textbf{ with } [\,] \to e_1 \mid h :: t \to e_2) \\
& \mid\; (\textbf{match } e_0 \textbf{ with } (x_1,\ldots,x_k) \to e_1) \\
& \mid\; (e_1 \, e_2) \;\mid\; (\textbf{fun } x \to e) \\
& \mid\; (\textbf{let } x_1 = e_1 \textbf{ in } e_0) \\
& \mid\; (\textbf{let rec } x_1 = e_1 \textbf{ and } \ldots \textbf{ and } x_n = e_n \textbf{ in } e_0)
\end{aligned}
$$

Dabei sind b Basiswerte, x Variablen und $\Box_i$ ($i = 1, 2$) i-stellige Operatoren auf Basiswerten. Der Einfachheit halber betrachten wir als zusammengesetzte Datenstrukturen nur Tupel und Listen. Pattern Matching kann dazu verwendet werden, um zusammengesetzte Werte in ihre Bestandteile zu zerlegen. Als Muster (engl. Patterns) für die Zerlegung verwenden wir dabei nur Muster, die genau einen Daten-Konstruktor enthalten.

Weiterhin benutzen wir die üblichen Präzedenz-Regeln und Assoziativitäten, um hässliche Klammern zu sparen.

Beispiel 4.2.2 Ein Programm in unserer funktionalen Kernsprache könnte etwa so aussehen:

```
let rev  =  fun x →
              let rec r  =  fun x → fun y → match x with
                                    [ ] → y
                                |        h :: t → r t (h :: y)
              in              r x []
    in        rev [1; 2; 3]
```

Dabei haben wir für Listen

$$a_1 :: (a_2 :: (\ldots (a_n :: [\,]) \ldots)$$

die Kurzschreibweise

$$[a_1; \ldots; a_n]$$

verwendet. □

Auch für Typen verwenden wir eine Syntax, die an OCAML angelehnt ist – das heißt, dass der einstellige Typkonstruktor list für Listen rechts hinter sein Argument geschrieben wird und nicht davor. Typen t werden damit gemäß der folgenden Grammatik gebildet:

$$t \quad ::= \quad \textbf{int} \mid \textbf{bool} \mid (t_1 * \ldots * t_m) \mid t \text{ list} \mid (t_1 \to t_2)$$

Als *Basistypen* betrachten wir hier nur einen Typ **int** für ganze Zahlen und einen Typ **bool** für boolesche Werte. Ausdrücke können *freie Variablen* enthalten. Der Typ eines Ausdrucks hängt davon ab, welche Typen für die freien Variablen gewählt wurden. Unsere Annahmen über die Typen freier Variablen sammeln wir deshalb in einer *Typumgebung*. Eine Typumgebung Γ ist eine Abbildung von einer endlichen Menge von Variablen in die Menge der Typen. Eine Typumgebung Γ für einen Ausdruck e ordnet jeder freien Variable x von e einen Typ t zu, kann aber auch weiteren Variablen Typen zuordnen. Die Typaussage, dass der Ausdruck e unter der Annahme Γ den Typ t besitzt, schreiben wir kurz:

$$\Gamma \vdash e \; : \; t$$

Ein *Typsystem* gibt uns eine Menge von Axiomen und Regeln vor, mit deren Hilfe wir *gültige* Typaussagen herleiten können. Axiome sind dabei Aussagen, die ohne weitere Voraussetzung gültig sind, während es Regeln erlauben, aus gültigen Voraussetzungen neue gültige Aussagen abzuleiten. Im Folgenden listen wir die Axiome und Regeln für unsere funktionale Kernsprache auf. Als Axiome benötigen wir:

Const:	$\Gamma \vdash b \; : \; t_b$	(t_b Typ des Basiswerts b)
Nil:	$\Gamma \vdash [\,] \; : \; t \text{ list}$	(t beliebig)
Var:	$\Gamma \vdash x \; : \; \Gamma(x)$	(x Variable)

Jeder Familie von Axiomen haben wir dabei einen Namen gegeben, um später darauf Bezug nehmen zu können. Weiterhin haben wir angenommen, dass einem Basiswert b syntaktisch eindeutig ein Basistyp t_b zugeordnet werden kann.

Auch Regeln benennen wir mit Namen. Die Voraussetzungen oder Annahmen einer Regel schreiben wir oberhalb ihres Bruchstrichs auf, während die Schlussfolgerung darunter steht.

$$\text{OP:} \quad \frac{\Gamma \vdash e_1 \,:\, \mathbf{int} \quad \Gamma \vdash e_2 \,:\, \mathbf{int}}{\Gamma \vdash e_1 + e_2 \,:\, \mathbf{int}}$$

$$\text{COMP:} \quad \frac{\Gamma \vdash e_1 \,:\, t \quad \Gamma \vdash e_2 \,:\, t}{\Gamma \vdash e_1 = e_2 \,:\, \mathbf{bool}}$$

$$\text{IF:} \quad \frac{\Gamma \vdash e_0 \,:\, \mathbf{bool} \quad \Gamma \vdash e_1 \,:\, t \quad \Gamma \vdash e_2 \,:\, t}{\Gamma \vdash (\mathbf{if}\ e_0\ \mathbf{then}\ e_1\ \mathbf{else}\ e_2) \,:\, t}$$

$$\text{TUPEL:} \quad \frac{\Gamma \vdash e_1 \,:\, t_1 \quad \ldots \quad \Gamma \vdash e_m \,:\, t_m}{\Gamma \vdash (e_1, \ldots, e_m) \,:\, (t_1 * \ldots * t_m)}$$

$$\text{CONS:} \quad \frac{\Gamma \vdash e_1 \,:\, t \quad \Gamma \vdash e_2 \,:\, t\ \text{list}}{\Gamma \vdash (e_1 :: e_2) \,:\, t\ \text{list}}$$

$$\text{MATCH}_1: \quad \frac{\Gamma \vdash e_0 \,:\, (t_1 * \ldots * t_m) \quad \Gamma \oplus \{x_1 \mapsto t_1, \ldots, x_m \mapsto t_m\} \vdash e_1 \,:\, t}{\Gamma \vdash (\mathbf{match}\ e_0\ \mathbf{with}\ (x_1, \ldots, x_m) \to e_1) \,:\, t}$$

$$\text{MATCH}_2: \quad \frac{\Gamma \vdash e_0 \,:\, t_1\ \text{list} \quad \Gamma \vdash e_1 \,:\, t \quad \Gamma \oplus \{x \mapsto t_1, y \mapsto t_1\ \text{list}\} \vdash e_2 \,:\, t}{\Gamma \vdash (\mathbf{match}\ e_0\ \mathbf{with}\ [\,] \to e_1 \mid x :: y \to e_2) \,:\, t}$$

$$\text{APP:} \quad \frac{\Gamma \vdash e_1 \,:\, t_1 \to t_2 \quad \Gamma \vdash e_2 \,:\, t_1}{\Gamma \vdash (e_1\ e_2) \,:\, t_2}$$

$$\text{FUN:} \quad \frac{\Gamma \oplus \{x \mapsto t_1\} \vdash e \,:\, t_2}{\Gamma \vdash \mathbf{fun}\ x \to e \,:\, t_1 \to t_2}$$

$$\text{LET:} \quad \frac{\Gamma \vdash e_1 \,:\, t_1 \quad \Gamma \oplus \{x_1 \mapsto t_1\} \vdash e_0 \,:\, t}{\Gamma \vdash (\mathbf{let}\ x_1 = e_1\ \mathbf{in}\ e_0) \,:\, t}$$

$$\text{LETREC:} \quad \frac{\Gamma' \vdash e_1 \,:\, t_1 \quad \ldots \quad \Gamma' \vdash e_m \,:\, t_m \quad \Gamma' \vdash e_0 \,:\, t}{\Gamma \vdash (\mathbf{let\ rec}\ x_1 = e_1\ \mathbf{and} \ldots \mathbf{and}\ x_m = e_m\ \mathbf{in}\ e_0) \,:\, t}$$
$$\text{wobei}\ \Gamma' = \Gamma \oplus \{x_1 \mapsto t_1, \ldots, x_m \mapsto t_m\}$$

In der Regel OP haben wir als Beispiel den ganzzahligen Operator $+$ angenommen. Analoge Regeln gibt es für die übrigen unären oder binären Operatoren. Im Falle boolescher Operatoren sind sowohl die Argumente wie die Ergebnisse vom Typ **bool**. Entsprechend wurde die Regel COMP für den Vergleichsoperator $=$ angegeben. Analoge Regeln gibt es in OCAML auch für die übrigen Vergleichsoperatoren. Beachten Sie, dass gemäß der Semantik von OCAML Vergleiche zwischen beliebigen Werten erlaubt sind, sofern sie nur desselben Typ haben.

$$\frac{\dfrac{\Gamma \vdash x : \mathbf{int} \quad \Gamma \vdash 0 : \mathbf{int}}{\Gamma \vdash x \leq 0 : \mathbf{bool}} \quad \dfrac{}{\Gamma \vdash 1 : \mathbf{int}} \quad \dfrac{\Gamma \vdash x : \mathbf{int} \quad \dfrac{\dfrac{}{\Gamma \vdash \mathsf{fac} : \mathbf{int} \to \mathbf{int}} \quad \dfrac{\Gamma \vdash x : \mathbf{int} \quad \Gamma \vdash 1 : \mathbf{int}}{\Gamma \vdash x - 1 : \mathbf{int}}}{\Gamma \vdash \mathsf{fac}\ (x - 1) : \mathbf{int}}}{\Gamma \vdash x \cdot \mathsf{fac}\ (x - 1) : \mathbf{int}}}{\Gamma \vdash \mathbf{if}\ x \leq 0\ \mathbf{then}\ 1\ \mathbf{else}\ x \cdot \mathsf{fac}\ (x - 1) : \mathbf{int}}$$

Beispiel 4.2.3 Für den Rumpf der Funktion fac aus Beispiel 4.2.1 und die Typumgebung

$$\Gamma = \{\mathsf{fac} \mapsto \mathbf{int} \to \mathbf{int}, x \mapsto \mathbf{int}\}$$

ergibt sich die Ableitung:

Unter der Annahme, dass fac den Typ $\mathbf{int} \to \mathbf{int}$ und x den Typ $\mathbf{int}$ hat, lässt sich ableiten, dass der Rumpf der Funktion fac den Typ $\mathbf{int}$ hat. □

Die Regeln sind so gewählt, dass der Typ eines Ausdrucks bei der Ausführung des Programms erhalten bleibt. Diese Eigenschaft nennt man *Subject Reduction*. Könnten wir bei jeder Definition einer Variablen den zugehörigen Typ *raten*, ließe sich mithilfe der Regeln überprüfen, dass unsere Wahl *konsistent* war. Beachten Sie, dass ein Ausdruck mehrere Typen besitzen kann.

Beispiel 4.2.4 Der Ausdruck id, der gegeben ist durch

$$\mathbf{fun}\ x \to\ x$$

beschreibt die Identitätsfunktion. In jeder Typumgebung Γ und für jeden Typ t lässt sich

$$\Gamma \vdash \mathsf{id}\ :\ t \to t$$

ableiten. □

Um systematisch die Menge aller möglichen Typen eines Ausdrucks zu ermitteln, stellen wir ein *Gleichungssystem* auf, dessen Lösungen alle konsistenten Belegungen von Variablen und Ausdrücken mit Typen charakterisieren. Zum Aufstellen dieses Gleichungssystems gehen wir wie folgt vor.

Zuerst einmal machen wir die Namen der verschiedenen Variablen des Programms *eindeutig*. Dann erweitern wir Typterme, indem wir zusätzlich *Typvariablen* für unbekannte Typen von Variablen oder Teilausdrücken erlauben. Schließlich sammeln wir die Gleichungen zwischen den Typvariablen, die aufgrund der Axiome und Regeln des Typsystems notwendigerweise gelten müssen.

Beispiel 4.2.5 Betrachten Sie die Funktion:

$$\mathbf{fun}\ x \to x + 1$$

mit dem Syntaxbaum:

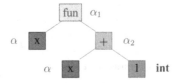

Als Typvariable für die Variable x wählen wir α, während α_1 und α_2 die Typen für die Ausdrücke **fun** $x \to x + 1$ und $x + 1$ repräsentieren. Aus den Typregeln für Funktionen und Operatoranwendungen erhalten wir die Gleichungen:

$$
\begin{aligned}
\textsc{Fun} \quad &: \quad \alpha_1 \;=\; \alpha \to \alpha_2 \\
\textsc{Op} \quad &: \quad \alpha_2 \;=\; \textbf{int} \\
&\quad\;\; \alpha \;=\; \textbf{int} \\
&\quad \textbf{int} \;=\; \textbf{int}
\end{aligned}
$$

Wir schließen, dass

$$
\alpha = \textbf{int} \qquad \alpha_1 = \textbf{int} \to \textbf{int} \qquad \alpha_2 = \textbf{int}
$$

gelten muss. □

Bezeichne $\alpha[e]$ die Typvariable für den Ausdruck e. Jede Regel-Anwendung gibt dann Anlass zu den folgenden Gleichungen:

Const:	$e \equiv b$	$\alpha[e] = t_b$
Nil:	$e \equiv [\,]$	$\alpha[e] = \alpha$ list (α neu)
Op:	$e \equiv e_1 + e_2$	$\alpha[e] = \textbf{int}$ $\alpha[e_1] = \textbf{int}$ $\alpha[e_2] = \textbf{int}$
Comp:	$e \equiv e_1 = e_2$	$\alpha[e_1] = \alpha[e_2]$ $\alpha[e] = \textbf{bool}$
Tupel:	$e \equiv (e_1, \ldots, e_m)$	$\alpha[e] = (\alpha[e_1] * \ldots * \alpha[e_m])$
Cons:	$e \equiv e_1 :: e_2$	$\alpha[e_2] = \alpha[e_1]$ list $\alpha[e] = \alpha[e_1]$ list
If:	$e \equiv \textbf{if } e_0 \textbf{ then } e_1 \textbf{ else } e_2$	$\alpha[e_0] = \textbf{bool}$ $\alpha[e] = \alpha[e_1]$ $\alpha[e] = \alpha[e_2]$
Match$_1$:	$e \equiv \textbf{match } e_0 \textbf{ with } (x_1, \ldots, x_k) \to e_1$	$\alpha[e_0] = (\alpha[x_1] * \ldots * \alpha[x_k])$ $\alpha[e] = \alpha[e_1]$
Match$_2$:	$e \equiv \textbf{match } e_0 \textbf{ with } [\,] \to e_1 \mid x :: y \to e_2$	$\alpha[y] = \alpha[x]$ list $\alpha[e_0] = \alpha[x]$ list $\alpha[e] = \alpha[e_1]$ $\alpha[e] = \alpha[e_2]$
Fun:	$e \equiv \textbf{fun } x \to e_1$	$\alpha[e] = \alpha[x] \to \alpha[e_1]$
App:	$e \equiv e_1\, e_2$	$\alpha[e_1] = \alpha[e_2] \to \alpha[e]$
Letrec:	$e \equiv$ $\textbf{let rec } x_1 = e_1 \textbf{ and} \ldots \textbf{ and } x_m = e_m \textbf{ in } e_0$	$\alpha[x_1] = \alpha[e_1]$ ... $\alpha[x_m] = \alpha[e_m]$ $\alpha[e] = \alpha[e_0]$

Beispiel 4.2.6 Für den Ausdruck id $\equiv$ **fun** $x \to x$ aus Beispiel 4.2.5 erhalten wir die Gleichung:

$$\alpha[\mathsf{id}] = \alpha[x] \to \alpha[x]$$

Unterschiedliche Lösungen dieser Gleichung ergeben sich, indem wir unterschiedliche Typen t für $\alpha[x]$ wählen. □

In welchem Verhältnis stehen das Gleichungssystem zu einem Ausdruck e und die für diesen Ausdruck ableitbaren Typaussagen? Dazu nehmen wir zuerst einmal an, dass alle in e vorkommenden Bezeichner eindeutig sind. Sei V die Menge der in e vorkommenden Variablen. Im folgenden betrachten wir nur *uniforme* Ableitungen, d. h. Ableitungen von Typaussagen, die alle die gleiche Typumgebung verwenden. Man überzeugt sich, dass jede Ableitung einer Typaussage $\Gamma \vdash e : t$ für eine Typumgebung Γ für die freien Variablen in e zu einer uniformen Ableitung einer Typaussage $\Gamma' \vdash e : t$ für ein Γ' umgebaut werden kann, das mit Γ auf den freien Variablen von e übereinstimmt. Dann gilt:

Satz 4.2.1 Sei e ein Ausdruck, V die Menge der Variablen, die in e vorkommen, und E das Gleichungssystem zu dem Ausdruck e. Dann gilt:
1. Ist σ eine Lösung von E, dann gibt es eine uniforme Ableitung der Aussage:

$$\Gamma \vdash e : t$$

für

$$\Gamma = \{x \mapsto \sigma(\alpha[x]) \mid x \in V\} \qquad \text{und} \qquad t = \sigma(\alpha[e])$$

2. Sei A eine uniforme Ableitung für eine Typaussage $\Gamma \vdash e : t$, bei der für jeden Teilausdruck e' von e eine Typaussage $\Gamma \vdash e' : t_{e'}$ abgeleitet wird. Dann ist die Substitution σ definiert durch:

$$\sigma(\alpha[e']) = \begin{cases} t_{e'} & \text{falls } e' \text{ Teilterm von } e \text{ ist} \\ \Gamma(x) & \text{falls } e' \equiv x \in V \end{cases}$$

einer Lösung von E. □

Satz 4.2.1 sagt uns, dass wir aus den Lösungen des Gleichungssystems zu einem Ausdruck alle gültigen Typaussagen ablesen können. Die Gleichungssysteme, die hier auftreten, stellen Gleichheiten zwischen Typ-*Termen* her. Das Lösen solcher Term-Gleichungsysteme nennt man *Unifikation*.

Beispiel 4.2.7

1. Betrachten wir die Gleichung

$$Y = X \to X$$

wobei $\to$ ein zwei-stelliger Konstruktor ist, der infix notiert wird. Die Menge der Lösungen dieser Gleichung ist die Substitution

$$\{X \mapsto t, Y \mapsto (t \to t)\}$$

für jeden Term t. Als solchen Term t kann dabei auch die Variable X selbst gewählt werden.

2. Die Gleichung:

$$X \to \mathbf{int} = \mathbf{bool} \to Z$$

hat genau eine Lösung, nämlich die Substitution:

$$\{X \mapsto \mathbf{bool}, Z \mapsto \mathbf{int}\}$$

3. Die Gleichung:

$$\mathbf{bool} = X \to Y$$

hat dagegen *keine* Lösung. □

Wir führen die folgenden Begriffe ein. Eine Substitution σ heißt *idempotent*, wenn $\sigma \circ \sigma = \sigma$ ist. Konkret heißt das, dass keine Variable X mit $\sigma(X) \neq X$ im Bild von σ vorkommt. So ist die Substitution $\{X \mapsto \mathbf{bool}, Y \mapsto Z\}$ idempotent, die Substitution $\{X \mapsto \mathbf{bool}, Y \mapsto X\}$ dagegen nicht.

Bei Term-Gleichungssystemen reicht es, idempotente Lösungen zu betrachten. Eine idempotente Lösung σ eines Term-Gleichungssystems E heißt *allgemeinst*, wenn für jede andere idempotente Lösung τ von E gilt, dass $\tau = \tau' \circ \sigma$ für eine geeignete Substitution τ' ist. Damit ist die Substitution $\{Y \mapsto (X \to X)\}$ eine allgemeinste idempotente Lösung der Gleichung $Y = X \to X$ aus Beispiel 4.2.7. Der folgende Satz charakterisiert die idempotenten Lösungen endlicher Mengen von Term-Gleichungen.

Satz 4.2.2 Jedes System von Gleichungen $s_i = t_i, i = 1, \ldots, m$, zwischen Termen s_i, t_i hat entweder *keine* Lösung oder eine *allgemeinste idempotente* Lösung. □

Die Bestimmung sämtlicher (idempotenter) Lösungen eines Term-Gleichungssystems reduziert sich aufgrund von Satz 4.2.2 auf die Bestimmung einer allgemeinsten Lösung – sofern überhaupt eine Lösung existiert. Allgemeinste Lösungen können gelegentlich sehr groß werden. Betrachten Sie das folgende Gleichungssystem:

$$X_0 = (X_1 \to X_1), \ldots, X_{n-1} = (X_n \to X_n)$$

Die allgemeinste Lösung dieses Gleichungssystems bildet X_0 auf einen Term ab, in dem es 2^n Vorkommen der Variablen X_n gibt. Nach demselben Prinzip lässt sich leicht ein OCAML-Programm konstruieren, das zu exponentiell großen Typausdrücken führt. In den meisten praktisch nützlichen Programmen treten solche Typausdrücke jedoch nicht auf.

Verschiedene Techniken sind bekannt, wie man zu einer endlichen Menge von Termgleichungen eine allgemeinste idempotente Lösung berechnet. Eine solche Methode haben wir bereits im ersten Band *Übersetzerbau: Virtuelle Maschinen* kennen gelernt, als wir eine virtuelle Maschine für die Programmiersprache PROLOG vorstellten. In PROLOG ist Unifikation als Basis-Operation in der Semantik verankert. In diesem Kapitel stellen wir ein funktionales Programm vor, das für eine Liste von Paaren $(s_i, t_i), i = 1, \ldots, m$, eine allgemeinste idempotente Lösung des Gleichungssystems $s_i = t_i, i = 1, \ldots, m$, berechnet. Dieses funktionale Programm besteht aus den folgenden Funktionen:

- Die Funktion occurs nimmt ein Paar, bestehend aus einer Variablen X und einem Term t, und überprüft, ob X in t vorkommt.
- Die Funktion unify nimmt ein Paar (s, t) von Termen und eine idempotente Substitution θ und überprüft, ob die Gleichung $\theta(s) = \theta(t)$ lösbar ist. Falls dies nicht der Fall ist, liefert sie Fail zurück. Andernfalls liefert sie eine allgemeinste idempotente Substitution θ' zurück, die dieses Gleichungssystem erfüllt und außerdem eine Spezialisierung von θ ist, d. h. für die $\theta' = \theta' \circ \theta$ gilt.
- Die Funktion unifyList nimmt eine Liste $[(s_1, t_1); \ldots; (s_m, t_m)]$ von Termpaaren und eine idempotente Substitution θ und überprüft, ob das Gleichungssystem $\theta(s_i) = \theta(t_i), i = 1, \ldots, m$, lösbar ist. Falls dies nicht der Fall ist, liefert sie Fail zurück. Andernfalls liefert sie eine allgemeinste idempotente Substitution θ' zurück, die dieses Gleichungs erfüllt und außerdem eine Spezialisierung von θ ist.

Die Funktion occurs ist definiert durch:

```
let rec occurs (X, t)  =  match t
           with  X          →  true
             |    f(t_1, ..., t_k)  →  occurs (X, t_1) ∨ ... ∨ occurs (X, t_k)
             |    _          →  false
```

Stellvertretend für alle möglichen Konstruktoren, die in einem Term vorkommen können, steht im Programmtext hier ein Konstruktor f der Stelligkeit $k \geq 1$. Die Funktionen unify und unifyList sind wechselseitig rekursiv. Sie sind definiert durch:

$$
\begin{aligned}
\textbf{let rec } \text{unify } (s,t)\ \theta\ =\ &\textbf{if }\ \theta\,s\ \equiv\ \theta\,t\ \textbf{ then }\ \theta \\
&\textbf{else match }\ (\theta\,s, \theta\,t) \\
&\quad\textbf{with }\ (X,t)\ \rightarrow\ \textbf{if } \text{occurs } (X,t)\ \textbf{ then } \text{Fail} \\
&\qquad\qquad\qquad\qquad \textbf{else }\ \{X \mapsto t\} \circ \theta \\
&\quad\ |\quad (t,X)\ \rightarrow\ \textbf{if } \text{occurs } (X,t)\ \textbf{ then } \text{Fail} \\
&\qquad\qquad\qquad\qquad \textbf{else }\ \{X \mapsto t\} \circ \theta \\
&\quad\ |\quad (f(s_1,\ldots,s_k), f(t_1,\ldots,t_k)) \\
&\qquad\qquad \rightarrow\ \text{unifyList } [(s_1,t_1),\ldots,(s_k,t_k)]\ \theta \\
&\quad\ |\quad \_\ \rightarrow\ \text{Fail} \\
\textbf{and } \text{unifyList list } \theta\ =\ &\textbf{match } \text{list} \\
&\quad\textbf{with }\ [\,]\ \rightarrow\ \theta \\
&\quad\ |\quad ((s,t) :: \text{rest})\ \rightarrow\ \textbf{let }\ \theta = \text{unify } (s,t)\ \theta \\
&\qquad\qquad\qquad\qquad \textbf{in if }\ \theta = \text{Fail}\ \textbf{ then } \text{Fail} \\
&\qquad\qquad\qquad\qquad \textbf{else } \text{unifyList rest } \theta
\end{aligned}
$$

Der Algorithmus startet mit dem Aufruf unifyList $[(s_1,t_1),\ldots,(s_m,t_m)]$ $\emptyset$, d. h. dem Gleichungssystem zusammen mit einer leeren Substitution. Der Algorithmus terminiert und liefert entweder Fail zurück, wenn das Gleichungssystem keine Lösung hat, oder er liefert eine idempotente allgemeinste Lösung, wenn das Gleichungssystem lösbar ist.

Das bisherige Verfahren, um Typisierungen zu berechnen, hat den Nachteil, dass es nicht *syntax-gerichtet* ist. Wenn das Gleichungssystem zu einem Programm keine Lösung besitzt, erhalten wir keine Information, *wo* der Fehler herkommt. Eine möglichst genaue Eingrenzung der Fehlerursache ist jedoch für den Programmierer von großer Bedeutung. Deshalb modifizieren wir das gegebene Verfahren so, dass wir uns an der Syntax des Programmausdrucks orientieren. Diesen syntax-gerichteten Algorithmus notieren wir als funktionales Programm, das mit Pattern Matching Fallunterscheidungen über die möglichen Formen des Programmausdrucks macht. Um die Syntax des Ausdruck e von der Syntax des Algorithmus zu unterscheiden, schreiben wir die Schlüsselworte in e in Großbuchstaben und setzen die Operatoren in Hochkommata.

4.2.1 Der Algorithmus $\mathcal{W}$

Ein Aufruf der Funktion $\mathcal{W}$ wird rekursiv über der Struktur eines Ausdrucks e ausgewertet. In einem zusätzlichen akkumulierenden Parameter reicht er dabei eine Typumgebung Γ und eine Substitution von Typvariablen θ weiter. Als Ergebnis liefert der Aufruf einen Typausdruck t für e und die während der Auswertung akkumulierte Substitution. Bei der nachfolgenden Beschreibung sind die Aufrufe der Hilfsfunktion unify jeweils hervorgehoben. Um die Lesbarkeit zu erhöhen, wird angenommen, dass die Aufrufe von unify stets eine Substitution zurück liefern. Falls die Unifikation bei einem solchen Aufruf fehlschlagen sollte, sollte stattdessen eine Fehlermeldung generiert werden und die Typüberprüfung entweder abgebrochen oder mit einer sinnvollen Korrektur fortgesetzt werden.

$$
\begin{aligned}
&\textbf{let rec } \; \mathcal{W} \, e \, (\Gamma, \theta) \; = \; \textbf{match} \; e \\
&\quad \textbf{with} \quad c \qquad\qquad \rightarrow \quad (t_c, \theta) \\
&\quad \mid \quad [\,] \qquad\qquad \rightarrow \quad \textbf{let } \alpha = \mathsf{new}() \\
&\qquad\qquad\qquad\qquad\qquad\quad \textbf{in } (\alpha \; \mathsf{list}, \theta) \\
&\quad \mid \quad x \qquad\qquad \rightarrow \quad (\Gamma(x), \theta) \\
&\quad \mid \quad (e_1, \ldots, e_m) \;\; \rightarrow \quad \textbf{let } \;\; (t_1, \theta) = \mathcal{W} \, e_1 \, (\Gamma, \theta) \\
&\qquad\qquad\qquad\qquad\qquad\qquad \ldots \\
&\qquad\qquad\qquad\qquad \textbf{in let } \;\; (t_m, \theta) = \mathcal{W} \, e_m \, (\Gamma, \theta) \\
&\qquad\qquad\qquad\qquad \textbf{in } ((t_1 * \ldots * t_m), \theta) \\
&\quad \mid \quad (e_1 :: e_2) \qquad \rightarrow \quad \textbf{let } \;\; (t_1, \theta) = \mathcal{W} \, e_1 \, (\Gamma, \theta) \\
&\qquad\qquad\qquad\qquad \textbf{in let } \;\; (t_2, \theta) = \mathcal{W} \, e_2 \, (\Gamma, \theta) \\
&\qquad\qquad\qquad\qquad \textbf{in let } \;\; \theta = \boxed{\mathsf{unify} \, (t_1 \; \mathsf{list}, t_2) \; \theta} \\
&\qquad\qquad\qquad\qquad \textbf{in } (t_2, \theta) \\
&\quad \mid \quad (e_1 \, '+' \, e_2) \quad \rightarrow \quad \textbf{let } \;\; (t_1, \theta) = \mathcal{W} \, e_1 \, (\Gamma, \theta) \\
&\qquad\qquad\qquad\qquad \textbf{in let } \;\; (t_2, \theta) = \mathcal{W} \, e_2 \, (\Gamma, \theta) \\
&\qquad\qquad\qquad\qquad \textbf{in let } \;\; \theta = \boxed{\mathsf{unify} \, (\textbf{int}, t_1) \; \theta} \\
&\qquad\qquad\qquad\qquad \textbf{in let } \;\; \theta = \boxed{\mathsf{unify} \, (\textbf{int}, t_2) \; \theta} \\
&\qquad\qquad\qquad\qquad \textbf{in } (\textbf{int}, \theta) \\
&\quad \mid \quad (e_1 \, '=' \, e_2) \quad \rightarrow \quad \textbf{let } \;\; (t_1, \theta) = \mathcal{W} \, e_1 \, (\Gamma, \theta) \\
&\qquad\qquad\qquad\qquad \textbf{in let } \;\; (t_2, \theta) = \mathcal{W} \, e_2 \, (\Gamma, \theta) \\
&\qquad\qquad\qquad\qquad \textbf{in let } \;\; \theta = \boxed{\mathsf{unify} \, (t_1, t_2) \; \theta} \\
&\qquad\qquad\qquad\qquad \textbf{in } (\textbf{bool}, \theta) \\
&\quad \mid \quad (e_1 \, e_2) \qquad \rightarrow \quad \textbf{let } \;\; (t_1, \theta) = \mathcal{W} \, e_1 \, (\Gamma, \theta) \\
&\qquad\qquad\qquad\qquad \textbf{in let } \;\; (t_2, \theta) = \mathcal{W} \, e_2 \, (\Gamma, \theta) \\
&\qquad\qquad\qquad\qquad \textbf{in let } \;\; \alpha = \mathsf{new} \, () \\
&\qquad\qquad\qquad\qquad \textbf{in let } \;\; \theta = \boxed{\mathsf{unify} \, (t_1, t_2 \rightarrow \alpha) \; \theta} \\
&\qquad\qquad\qquad\qquad \textbf{in } (\alpha, \theta) \\
&\qquad\qquad\qquad\qquad\qquad \ldots
\end{aligned}
$$

Stellvertretend für Operatoren auf Werten aus Basistypen ist hier der zweistellige Operator $+$ angegeben. Entsprechend wurde stellvertretend für Vergleichsoperatoren die Gleichheit behandelt. Beachten Sie, dass die Unifikationsaufrufe hier direkt die Gleichungen umsetzen, die zu den entsprechenden Ausdrücken gehören. Im Falle von Konstanten, der leeren Liste, Anwendungen des Tupel-Konstruktors sowie einzelner Variablen ist keine Unifikation erforderlich, um den Typ des Ausdrucks zu ermitteln. Die Hilfsfunktion new() liefert jeweils eine *neue* Typvariable. Der Algorthmus vermeidet jedoch, neue Typvariablen anzufordern, wann immer dies möglich ist. So wird z. B. der Ergebnistyp für den Ausdruck e aus den Typen der Komponenten zusammengesetzt. Dies ist jedoch nicht für den Typ der leeren Liste möglich, weil der Typ eventueller Elemente der Liste an dieser Stelle noch nicht bekannt ist. Das ist auch nicht bei der Funktionsanwendung möglich, bei der der Ergebnistyp eine *Komponente* des Typs der Funktion ist.

| (IF e_0 THEN e_1 ELSE e_2)
$\rightarrow$ **let** $(t_0, \theta) = \mathcal{W} \; e_0 \; (\Gamma, \theta)$
in let $\theta = \boxed{\text{unify } (\textbf{bool}, t_0) \; \theta}$
in let $(t_1, \theta) = \mathcal{W} \; e_1 \; (\Gamma, \theta)$
in let $(t_2, \theta) = \mathcal{W} \; e_2 \; (\Gamma, \theta)$
in let $\theta = \boxed{\text{unify } (t_1, t_2) \; \theta}$
in (t_1, θ)

| (MATCH e_0 WITH $(x_1, \ldots, x_m) \rightarrow e_1$)
$\rightarrow$ **let** $\alpha_1 = \text{new}()$
$\ldots$
in let $\alpha_m = \text{new}()$
in let $(t_0, \theta) = \mathcal{W} \; e_0 \; (\Gamma, \theta)$
in let $\theta = \boxed{\text{unify } (\alpha_1 * \ldots * \alpha_m, t_0) \; \theta}$
in let $(t_1, \theta) = \mathcal{W} \; e_1 \; (\Gamma \oplus \{x_1 \mapsto \alpha_1, \ldots, x_m \mapsto \alpha_m\}, \theta)$
in (t_1, θ)

| (MATCH e_0 WITH $[\,] \rightarrow e_1 \mid (x :: y) \rightarrow e_2$)
$\rightarrow$ **let** $(t_0, \theta) = \mathcal{W} \; e_0 \; (\Gamma, \theta)$
in let $\alpha = \text{new}()$
in let $\theta = \boxed{\text{unify } (\alpha \; \text{list}, t_0) \; \theta}$
in let $(t_1, \theta) = \mathcal{W} \; e_1 \; (\Gamma, \theta)$
in let $(t_2, \theta) = \mathcal{W} \; e_2 \; (\Gamma \oplus \{x \mapsto \alpha, y \mapsto \alpha \; \text{list}\}, \theta)$
in let $\theta = \boxed{\text{unify } (t_1, t_2) \; \theta}$
in (t_1, θ)

$\ldots$

Die zweite Gruppe von Fällen setzt die Regeln zur Behandlung von Fallunterscheidungen und Pattern Matching um. Falls mehrere Alternativausdrücke das Ergebnis liefern können, müssen ihre Typen übereinstimmen. Die Typen der Komponenten, in die ein Wert in den *match*-Fällen zerlegt wird, werden mit Hilfe von Unifikation ermittelt.

$$
\begin{aligned}
&|\quad (\text{FUN } x \to e) \\
&\qquad \to \quad \textbf{let}\ \ \alpha = \mathsf{new}() \\
&\qquad\qquad \textbf{in let}\ \ (t, \theta) = \mathcal{W}\, e\, (\Gamma \oplus \{x \mapsto \alpha\}, \theta) \\
&\qquad\qquad \textbf{in}\ \ (\alpha \to t, \theta) \\
&|\quad (\textbf{let } x_1 = e_1 \textbf{ in } e_0) \\
&\qquad \to \quad \textbf{let}\ \ (t_1, \theta) = \mathcal{W}\, e_1\, (\Gamma, \theta) \\
&\qquad\qquad \textbf{in let}\ \ \Gamma = \Gamma \oplus \{x_1 \mapsto t_1\} \\
&\qquad\qquad \textbf{in let}\ \ (t_0, \theta) = \mathcal{W}\, e_0\, (\Gamma, \theta) \\
&\qquad\qquad \textbf{in}\ \ (t_0, \theta) \\
&|\quad (\text{LET REC } x_1 = e_1 \text{ AND} \ldots \text{ AND } x_m = e_m \text{ IN } e_0) \\
&\qquad \to \quad \textbf{let}\ \ \alpha_1 = \mathsf{new}() \\
&\qquad\qquad\qquad \cdots \\
&\qquad\qquad \textbf{in let}\ \ \alpha_m = \mathsf{new}() \\
&\qquad\qquad \textbf{in let}\ \ \Gamma = \Gamma \oplus \{x_1 \mapsto \alpha_1, \ldots, x_m \mapsto \alpha_m\} \\
&\qquad\qquad \textbf{in let}\ \ (t_1, \theta) = \mathcal{W}\, e_1\, (\Gamma, \theta) \\
&\qquad\qquad \textbf{in let}\ \ \theta = \boxed{\mathsf{unify}\,(\alpha_1, t_1)\,\theta} \\
&\qquad\qquad\qquad \cdots \\
&\qquad\qquad \textbf{in let}\ \ (t_m, \theta) = \mathcal{W}\, e_m\, (\Gamma, \theta) \\
&\qquad\qquad \textbf{in let}\ \ \theta = \boxed{\mathsf{unify}\,(\alpha_m, t_m)\,\theta} \\
&\qquad\qquad \textbf{in let}\ \ (t_0, \theta) = \mathcal{W}\, e_0\, (\Gamma, \theta) \\
&\qquad\qquad \textbf{in}\ \ (t_0, \theta)
\end{aligned}
$$

Die letzten drei Fälle behandeln Funktionen sowie Definitionen neuer Variablen. Sowohl für den unbekannten Typ des formalen Parameters einer Funktion wie für die unbekannten Typen der simultan definierten Variablen werden jeweils neue Typvariablen angelegt, deren Bindungen während der Abarbeitung des Ausdrucks e bestimmt werden. Bei der Einführung einer Variablen x durch einen *let*-Ausdruck braucht dagegen keine neue Typvariable angelegt werden: der Typ der Variablen x ergibt sich direkt durch den Typ des definierenden Ausdrucks für x.

Aufgerufen wird die Funktion $\mathcal{W}$ für einen Ausdruck e mit einer Typumgebung Γ_0, die jeder Variable x, die in e vorkommt, eine neue Typvariable α_x zuordnet, und der leeren Substition $\emptyset$. Dann liefert der Aufruf keinen Rückgabewert genau dann, wenn es keine Typumgebung gibt, für die der Ausdruck e einen Typ hat. Liefert dagegen der Aufruf als Rückgabewert das Paar (t, θ), dann gibt es für jede ableitbare Typaussage $\Gamma' \vdash e : t'$ eine Substitution σ, so dass gilt:

$$
t' = \sigma(\theta(t)) \qquad \text{und} \qquad \Gamma'(x) = \sigma(\theta(\Gamma(x))) \qquad \text{für alle Variablen } x
$$

Der allgemeinste Typ für den Ausdruck e ist deshalb $\theta(t)$.

4.2.2 Polymorphie

Wird für eine Funktion der Typ $\alpha \to \alpha$ **list** abgeleitet, sollte man erwarten, dass diese Funktion *polymorph* ist, d. h. auf Werte beliebiger Typen angewendet werden darf. Das Typsystem, so wie wir es bisher definiert haben, lässt dies aber gegebenenfalls nicht zu.

Beispiel 4.2.8 Betrachten Sie den folgenden Programmausdruck:

$$\textbf{let}\ \textsf{single}\ =\ \textbf{fun}\ y\ \to\ [y]$$
$$\textbf{in}\ \textsf{single}\ (\textsf{single}\ 1)$$

Für die Funktion single leiten wir den Typ

$$\alpha[\textsf{single}] = (\gamma \to \gamma\ \textsf{list})$$

ab. Aufgrund der Funktionsanwendung (single 1) wird die Typvariable γ mit dem Basistyp **int** instantiiert. Für die Funktionsanwendung (single 1) ergibt sich deshalb der Typ

$$\alpha[\textsf{single}\ 1] = \textbf{int}\ \textsf{list}$$

Die Typgleichung für die äußere Funktionsanwendung fordert deshalb die Instantiierung von γ mit **int** list. Da die Unifikation von **int** mit **int** list fehl schlägt, wird ein Typfehler gemeldet. ☐

Eine Möglichkeit, dieses Problem zu lösen, besteht darin, jede *let*-Definition für jede Benutzung der definierten Variable zu kopieren. Im Beispiel erhalten wir dann etwa:

$$(\textbf{let}\ \textsf{single} = \textbf{fun}\ y\ \to\ [y]\ \textbf{in}\ \textsf{single})\ ($$
$$(\textbf{let}\ \textsf{single} = \textbf{fun}\ y\ \to\ [y]\ \textbf{in}\ \textsf{single})\ 1)$$

Die beiden Vorkommen des Teilausdrucks (**fun** $y \to [y]$) werden nun unabhängig voneinander behandelt und erhalten deshalb Typen $\gamma \to \gamma$ **list** und $\gamma' \to \gamma'$ **list** für unterschiedliche Typvariablen γ, γ'. Das expandierte Programm ist nun typbar. Im Beispiel kann nun die eine Typvariable mit **int** und die andere mit **int** list instantiiert werden.

Die eben skizzierte Möglichkeit ist jedoch nicht sehr empfehlenswert, da das expandierte Programm nur unter bestimmten Bedingungen die gleiche Semantik hat wie das ursprüngliche Programm. Das expandierte Programm kann zudem *sehr* groß werden. Außerdem ist dann Typinferenz nicht mehr *modular*: für eine mehrfach verwendete Funktion einer anderen Übersetzungseinheit muss die Implementierung bekannt sein, um sie kopieren zu können.

Die bessere Idee besteht deshalb darin, nicht Code zu kopieren, sondern Typen! Dazu erweitern wir Typen zu *Typschemata*. Ein Typschema erhält man aus einem Typ t, indem man zusätzlich einige der Typvariablen, die in t vorkommen, *generalisiert*: sie dürfen bei verschiedenen Benutzungen des Typs unterschiedlich instantiiert werden. In dem Typschema:

$$\forall \alpha_1, \dots, \alpha_m . t$$

sind in t die Variablen $\alpha_1, \dots, \alpha_m$ generalisiert. Alle weiteren Typvariablen, die in t vorkommen, müssen bei allen Benutzungen des Typschemas gleich instantiiert werden. Der Quantor $\forall$ erscheint nur auf dem obersten Schachtelungsniveau: der Ausdruck t darf keine weiteren $\forall$ enthalten. Typschemata werden für **let**-definierte Variablen eingeführt. Bei deren Benutzung können die Typvariablen im Schema unabhängig mit beliebigen Typen instantiiert werden. Der Einfachheit halber fassen wir dabei normale Typausdrücke als Typschemata auf, bei denen eine *leere* Liste von Variaben generalisiert wurde. Als neue Regeln erhalten wir damit:

$$\text{INST:} \quad \frac{\Gamma(x) = \forall \, \alpha_1, \dots, \alpha_k . t}{\Gamma \,\vdash\, x \,:\, t[t_1/\alpha_1, \dots, t_k/\alpha_k]} \qquad (t_1, \dots, t_k \;\; \text{beliebig})$$

$$\text{LET:} \quad \frac{\Gamma \vdash e_1 : t_1 \qquad \Gamma \oplus \{x \mapsto \mathsf{close}\, t_1\, \Gamma\} \vdash e_0 : t_0}{\Gamma \,\vdash\, (\textbf{let}\; x_1 = e_1\; \textbf{in}\; e_0) \,:\, t_0}$$

Die Operation close nimmt einen Typausdruck t, eine Typumgebung Γ und generalisiert in t alle Typvariablen, die nicht in Γ vorkommen. Auch die Typen der Variablen, die in einer rekursiven Definition eingeführt werden, können generalisiert werden – aber nur für die Verwendung dieser Variablen im Hauptausdruck:

$$\text{LETREC:} \quad \frac{\Gamma' \vdash e_1 : t_1 \quad \dots \quad \Gamma' \vdash e_m : t_m \quad \Gamma'' \vdash e_0 : t}{\Gamma \,\vdash\, (\textbf{let rec}\; x_1 = e_1\; \textbf{and} \dots \textbf{and}\; x_m = e_m\; \textbf{in}\; e_0) \,:\, t}$$

Dabei ist

$$\Gamma' = \Gamma \oplus \{x_1 \mapsto t_1, \dots, x_m \mapsto t_m\}$$
$$\Gamma'' = \Gamma \oplus \{x_1 \mapsto \mathsf{close}\, t_1\, \Gamma, \dots, x_m, \mapsto \mathsf{close}\, t_m\, \Gamma\}$$

Generalisiert werden damit alle Variablen in den Typausdrücken $t_1, \dots, t_m$, die nicht auch in den Typen anderer Variablen der Typumgebung Γ vorkommen, die im Hauptausdruck sichtbar sind. Entscheidend ist, dass die Typen der *rekursiven* Vorkommen der Variablen x_i in den rechten Seiten $e_1, \dots, e_m$ nicht instantiiert werden dürfen. Typsysteme, in denen solche *polymorphe Rekursion* erlaubt ist, sind, i. a. unentscheidbar.

Wir modifizieren nun den Algorithmus $\mathcal{W}$ so ab, dass er in der Typumgebung Typschemata verwaltet. Für den Fall einer Variablen benötigen wir die folgende Hilfsfunktion, die den Typausdruck in einem Typschema mit frischen Typvariablen instantiiert:

$$\textbf{fun } \text{inst } (\forall\, \alpha_1, \ldots, \alpha_k.\, t) =$$
$$\textbf{let } \beta_1 = \text{new}()$$
$$\ldots$$
$$\textbf{in let } \beta_k = \text{new}()$$
$$\textbf{in } t[\beta_1/\alpha_1, \ldots, \beta_k/\alpha_k]$$

Dann ändern wir den Algorithmus $\mathcal{W}$ für Variablen und *let*-Ausdrücke wie folgt ab:

$$
\begin{aligned}
&\ldots\\
\mid \quad & x && \to \quad (\text{inst } (\theta(\Gamma(x))), \theta)\\
\mid \quad & (\text{LET } x_1 = e_1 \text{ IN } e_0)\\
& && \to \quad \textbf{let } (t_1, \theta) = \mathcal{W}\, e_1\, (\Gamma, \theta)\\
& && \qquad \textbf{in let } s_1 = \text{close } (\theta\, t_1)\, (\theta \circ \Gamma)\\
& && \qquad \textbf{in let } \Gamma = \Gamma \oplus \{x_1 \mapsto s_1\}\\
& && \qquad \textbf{in let } (t_0, \theta) = \mathcal{W}\, e_0\, (\Gamma, \theta)\\
& && \qquad \textbf{in } (t_0, \theta)
\end{aligned}
$$

Entsprechend modifizieren wir den Algorithmus $\mathcal{W}$ für *letrec*-Ausdrücke. Hier müssen wir darauf achten, dass die inferierten Typen für die neu eingeführten Variablen nur für ihre Verwendung im Hauptausdruck generalisiert werden:

$$
\begin{aligned}
\mid \quad & (\text{LET REC } x_1 = e_1 \text{ AND} \ldots \text{ AND } x_m = e_m \text{ IN } e_0)\\
& \to \quad \textbf{let } \alpha_1 = \text{new}()\\
& \qquad\qquad \ldots\\
& \qquad \textbf{in let } \alpha_m = \text{new}()\\
& \qquad \textbf{in let } \Gamma' = \Gamma \oplus \{x_1 \mapsto \alpha_1, \ldots, x_m \mapsto \alpha_m\}\\
& \qquad \textbf{in let } (t_1, \theta) = \mathcal{W}\, e_1\, (\Gamma', \theta)\\
& \qquad \textbf{in let } \theta = \boxed{\text{unify } (\alpha_1, t_1)\, \theta}\\
& \qquad\qquad \ldots\\
& \qquad \textbf{in let } (t_m, \theta) = \mathcal{W}\, e_m\, (\Gamma', \theta)\\
& \qquad \textbf{in let } \theta = \boxed{\text{unify } (\alpha_m, t_m)\, \theta}\\
& \qquad \textbf{in let } s_1 = \text{close } (\theta\, t_1)\, (\theta \circ \Gamma\})\\
& \qquad\qquad \ldots\\
& \qquad \textbf{in let } s_m = \text{close } (\theta\, t_m)\, (\theta \circ \Gamma)\\
& \qquad \textbf{in let } \Gamma' = \Gamma \oplus \{x_1 \mapsto s_1, \ldots, x_m \mapsto s_m\}\\
& \qquad \textbf{in let } (t_0, \theta) = \mathcal{W}\, e_0\, (\Gamma', \theta)\\
& \qquad \textbf{in } (t_0, \theta)
\end{aligned}
$$

Beispiel 4.2.9 Betrachten wir erneut den *let*-Ausdruck:

$$\textbf{let } \text{single} = \textbf{fun } y \to [y]$$
$$\textbf{in } \text{single (single 1)}$$

aus Beispiel 4.2.8. Für die Funktion single findet der Algorithmus W das Typschema $\forall \gamma.\gamma \to \gamma$ **list**. Dieses Typschema wird bei den beiden verschiedenen Vorkommen von single im Hauptausdruck mit jeweils unterschiedlichen Typvariablen γ_1, γ_2 instantiiert, die dann zu den Typen **int list** und **int** spezialisiert werden. Insgesamt liefert deshalb der Algorithmus W für den *let*-Ausdruck den Typ **int list list**.
□

Relativ zu einer Typumgebung mit Typschemata für die globalen Variablen eines Ausdrucks berechnet der erweiterte Algorithmus W den *allgemeinsten* Typ eines Ausdrucks. Die Instantiierung von Typschemata bei jeder Benutzung einer Variablen ermöglicht es, *polymorphe* Funktionen zu definieren, die auf Werte unterschiedlicher Typen angewendet werden können. Typschemata erlauben auch eine *modulare* Typinferenz, weil für Funktionen aus anderen Programmteilen nur ihr Typ(schema) bekannt sein muss, um die Typen von Ausdrücken, in denen sie verwendet werden, zu berechnen.

Die Möglichkeit unterschiedlicher Instantiierung von Typschemata erlaubt jedoch, Programmausdrücke zu konstruieren, deren Typen nicht nur einfach exponentiell, sondern sogar doppelt exponentiell groß sind! Solche Beispiele sind jedoch eher akademisch. Für das praktische Programmieren spielen solche Ausdrücke keine besondere Rolle.

4.2.3 Seiteneffekte

Auch bei im wesentlichen funktionaler Programmierung sind Variablen, deren Werte geändert werden können, gelegentlich nützlich. Um die Probleme zu studieren, die sich aus solchen *änderbaren* Variablen für die Typinferenz ergeben, erweitern wir unsere kleine Programmiersprache um *Referenzen*:

$$e ::= \ldots \mid \textbf{ref } e \mid !e \mid e_1 := e_2$$

Beispiel 4.2.10 Mit Referenzen lässt sich elegant eine Funktion new implementieren, die bei jedem Aufruf einen anderen Wert liefert. Eine solche Funktion benötigten wir etwa zur Implementierung des Algorithmus W. Betrachten Sie das folgende Programm:

```
    let  count  =  ref 0
    in let  new   =  fun () →
                              let  ret  =  !count
                              in let  _   =  count := ret + 1
                              in  ret
    in  new() + new()
```

Das leere Tupel () ist das einzige Element des speziellen Typs **unit**. Die Zuweisung eines Werts an eine Referenz ändert den Inhalt der Referenz als *Seiteneffekt*. Die

Zuweisung selbst ist ebenfalls ein Ausdruck. Der Wert dieses Ausdrucks ist (). Da dieser Wert maximal uninteressant ist, wird in unserem Programm keine spezielle Variable für ihn bereit gestellt, sondern die *anonyme* Variable _ verwendet. □

Typausdrücke erweitern wir nun um den speziellen Typ **unit** und, indem wir **ref** als neuen einstelligen Typkonstruktor einführen:

$$t ::= \dots \mid \textbf{unit} \mid t \textbf{ ref} \mid \dots$$

Entsprechend erweitern wir die Regeln unseres Typsystems um:

$$\text{REF:} \quad \frac{\Gamma \ \vdash \ e \ : \ t}{\Gamma \ \vdash \ (\textbf{ref } e) \ : \ t \textbf{ ref}}$$

$$\text{DEREF:} \quad \frac{\Gamma \ \vdash \ e \ : \ t \textbf{ ref}}{\Gamma \ \vdash \ (!\,e) \ : \ t}$$

$$\text{ASSIGN:} \quad \frac{\Gamma \ \vdash \ e_1 \ : \ t \textbf{ ref} \qquad \Gamma \ \vdash \ e_2 \ : \ t}{\Gamma \ \vdash \ (e_1 := e_2) \ : \ \textbf{unit}}$$

Diese Regeln sehen plausibel aus. Leider vertragen sie sich nicht mit Polymorphie.

Beispiel 4.2.11 Betrachten Sie den Programmausdruck:

$$
\begin{aligned}
&\textbf{let} \quad y \ = \ \textbf{ref}\,[\,] \\
&\textbf{in let} \ \_ \ = \ y \ := \ 1 :: (!\,y) \\
&\textbf{in let} \ \_ \ = \ y \ := \ \textbf{true} :: (!\,y) \\
&\textbf{in} \ \ 1
\end{aligned}
$$

Typinferenz führt zu keinerlei Widersprüchen. Für y liefert sie das Typschema $\forall\,\alpha.\,\alpha$ list **ref**. Zur Laufzeit wird jedoch eine Liste aufgebaut, die den *int*-Wert 1 zusammen mit dem booleschen Wert **true** enthält. Solche gemischten Listen sollten eigentlich durch das Typsystem verhindert werden. □

Das Problem in Beispiel 4.2.11 kann verhindert werden, wenn die Typen änderbarer Werte nie generalisiert werden. Dies wird durch die *Value Restriction* sichergestellt.
   Die Menge der *Wertausdrücke* umfasst alle Ausdrücke, die keine Referenz und keine Funktionsanwendungen außerhalb einer Funktionsabstraktion enthalten. Insbesondere ist *jede* Funktion **fun** $x \to e$ ein Wertausdruck. Die *Value Restriction* besagt nun, dass bei einem Ausdruck

$$\textbf{let } x = e_1 \textbf{ in } e_0$$

Typvariablen des Typs von e_1 nur generalisiert werden dürfen, wenn e_1 ein Wertausdruck ist. Eine entsprechende Einschränkung kommt bei *letrec*-Ausdrücken zum Einsatz.

Weil der definierende Ausdruck für y in Beispiel 4.2.11 eine Referenz enthält, darf sein Typ nicht generalisiert werden. Die erste Verwendung von y legt den Typ von y auf **int ref** fest. Die zweite Verwendung im Beispiel wird deshalb zu einem Typfehler führen.

Polymorphie ist ein sehr nützliches Hilfsmittel bei der Programmierung. In der Form von *Generics* hat es in JAVA 1.5 Einzug gehalten. Auch Typinferenz ist nicht mehr nur auf funktionale Sprachen beschränkt, da man in C# wie in JAVA erkannt hat, dass komplizierte und redundante Typdeklarationen den Code nicht unbedingt lesbarer machen.

Die Entwicklung ausdrucksstarker Typsysteme mit leistungsfähiger Typinferenz ist jedoch mit dem Hindley-Milner-Typsystem nicht zum Erliegen gekommen. In der Programmiersprache HASKELL wird mit verschiedenen Erweiterungen dieses Ansatzes experimentiert. Eine mittlerweile gut etablierte Idee besteht darin, *Bedingungen* an die Typen zu zulassen, die für eine generische Typvariable eingesetzt werden dürfen.

Beispiel 4.2.12 Betrachten Sie die folgende rekursive Funktion

$$
\begin{aligned}
\textbf{fun } \text{member} \;=\; &\textbf{fun } x \;\rightarrow\; \textbf{fun } \text{list} \;\rightarrow\; \textbf{match } \text{list} \\
&\textbf{with} \quad [\,] \qquad \rightarrow\quad \textbf{false} \\
&\quad\;\mid \quad\; h :: t \quad \rightarrow\quad \textbf{if } x = h \textbf{ then true} \\
&\qquad\qquad\qquad\qquad\quad \textbf{else } \text{member } x\ t
\end{aligned}
$$

In OCAML hat die Funktion member den Typ: $\forall\, \alpha.\, \alpha \rightarrow \alpha\ \text{list} \rightarrow \textbf{bool}$. Dies liegt daran, dass die Gleichheit für die Werte *sämtlicher* Typen definiert ist: bei manchen Typen wirft sie jedoch eine *Exception*. Das ist in der funktionalen Sprache SML anders: SML unterscheidet zwischen *Gleichheitstypen*, die Gleichheit unterstützen, und beliebigen Typen. Funktionstypen z. B. unterstützen Gleichheit nicht. Entsprechend dürfen in SML-Typ für MEMBER für α nur *Gleichheitstypen* eingesetzt werden. $\square$

4.2.4 Typklassen

Das Problem aus Beispiel 4.2.12 kann verallgemeinert werden. Oft ist eine Funktion, ist eine Datenstruktur nicht generell polymorph, sondern verlangt Daten, die bestimmte Operationen unterstützen. Die Funktion sort ist z. B. nur auf Listen anwendbar, deren Elemente eine Operation $\leq$ zulassen.

Im Folgenden erläutern wir in den Grundzügen, wie das Typsystem von Hindley-Milner erweitert werden kann, so dass Typparameter mit solchen Bedingungen versehen werden können. Die Vorgehensweise orientiert sich an dem Konzept von

Typklassen der Programmierklasse HASKELL. Eine Bedingung an eine Typvariable α gibt an, welche Operationen die Typen, die für diese Variable eingesetzt werden dürfen, implementieren müssen. Eine *Typklasse C* versammelt alle Typen, die die Operationen, die zu C gehören, unterstützen. Typklassen zusammen mit den zugehörigen Operationen müssen explizit deklariert werden.

Beispiel 4.2.13 Beispiele für Typklassen sind etwa:

Name	Operation		
Gleichheitstypen	(=)	:	$\alpha \to \alpha \to$ **bool**
Vergleichstypen	(≤)	:	$\alpha \to \alpha \to$ **bool**
Druckbare Typen	to_string	:	$\alpha \to$ **string**
Hashbare Typen	hash	:	$\alpha \to$ **int**

Dabei bezeichne (□) die zweistellige Funktion, die zu dem zweistelligen Infix-Operator □ gehört. □

Ein bedingtes Typschema für einen beliebigen Ausdruck hat die Form:

$$\forall \alpha_1 : S_1, \ldots, \alpha_m : S_m . \, s$$

wobei $S_1, \ldots, S_m$ endliche *Mengen* von Typklassen darstellen und s ein polymorphes Typschema ist und also selbst ebenfalls generalisierte Variablen enthalten kann. Eine Menge S von Typklassen, die als Bedingung auftritt, nennen wir auch *Sorte*. Wenn eine Sorte $S = \{C'\}$ einelementig ist, sparen wir uns auch die Mengenklammern. Der Einfachheit halber nehmen wir an, zu jeder Typklasse gehöre genau eine Operation. Um eine neue Typklasse C zu deklarieren, müssen die zugehörige Operation op_C und der Typ der Operation op_C spezifiziert werden:

$$\textbf{class } C \textbf{ where } \text{op}_C \; : \; \forall \alpha : C . \, t$$

für einen Typausdruck t. Das Typschema für op_C darf dabei nur eine generische Variable enthalten, welche durch C qualifiziert ist.

Neben der Deklaration von Klassen werden *Instanzdeklarationen* benötigt. Eine Instanzdeklaration für die Klasse C gibt an, unter welchen Bedingungen an die Argumenttypen die Anwendung eines k-stelligen Typkonstruktors b einen Typ in der Klasse C liefert und stellt eine Implementierung des Operators op_C der Klasse C bereit.

$$\textbf{inst } b(S_1, \ldots, S_k) \; : \; C$$
$$\textbf{where } \text{op}_C = e$$

Ein Operator, der für verschiedene Typen unterschiedliche Implementierungen besitzt, heißt *überladen*. Der Fall $k = 0$ deckt dabei den Fall eines Basistyps ab, bei dem keine Annahmen über Argumenttypen benötigt werden.

Beispiel 4.2.14 Eine Klasse Eq, die Gleichheitstypen zusammenfasst, zusammen mit zwei Instanzdeklarationen dieser Klasse könnte etwa so aussehen:

class Eq **where**
   $(=)$: $\forall\, \alpha : C.\ \alpha \to \alpha \to$ **bool**

inst (Eq $*$ Eq) : Eq
where $(=)$ = **fun** x $\to$ **fun** y $\to$ **match** x **with**
                                    (x_1, x_2) $\to$ **match** y **with**
                                    (y_1, y_2) $\to$ $(x_1 = y_1) \wedge (x_2 = y_2)$
inst Eq **list** : Eq
where $(=)$ = **let rec** eq_list = **fun** l_1 $\to$ **fun** l_2 $\to$ **match** l_1
              with   [] $\to$ (**match** l_2 **with** [] $\to$ **true** | _ $\to$ **false**)
                 | $x :: xs$ $\to$ (**match** l_2 **with** [] $\to$ **false**
                                             | $y :: ys$ $\to$ **if** $(=)$ x y **then** eq_list $xs\ ys$
                                                        else false)
              in eq_list

Die Implementierung der Gleichheit für Paare wird mit Hilfe der Gleichheiten für die Komponententypen implementiert. Entsprechend benutzt die Implementierung der Gleichheit für eine Liste die Gleichheit für den Elementtyp der Liste. Aufgabe der Typinferenz ist damit nicht nur zu überprüfen, dass die verschiedenen Typen der Ausdrücke zusammen passen, sondern auch, für unterschiedliche Vorkommen eines Operators die richtige Implementierung ausfindig zu machen. □

Oft ist es praktisch, mehrere Operationen zu einer Klasse zusammenzufassen. Eine Klasse Number könnte z. B. alle Typen zusammenfassen, die die üblichen vier Grundrechenarten unterstützen. Zusammen mit der Klassendeklaration können dann direkt *abgeleitete* Operationen implementiert werden. So lässt sich etwa eine Gleichheit implementieren, sofern es nur eine Vergleichsoperation $\leq$ gibt. Eine solche generische Implementierung führt zu einer generischen Unterklassenbeziehung. Zusätzlich zu den vom System bereit gestellten Typen sollte dann die Standardbibliothek der Programmiersprache auch vordefinierte Klassen bereitstellen, in die die vordefinierten Typen eingeordnet sind. In unserem Beispiel sollten etwa die Basistypen **int** und **bool** ebenfalls Instanzen der Klasse Eq sein.

Wenden wir uns nun der Frage zu, wie die richtige Verwendung der überladenen Operatoren überprüft werden kann. Zuerst überzeugen wir uns, dass wir für jeden Typausdruck t bestimmen können, ob er einen Typ aus einer Klasse C repräsentiert. Sei Σ eine Zuordnung von Typvariablen zu Sorten. Typvariablen, die nicht in Σ vorkommen, werden implizit auf die *leere Menge* abgebildet: für sie verlangt Σ keine Einschränkung. Σ heißt dann *Sortenumgebung*. Für die Sortenumgebung Σ und eine Sorte S soll dann die Aussage

$$\Sigma \vdash t : S$$

ausdrücken, dass der Typ t zu je der Klasse $C \in S$ gehört, sofern jede Typvariable α, die in t vorkommt, zu allen Klassen aus $\Sigma(\alpha)$ gehört.

Nehmen wir an, Σ sei gegeben. Die Menge $S[t]$ *aller* Klassen C, zu denen t gehört, lässt sich induktiv über die Struktur von t ermitteln. Ist t eine Typvariable α, dann ist $S[t] = \Sigma(\alpha)$. Hat t die Form $b(t_1, \ldots, t_k)$ für einen Typkonstruktor b, dann ist $S[t]$ die Menge aller Klassen C, für die es eine Instanzdeklaration **inst** $b(S_1, \ldots, S_k) : C \ldots$ gibt mit $S_i \subseteq S[t_i]$ für alle i.

Wenn es für jede Klasse und jeden Typkonstruktor maximal eine Instanzdeklaration gibt, können umgekehrt, ausgehend von einer Sortenanforderung S an der Wurzel eines Typausdrucks t, Sortenanforderungen für die Teilausdrücke von t abgeleitet werden. Das erlaubt uns, die *minimale* Annahmen an die Typvariablen berechnen, die in t vorkommen, damit t zu allen Klassen aus S gehört.

Beispiel 4.2.15 Nehmen wir an, dass die Basistypen **int** und **bool** zu der Klasse Eq gehören.

- Dann gehören auch die Typen (**bool, int list**) und (**bool, int list**) **list** zu Eq.
- Der Typ **bool** $\to$ **int** gehört nicht zu der Klasse Eq, solange keine Instanzdeklaration für Eq und den Typkonstruktor $\to$ bereit gestellt wird.
- Der Typausdruck $(\alpha, \textbf{int})$ **list** bezeichnet dagegen Typen der Klasse Eq, sofern α zu der Klasse Eq gehört. $\square$

Um Typen für funktionale Programme mit Klassen- und Instanzdeklarationen herzuleiten, könnten wir so vorgehen, dass wir zuerst einmal die Bedingungen in Typschemata ignorieren d. h. Hindley-Milner-Typen inferieren. In einer zweiten Phase werden dann für alle Typvariablen die Sorten ermittelt. Der Nachteil dieser Vorgehensweise ist, dass damit zwar die Typkorrektheit eines Programms nachgewiesen werden kann, dass nach wie vor aber nicht klar ist, wie solche Programme implementiert werden könnten.

Eine bessere Idee besteht deshalb darin, die polymorphe Typinferenz mit Hilfe des Algorithmus $\mathcal{W}$ so zu modifizieren, dass er für einen Ausdruck e neben Typ- und Sorteninformation auch eine *Übersetzung* von e in einen Ausdruck e' liefert, indem die Auswahl der richtigen Implementierung eines Operators explizit gemacht wird.

Für die Übersetzung stellen wir für jede Sorte S eine Struktur α dict$_S$ bereit, die für jeden Operator op einer Klasse in S in einer Komponente op eine *Implementierung* bereit stellt. Der überladene Operator op$_C$ der Klasse C mit dem Typschema $\forall \alpha : C. \, t$ wird dann übersetzt in das Nachschlagen $\alpha.\text{op}_C$ in einer Tabelle α, die eine Komponente op$_C$ besitzt. Aufgabe der Übersetzung ist, zu jeder Verwendung des Operators eine Tabelle zu transportieren, die die jeweils richtige Implementierung des Operators bereit stellt. Eine Variable f, für die der Algorithmus $\mathcal{W}$ ein Typschema $\forall \alpha_1 : S_1, \ldots, \alpha_m : S_m. \, s$ angelegt, wird darum in eine Funktion übersetzt, die m Tabellen als zusätzliche Argumente verlangt:

$$f : \forall \alpha_1 \ldots \alpha_m. \, \alpha_1 \, \text{dict}_{S_1} \to \ldots \alpha_m \, \text{dict}_{S_m} \to s$$

Um den Algorithmus $\mathcal{W}$ zu modifizieren, benötigen wir eine Unifikationsfunktion, die die Sorteninformation mit verwaltet:

$$\begin{aligned}
\mathsf{sort\_unify}\,(\tau_1, \tau_2)\ \Sigma\ =\ &\mathbf{match}\ \mathsf{unify}\,(\tau_1, \tau_2)\ \emptyset \\
&\mathbf{with}\ \ \mathsf{Fail}\ \ \rightarrow\ \ \mathsf{Fail} \\
&|\quad\ \theta\quad\ \rightarrow\ \ (\mathbf{match}\ \theta^{-1}\,\Sigma\ \mathbf{with}\ \ \mathsf{Fail}\ \ \rightarrow\ \mathsf{Fail} \\
&\qquad\qquad\qquad\qquad\quad |\quad\ \Sigma'\ \ \rightarrow\ (\theta, \Sigma'))
\end{aligned}$$

Dabei liefert $\theta^{-1}\,\Sigma$ die minimale Sortenannahme Σ' für die Typvariablen, die im Bild von θ vorkommen, damit die Sortennahmen in Σ erfüllt sind, d. h. dass $\Sigma' \vdash (\theta\,\alpha) : (\Sigma\,\alpha)$ gilt für alle Typvariablen α.

Beispiel 4.2.16 Betrachten Sie Instanzdeklarationen, die zu den folgenden Regeln führen:

$$\begin{aligned}
\mathsf{Eq\ list}\quad &:\quad \mathsf{Eq} \\
\mathsf{Comp\ set}\quad &:\quad \mathsf{Eq}
\end{aligned}$$

und sei:

$$\Sigma = \{\alpha \mapsto \mathsf{Eq}\}\qquad \theta = \{\alpha \mapsto \beta\,\mathsf{set\ list}\}$$

Umrechnung der Sortenanforderung $\Sigma(\alpha) = \mathsf{Eq}$ für die Typvariable α bzgl. der Typsubstitution θ in eine Sortenanforderung an die Typvariablen (hier: nur β) in dem Typterm $\theta\,\alpha$ liefert die Sortenanforderung:

$$\theta^{-1}\,\Sigma = \{\beta \mapsto \mathsf{Comp}\}$$

Die substituierte Variable α kommt in $\theta^{-1}\,\Sigma$ nicht mehr vor. $\quad\square$

Für die Implementierung des erweiterten Algorithmus $\mathcal{W}$ modifizieren wir ebenfalls die Hilfsfunktionen close und inst.

Der Aufruf sort_close $(t, e)\ (\Gamma, \Sigma)$ für einen Typ t und einen Ausdruck e bzgl. einer Typumgebung Γ und einer Sortenumgebung Σ macht alle Typvariablen in t generisch, die weder in Γ noch in Σ vorkommen, und *beschränkt generisch* gemäß der Sortenumgebung Σ, wenn sie nicht in Γ, aber in Σ vorkommen. Neben dem Typschema liefert der Aufruf als zweite Komponente die Sortenumgebung Σ zurück, aus der die Variablen, die in dem Typschema generalisiert werden, nicht mehr vorkommen. Als dritte Komponente wird die Funktion zurück geliefert, die man aus dem Ausdruck e erhält, wenn die generischen Typvariablen des Typschemas als formale Parameter abstrahiert werden:

$$\begin{aligned}
\mathsf{sort\_close}\,(t, e)\ &(\Gamma, \Sigma) \\
=\ &\mathbf{let}\ \ \alpha'_1, \ldots, \alpha'_n = \mathsf{free}\,(t) \setminus (\mathsf{free}\,(\Gamma) \cup \mathsf{dom}\,(\Sigma)) \\
&\mathbf{in\ let}\ \ s = \forall\,\alpha'_1, \ldots, \alpha'_n.\,t \\
&\mathbf{in\ let}\ \ \alpha_1, \ldots, \alpha_m = (\mathsf{free}\,(t) \setminus \mathsf{free}\,(\Gamma)) \cap \mathsf{dom}\,(\Sigma) \\
&\mathbf{in\ let}\ \ s = \forall\,\alpha_1 : \Sigma(\alpha_1), \ldots, \alpha_m : \Sigma(\alpha_m).\,s \\
&\mathbf{in\ let}\ \ \Sigma = \Sigma \setminus \{\alpha_1, \ldots, \alpha_m\} \\
&\mathbf{in}\ (s, \Sigma, \mathbf{fun}\ \alpha_1 \rightarrow \ldots \mathbf{fun}\ \alpha_m \rightarrow e)
\end{aligned}$$

Die Instantiierung mit *frischen* Typ-Variablen leistet die folgende Funktion:

$$
\begin{aligned}
\textbf{fun } \mathsf{sort\_inst} \ (\forall\, \alpha_1 &: S_1, \ldots, \alpha_m : S_m. \, s, x) \\
&= \quad \textbf{let} \quad t = \mathsf{inst} \ s \\
&\quad \textbf{in let} \quad \beta_1 = \mathsf{new}() \\
&\qquad \ldots \\
&\quad \textbf{in let} \quad \beta_m = \mathsf{new}() \\
&\quad \textbf{in let} \quad t = t[\beta_1/\alpha_1, \ldots, \beta_m/\alpha_m] \\
&\quad \textbf{in} \quad (t, \{\beta_1 \mapsto S_1, \ldots, \beta_m \mapsto S_m\}, \\
&\qquad\qquad x \, \beta_1 \ldots \beta_m)
\end{aligned}
$$

Bei der Transformation werden nur diejenigen Typparameter zu Funktionsparametern, die durch Sorten einschränkt werden. Die Typvariablen, die in die Ausgabeausdrücke eingefügt werden, können im weiteren Verlauf des Algorithmus $\mathcal{W}$ durch Unifikation von Typausdrücken weiter spezialisiert werden. Dann werden sie nicht nur in den Typen, sondern auch in den Ausdrücken substituiert. Wird eine Variable $\alpha : S$ durch einen Typausdruck t ersetzt, wird eine S-Tabelle gemäß dem Typ t generiert und für die Variable α eingesetzt. Die Generierung dieser Tabelle leistet die Transformation $\mathcal{T}$:

$$
\begin{aligned}
\mathcal{T}[\beta] \ S \quad &= \quad \beta \\
\mathcal{T}[b(t_1, \ldots, t_m)] \ S \quad &= \quad \textbf{forall } C \in S \\
&\qquad \textbf{let } \mathsf{op}'_C = \quad \textbf{let } d_1 = \mathcal{T}[t_{i_1}] \ S_{C, i_1} \ \textbf{in} \\
&\qquad\qquad\qquad\qquad \ldots \\
&\qquad\qquad\qquad\qquad \textbf{let } d_k = \mathcal{T}[t_{i_k}] \ S_{C, i_k} \ \textbf{in} \\
&\qquad\qquad\qquad\qquad \mathsf{op}_{C, b} \, d_1 \ldots d_k \\
&\qquad \textbf{in } \{\mathsf{op}_C = \mathsf{op}'_C \mid C \in S\}
\end{aligned}
$$

falls $b \ (S_{C,1}, \ldots, S_{C,m}) \ : \ C$ gilt und $S_{C, i_1}, \ldots, S_{C, i_k}$ die Teilfolge der nichtleeren Sorten unter den $S_{C,i}$ ist. Die Implementierung des Operators op_C mit $C \in S$ für den Typ t kann dann in der Tabelle $\mathcal{T}[t] \ S$ nachgeschlagen werden.

Nun sind wir so weit, dass wir den Algorithmus $\mathcal{W}$ erweitern können. Der modifizierte Algorithmus $\mathcal{W}$ erhält als Argumente neben dem Ausdruck e eine Typumgebung Γ, eine idempotente Typsubstitution θ und zusätzlich eine Sortenumgebung Σ. Als Rückgabewert liefert er neben einem Typ für e eine gegebenfalls weiter spezialisierte idempotente Typsubstitution θ', eine Sortenumgebung Σ' sowie die Übersetzung des Ausdrucks e. Hier geben wir nur die wichtigsten Fälle an. Den vollständigen Algorithmus sollten Sie in Aufgabe 4 entwickeln.

$$
\begin{aligned}
&\qquad \ldots \\
\mid \ \mathsf{op}_C \quad &\rightarrow \quad \textbf{let} \quad \beta = \mathsf{new}() \\
&\qquad\qquad \textbf{in} \quad (t_C[\beta/\alpha], \Sigma \oplus \{\beta \mapsto C\}, \theta, \beta.\mathsf{op}_C) \\
\mid \ x \quad &\rightarrow \quad \textbf{let} \quad (t, \Sigma', e') = \mathsf{sort\_inst} \ (\Gamma(x), x) \\
&\qquad\qquad \textbf{in} \quad (t, \Sigma \cup \Sigma', \theta, e')
\end{aligned}
$$

$\mid$ (LET $x = e_1$ IN e_0)

$\rightarrow$ **let** $(t_1, \Sigma, \theta, e_1') = \mathcal{W} \, e_1 \, (\Gamma, \Sigma, \theta)$
in let $e_1' = \mathcal{T}[e_1'] \, (\theta, \Sigma)$
in let $(s_1, \Sigma, e_1') = \text{sort\_close} \, (\theta \, t_1, e_1') \, (\theta \, \Gamma, \Sigma)$
in let $\Gamma = \Gamma \oplus \{x_1 \mapsto s_1\}$
in let $(t_0, \Sigma, \theta, e_0') = \mathcal{W} \, e_0 \, (\Gamma, \Sigma, \theta)$
in let $e' = (\text{LET } x_1 = e_1' \text{ IN } e_0')$
in $(t_0, \Sigma, \theta, e')$

wobei $\mathcal{T}[e] \, (\theta, \Sigma)$ jedes Vorkommen einer Variable β in e mit $\Sigma(\beta) = S$ durch die Tabelle $\mathcal{T}[\theta \, \beta] \, S$ ersetzt. Die Typinferenz/Transformation startet mit der leeren Sortenumgebung $\Sigma_0 = \emptyset$ und einer leeren Typumgebung $\Gamma_0 = \emptyset$. Sei

$$\textbf{inst} \; b(S_1, \ldots, S_m) : C \; \textbf{where} \; \text{op}_C = e$$

die Instanz-Deklaration einer Klasse C, deren Operator op_C das Typschema $\forall \alpha : C.t$ erfüllt, wobei $S_{i_1}, \ldots, S_{i_k}$ die Teilfolge der nicht-leeren Sorten unter den S_i ist. Dann muss überprüft werden, ob die Implementierung einen passenden Typ hat, d. h. ob

$$\mathcal{W} \, e \, (\Gamma_0, \emptyset, \emptyset) = (t', \Sigma, \theta, e') \qquad \text{mit} \qquad \theta \, t' = t[b(\beta_1, \ldots, \beta_m)/\alpha]$$

gilt für geeignete Typvariablen β_i mit:

$$\Sigma(\beta_i) \subseteq S_i$$

gilt. Die Implementierung des Operators op_C für den Typkonstruktor b ergibt sich dann zu:

$$\text{op}_{C,b} = \textbf{fun} \, \beta_{i_1} \rightarrow \ldots \rightarrow \textbf{fun} \, \beta_{i_k} \rightarrow \mathcal{T}[e'] \, (\theta, \Sigma)$$

Beispiel 4.2.17 Betrachten wir die Implementierungen der Gleichheit für Paare und Listen. Gemäß ihrer Deklaration haben sie die Typen:

$(=)_{\text{pair}}$ $: \forall \, \alpha_1 : \text{Eq}, \alpha_2 : \text{Eq}. \, (\alpha_1 * \alpha_2) \rightarrow (\alpha_1 * \alpha_2) \rightarrow \textbf{bool}$

$(=)_{\text{list}}$ $: \forall \, \alpha : \text{Eq}. \, \alpha \, \textbf{list} \rightarrow \alpha \, \textbf{list} \rightarrow \textbf{bool}$

Nach der Transformation ergeben sich die Typen:

$(=)_{\text{pair}}$ $: \forall \, \alpha_1, \alpha_2. \, \alpha_1 \, \text{dict}_{\text{Eq}} \rightarrow \alpha_2 \, \text{dict}_{\text{Eq}} \rightarrow (\alpha_1 * \alpha_2) \rightarrow (\alpha_1 * \alpha_2) \rightarrow \textbf{bool}$

$(=)_{\text{list}}$ $: \forall \, \alpha. \, \alpha \, \text{dict}_{\text{Eq}} \rightarrow \alpha \, \textbf{list} \rightarrow \alpha \, \textbf{list} \rightarrow \textbf{bool}$

Für jeden bedingten Typparameter wird ein weiteres Argument bereit gestellt. Nach der Transformation erhalten wir für die Implementierung:

$$(=)_{\text{pair}} = \textbf{fun } \beta_1 \rightarrow \textbf{fun } \beta_2 \rightarrow \textbf{fun } x \rightarrow \textbf{fun } y \rightarrow$$
$$\textbf{match } x \textbf{ with } (x_1, x_2) \rightarrow$$
$$\textbf{match } y \textbf{ with } (y_1, y_2) \rightarrow$$
$$\beta_1.(=) \; x_1 \; y_1 \; \wedge \; \beta_2.(=) \; x_2 \; y_2$$

$$(=)_{\text{list}} = \textbf{fun } \beta \rightarrow \textbf{let rec } \text{eq\_list} = \textbf{fun } l_1 \rightarrow \textbf{fun } l_2 \rightarrow \textbf{match } l_1$$
$$\textbf{with} \quad [] \qquad \rightarrow \quad (\textbf{match } l_2 \textbf{ with } [] \rightarrow \textbf{true} \mid \_ \rightarrow \textbf{false})$$
$$\mid \quad x :: xs \quad \rightarrow \quad (\textbf{match } l_2 \textbf{ with } [] \rightarrow \textbf{false}$$
$$\mid \; y :: ys \rightarrow$$
$$\textbf{if } \beta.(=) \; x \; y \textbf{ then } \text{eq\_list} \; xs \; ys$$
$$\textbf{else false})$$
$$\textbf{in } \text{eq\_list}$$

Die Programmvariablen β_1, β_2 und β sind neue Programmvariablen, die aus Typvariablen generiert wurden. Ihre Laufzeitwerte sind Tabellen, die die jeweils richtige Implementierung des überladenen Operators (=) bereit stellen. □

In unserer Implementierung tritt der Komponentenname op in allen Tabellen zu Sorten auf, die eine Implementierung des Operators op verlangen. In Programmiersprachen wie OCAML darf jeder Komponentenname jedoch nur in höchstens einem Verbundtypen verwendet werden. Eine Lösung besteht darin, *nach* abgeschlossener Typinferenz und Transformation die Verbundtypen mit eindeutigen Komponentennamen zu versehen und entsprechend die Zugriffe auf die Komponenten anzupassen.

Die Einführung von Typklassen ist keineswegs das Ende der Fahnenstange. In der Programmiersprache HASKELL wird mit weiteren Erweiterungen des Typsystems von Hindey-Milner experimentiert. Insbesondere stellt HASKELL neben Typklassen auch *Typkonstruktor*-Klassen zur Verfügung. Diese erlauben eine generische Behandlung von *Monaden*. Mit Monaden lassen sich rein funktional und auf theoretisch befriedigende Weise Ein- und Ausgabe sowie Seiteneffekte modellieren.

4.3 Attributgrammatiken

Die Berechnungen zur Bestimmung der statischen Semantik von Programmen sind im wesentlichen Berechnungen auf Syntaxbäumen. Ein elegantes Beschreibungsmittel für Berechnungen auf Syntaxbäumen sind *Attributgrammatiken* (englisch: attribute grammars). Attributgrammatiken erweitern kontextfreie Grammatiken, indem sie mit den Symbolen der zugrundeliegenden Grammatik *Attribute* assoziieren. Die Menge der Attribute eines Symbols X bezeichnen wir mit $\mathcal{A}(X)$. Jedem Attribut a ist eindeutig ein Typ τ_a zugeordnet, der die Menge der möglichen Werte der zugehörigen Attributexemplare festlegt. Betrachten wir eine Produktion $p : X_0 \longrightarrow X_1 \ldots X_k$, auf deren rechter Seite $k \geq 0$ Symbole vorkommen. Um die unterschiedlichen Vorkommen von Symbolen in der Produktion p zu unterscheiden, nummerieren wir diese von links nach rechts durch. Das bedeutet, dass die linke Seite X_0 mit $p[0]$ bezeichnet wird, während das i-te Symbol X_i auf der rechten Seite von p mit $p[i]$ für $i = 1, \ldots, k$ bezeichnet wird. Das Attribut a des Symbolvorkommens X_i bezeichnen wir dann mit $p[i].a$.

Zu jeder Produktion werden Vorschriften in einer geeigneten Implementierungssprache angegeben, wie Attribute der Symbolvorkommen in der Produktion aus anderen Attributen von Symbolvorkommen derselben Produktion berechnet werden. Diese Berechnungsvorschriften nennen wir *semantische Regeln*. In unseren Beispielen notieren wir die semantischen Regeln in einer OCAML-artigen Programmiersprache. Das hat den Vorteil, dass wir auf die explizite Angabe von Typen verzichten können.

Ein solcher Mechanismus wird in eingeschränkter Form auch von gängigen LR-Parsern wie YACC oder BISON bereit gestellt: hier ist jedem Symbol der Grammatik jedoch nur ein Attribut zugeordnet. Zu jeder Produktion gibt es eine semantische Regel, die festlegt, wie das Attribut der linken Seite der Produktion aus den Attributen der Symbolvorkommen der rechten Seite berechnet wird.

Beispiel 4.3.1 Betrachten Sie eine kontextfreie Grammatik mit den Nichtterminalen E, T, F für arithmetische Ausdrücke. Die Menge der Terminale bestehe aus Klammersymbolen, Operatorsymbolen und den Symbolen var und const, das *int*-Variablen bzw. Konstanten repräsentiert. Den Nichtterminalen wollen wir ein Attribut *tree* zuordnen, das eine interne Repräsentation des Ausdrucks enthält.

Zur Berechnung dieses Attributs erweitern wir die Produktionen der Grammatik um semantische Regeln wie folgt:

$$p_1 : \quad E \quad \longrightarrow \quad E + T$$
$$p_1[0].tree = \mathsf{Plus}\,(p_1[1].tree, p_1[2].tree)$$

$$p_2 : \quad E \quad \longrightarrow \quad T$$
$$p_2[0].tree = p_2[1].tree$$

$$p_3 : \quad T \quad \longrightarrow \quad T * F$$
$$p_3[0].tree = \mathsf{Mult}\,(p_3[1].tree, p_3[2].tree)$$

$$p_4 : \quad T \quad \longrightarrow \quad F$$
$$p_4[0].tree = p_4[1].tree$$

$$p_5 : \quad F \quad \longrightarrow \quad \mathsf{const}$$
$$p_5[0].tree = \mathsf{Int}\,(p_5[1].val)$$

$$p_6: \quad F \quad \longrightarrow \quad \text{var}$$
$$p_6[0].tree = \text{Var}\,(p_6[1].id)$$
$$p_7: \quad F \quad \longrightarrow \quad (E)$$
$$p_6[0].tree = p_6[2].tree$$

Zur Konstruktion der Interndarstellung wurden die Konstruktoren:

Plus, Mult, Int, Var

verwendet. Weiterhin wurde angenommen, dass jedes Symbol const über ein Attribut *val* verfügt, das den Wert der Konstanten enthält, und jedes Symbol var ein Attribut *id* mit einer eindeutigen Kennung der Variablen. □

Einige Parsergeneratoren addressieren die verschiedenen Vorkommen von Symbolen in einer Produktion, indem sie die Vorkommen sortiert nach jedem Symbol indizieren.

Beispiel 4.3.2 Betrachten Sie erneut die Grammatik aus Beispiel 4.3.1. Gemäß der Konvention, verschiedene Vorkommen des selben Symbols in der selben Produktion durchzunummerieren, werden die semantischen Regeln wie folgt notiert:

$$p_1: \quad E \quad \longrightarrow \quad E + T$$
$$E[0].tree = \text{Plus}\,(E[1].tree, T.tree)$$
$$p_2: \quad E \quad \longrightarrow \quad T$$
$$E.tree = T.tree$$
$$p_3: \quad T \quad \longrightarrow \quad T * F$$
$$T[0].tree = \text{Mult}\,(T[1].tree, F.tree)$$
$$p_4: \quad T \quad \longrightarrow \quad F$$
$$T.tree = F.tree$$
$$p_5: \quad F \quad \longrightarrow \quad \text{const}$$
$$F.tree = \text{Int}\,(\text{const}.val)$$
$$p_6: \quad F \quad \longrightarrow \quad \text{var}$$
$$F.tree = \text{Var}\,(\text{var}.id)$$
$$p_7: \quad F \quad \longrightarrow \quad (E)$$
$$F.tree = E.tree$$

Kommt ein Symbol überhaupt nur einmal vor, wird der Index weggelassen. Kommt ein Symbol X mehrmals vor, bezeichnet der Index 0 ein Vorkommen auf der linken Seite, während alle Vorkommen auf der rechten Seite der Produktion von 1 fortlaufend nummeriert werden. □

In konkreten Beispielen von Attributgrammatiken werden wir uns an die Konvention aus Beispiel 4.3.2 halten, während bei den konzeptuellen Überlegungen die Addressierung der Symbolvorkommen in einer Produktion $p : X_0 \to X_1 \ldots X_k$ durch fortlaufende Indizierung $p[0], \ldots, p[k]$ wie in Beispiel 4.3.1 eleganter ist. Das eine semantische Attribut an jedem Symbol, das LR-Parsergeneratoren zur Verfügung stellen, kann eingesetzt werden, um während der Syntaxanalyse eine Repräsentation des Syntaxbaums aufzubauen. Attributgrammatiken verallgemeinern diese Idee in zwei Richtungen. Zum einen kann ein Symbol nun mehrere Attribute besitzen. Zum anderen werden die Attribute der linken Seite nicht notwendigerweise immer mit Hilfe der Attribute der Symbole definiert, die auf der rechten Seite vorkommen. Die Werte mancher Attribute der rechten Seite können sich nun auch aus den Werten von Attributen der linken Seite oder von Attributen anderer Symbole der rechten Seite ergeben.

Wir führen folgende Sprechweisen ein. Die einzelnen Attribute $p[i].a$ der verschiedenen Symbolvorkommen in einer Produktion p nennen wir *Attributvorkommen*. Sie gehören der Attributgrammatik an und dienen zur *Spezifikation* des lokalen Verhaltens an einem Knoten. Greift die definierende Vorschrift für ein Attributvorkommen auf ein anderes Attributvorkommen zu, besteht zwischen diesen beiden Attributvorkommen eine *funktionale Abhängigkeit*.

Die Attribute der Symbolvorkommen in einem Syntaxbaum nennen wir dagegen *Attributexemplare*. Sie treten zur Übersetzungszeit auf, nachdem der Quelltext des Programms syntaktisch analysiert ist und weitere Berechnungen auf dem Syntaxbaum vorgenommen werden sollen.

Die funktionalen Abhängigkeiten zwischen Attributvorkommen legen fest, welche Reihenfolgen bei der Berechnung der Attributexemplare an einem Knoten des Syntaxbaums zu beachten sind. Geeignete *Bedingungen* an die funktionalen Abhängigkeiten stellen sicher, dass die *lokalen* semantischen Regeln der Attributgrammatik für die Attributvorkommen in den Produktionen zu einer *globalen* Berechnung der Attributexemplare in einem Syntaxbaum zusammen gesetzt werden können. Die Werte für die Attributexemplare an den einzelnen Knoten des Ableitungsbaums werden von einem globalen Algorithmus bestimmt, der aus der Attributgrammatik generiert wird und sich an jedem Knoten n lokal an die semantischen Regeln hält, die die Produktion für n vorgibt. Wie ein solcher Algorithmus aus einer Attributgrammatik automatisch generiert werden kann, das ist das Thema dieses Kapitels.

Bei den Attributen eines Symbols X unterscheidet man zwischen *ererbten* (engl. inherited) Attributen und *abgeleiteten* (engl. synthesized) Attributen. Die Werte abgeleiteter Attributexemplare an einem Knoten werden aus dem Unterbaum an diesem Knoten berechnet. Deshalb werden die entsprechenden Attributvorkommen der linken Seite einer Produktion in einer Berechnungsvorschrift zu der Produktion definiert. Die Werte der ererbten Attributexemplare eines Knotens werden dagegen aus dem (oberen) Kontext des Knotens berechnet. Deshalb gibt es zu jedem ererbten Attributvorkommen auf der rechten Seite einer Produktion eine Berechnungsvorschrift (siehe Abb. 4.6).

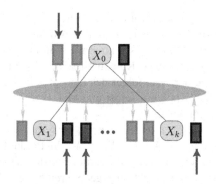

Abb. 4.6 Ein attributierter Knoten im Syntaxbaum mit seinen attributierten Nachfolgern. Exemplare ererbter Attribute sind als *Kästchen links* von den syntaktischen Symbolen, abgeleitete als *Kästchen rechts* von Symbolen dargestellt. *Rote (dunklere) Pfeile* deuten den Informationsfluss von außerhalb an, *gelbe (hellere) Pfeile* deuten funktionale Abhängigkeiten zwischen Attributexemplaren an, die sich durch die Instantiierung der semantischen Regeln ergeben

Die Mengen der ererbten bzw. abgeleiteten Attribute einer Attributgrammatik bezeichnen wir mit $\mathcal{I}$ bzw. $\mathcal{S}$. Die Mengen der ererbten bzw. abgeleiteten Attribute des Symbols X bezeichnen wir entsprechend mit $\mathcal{I}(X)$ bzw. $\mathcal{S}(X)$.

Eine Attributgrammatik ist in *Normalform*, wenn kein Attributvorkommen $p[i].a$ einer Produktion p, das durch eine semantische Regel zu dieser Produktion definiert wird, selbst zur Definition eines Attributvorkommens der Produktion p verwendet wird. Wenn nicht explizit anders gesagt, nehmen wir stets an, dass Attributgrammatiken in Normalform sind.

Wir haben auch bei den Terminalsymbolen der Grammatik abgeleitete Attribute zugelassen. In einem Übersetzer werden Attributgrammatiken zur semantischen Analyse eingesetzt, die auf die lexikalische und syntaktische Analyse folgt. Typische abgeleitete Attribute bei Terminalen sind die Werte von Konstanten, die Externdarstellungen oder eindeutige Identifizierungen von Namen, die Adressen von Stringkonstanten usw. Die Werte dieser Attribute liefert meist der Scanner – zumindest, wenn er um semantische Funktionen erweitert ist. In der Praxis spielen die abgeleiteten Attribute der Terminalsymbole eine entscheidende Rolle.

Auch für die ererbten Attributexemplare an der Wurzel des Syntaxbaums stellt die Attributgrammatik keine semantischen Regeln bereit. Hier muss die Anwendung für eine geeignete Initialisierung sorgen.

4.3.1 Die Semantik einer Attributgrammatik

Die Semantik einer Attributgrammatik legt für jeden Syntaxbaum t der zugrundeliegenden kontextfreien Grammatik fest, welche Werte die Attribute der Symbole an jedem Knoten in t erhalten.

Für jeden Knoten n in t sei $\mathsf{symb}(n)$ das Symbol der Grammatik, mit dem n beschriftet ist. Ist $\mathsf{symb}(n) = X$, wird n mit den Attributen aus $\mathcal{A}(X)$ ausgestattet. Das Attribut $a \in \mathcal{A}(n)$ des Knoten n selektieren wir durch $n.a$. Weiterhin benötigen wir einen Operator, um von einem Knoten zu seinen Nachfolgern zu navigieren. Sei $n_1, \ldots, n_k$ die Folge der Nachfolger des Knoten n in dem Ableitungsbaum t. Dann bezeichne $n[0]$ den Knoten n selbst und $n[i] = n_i$, $i = 1, \ldots, k$, den i-ten Nachfolger von n im Syntaxbaum t.

Ist $X_0 = \mathsf{symb}(n)$ und für $i = 1, \ldots, k$, $X_i = \mathsf{symb}(n_i)$ die Beschriftung des Nachfolgers n_i von n, dann ist $X_0 \longrightarrow X_1 \ldots X_k$ die Produktion der kontextfreien Grammatik, die am Knoten n angewandt wurde. Aus den semantischen Regeln der Attributgrammatik zu dieser Produktion p generieren wir nun Definitionen von Attributen der Knoten $n, n_1, \ldots, n_k$, indem wir den Platzhalter p mit n instantiieren. Aus der semantischen Regel:

$$p[i].a = f(p[i_1].a_1, \ldots, p[i_r].a_r)$$

der Attributgrammatik für die Produktion p wird dann die semantische Regel

$$n[i].a = f(n[i_1].a_1, \ldots, n[i_r].a_r)$$

für den Knoten n im Syntaxbaum t. Hierbei nehmen wir an, dass die semantische Regel eine *totale* Funktion f spezifiziert. Sei t ein Syntaxbaum und

$$V(t) = \{n.a \mid n \text{ Knoten in } t, a \in \mathcal{A}(\mathsf{symb}(n))\}$$

die Menge aller Attributexemplare in t. Die Teilmenge $V_{in}(t)$ der ererbten Attributexemplare der Wurzel und der abgeleiteten Attributexemplare der Blätter nennen wir die Menge der *Eingabeattributexemplare* von t. Eine *Attributierung* des Syntaxbaums t ist eine Belegung σ aller Attributexemplare für t mit Werten, so dass der Typ des Werts $\sigma(n.a)$ für jedes $n.a \in V(t)$ mit dem Typ von a bzgl. des Symbols von n übereinstimmt.

Nach der Vorbelegung der Eingabeattributexemplare mit Werten erhalten wir durch die Instantiierung der semantischen Regeln der Atributgrammatik an allen Knoten in t ein Gleichungssystem, das für jede nicht vorbelegte Unbekannte $n.a$ genau eine Gleichung hat. Sei $\mathsf{GLS}(t)$ dieses Gleichungssystem. Ist $\mathsf{GLS}(t)$ rekursiv (zyklisch), kann es mehrere oder auch gar keine Lösung haben. Ist $\mathsf{GLS}(t)$ nicht rekursiv, gibt es für jede Vorbelegung σ der Eingabeattributexemplare genau eine Attributierung des Syntaxbaums t, die auf den Eingabeattributexemplaren mit σ übereinstimmt und alle Gleichungen des Gleichungssystems erfüllt. Man nennt eine Attributgrammatik deshalb *wohlgeformt*, wenn das Gleichungssystem $\mathsf{GLS}(t)$ für keinen Ableitungsbaum t der zugrundeliegenden kontextfreien Grammatik rekursiv ist. In diesem Fall definieren wir die Semantik der Attributgrammatik als die Abbildung, die jedem Ableitungsbaum t und jeder Vorbelegung σ der Eingabeattributexemplare die Attributierung zuordnet, die auf diesen mit σ übereinstimmt und zusätzlich alle Gleichungen des Gleichungssystems $\mathsf{GLS}(t)$ erfüllt.

4.3.2 Einige Attributgrammatiken

Im Folgenden betrachten wir einige Ausschnitte aus Attributgrammatiken, die wesentliche Teilaufgaben der semantischen Analyse lösen. Die erste Attributgrammatik zeigt, wie die Typen von Ausdrücken mit Hilfe einer Attributgrammatik berechnet werden können.

Beispiel 4.3.3 (Typüberprüfung) Die Attributgrammatik AG_{types} beschreibt die Typberechnung für Ausdrücke mit Wertzuweisungen, nullstelligen Funktionen, den Operatoren $+, -, *, /$ und Variablen und Konstanten vom Typ **int** oder **float** bei einer C-artigen Programmiersprache mit expliziten Typdeklarationen für Variablen. Die Attributgrammatik hat für die Nichtterminalsymbole E, T und F sowie für das Terminalsymbol const ein Attribut *typ*, das Typen, in unserem Fall also die Werte Int oder Float annehmen kann. Die Grammatik kann leicht auf allgemeinere Ausdrücke mit Funktionsanwendungen, Selektionen von Komponenten zusammengesetzter Werte oder Zeigern erweitert werden.

$$E \longrightarrow \text{var } '=' \; E$$
$$
\begin{aligned}
E[1].env &= E[0].env \\
E[0].typ &= E[0].env \; \text{var}.id \\
E[0].ok &= \quad \textbf{let } x = \text{var}.id \\
&\quad \textbf{in let } \tau = E[0].env \, x \\
&\quad \textbf{in} \quad (\tau \neq \text{error}) \\
&\quad \wedge (E[1].type \sqsubseteq \tau)
\end{aligned}
$$

$$E \longrightarrow E \text{ aop } T$$
$$
\begin{aligned}
E[1].env &= E[0].env \\
T.env &= E[0].env \\
E[0].typ &= E[1].typ \sqcup T.typ \\
E[0].ok &= (E[1].typ \sqsubseteq \text{float}) \\
&\quad \wedge (T.typ \sqsubseteq \text{float})
\end{aligned}
$$

$$E \longrightarrow T$$
$$
\begin{aligned}
T.env &= E.env \\
E.typ &= T.typ \\
E.ok &= T.ok
\end{aligned}
$$

$$T \longrightarrow T \text{ mop } F$$
$$
\begin{aligned}
T[1].env &= T[0].env \\
F.env &= T[0].env \\
T[0].typ &= T[1].typ \sqcup F.typ \\
T[0].ok &= (T[1].typ \sqsubseteq \text{float}) \\
&\quad \wedge (F.typ \sqsubseteq \text{float})
\end{aligned}
$$

$$T \longrightarrow F$$
$$
\begin{aligned}
F.env &= T.env \\
T.typ &= F.typ \\
T.ok &= F.ok
\end{aligned}
$$

$$F \longrightarrow (E)$$
$$
\begin{aligned}
E.env &= F.env \\
F.typ &= E.typ \\
F.ok &= E.ok
\end{aligned}
$$

$$F \longrightarrow \text{const}$$
$$
\begin{aligned}
F.typ &= \text{const}.typ \\
F.ok &= \text{true}
\end{aligned}
$$

$$F \longrightarrow \text{var}$$
$$F.typ = F.env \text{ var}.id$$
$$F.ok = (F.env \text{ var}.id \neq \text{error})$$

$$F \longrightarrow \text{var} ()$$
$$F.typ = (F.env \text{ var}.id) ()$$
$$F.ok = \textbf{match } F.env \text{ var}.id$$
$$\textbf{with } \tau () \rightarrow \text{true}$$
$$| \quad \_ \quad \rightarrow \text{false}$$

Das Attribut *env* der Nichtterminale E, T und F ist ererbt, während alle anderen Attribute der Grammatik AG_{types} abgeleitet sind. $\square$

Attributgrammatiken beziehen sich auf die konkrete Syntax. Wenn Operatorpräzedenzen durch die kontextfreie Grammatik ausgedrückt werden, führt das dazu, dass die kontextfreie Grammatik eine größere Anzahl von Kettenproduktionen benötigt, bei deren Anwendung die Werte der Attributexemplare im Syntaxbaum vom oberen Knoten zu dem unteren Knoten (im Falle von ererbten Attributen) oder vom unteren Knoten zum oberen Knoten (im Falle von abgeleiteten Attributen) kopiert werden müssen. Dieses Phänomen lässt sich an der Attributgrammatik AG_{types} sehr gut beobachten. Deshalb treffen wir jetzt eine Konvention, die die Aufschreibung von Attributgrammatiken von den meisten identischen Übergaben befreit:

Bei Fehlen einer semantischen Regel für ein ererbtes Attributvorkommen auf der rechten Seite (abgeleitetes Vorkommen auf der linken Seite) wird eine identische Übergabe von einem gleichnamigen ererbten Attributvorkommen auf der linken Seite (abgeleiteten Attributvorkommen auf der rechten Seite) angenommen.

Natürlich muss im Fall der identischen Übergabe an ein abgeleitetes Attribut der linken Seite genau ein gleichnamiges abgeleitetes Attribut auf der rechten Seite auftreten. Die folgenden Beispiele benutzen diese Konvention – zumindest bei Kettenproduktionen der Form $A \rightarrow B$.

Beispiel 4.3.4 (Verwaltung von Symboltabellen) Die Attributgrammatik AG_{scopes} verwaltet Symboltabellen für ein Fragment einer C-artigen imperativen Sprache mit parameterlosen Prozeduren. Dazu werden die Nichtterminale für Deklarationen, Anweisungen, Blöcke und Ausdrücke mit einem ererbten Attribut *env* assoziiert, welches jeweils die aktuelle Zuordnung von Bezeichnern zu Typen enthält. Eine solche Zuordnung nennen wir *Umgebung*.

Bei der Berechnung der Umgebungen beachten wir, dass die Neudeklaration eines Bezeichners innerhalb eines Blocks verboten sein soll, während sie in einem neuen Block erlaubt ist. Um dies zu überprüfen, sammeln wir in einem weiteren ererbten Attribut *same* die Menge der Bezeichner, die bereits im aktuellen Block deklariert wurden. Das abgeleitete Attribut *ok* soll mitteilen, ob alle verwendeten Bezeichner korrekt deklariert und typkorrekt verwendet wurden.

$\langle decl \rangle \longrightarrow \langle type \rangle$ var;

$\langle decl \rangle .new = (\text{var}.id, \langle type \rangle .typ)$
$\langle decl \rangle .ok \ = \text{true}$

$\langle decl \rangle \longrightarrow \text{void var } () \ \{ \ \langle block \rangle \ \}$

$\langle block \rangle .same = \emptyset$
$\langle block \rangle .env \ = \langle decl \rangle .env \oplus$
$\qquad\qquad\qquad \{\text{var}.id \mapsto \text{void } ()\}$
$\langle decl \rangle .new \ = (\text{var}.id, \text{void } ())$
$\langle decl \rangle .ok \ = \langle block \rangle .ok$

$\langle stat \rangle \longrightarrow \text{var } = E;$

$E.env \ = \langle stat \rangle .env$
$\langle stat \rangle .ok = E.ok \wedge$
$\qquad\qquad \langle stat \rangle .env(\text{var}.id)$
$\qquad\qquad = E.typ$

$\langle stat \rangle \longrightarrow \{ \ \langle block \rangle \ \}$

$\langle block \rangle .env \ = \langle stat \rangle .env$
$\langle block \rangle .same = \emptyset$
$\langle stat \rangle .ok \quad = \langle block \rangle .ok$

$\langle block \rangle \longrightarrow \langle decl \rangle \ \langle block \rangle$

$\langle decl \rangle .env = \langle block \rangle [0].env$
$\langle block \rangle [1].same$
$= \quad \textbf{let } (x, \_) = \langle decl \rangle .new$
$\quad\quad \textbf{in } \langle block \rangle [0].same \cup \{x\}$
$\langle block \rangle [1].env$
$= \quad \textbf{let } (x, \tau) = \langle decl \rangle .new$
$\quad\quad \textbf{in } \langle block \rangle [0].env$
$\qquad\qquad \oplus \{x \mapsto \tau\}$
$\langle block \rangle [0].ok$
$= \quad \textbf{let } (x, \_) = \langle decl \rangle .new$
$\quad\quad \textbf{in if } \neg (x \in \langle block \rangle [0].same)$
$\qquad\qquad \textbf{then } \langle decl \rangle .ok \wedge \langle block \rangle [1].ok$
$\qquad\qquad \textbf{else false}$

$\langle block \rangle \longrightarrow \langle stat \rangle \ \langle block \rangle$

$\langle stat \rangle .env \quad = \langle block \rangle [0].env$
$\langle block \rangle [1].env \ = \langle block \rangle [0].env$
$\langle block \rangle [1].same = \langle block \rangle [0].same$
$\langle block \rangle [0].ok$
$= \quad (\langle stat \rangle .ok \wedge \langle block \rangle [1].ok)$

$\langle block \rangle \longrightarrow \epsilon$

$\langle block \rangle .ok = \text{true}$

In der Beispielgrammatik wurde nur eine minimalistische Menge von Produktionen für das Nichtterminalsymbol $\langle stat \rangle$ betrachtet. Um eine vollständige Grammatik zu erhalten, sind weitere Produktionen für den Aufbau von Ausdrücken wie z. B. in der Grammatik aus Beispiel 4.3.3 und Typausdrücken erforderlich. Für den Fall, dass die Programmiersprache auch Typdeklarationen erlaubt, ist ein weiteres ererbtes Attribut erforderlich, das die aktuelle Zuordnung von Typnamen zu Typausdrücken verwaltet.

Die angegebenen Regeln sammeln die Deklarationen von links nach rechts auf. Das schließt die Verwendung einer Prozedur *vor* dem syntaktischen Auftreten ihrer Deklaration aus. Sollen Prozeduren dagegen im *gesamten* Block aufgerufen werden dürfen, in dem sie deklariert werden, benötigen wir eine modifizierte Attributgrammatik. Zur Unterscheidung von der Attributgrammatik AG_{scopes} nennen wir diese Grammatik $AG_{scopes+}$. Für die Attributgrammatik $AG_{scopes+}$ muss die Berechnung des Attributs *env* so modifiziert werden, dass bereits am Anfang eines Blocks sämtliche in dem Block deklarierten Prozeduren zu *env* hinzu gefügt werden. Um diese Menge zu ermitteln, wird das Nichtterminal $\langle block \rangle$ mit einem zusätzlichen abgeleiteten Attribut *procs* ausgestattet, wobei zu den Produktionen für das Nichtterminal

$\langle block \rangle$ die folgenden semantischen Regeln hinzugefügt werden:

$$\langle block \rangle \quad \longrightarrow \quad \varepsilon$$
$$\langle block \rangle .procs = \emptyset$$

$$\langle block \rangle \quad \longrightarrow \quad \langle stat \rangle \, \langle block \rangle$$
$$\langle block \rangle \, [0].procs = \langle block \rangle \, [1].procs$$

$$\langle block \rangle \quad \longrightarrow \quad \langle decl \rangle \, \langle block \rangle$$
$$\langle block \rangle \, [0].procs \quad = \quad \textbf{match} \; \langle decl \rangle .new$$
$$\textbf{with} \; (x, \text{void}()) \quad \rightarrow \quad \langle block \rangle \, [1].procs \oplus \{x \mapsto \text{void}()\}$$
$$| \; \_ \qquad\qquad\quad \rightarrow \quad \langle block \rangle \, [1].procs$$

Die in $\langle block \rangle .procs$ aufgesammelten Prozeduren können dann bei den Produktionen, die Blöcke einführen, zu der Typumgebung $\langle block \rangle .env$ hinzugefügt werden. Damit erhält die Attributgrammatik $AG_{scopes+}$ die folgenden semantische Regeln:

$$\langle stat \rangle \longrightarrow \{ \; \langle block \rangle \; \}$$
$$\langle block \rangle .env = \langle stat \rangle .env \oplus \langle block \rangle .procs$$

$$\langle decl \rangle \longrightarrow \text{void var} \; () \; \{ \; \langle block \rangle \; \}$$
$$\langle block \rangle .env = \langle decl \rangle .env \oplus \langle block \rangle .procs$$

Der Rest der Attributgrammatik $AG_{scopes+}$ stimmt mit der Attributgrammatik AG_{scopes} überein. Die neuen semantischen Regeln sind insofern bemerkenswert, als hier ererbte Attribute eines Nichtterminals auf der rechten Seite von Produktionen von abgeleiteten Attributen desselben Nichtterminals abhängen. $\square$

Attributgrammatiken können auch eingesetzt werden, um Zwischencode oder sogar direkt Code, z. B. für virtuelle Maschinen zu erzeugen, wie wir sie in unserem ersten Band *Übersetzerbau: Virtuelle Maschinen* betrachtet haben. Die Code-Generierungsfunktionen, die wir dort vorstellten, sind rekursiv über der Struktur von Programmen definiert und verwenden Informationen über das Programm wie z. B. die Typen der in einem Programmfragment sichtbaren Variablen, welche sich ebenfalls elegant mit Hilfe von Attributgrammatiken berechnen lassen. Als Beispiel, wie eine solche Codeerzeugung mit Attributgrammatiken implementiert werden kann, betrachten wir als besonders vertracktes Teilproblem die Codeerzeugung für Boolesche Ausdrücke mit *Kurzschlussauswertung*.

Beispiel 4.3.5 Wir betrachten die Codeerzeugung für eine virtuelle Maschine ähnlich der CMA aus dem Buch *Übersetzerbau: Virtuelle Maschinen*. Der von der Attributgrammatik AG_{bool} erzeugte Code für einen Booleschen Ausdruck soll die folgenden Eigenschaften haben:

- es werden nur Lade-Befehle und bedingte Sprünge generiert;
- für die Booleschen Operatoren $\wedge$, $\vee$ und $\neg$ werden keine Befehle erzeugt;
- die Teilausdrücke des Ausdrucks werden von links nach rechts ausgewertet;
- von jedem (Teil-)Ausdruck werden nur die kleinsten Teilausdrücke ausgewertet, die den Wert des ganzen (Teil-)Ausdrucks eindeutig bestimmen.

Für den Booleschen Ausdruck $(a \wedge b) \vee \neg c$ mit Booleschen Variablen a, b und c wird etwa die folgende Befehlsfolge erzeugt:

load a	
jumpf l_1	jump-on-false
load b	
jumpt l_2	jump-on-true
l_1: load c	
jumpt l_3	
l_2: Fortsetzung, falls der Ausdruck true liefert	
l_3: Fortsetzung, falls der Ausdruck false liefert	

Die Attributgrammatik AG_{bool} muss Sprungziele (Marken) für Teilausdrücke erzeugen und diese Marken an die primitiven Teilausdrücke transportieren, von denen aus man diese Marken anspringen kann. Jeder Teilausdruck E oder T erhält die Marke *fsucc* des Nachfolgers, wenn der Ausdruck sich zu false auswertet, sowie die Marke *tsucc* des Nachfolgers, wenn er sich zu true auswertet. Außerdem wird im abgeleiteten Attribut *jcond* berechnet, in welcher Beziehung der Wert des ganzen Ausdrucks zu dem Wert seines am weitesten rechts stehenden Bezeichners steht.

- Hat *jcond* bei einem Ausdruck den Wert true, heißt das, dass der Wert des Ausdrucks gleich dem Wert des letzten Bezeichners des Ausdrucks ist, der bei der Ausführung geladen wird.
- Hat *jcond* dagegen den Wert false, ist der Wert des Ausdrucks die Negation des Wertes des letzten geladenen Bezeichners des Ausdrucks.

Entsprechend wird nach dem Erzeugen eines *load*-Befehls für den letzten Bezeichner eines Ausdrucks die Marke *tsucc* mit einem jumpt angesprungen, falls *jcond* = true ist, bzw. mit einem jumpf, falls *jcond* = false ist. Für diese Auswahl verwenden wir die folgende Hilfsfunktion:

$$\text{gencjump}(jc, l) = \textbf{if } jc \textbf{ then } (\text{jumpt } l) \textbf{ else } (\text{jumpf } l)$$

Um einen Kontext für Boolesche Ausdrücke zur Verfügung zu stellen, nehmen wir in der Grammatik eine Produktion für zweiseitige bedingte Anweisungen hinzu. Die Marken *tsucc* und *fsucc* der Bedingung bezeichnen dann die Anfangsadressen des Codes für den *then*- bzw. *else*-Teil der bedingten Anweisung. Am Ende der Bedingung soll ein bedingter Sprung zum *else*-Teil erzeugt werden. Dieser testet die Bedingung E auf false. Deswegen wird der Funktion gencjump als erster Parameter $\neg jcond$ übergeben. Damit erhalten wir:

$\langle if\_stat \rangle \longrightarrow$ if (E) $\langle stat \rangle$ else $\langle stat \rangle$

$$E.tsucc \quad\;\; = \text{new}()$$
$$E.fsucc \quad\;\; = \text{new}()$$
$$\langle if\_stat \rangle .code = \quad \textbf{let } t = E.tsucc$$
$$\textbf{in let } e = E.fsucc$$
$$\textbf{in let } f = \text{new}()$$
$$\textbf{in } E.code\ \hat{}\,\text{gencjump}\,(\neg E.jcond, e)\,\hat{}$$
$$t : \hat{}\ \langle stat \rangle [1].code\hat{}\text{jump } f\ \hat{}$$
$$e : \hat{}\ \langle stat \rangle [2].code\hat{}$$
$$f :$$

$E \quad \rightarrow \quad T$

$E \quad \rightarrow \quad E \text{ or } T$

$$E[1].tsucc = E[0].tsucc \qquad\qquad T.tsucc = E[0].tsucc$$
$$E[1].fsucc = \text{new}() \qquad\qquad T.fsucc = E[0].fsucc$$
$$E[0].jcond = T.jcond$$
$$E[0].code = \textbf{let } t = E[1].fsucc$$
$$\textbf{in } E[1].code\hat{}\text{gencjump}\,(E[1].jcond, E[0].tsucc)\,\hat{}$$
$$t : \hat{}\,T.code$$

$T \quad \rightarrow \quad F$

$T \quad \rightarrow \quad T \text{ and } F$

$$T[1].tsucc = \text{new}() \qquad\qquad F.tsucc = T[0].tsucc$$
$$T[1].fsucc = T[0].fsucc \qquad\qquad F.fsucc = T[0].fsucc$$
$$T[0].jcond = F.jcond$$
$$T[0].code = \textbf{let } f = T[1].tsucc$$
$$\textbf{in } T[1].code\hat{}\text{gencjump}\,(\neg T[1].jcond, T[0].fsucc)\,\hat{}$$
$$f : \hat{}\,F.code$$

$$F \rightarrow (E)$$
$$F \rightarrow \text{not } F$$
$$F[1].tsucc = F[0].fsucc$$
$$F[1].fsucc = F[0].tsucc$$
$$F[0].code = F[1].code$$
$$F[0].jcond = \neg F[1].jcond$$
$$F \rightarrow \text{var}$$
$$F.jcond \quad = \quad \text{true}$$
$$F.code \quad = \quad \text{load var}.id$$

Dabei bezeichnet die Infix-Operation $\hat{}$ die Konkatenation von Code-Fragmenten. Diese Attributgrammatik ist *nicht* normalisiert: zur Berechnung des abgeleiteten Attributs *code* der linken Seite *ifstat* der ersten Produktion wird z. B. auf die ererbten Attribute *tsucc* und *fsucc* des Nichtterminals E auf der rechten Seite zugegriffen. Der Grund ist, dass die beiden ererbten Attribute mit Hilfe von Aufrufen einer Funktion new() berechnet werden, die bei jedem erneuten Aufruf eine *andere*

Sprungmarke generiert. Weil sie implizit einen *globalen* Zustand verändert, ist die Hilfsfunktion new() damit streng genommen auf der rechten Seite einer semantischen Regel gar nicht zugelassen! Hier sind prinzipiell zwei Lösungen denkbar:

- Der globale Zustand, also z. B. ein Zähler der bereits vergebenen Marken, wird mit eigenen Attributen durch den Syntaxbaum geschleust. Die Generierung einer neuen Marke greift dann auf diesen Zähler zu und muss nicht mehr auf einen externen globalen Zustand zugreifen. Der Nachteil dieses Vorgehens ist, dass die eigentliche Logik innerhalb der Attributgrammatik durch die Hilfsprädikate verschleiert wird.

- Wir verwenden die Hilfsfunktion new() wie in der Beispielgrammatik angegeben. Dann müssen wir jedoch auf die Normalisierung einiger semantischer Regeln verzichten, da Funktionsaufrufe mit Seiteneffekten nicht dupliziert werden dürfen. Weiterhin müssen wir uns vergewissern, dass bei unterschiedlichen Auswertungsreihenfolgen der Attributexemplare eines Syntaxbaums, wenn schon nicht die *gleiche*, so doch zumindest stets eine *akzeptable* Attributierung berechnet wird.

□

4.4 Die Generierung von Attributauswertern

In diesem Abschnitt befassen wir uns mit der Auswertung von Attributen, genauer Attributexemplaren, in Syntaxbäumen. Eine Attributgrammatik definiert für jeden Syntaxbaum t der zugrundeliegenden kontextfreien Grammatik ein Gleichungssystem GLS(t), das *Attributauswertungssystem*. Die Unbekannten dieses Gleichungssystems sind die Attributexemplare zu den Knoten des Syntaxbaums t. Nehmen wir an, die Attributgrammatik sei wohlgeformt. Dann ist das Gleichungssystem nicht rekursiv. Gleichungssysteme, die nicht rekursiv sind, können durch ein Eliminationsverfahren gelöst werden. In jedem Eliminationsschritt wird ein Attributexemplar ausgewählt, das nur von bereits berechneten Exemplaren abhängt, und dann sein Wert berechnet. Ein solcher Attributauswerter ist rein *dynamisch*, wenn keinerlei Informationen darüber ausgenutzt wird, woraus das Gleichungssystem GLS(t) generiert wurde. Einen solchen Auswerter beschreiben wir im nächsten Abschnitt.

4.4.1 Bedarfsgetriebene Auswertung der Attribute

Einen einigermaßen effizienten dynamischen Attributauswerter für wohlgeformte Attributgrammatiken erhalten wir, indem wir Atributexemplare *bedarfsgetrieben* auswerten.

Bedarfsgetriebene Auswertung bedeutet, dass auf die vorgängige Berechnung der Werte sämtlicher Attributexemplare verzichtet wird. Stattdessen wird die Auswertung durch eine *Wertanfrage* an ein Attributexemplar angestoßen. Dazu implementieren wir eine rekursive Funktion solve, die für einen Knoten n und ein Attribut a des Symbols am Knoten n aufgerufen wird. Die Auswertung überprüft zuerst, ob für das nachgefragte Attributexemplar $n.a$ bereits ein Wert berechnet wurde. Ist dies der Fall, wird dieser Wert zurück geliefert. Andernfalls wird die Berechnung des Werts für $n.a$ angestoßen. Diese Berechnung wird möglicherweise die Werte weiterer Attributesemplare nachfragen, deren Auswertung dann rekursiv angestoßen wird. Diese Strategie hat zur Folge, dass zu jedem Attributexemplar des Syntaxbaums höchstens einmal die rechte Seite einer definierenden semantischen Regel ausgewertet wird. Die Auswertung von Attributexemplaren, die *nie* nachgefragt werden, wird ganz vermieden.

Um diese Idee umzusetzen, werden vor der ersten Wertanfrage alle Attributexemplare, die nicht vordefiniert sind, mit dem Wert Undef initialisiert. Jedes mit einem Wert d vorbelegte Attributexemplar wird auf den Wert Value d gesetzt. Für die Navigation im Syntaxbaum greifen wir auf die Postfixoperatoren $[i]$ zurück, mit denen wir von einem Knoten n zu seinen i-ten Nachfolgern navigieren können (bzw. für $i = 0$ bei n bleiben). Weiterhin benötigen wir einen Operator father, der für einen Knoten n das Paar (n', j) zurück liefert, das aus dem Vater n' des Knotens n besteht zusammen mit der Information, in welcher Richtung, von n' aus betrachtet, n zu finden ist, d. h. die angibt, das wievielte Kind der Knoten vom Vaterknoten n' ist. Um die Funktion solve zur rekursiven Auswertung zu implementieren, benötigen wir eine Funktion eval. Ist p die Produktion, die am Knoten n angewandt wurde, und

$$f(p[i_1].a_1, \ldots, p[i_r].a_r)$$

die rechte Seite der semantischen Regel für das Attributvorkommen $p[i].a$, dann liefert eval n (i, a) den Wert von f zurück, wobei für jedes benötigte Attributexemplar erst die Funktion solve aufgerufen wird, d. h.

$$\text{eval } n \ (i, a) = f(\text{solve } n[i_1] \ a_1, \ldots, \text{solve } n[i_r] \ a_r)$$

Simultan rekursiv mit der Funktion eval wird die Funktion solve implementiert durch:

```
solve n a = match n.a
    with   Value d   →   d
    |      Undef     →   if a ∈ 𝒮(symb(n))
                         then   let d = eval n (0, a)
                                in let _ = n.a ← Value d
                                in d
                         else   let (n', j') = father n
                                in let d' = eval n' (j', a)
                                in let _ = n.a ← Value d'
                                in d'
```

Die Funktion solve überprüft, ob das Attibutexemplar $n.a$ im Syntaxbaum bereits einen Wert hat. Ist das so, wird dieser Wert zurückgeliefert. Hat das Attributexemplar $n.a$ noch keinen Wert, ist $n.a$ mit Undef markiert. In diesem Fall wird die zugehörige semantische Regel für $n.a$ gesucht.

Ist a ein abgeleitetes Attribut des Symbols am Knoten n, gibt es eine semantische Regel zu der Produktion p am Knoten n. Die rechte Seite f dieser Regel wird dabei so modifiziert, dass nicht direkt auf die entsprechenden Attributexemplare zugegriffen, sondern stattdessen für diese jeweils erneut die Funktion solve für den Knoten n aufgerufen wird. Ist der Wert d für das Attributexemplar $n.a$ ermittelt, wird er in dem Attributexemplar $n.a$ abgelegt und zusätzlich als Ergebnis zurück geliefert.

Ist a ein ererbtes Attribut des Symbols am Knoten n, wird die semantische Regel für $n.a$ nicht von n, sondern vom Vater von n bereitgestellt. Sei n' der Vater von n und n das j'-te Kind von n'. Dann wird bei der Produktion p' am Knoten n' die semantische Regel für das Attributvorkommen $p'[j'].a$ ausgewählt. Deren rechte Seite wird erneut so modifiziert, dass vor jedem Zugriff auf das entsprechende Attributexemplar die Funktion solve für den Knoten n' aufgerufen wird. Der berechnete Wert wird wieder im Attributexemplar $n.a$ abgespeichert und als Rückgabewert zurückgeliefert.

Ist die Attributgrammatik wohlgeformt, berechnet der bedarfsgetriebene Auswerter in jedem Syntaxbaum für jedes Attributexemplar stets den richtigen Wert. Ist die Attributgrammatik nicht wohlgeformt, gibt es Syntaxbäume, für die das zugehörige Gleichungssystem rekursiv ist. Ist t so ein Syntaxbaum, gibt es in t einen Knoten n und ein Attribut a an n, so dass $n.a$ mittelbar oder unmittelbar von sich selbst abhängt. Der Aufruf solve n a wird dann möglicherweise nicht terminieren. Diese Nichtterminierung kann vermieden werden, indem an einem Attributexemplar, dessen Auswertung angestoßen, aber noch nicht beendet ist, eine gesonderte Markierung Called angebracht wird. Trifft die Funktion solve auf ein Attributexemplar, das mit Called markiert ist, kann die Berechnung sofort abgebrochen und eine Fehlermeldung zurück geliefert werden (siehe Aufgabe 8).

4.4.2 Statische Vorberechnungen für Attributauswerter

Dynamische Attributauswerter wie das Verfahren des letzten Abschnitts sind sehr flexibel, nutzen jedoch keinerlei Wissen über die vorliegende Attributgrammatik aus.

Statische Attributauswertungsverfahren dagegen versuchen, sich die Kenntnis der funktionalen Abhängigkeiten innerhalb der semantischen Regeln einer Produktion zu Nutze zu machen. Ein Attributvorkommen $p[i].a$ bei einer Produktion p hängt von einem Vorkommen $p[j].b$ an p funktional ab, wenn $p[j].b$ ein Argument für die semantische Regel von p für $p[i].a$ ist.

Die Abhängigkeiten zwischen den Attributvorkommen in Produktionen bestimmen die Abhängigkeiten zwischen Attributexemplaren im Gleichungssystem $GLS(t)$. Werden die funktionalen Abhängigkeiten zwischen Attributvorkommen berücksichtigt, können gegebenenfalls die Attributexemplare gemäß einer statisch

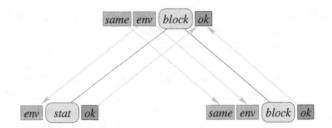

Abb. 4.7 Die produktionslokale Abhängigkeitsrelation zur Produktion $\langle block \rangle \rightarrow \langle stat \rangle \; \langle block \rangle$ aus AG_{scopes}

bestimmten *Besuchsreihenfolge* so auswertet werden, dass bei der Auswertung eines Attributexemplars die Werte der Attributexemplare, auf welche die zugehörige semantische Regel zugreift, bereits vorliegen. Betrachten wir noch einmal Abb. 4.6. Die Attributauswertung erfordert ein Zusammenspiel von Berechnungen, die *lokal* an einem Knoten n und seinen Nachfolgern $n_1, \ldots, n_k$ stattfinden, und solchen in der Umgebung. Eine lokale Berechnung eines (Exemplars eines) definierenden Vorkommens an dem Knoten n, der mit X_0 beschriftet ist, stellt der lokalen Berechnung am Knoten oberhalb einen neuen Wert zur Verfügung. Eine Berechnung eines Attributexemplars am gleichen Knoten n, die oberhalb stattfindet, macht einen neuen Wert verfügbar, der eventuell wieder neue lokale Berechnungen gemäß den semantischen Regeln für die Produktion $p : X_0 \longrightarrow X_1 \ldots X_k$ ermöglicht. Ein ähnlicher Datenaustausch findet über die Attributexemplare an den Knoten $n_1, \ldots, n_k$ mit den darunter vorgenommenen Berechnungen statt. Soll dieses Zusammenspiel statisch geplant werden, müssen die *globalen* funktionalen Abhängigkeiten zwischen Attributexemplaren analysiert werden. Ausgangspunkt für die Berechnung der globalen funktionalen Abhängigkeiten sind die produktionslokalen funktionalen Abhängigkeiten. Wir führen folgende Begriffe ein.

Für eine Produktion p sei $V(p)$ die Menge der Attributvorkommen in p. Die semantischen Regeln zur Produktion p definieren auf der Menge $V(p)$ die Relation $D(p) \subseteq V(p) \times V(p)$ der *produktionslokalen* funktionalen Abhängigkeiten. Die Relation $D(p)$ enthält ein Paar $(p[j].b, p[i].a)$ von Attributvorkommen genau dann, wenn $p[j].b$ in der rechten Seite einer semantischen Regel für $p[i].a$ vorkommt.

Beispiel 4.4.1 (Fortführung der Beispiele 4.3.4 und 4.3.3) Zur besseren Lesbarkeit stellen wir Attributabhängigkeitsrelationen immer zusammen mit der zugrundeliegenden syntaktischen Struktur, d. h. der Produktion oder dem Syntaxbaum dar. Die Abhängigkeitsrelationen für die Produktionen $\langle block \rangle \rightarrow \langle stat \rangle \; \langle block \rangle$ und $\langle block \rangle \rightarrow \langle decl \rangle \; \langle block \rangle$ aus AG_{scopes} zeigen die Abb. 4.7 und 4.8. Während hier die Abhängigkeiten von links nach rechts orientiert sind, zeigt die Abhängigkeit für das zusätzliche Attribut *procs* der erweiterten Attributgrammatik $AG_{scopes+}$ bei der Produktion $\langle stat \rangle \rightarrow \{ \; \langle block \rangle \; \}$ in die andere Richtung (Abb. 4.9).

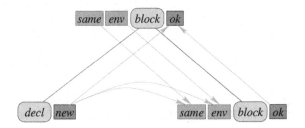

Abb. 4.8 Die produktionslokale Abhängigkeitsrelation zur Produktion ⟨*block*⟩ →
⟨*decl*⟩ ⟨*block*⟩ aus AG_{scopes}

Die produktionslokalen Abhängigkeitsrelationen zur Attributgrammatik AG_{types}
sind dagegen alle sehr einfach: es gibt Abhängigkeiten zwischen dem Vorkommen
des ererbten Attributs *env* der linken Seite und den ererbten Vorkommen der Attribute *env* der rechten Seite sowie zwischen den abgeleiteten Attributen *typ* und *op*
der rechten Seite zu dem abgeleiteten Attribut *typ* der linken Seite (siehe Abb. 4.10).
Nur bei der Produktion F → var ergibt sich eine Abhängigkeit zwischen den Attributen *env* und *typ* des Nichtterminals F (siehe Abb. 4.11). □

In Attributgrammatiken in Normalform sind die Argumente in den semantischen
Regeln der definierenden Vorkommen immer angewandte Attributvorkommen.
Deshalb haben alle Wege in allen produktionslokalen Abhängigkeitsrelationen die
Länge 1, und es gibt auch keine Zykel der Form $(p[i].a, p[i].a)$. Das Vorliegen der
Normalform erleichtert damit einige Betrachtungen.

Die produktionslokalen Abhängigkeiten zwischen Attributvorkommen in Produktionen führen zu Abhängigkeiten zwischen Argumentexemplaren in den Syntaxbäumen der Grammatik. Sei t ein Baum der kontextfreien Grammatik, die unserer Attributgrammatik zu Grunde liegt. Die *individuelle* Abhängigkeitsrelation auf
der Menge $V(t)$ der Attributexemplare von t, $D(t)$, erhält man durch *Instantiierung*
der produktionslokalen Abhängigkeitsrelationen der in t angewendeten Produktio-

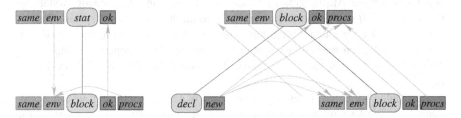

Abb. 4.9 Die produktionslokale Abhängigkeitsrelation zu den Produktionen ⟨*stat*⟩ → { ⟨*block*⟩ }
und ⟨*block*⟩ → ⟨*decl*⟩ ⟨*block*⟩ aus $AG_{scopes+}$. Dabei wurden die terminalen Blätter für die öffnenden und schließenden Klammern weggelassen

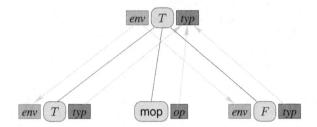

Abb. 4.10 Die produktionslokale Abhängigkeitsrelation zur Produktion $T \rightarrow T$ mop F aus AG_{types}

Abb. 4.11 Die produktionslokalen Abhängigkeitsrelationen der Produktionen
$F \rightarrow$ const und $F \rightarrow$ var aus AG_{types}

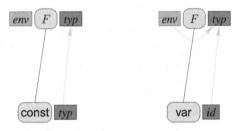

nen. Für jeden Knoten n in t, an dem die Produktion p angewendet wurde, enthält die Relation $D(t)$ genau die Paare $(n[j].b, n[i].a)$ mit $(p[j].b, p[i].a) \in D(p)$.

Beispiel 4.4.2 (Fortführung von Beispiel 4.3.4) Die Abhängigkeitsrelation zu dem Syntaxbaum der Anweisung { **int** x; $x = 1$; } gemäß der Attributgrammatik $AG_{scopes+}$ zeigt Abb. 4.12. Der Einfachheit halber wurde angenommen, dass sich das Nichtterminal *type* direkt zu dem Basistyp **int** und sich das Nichtterminal E für Ausdrücke direkt zu dem Terminal **const** ableiten lassen.   □

Eine Relation R auf einer Menge A nennen wir *zyklisch*, wenn ihre transitive Hülle ein Paar (a, a) enthält. Andernfalls nennen wir die Relation R *azyklisch*. Eine Attributgrammatik nennen wir *zyklenfrei*, wenn alle individuellen Abhängigkeitsrelationen der Attributgrammatik azyklisch sind. Eine individuelle Abhängigkeitsrelation $D(t)$ ist genau dann azyklisch, wenn das Gleichungssystem GLS(t), das wir in 4.3.1 für einen Ableitungsbaum t eingeführt hatten, nicht rekursiv ist. Unter dieser letzten Bedingung nannten wir eine Attributgrammatik wohlgeformt. Also ist eine Attributgrammatik genau dann wohlgeformt, wenn sie zyklenfrei ist.

Betrachten wir einen Ableitungsbaum t mit Wurzelmarkierung X wie in Abbildung 4.13. Die Exemplare der ererbten Attribute an der Wurzel fassen wir als die Eingabe für t auf und die Exemplare der abgeleiteten Attribute an der Wurzel als die Ausgabe von t. Das Exemplar von d an der Wurzel hängt (transitiv) nur von dem Exemplar von c an der Wurzel ab. Ist der Wert des Exemplars von c bekannt, kann ein Attributauswerter in t hinabsteigen und mit dem Wert für das Exemplar

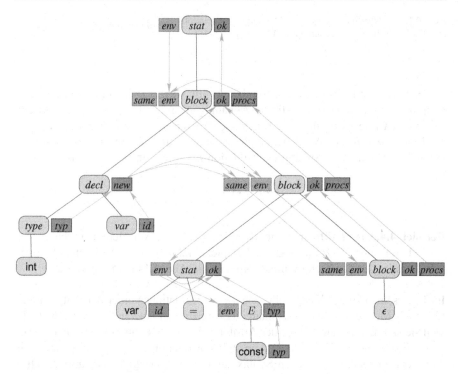

Abb. 4.12 Die individuelle Abhängigkeitsrelation für den Syntaxbaum zu { int x; $x = 1$; } bzgl. der Attributgrammatik $AG_{scopes+}$, in dem die terminalen Bätter für geschwungende Klammern und Semikolons weggelassen wurden

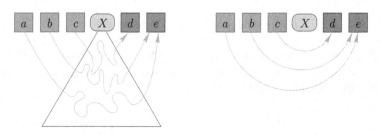

Abb. 4.13 Attributabhängigkeiten in einem Syntaxbaum für X und die induzierte untere charakteristische Abhängigkeitsrelation

von d zurückkehren, da es weitere Abhängigkeiten von Exemplaren von außerhalb t, die nicht durch c gehen, nicht gibt. Das Exemplar von e an der Wurzel hängt von den Exemplaren von a und b an der Wurzel ab. Liegen beide Werte vor, kann die Auswertung des Exemplars von e angestoßen werden. Diese Situation beschreibt die von t induzierte *untere charakteristische Abhängigkeitsrelation* von X.

Abb. 4.14 Untere charakteristische Abhähngigkeitsrelation
zu $\langle block \rangle$ für die Attributgrammatin $AG_{scopes+}$

Sei t ein Syntaxbaum für ein Symbol X mit Wurzel n. Dann besteht die von t induzierte untere charakteristische Abhängigkeitsrelation $U_t(X)$ für X auf der Menge $\mathcal{A}(X)$ der Attribute von X aus allen Paaren (a, b) von Attributen, für die das Paar $(n.a, n.b)$ von Attributexemplaren an der Wurzel n von t in der transitiven Hülle der individuellen Abhängigkeitsrelation $D(t)$ liegt. Insbesondere ist damit

$$U_t(X) \subseteq \mathcal{I}(X) \times \mathcal{S}(X).$$

Beispiel 4.4.3 (Fortführung von Beispiel 4.4.2) Die von dem Unterbaum der Wurzel von t mit Wurzel $\langle block \rangle$ aus Beispiel 4.4.2 induzierte untere charakteristische Relation für das Nichtterminal $\langle block \rangle$ ist in Abb. 4.14 dargestellt. □

Im Unterschied zu der Menge der Abhängigkeitsrelationen einer Attributgrammatik ist die Menge der *unteren* Abhängigkeitsrelationen notwendigerweise endlich, weil sie sich nur auf die Menge der Attribute einzelner Nichtterminale bezieht. Indem wir die Menge aller unteren Abhängigkeitsrelationen berechnen, können wir damit entscheiden, ob für jeden Syntaxbaum t der Abhängigkeitsrelationen $D(t)$ azyklisch ist und damit der bedarfsgetriebene Attributauswerter immer terminiert.

Sei X ein Symbol mit einer Menge $\mathcal{A}$ von Attributen. Für eine Relation $U \subseteq \mathcal{A}^2$ und $i \geq 0$ und eine Produktion p definieren wir die Relation $U[p, i]$ durch

$$U[p, i] = \{(p[i].a, p[i].b) \mid (a, b) \in U\}$$

Betrachten wir nun eine Produktion $p : X \longrightarrow X_1 \ldots X_k$. Für eine binäre Relation $S \subseteq V(p)^2$ auf der Menge der Attributvorkommen der Produktion p definieren wir weiterhin die folgenden zwei Operationen:

$$
\begin{aligned}
S^+ &= \bigcup\{S^j \mid j \geq 1\} && \text{(transitive Hülle)} \\
\pi_i(S) &= \{(a, b) \mid (p[i].a, p[i].b) \in S\} && \text{(Projektion)}
\end{aligned}
$$

Die Projektion gestattet uns, aus einer Abhängigkeitsrelation für Attributvorkommen einer Produktion p die induzierten Abhängigkeiten zwischen den einzelnen Attributen eines Symbols zu extrahieren, das in der Produktion p vorkommt. Damit können wir den Effekt $[\![p]\!]^\sharp$ der Anwendung der Produktion p auf Abhängigkeitsrelationen $U_1, \ldots, U_k$ für die Symbolvorkommen $p[i]$ auf der rechten Seite von p definieren durch:

$$[\![p]\!]^\sharp(U_1, \ldots, U_k) = \pi_0((D(p) \cup U_1[p, 1] \cup \ldots \cup U_k[p, k])^+)$$

Die Operation $[\![p]\!]^\#$ nimmt die lokale Abhängigkeitsrelation der Produktion p und fügt die (geeignet instantiierten) Abhängigkeitsrelationen für die Symbolvorkommen in der rechten Seite hinzu. Von dieser Relation wird der transitive Abschluss gebildet, welcher dann auf die Attribute der linken Seite von p projiziert wird. Wird die Produktion p an der Wurzel eines Syntaxbaums t angewendet, und sind die Relationen $U_1, \ldots, U_k$ die unteren Abhängigkeitsrelationen für die Teilbäume unter der Wurzel von t, dann ergibt sich die untere charakteristische Abhängigkeitsrelation für t gerade durch

$$U_t(X) = [\![p]\!]^\#(U_1, \ldots, U_k)$$

Die Mengen $\mathcal{U}(X), X \in V$, aller unteren Abhängigkeitsrelationen für Nichtterminalsymbole X ergeben sich als die kleinste Lösung des Gleichungssystems:

$$(\mathcal{U}) \quad \mathcal{U}(a) = \{\emptyset\}, \qquad\qquad\qquad\qquad\qquad a \in V_T$$

$$\mathcal{U}(X) = \left\{ [\![p]\!]^\#(U_1, \ldots, U_k) \mid p : X \to X_1 \ldots X_k \in P, U_i \in \mathcal{U}(X_i) \right\}, \quad X \in V_N$$

Dabei sind V_T, V_N und P die Mengen der Terminal- und Nichtterminalsymbole bzw. der Produktionen der kontextfreien Grammatik, die der Attributgrammatik zu Grunde liegt. Jede rechte Seite dieser Gleichungen ist *monoton* in jeder Unbekannten $\mathcal{U}(X_i)$, von der sie abhängt. Weil die Menge aller transitiven binären Relationen auf einer endlichen Menge endlich ist, ist auch die Menge ihrer Teilmengen endlich. Deshalb können wir iterativ die kleinste Lösung des Gleichungssystems und damit für jedes Symbol X die Menge aller unteren Abhängigkeitsrelationen für X berechnen. Die Mengen aller unteren Abhängigkeitsrelationen $\mathcal{U}(X)$ ermöglichen eine alternative Charakterisierung der Zyklenfreiheit von Attributgrammatiken. Es gilt:

Lemma 4.4.1 Für eine Attributgrammatik sind die folgenden Aussagen äquivalent:
1. Für jeden Syntaxbaum t ist die untere charakteristische Abhängigkeitsrelation $U_t(X)$ (X das Symbol an der Wurzel von t) azyklisch;
2. Für jede Produktion $p : X \to X_1 \ldots X_k$ und alle Abhängigkeitsrelationen $U_i \in \mathcal{U}(X_i)$ ist die Relation

$$D(p) \cup U_1[p, 1] \cup \ldots \cup U_k[p, k]$$

azyklisch. $\square$

Weil die Mengen $\mathcal{U}(X)$ endlich sind und effektiv berechnet werden können, liefert das Lemma eine entscheidbare Charakterisierung wohlgeformter Attributgrammatiken. Wir erhalten:

Satz 4.4.1 Es ist entscheidbar, ob eine Attributgrammatik wohlgeformt ist oder nicht. $\square$

Um Wohlgeformtheit zu entscheiden, benötigen wir die Mengen $\mathcal{U}(X)$ sämtlicher unteren Abhängigkeitsrelationen der Attributgrammatik zu Symbolen X. Diese Mengen sind zwar endlich, können jedoch exponentiell in der Anzahl der verwendeten Attribute wachsen. Praktisch ist die Überprüfung der Zyklenfreiheit damit nur durchführbar, wenn entweder die Anzahl der verwendeten Attribute klein ist oder für jedes Symbol nur wenige untere Abhängigkeitsrelationen auftreten. Im Allgemeinen ist der exponentielle Aufwand allerdings unvermeidbar, da das Problem, für eine Attributgrammatik Zyklenfreiheit nachzuweisen, *EXPTIME*-vollständig ist.

In vielen Attributgrammatiken gibt es zwar gegebenenfalls mehrere untere charakteristische Abhängigkeitsrelationen zu einem Nichtterminalsymbol X, diese sind jedoch alle in einer gemeinsamen transitiven azyklischen Abhängigkeitsrelation enthalten.

Beispiel 4.4.4 Betrachten wir dazu etwa die Attributgrammatik $AG_{scopes+}$ aus Beispiel 4.3.4. Dann gibt es für das Nichtterminal $\langle block \rangle$ die folgenden unteren charakteristischen Abhängigkeitsrelationen:

(1) $\emptyset$

(2) $\{(same, ok)\}$

(3) $\{(env, ok)\}$

(4) $\{(same, ok), (env, ok)\}$

Hier sind die ersten drei Abhängigkeitsrelationen sämtlich in der vierten enthalten. $\square$

Um für jedes Symbol X eine transitive Relation zu berechnen, die alle unteren charakteristischen Abhängigkeiten für X enthält, stellen wir das folgende Gleichungssystem über transitiven Relationen auf:

$$(\mathcal{R}) \quad \mathcal{R}(a) = \emptyset, \quad a \in V_T$$
$$\mathcal{R}(X) = \bigsqcup \left\{ [\![p]\!]^{\sharp}(\mathcal{R}(X_1), \ldots, \mathcal{R}(X_k)) \mid p : X \to X_1 \ldots X_k \in P \right\},$$
$$X \in V_N$$

Die Ordnungsrelation auf transitiven Relationen ist die Teilmengenrelation $\subseteq$. Beachten Sie, dass die kleinste obere Schranke der transitiven Relationen $R \in \mathcal{S}$ jedoch nicht einfach deren Vereinigung ist. Vielmehr gilt:

$$\bigsqcup \mathcal{S} = \left(\bigcup \mathcal{S} \right)^{+}$$

d. h. nach der Vereinigung der Relationen muss noch einmal die transitive Hülle gebildet werden. Für jede Produktion p ist die Operation $[\![p]\!]^{\sharp}$ monoton in jedem ihrer Argumente. Deshalb besitzt das Gleichungssystem eine kleinste Lösung. Weil es nur endlich viele transitive Relationen auf der Menge der Attribute gibt, lässt sich diese Lösung durch einen iterativen Algorithmus berechnen. Seien $\mathcal{U}(X)$, $X \in V$, und $\mathcal{R}(X)$, $X \in V$, die kleinsten Lösungen der Gleichungssysteme $(\mathcal{U})$ bzw. $(\mathcal{R})$. Mit Induktion über die einzelnen Iterationen des Fixpunktalgorithmus lässt sich zeigen, dass für alle $X \in V$

$$\mathcal{R}(X) \supseteq \bigcup \mathcal{U}(X)$$

gilt. Wir schließen, dass alle charakteristischen unteren Abhängigkeitsrelationen der Attributgrammatik azyklisch sind, falls nur alle Relationen $\mathcal{R}(X)$, $X \in V$, azyklisch sind. Eine Attributgrammatik, bei der für jede Produktion $p : X \rightarrow X_1 \ldots X_k$ die Relation $D(p) \cup \mathcal{R}(X_1)[p, 1] \cup \ldots \cup \mathcal{R}(X_k)[p, k]$ azyklisch ist, heißt *absolut zyklenfrei*. Jede absolut zyklenfreie Attributgrammik ist folglich wohlgeformt. Das bedeutet, dass für absolut zyklenfreie Attributgrammatiken der Algorithmus zur bedarfsgetriebenen Attributauswertung stets terminiert. Mit dem Lösen des Gleichungssystems $(\mathcal{R})$ haben wir damit ein polynomielles Kriterium identifiziert, das die Anwendbarkeit der bedarfsgetriebenen Attributauswertung garantiert.

Analog zu der *unteren* charakteristischen Abhängigkeitsrelation des Vorkommens eines Symbols X an einem Knoten n in einem Ableitungsbaum t lässt sich auch die *obere* charakteristische Abhängigkeitsrelation zu X definieren. Diese wird durch die Attributabhängigkeiten des oberen Baumfragments zu n vermittelt. Zur Erinnerung: das obere Baumfragment von t an n ist der Baum, den wir erhalten, indem wir aus t den Teilbaum mit Wurzel n durch den Knoten n ersetzen. Dieses obere Baumfragment bezeichnen wir mit $t \backslash n$. Sei $D(t \backslash n)$ die individuelle Abhängigkeitsrelation des oberen Baumfragments, d. h. die Menge aller Paare $(n_1.a, n_2, b)$ der individuellen Abhängigkeitsrelation $D(t)$, für die sowohl n_1 wie n_2 im oberen Baumfragment $t \backslash n$ liegen. Dann besteht die obere charakeristische Abhängigkeitsrelation $O_{t,n}(X)$ für X am Knoten n in t aus allen Paaren $(a, b) \in \mathcal{A}(X) \times \mathcal{A}(X)$, für die das Paar $(n.a, n.b)$ in der transitiven Hülle von $D(t \backslash n)$ liegt (siehe Abb. 4.15). Auch für die Menge $\mathcal{O}(X)$ aller möglichen oberen charakteristischen Abhängigkeitsrelationen des Symbols X lässt sich ein Gleichungssystem über Mengen transitiver Relationen aufstellen (siehe Aufgabe 9).

4.4.3 Besuchsgesteuerte Attributauswertung

Der Vorteil eines statisch generierten Attributauswerters über den bedarfsgetriebenen dynamischen Auswerter des Abschnitts 4.4.1 ist, dass das Verhalten des Auswerters an jedem Knoten bereits zur Generierungszeit festgelegt wird: der Test zur Auswertungszeit an jedem Attributexemplar, ob es bereits ausgewertet ist, entfällt.

Die größte Klasse von Attributgrammatiken, für die wir die Generierung statischer Attributauswerter beschreiben, ist die Klasse der *l-geordneten* oder *simple-multi-visit* Attributgrammatiken. Eine Attributgrammatik heißt *l-geordnet*, wenn es

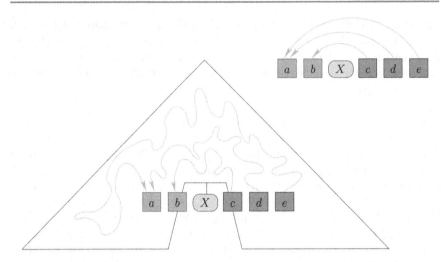

Abb. 4.15 Attributabhängigkeiten in einem oberen Baumfragment für X und die induzierte obere charakteristische Abhängigkeitsrelation

eine Abbildung $\mathfrak{T}$ gibt, die jedem Symbol X eine *totale* Ordnung $\mathfrak{T}(X) \subseteq \mathcal{A}^2$ auf der Menge $\mathcal{A}$ der Attribute von X zuordnet, die mit allen Produktionen *kompatibel* ist. Das bedeutet, dass für jede Produktion $p : X_0 \longrightarrow X_1 \ldots X_k$ der zugrundeliegenden Grammatik die Relation

$$D_{\mathfrak{T}}(p) = (D(p) \cup \mathfrak{T}(X_0)[p,0] \cup \ldots \cup \mathfrak{T}(X_k)[p,k])^+$$

azyklisch ist. Diese Aussage ist äquivalent dazu, dass

$$\mathfrak{T}(X_i) = \pi_i((Dp(p) \cup \mathfrak{T}(X_0)[p,0] \cup \ldots \cup \mathfrak{T}(X_k)[p,k])^+)$$

gilt für alle i. Deshalb gilt insbesondere:

$$\mathfrak{T}(X_0) \supseteq [\![p]\!]^\sharp(\mathfrak{T}(X_1), \ldots, \mathfrak{T}(X_k))$$

Indem wir diese Ungleichung mit der Gleichung für die Unbekannte X_0 im Gleichungssystem $(\mathcal{R})$ aus dem letzten Abschnitt vergleichen, können wir folgern, dass die totale Ordnung $\mathfrak{T}(X_0)$ die Abhängigkeitsrelation $\mathcal{U}(X_0)$ umfasst. Da $\mathfrak{T}(X_0)$ eine totale Ordnung und damit azyklisch ist, ist die Attributgrammatik absolut zyklenfrei, wobei sämtliche lokalen unteren Abhängigkeitsrelationen an X_0 in $\mathfrak{T}(X_0)$ enthalten sind. Analog kann man zeigen, dass $\mathfrak{T}(X_0)$ alle *oberen* Abhängigkeitsrelationen an X_0 umfasst.

Beispiel 4.4.5 (Fortführung von Beispiel 4.3.4) Bei der Attributgrammatik $AG_{scopes+}$ bieten sich für die Symbole $\langle stat \rangle$, $\langle block \rangle$, $\langle decl \rangle$, E und var die folgenden totalen Ordnungen auf den Attributmengen an:

$$\begin{array}{llll}
\langle stat\rangle & env & \to & ok \\
\langle block\rangle & procs & \to & same & \to & env & \to & ok \\
\langle decl\rangle & new \\
E & env & \to & ok \\
var & id
\end{array}$$

$\square$

Sei $B_{\mathcal{T}}(X) \in \mathcal{A}(X)^*$ die lineare Abfolge der Attribute von X gemäß der totalen Ordnung $\mathcal{T}(X)$. Diese lineare Abfolge lässt sich faktorisieren in Teilfolgen aus rein ererbten bzw. rein abgeleiteten Attributen. In unserem Beispiel ist diese Faktorisierung für alle betrachteten Symbole sehr einfach: alle ererbten Attribute stehen stets vor allen abgeleiteten Attributen. Im allgemeinen können einige ererbte Attribute auch von anderen (zuvor) abgeleiteten Attributen abhängen. Dann erhalten wir eine Faktorisierung

$$B_{\mathcal{T}}(X) = I_{X,1} S_{X,1} \dots I_{X,r_X} S_{X,r_X}$$

wobei $I_{X,i} \in \mathcal{I}(X)^*$ und $S_{X,i} \in \mathcal{S}(X)^*$ gilt für alle $i = 1, \dots, r_X$ und weiterhin $I_{X,i} \neq \epsilon$ für $i = 2, \dots, r_X$ und $S_{X,i} \neq \epsilon$ für $i = 1, \dots, r_X - 1$.

Intuitiv bedeutet diese Faktorisierung der Folge $B_{\mathcal{T}}(X)$, dass die abgeleiteten Attribute an jedem Knoten eines Ableitungsbaums, der mit X markiert ist, durch maximal r_X Besuche berechnet werden können: bei der ersten Ankunft an dem Knoten vom Vaterknoten liegen die Werte der ererbten Attribute aus $I_{X,1}$ vor, während vor der Rückkehr zum Vater die Werte der abgeleiteten geleiteten Attribute aus $S_{X,1}$ ausgewertet werden. Entsprechend liegen beim i-ten Besuch des Knotens die Werte der ererbten Attribute aus $I_{X,1} \dots I_{X,i}$ vor und die abgeleiteten Attribute aus $S_{X,i}$ werden berechnet. Eine Teilfolge $I_{X,i} S_{X,i}$ von $B_{\mathcal{T}}(X)$ nennen wir einen *Besuch* von X. Um zu bestimmen, welche Berechnung während des i-ten Besuchs an einem Knoten n und an den Nachfolgern des Knotens n passieren soll, betrachten wir die Abhängigkeitsrelation $D_{\mathcal{T}}(p)$ für die Produktion $X_0 \longrightarrow X_1 \dots X_k$, die an n angewendet wird. Weil die Relation $D_{\mathcal{T}}(p)$ azyklisch ist, lässt sich zu $D_{\mathcal{T}}(p)$ eine lineare Anordnung finden. In unserem Fall wählen wir eine Anordnung $B_{\mathcal{T}}(p)$, die sich in *Besuche* faktorisieren lässt. Insgesamt erhalten wir so zu der Relation $D_{\mathcal{T}}(p)$ eine Besuchsreihenfolge

$$B_{\mathcal{T}}(p) = B_{\mathcal{T},1}(p) \dots B_{\mathcal{T},r_{X_0}}(p)$$

Die i-te Teilfolge $B_{\mathcal{T},i}(p)$ beschreibt detailliert, was bei dem i-ten Besuch eines Knotens n, an dem die Produktion $p : X_0 \longrightarrow X_1 \dots X_k$ angewendet wurde, passieren soll. Für jedes Vorkommen ererbter Attribute der X_j ($j > 0$) in der Teilfolge muss nacheinander das entsprechende Attributexemplar berechnet werden. Nach der Berechnung der aufgelisteten ererbten Attributexemplare des i'-ten Besuchs des j-ten Nachfolgers wird rekursiv dieser Nachfolger besucht, um die Werte für die abgeleiteten Attribute, die dem i'-ten Besuch zugeordnet sind, zu berechnen. Liegen die Werte der abgeleiteten Attribute aller Nachfolger vor, die mittelbar oder unmittelbar zur Berechnung der abgeleiteten Attribute des i-ten Besuchs der linken Seite X_0 erforderlich sind, werden deren Werte berechnet.

Um die Teilfolge $B_{\mathcal{T},i}(p)$ elegant beschreiben zu können, führen wir folgende Abkürzung ein. Sei $w = a_1 \ldots a_l$ eine Folge von Attributen des Nichtterminals X_j. Dann bezeichne $p[j].w = p[j].a_1 \ldots p[j].a_l$ die zugehörige Folge von Attributvorkommen in p. Der i'-te Besuch $I_{X_j,i'} S_{X_j,i'}$ des j-ten Symbols der Produktion p bezeichnen wir so durch die Folge $p[j].(I_{X_j,i'} \, S_{X_j,i'})$. Die Folge $B_{\mathcal{T},i}(p)$, aufgefasst als Folge von Attributvorkommen von p, hat dann die Form:

$$
\begin{aligned}
B_{\mathcal{T},i}(p) = \quad & p[0].I_{X_0,i} \\
& p[j_1].(I_{X_{j_1},i_1} \, S_{X_{j_1},i_1}) \\
& \ldots \\
& p[j_r].(I_{X_{j_r},i_r} \, S_{X_{j_r},i_r}) \\
& p[0].S_{X_0,i}
\end{aligned}
$$

für eine geeignete Folge von Paaren $(j_1, i_1), \ldots, (j_r, i_r)$. Sie besteht aus den Besuchen der Nichtterminalvorkommen $X_{j_1}, \ldots, X_{j_r}$ der rechten Seite der Produktion p, die in den i-ten Besuch der linken Seite von p eingebettet sind.

Sei p eine Produktion und $f(p[j_1].a_1, \ldots, p[j_r].a_r)$ die rechte Seite der semantischen Regel für das Attributvorkommen $p[j].a$ für eine totale Funktion f. Für einen Knoten n im Syntaxbaum, an dem die Produktion p angewandt wurde, definieren wir dann

$$
\mathsf{eval}_{p,j,a} \; n = f(n[j_1].a_1, \ldots, n[j_r].a_r)
$$

Die Funktionen $\mathsf{eval}_{p,j,a}$ verwenden wir, um aus der i-ten Teilfolge $B_{\mathcal{T},i}(p)$ der Produktion p eine Funktion $\mathsf{solve}_{p,i}$ zu generieren:

$$
\begin{aligned}
\mathsf{solve}_{p,i} \; n \; = \quad & \textbf{forall} \; (a \in I_{X_{j_1},i_1}) \\
& \quad n[j_1].a \leftarrow \mathsf{eval}_{p,j_1,a} \; n; \\
& \mathsf{visit}_{i_1} \; n[j_1]; \\
& \ldots \\
& \textbf{forall} \; (a \in I_{X_{j_r},i_r}) \\
& \quad n[j_r].a \leftarrow \mathsf{eval}_{p,j_r,a} \; n; \\
& \mathsf{visit}_{i_r} \; n[j_r]; \\
& \textbf{forall} \; (a \in S_{X_0,i}) \\
& \quad n.a \leftarrow \mathsf{eval}_{p,0,a} \; n;
\end{aligned}
$$

Beispiel 4.4.6 (Fortführung von Beispiel 4.3.4) Die produktionslokale Abhängigkeitsrelation für die Produktion $\langle block \rangle \rightarrow \langle decl \rangle \, \langle block \rangle$ der Attributgrammatik $AG_{scopes+}$ erhalten wir aus der Relation in Abb. 4.9, indem wir die totalen

Ordnungen auf den Attributvorkommen zu den einzelnen Symbolen hinzufügen. Insgesamt lässt sich diese Relation in die folgende totale Ordnung einbetten:

$$\langle decl \rangle.new \to$$
$$\langle block \rangle[1].procs \to$$
$$\langle block \rangle[0].procs \to$$
$$\langle block \rangle[0].same \to \langle block \rangle[0].env \to$$
$$\langle block \rangle[1].same \to \langle block \rangle[1].env \to \langle block \rangle[1].ok \to$$
$$\langle block \rangle[0].ok$$

Gemäß dieser totalen Ordnung steigt der Auswerter für die Attributgrammatik $AG_{scopes+}$ zuerst in den Teilbaum für das Nichtterminal $\langle decl \rangle$ ab, um den Wert des Attributs *new* zu berechnen. Dann muss rekursiv in den zweiten Teilbaum abgestiegen werden, um das abgeleitete Attribut *procs* des Nichtterminals $\langle block \rangle$ der rechten Seite und dann der linken Seite der Produktion zu berechnen. Bei dem zweiten Besuch liegen die ererbten Attribute *procs*, *same* und *env* für die linke Seite vor. Die Auswertung steigt dann erneut in den Teilbaum für das Nichtterminal $\langle block \rangle$ auf der rechten Seite ab, bei dem der Wert des abgeleiteten Attributs *ok* dieses Nichtterminals bestimmt wird. Damit liegen alle Werte vor, um den Wert des abgeleiteten Attributs *ok* der linken Seite $\langle block \rangle$ der Produktion zu berechnen.

Bei der einfacheren Atributgrammatik AG_{scopes} fehlt das Attribut *procs*. Dort reicht ein einziger Besuch, um sämtliche Attibute auszuwerten. Hier würde man sinnvollerweise die Reihenfolge:

$$\langle block \rangle[0].same \to \langle block \rangle[0].env \to$$
$$\langle decl \rangle.new \to$$
$$\langle block \rangle[1].same \to \langle block \rangle[1].env \to \langle block \rangle[1].ok \to$$
$$\langle block \rangle[0].ok$$

wählen. □

Die Auswertungsreihenfolgen in visit_i werden so gewählt, dass der Wert jedes Attributexemplars $n[j'].b$ bereits vor jedem lesenden Zugriff berechnet wurde. Die Funktionen $\mathsf{solve}_{p,i}$ sind simultan rekursiv untereinander und mit den Funktionen visit_i. Für einen Knoten n sei get_prod n die Produktion, die an n angewandt wurde oder Null, falls n ein Blatt ist, das mit einem Terminalsymbol oder ϵ beschriftet ist. Ist $p_1, \ldots, p_m$ eine Anordnung der Produktionen der Grammatik, dann ist die Funktion visit_i gegeben durch:

$$
\begin{aligned}
\mathsf{visit}_i\ n \quad = \quad &\mathbf{match}\ \text{get\_prod}\ n \\
&\mathbf{with}\ \ \text{Null} \quad \to \quad () \\
&\ |\qquad p_1 \quad \to \quad \mathsf{solve}_{p_1,i}\ n \\
&\qquad\qquad\qquad \ldots \\
&\ |\qquad p_m \quad \to \quad \mathsf{solve}_{p_m,i}\ n
\end{aligned}
$$

Für einen Knoten n überprüft die Funktion visit_i, ob n ein Blatt ist oder durch Anwendung einer Produktion erzeugt wurde. Ist der Knoten n des Syntaxbaums ein Blatt, braucht der Auswerter nichts zu tun, wenn wir annehmen, dass die abgeleiteten Attribute der Blätter vorgängig mit einem Wert initialisiert wurden. Dass n ein Blatt ist, erkennt der Auswerter daran, dass der Aufruf get_prod n den Wert Null zurückliefert. Ist der Knoten n des Syntaxbaums kein Blatt, liefert der Aufruf get_prod n die Produktion p_j, die am Knoten n im Syntaxbaum angewendet wurde. In diesem Fall wird die Funktion $\text{solve}_{p_j,i}$ für den Knoten n aufgerufen.

Sei S das Startsymbol der kontextfreien Grammatik, das der Attributgrammatik zu Grunde liegt. Besitzt S keine ererbten Attribute, dann besteht $B_{\mathcal{T}}(X)$ aus einer Anordnung alleine von abgeleiteten Attributen, die in einem einzigen Besuch berechnet werden. Die Auswertung sämtlicher Attributexemplare in einem Syntaxbaum t mit Wurzel n_0 für das Startsymbol S wird dann durch den Aufruf $\text{visit}_1\, n_0$ erledigt.

Der Auswerter, den wir hier vorgestellt haben, lässt sich aus der Attributgrammatik zusammen mit den totalen Ordnungen $\mathcal{T}(X), X \in V$, in polynomieller Zeit generieren. Nicht jede Attributgrammatik besitzt jedoch ein solches System kompatibler totaler Ordnungen. Die Frage, ob eine beliebige Attributgrammatik l-attributiert ist, ist sicherlich in *NP*, da geeignete totale Ordnungen $\mathcal{T}(X), X \in V$, in polynonieller Zeit *geraten* und dann auf Kompatibilität geprüft werden können. Ein wesentlich besserer Algorithmus ist allerdings nicht bekannt: das Problem liegt nicht nur in *NP*, sondern ist sogar *NP*-vollständig.

Praktisch gesehen, wird deshalb meist nur eine Unterklasse der l-geordneten Attributgrammatiken betrachtet, bei denen ein bestimmtes einfaches Verfahren kompatible totale Ordnungen $\mathcal{T}(X), X \in V$, liefert. Ausgangspunkt für die Konstruktion ist das Gleichungssystem:

$$(\mathcal{R}') \quad \mathcal{R}'(X) = \bigsqcup \{\pi_i((D(p) \cup \mathcal{R}'(X_0)[p,0] \cup \ldots \cup \mathcal{R}'(X_k)[p,k])^+) \mid$$
$$p : X_0 \to X_1 \ldots X_k \in P, \quad X = X_i\}, \quad X \in V$$

über den *transitiven* Relationen auf Attributen, geordnet durch die Teilmengenbeziehung $\subseteq$. Wir erinnern uns, dass die kleinste obere Schranke transitiver Relationen $R \in \mathcal{S}$ gegeben ist durch:

$$\bigsqcup \mathcal{S} = \left(\bigcup \mathcal{S}\right)^+$$

Die kleinste Lösung des Gleichungssystems $(\mathcal{R}')$ existiert, weil die Operationen auf den rechten Seiten der Gleichungen monoton sind. Die kleinste Lösung lässt sich mit dem iterativen Verfahren berechnen, das wir in Kapitel 3.2.5 etwa zur Berechnung von first_k-Mengen eingesetzt haben, weil die Anzahl möglicher transitiver Relationen endlich ist.

Sei $\mathcal{R}'(X)$, für $X \in V$, die kleinste Lösung des Gleichungssystems. Weil auch jedes System $\mathcal{T}(X)$, $X \in V$, kompatibler *totaler* Ordnungen eine Lösung des Gleichungssystems $(\mathcal{R}')$ darstellt, gilt $\mathcal{R}'(X) \subseteq \mathcal{T}(X)$ für alle Symbole $X \in V$. Existiert also ein solches System $\mathcal{T}(X)$, $X \in V$, kompatibler totaler Ordnungen, dann müssen die Relationen $\mathcal{R}'(X)$ sämtlich azyklisch sein. Die Relationen $\mathcal{R}'(X)$ sind deshalb ein guter Startpunkt, um totale Ordnungen $\mathcal{T}(X)$ zu konstruieren.

Diese Konstruktion wird so durchgeführt, dass sich für jedes X eine Anordnung mit minimal vielen Besuchen ergibt. Für ein Symbol X mit $\mathcal{A}(X) \neq \emptyset$ wird eine Folge $I_1 S_1 \dots I_r S_r$ berechnet, wobei I_i und S_i jeweils Folgen von ererbten bzw. abgeleiteten Attributen sind. Alle bereits angeordneten Attribute sammeln wir in einer Menge D. Am Anfang setzen wir D auf die leere Menge. Nehmen wir an, $I_1, S_1, \dots I_{i-1}, S_{i-1}$ seien bereits berechnet und D enthalte alle Attribute, die in diesen Folgen vorkommen. Dann werden zwei Schritte durchgeführt.

1. Als erstes wird eine maximal große Menge *ererbter* Attribute von X bestimmt, die nicht in D sind und nur voneinander oder von Attributen aus D abhängen. Diese Menge wird topologisch sortiert. Das liefert die Folge I_i. Anschließend wird die Menge zu D hinzu gefügt.
2. Nun wird eine maximal große Menge *abgeleiteter* Attribute bestimmt, die nicht in D sind und nur voneinander oder von Attributen in D abhängen. Diese Menge wird ebenfalls zu D hinzu gefügt und eine topologische Sortierung als S_i ausgegeben.

Mit diesem Verfahren werden so viele Teilfolgen $I_i S_i$ konstruiert, bis alle Attribute angeordnet sind, d. h. bis D gleich der Gesamtmenge $\mathcal{A}(X)$ der Attribute des Nichtterminals X ist.

Seien $\mathcal{T}'(X)$, $X \in V$, die totalen Ordnungen auf den Attributen der Symbole von X, die auf diese Weise berechnet werden. Dann nennen wir die Attributgrammatik *geordnet*, wenn die totalen Ordnungen $\mathcal{T}'(X)$, $X \in V$, bereits kompatibel sind, d. h. ebenfalls das Gleichungssystem $(\mathcal{R}')$ erfüllen. Bei dieser Vorgehensweise wurden die Relationen $\mathcal{R}'(X)$ *isoliert* zu totalen Ordnungen ergänzt, ohne zu berücksichtigen, ob die hinzugefügten künstlichen Abhängigkeiten mit den Produktionen Zyklen verursachen. Die polynomielle Komplexität der Konstruktion wurde deshalb mit einer Einschränkung behandelbarer Attributgrammatiken erkauft.

Für die Attributgrammatiken AG_{types}, AG_{scopes} und AG_{bool} aus Abschnitt 4.3.2 werden durch unser Verfahren Attributauswerter generiert, die jeden Knoten eines Syntaxbaums genau einmal besuchen. Für die $AG_{scopes+}$ wird dagegen ein Attributauswerter geliefert, der zwei Besuche benötigt. Mehrere Pässe werden auch benötigt, wenn die Zuordnung von Bezeichnern zu Typen für JAVA berechnet werden soll. Hier muss der Syntaxbaum des Rumpfs einer Klasse mehrmals besichtigt werden, da in JAVA eine JAVA-Methode, die erst später deklariert wird, trotzdem bereits im Rumpf einer früher deklarierten Methode aufgerufen werden kann. Eine ähnliche Situatino tritt bei funktionalen Sprachen wie OCAML auf, wenn wechselseitig rekursive Funktionen eingeführt werden (siehe Aufg. 12).

4.4.4 Parsergesteuerte Attributauswertung

In diesem Abschnitt betrachten wir einige stark eingeschränkte, aber praktisch nützliche Attributgrammatikklassen. Bei ihnen können die Attribute während der Syntaxanalyse gesteuert durch den Parser ausgewertet werden. Die Attributwerte werden jeweils kellerartig verwaltet. Der Aufbau des Syntaxbaums, zumindest zum Zwecke einer späteren Attributauswertung, ist überflüssig. Solche Verfahren sind deshalb zur Implementierung besonders effizienter Übersetzer interessant. Da die Attributauswertung parsergesteuert erfolgen soll, müssen die Werte von abgeleiteten Attributen an Terminalsymbolen direkt vom Scanner geliefert werden.

L-attributierte Grammatiken

Alle Parser, die wir zur Steuerung der Attributauswertung betrachten, verarbeiten ihre Eingabe von links nach rechts. Deshalb ist die als erstes eingeführte Grammatikklasse eine Oberklasse aller parsergesteuert auswertbaren Attributgrammatikklassen. Sie enthält alle Attributgrammatiken in Normalform, bei denen alle Attribute in *einem* links-rechts-Tiefendurchlauf über den Syntaxbaum ausgewertet werden können. Formal nennen wir eine Attributgrammatik *L-attributiert* (oder kurz: eine $L - AG$), wenn für jede Produktion $p : X_0 \rightarrow X_1 \ldots X_k$ der zugrunde liegenden Grammatik das Vorkommen $p[j].b$ eines ererbten Attributs nur von Attributvorkommen $p[i].a$ abhängt mit $i < j$. Die Attributauswertung in einem links-rechts-Tiefendurchlauf erfolgt mit dem Algorithmus aus Abschnitt 4.4.3, der jeden Knoten im Syntaxbaum nur einmal und die Kinder eines Knotens jeweils in einer festen links-rechts-Reihenfolge besucht. Für eine Produktion $p : X_0 \rightarrow X_1 \ldots X_k$ generieren wir eine Funktion solve_p, die definiert ist durch:

$$
\begin{aligned}
\mathsf{solve}_p\ n\ =\ &\textbf{forall } (a \in I_{X_1}) \\
&\quad n[1].a \ \leftarrow\ \mathsf{eval}_{p,1,a}\ n; \\
&\quad \mathsf{visit}\ n[1]; \\
&\quad \ldots \\
&\textbf{forall } (a \in I_{X_k}) \\
&\quad n[k].a \ \leftarrow\ \mathsf{eval}_{p,k,a}\ n; \\
&\quad \mathsf{visit}\ n[k]; \\
&\textbf{forall } (a \in S_{X_0}) \\
&\quad n.a \ \leftarrow\ \mathsf{eval}_{p,0,a}\ n;
\end{aligned}
$$

Dabei sind I_X und S_X jeweils die Mengen der ererbten bzw. abgeleiteten Attribute des Symbols X, und der Ausdruck $\mathsf{eval}_{p,j,a}\ n$ liefert den Wert der rechten Seite der semantischen Regel für das Attributexemplar $n[j].a$. Der Besuch eines Knoten n wird durch die Funktion visit realisiert:

$$
\begin{aligned}
\mathsf{visit}\ n\ =\ &\textbf{match } \mathsf{get\_prod}\ n \\
&\textbf{with } \ \mathsf{Null} \ \rightarrow\ () \\
&\quad \mid \quad p_1 \quad \rightarrow\ \mathsf{solve}_{p_1}\ n
\end{aligned}
$$

$$\begin{array}{c} \cdots \\ \mid \quad p_m \quad \to \quad \mathsf{solve}_{p_m} \ n \end{array}$$

Hier liefert erneut die Hilfsfunktion get_prod n die Produktion, die am Knoten n angewandt wurde (oder Null, falls n ein Blatt ist). Die Attributgrammatiken AG_{types}, AG_{scopes} und AG_{bool} aus den Beispielen 4.3.3, 4.3.4 und 4.3.5 sind alle L-attributiert, wobei die letzte allerdings nicht in Normalform ist.

LL-attributierte Grammatiken

Betrachten wir die notwendigen Aktionen für eine parsergesteuerte Attributauswertung:

- Bei Lesen eines Terminalsymbols a Übernehmen der abgeleiteten Attribute von a aus dem Scanner;
- Bei Beginn der Analyse eines Worts für X Auswertung der ererbten Attribute von X;
- Bei Beendigung der Analyse des Worts für X Auswertung der abgeleiteten Attribute von X.

Ein $LL(k)$-Parser, wie er im Kapitel Syntaktische Analyse beschrieben ist, kann diese Aktionen jeweils bei Expansion, bei Reduktion bzw. bei Lesen eines Terminals anstoßen. Eine Attributgrammatik in Normalform nennen wir deshalb *LL-attributiert*, wenn

- sie L-attributiert ist, und
- die zugrundeliegende kontextfreie Grammatik eine starke $LL(k)$-Grammatik ist (für irgend ein $k \geq 1$).

Die LL-Attributiertheit einer Attributgrammatik besagt, dass die syntaktische Analyse mithilfe eines LL-Parsers geschehen kann, und dass, wann immer der LL-Parser die Expansion eines Nichtterminals vornimmt, alle Argumente für seine ererbten Attribute berechnet sind, genauer gesagt, berechnet sein können.

In Kapitel 3.3 konstruierten wir zu einer starken $LL(k)$-Grammatik einen Parser, indem wir den Item-Kellerautomaten zu der Grammatik mit k-Vorausschau ausstatteten. Auf seinem Keller verwaltet dieser Parser Items $[A \to \alpha.\beta]$, wobei der Punkt kennzeichnet, dass der Teil der Eingabe, der aus α abgeleitet wurde, bereits verarbeitet wurde. Diesen Kellerautomaten erweitern wir, so dass er zu jedem Item ι zu einer Produktion $p : X_0 \to X_1 \ldots X_k$ eine Struktur $S(\iota)$ verwaltet, in welcher die ererbten Attribute der linken Seite X_0 sowie die abgeleiteten Attribute der Symbole $X_1, \ldots, X_k$ der rechten Seite abgelegt werden. Steht der Punkt in dem Item ι vor dem i-ten Symbol, liegen die Werte der ererbten Attribute von X_0 sowie die Werte der abgeleiteten Attribute der Symbole $X_1, \ldots, X_{i-1}$ in $S(\iota)$ bereits vor.

Abbildung 4.16 visualisiert die Aktionen der LL-Parser-gesteuerten Attributauswertung. Nehmen wir an, das Item ι gehöre zu der Produktion $p : X_0 \to X_1 \ldots X_k$ und der Punkt befinde sich hinter dem $(i-1)$-ten Symbol.

- Bei einem *shift*-Übergang für ι zu einem Terminalsymbol $X_i = a$ wird in ι der Punkt über das Symbol X_i weitergerückt. Die Attributstruktur zu dem modifizier-

Expansion eines Nichtterminals B

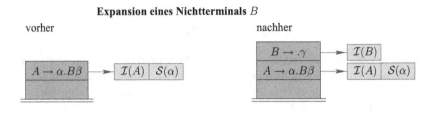

Lesen eines Terminalsymbols a

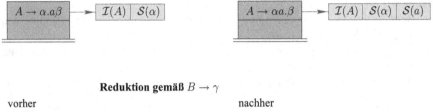

Reduktion gemäß $B \to \gamma$

Abb. 4.16 Aktionen einer LL-Parser-gesteuerten Attributauswertung. Dabei bezeichnen $\mathcal{I}(A)$ bzw. $\mathcal{S}(\alpha)$ die Folgen der Werte der ererbten Attribute eines Symbols A bzw. der abgeleiteten Attribute der Symbole in α

ten Item ergibt sich aus $S(\iota)$, indem die abgeleiteten Attribute, die der Scanner für a lieferte, in $S(\iota)$ eingetragen werden.

- Bei einem *expand*-Übergang für ι, der das Symbol X_i durch eine Produktion $p' : X_i \to \gamma$ expandiert, wird das Item $[X_i \to .\gamma]$ gekellert. Für dieses Item ι' wird eine neue Struktur $S(\iota')$ angelegt, in der jedes ererbte Attribut b der linken Seite X_i mit Hilfe der semantischen Regel der Produktion p für das Attributvorkommen $p[i].b$ berechnet wird.

- Bei einem *reduce*-Übergang befindet sich auf dem Keller über dem Item ι ein vollständiges Item $\iota' = [X_i \to \gamma.]$ zu einer Produktion p' zusammen mit seiner zugehörigen Attributstruktur $S(\iota')$. Nun werden die abgeleiteten Attribute der linken Seite X_i mithilfe der semantischen Regeln der Produktion p' berechnet und in der darunter liegenden Attributstruktur $S(\iota)$ für X_i eingetragen. Dann wird das vollständige Item ι' zusammen mit seiner Attributstruktur vom Keller entfernt und der Punkt in ι um eine Position versetzt.

Obwohl die Attributgrammatiken AG_{types} und AG_{bool} L-attributiert sind, sind beide nicht LL-attributiert. In beiden Fällen ist die zugrundeliegende kontextfreie Grammatik linksrekursiv und deshalb nicht $LL(k)$ für irgend ein k. Im Falle der

Attributgrammatik AG_{bool} kann man sogar zeigen, dass es keine LL-attributierte Grammatik gibt, die das Codegenerierungsproblem auf diese Weise, d. h. durch Propagation von zwei Sprungzielen an jeden Teilausdruck löst.

LR-attributierte Grammatiken

Jetzt entwickeln wir ein Verfahren, wie ein LR-Parser die Auswertung von Attributen steuern kann. Ein LR-Parser verwaltet auf seinem Keller Zustände. Jeder Zustand, der verschieden vom Endzustand f ist, besteht aus einer Menge von Items, gegebenenfalls dekoriert mit Vorausschaumengen. Jeden solchen Zustand q statten wir mit einer Attributstruktur $S(q)$ aus. Die Attributstruktur des Anfangszustands ist leer. Für jeden anderen Zustand $q \notin \{q_0, f\}$, der von einem Symbol X erreicht wird, enthält $S(q)$ die Werte für die abgeleiteten Attribute des Symbols X. Zusätzlich statten wir den LR-Parser mit einer globalen Attributstruktur $\mathcal{J}$ aus, die für jedes ererbte Attribut b den zuletzt berechneten Wert bereit hält bzw. $\perp$, falls der Wert des Attributs b nicht zur Verfügung steht. Am Anfang enthält die globale Attributstruktur $\mathcal{J}$ nur die Werte der ererbten Attribute des Startsymbols.

Die Werte der abgeleiteten Attribute eines Terminalsymbols werden vom Scanner geliefert. Zwei Probleme müssen gelöst werden, wenn wir die Attributwerte für die Attributstruktur $S(q)$ eines Zustands q berechnen wollen:

- Wir müssen die semantische Regel identifizieren, mit der der Attributwert berechnet werden soll.
- Wir müssen die Werte für die Attributvorkommen in der semantischen Regel im Keller auffinden.

Die Werte der abgeleiteten Attribute eines Nichtterminals X_0 können wir berechnen, wenn der LR-Parser einen Reduktionsübergang macht: dann ist die Produktion $p : X_0 \to X_1 \ldots X_k$ bekannt, mit der X_0 abgeleitet wurde. Zur Berechnung eines abgeleiteten Attributs b von X_0 kommt deshalb die semantische Regel für das Attributvorkommen $p[0].b$ dieser Produktion zum Einsatz. Zu dem Zeitpunkt der Reduktion liegt eine Folge $q'q_1, \ldots, q_k$ von Zuständen oben auf dem Keller, wobei $q_1, \ldots, q_k$ durch die Symbole $X_1, \ldots, X_k$ der rechten Seite von p erreicht werden. Nehmen wir an, die Werte für die Attributstrukturen $S(q_1), \ldots, S(q_k)$ seien bereits berechnet. Dann kann die semantische Regel für ein abgeleitetes Attribut von X_0 ausgewertet werden, indem die Werte für die Vorkommen $p[0].b$ ererbter Attribute der linken Seite X_0 in $\mathcal{J}$ und die Werte für Vorkommen $p[j].b$ abgeleiteter Attribute von X_j der rechten Seite in $S(q_j)$ nachgeschlagen werden. Damit können wir vor dem *reduce*-Übergang auch für den Zustand $q = \delta(q', X_0)$, der damit von X_0 erreicht wird, die Werte der abgeleiteten Attribute ausrechnen. Ungelöst bleibt dabei die Frage, wie die aktuellen Werte der ererbten Attribute von X_0 bestimmt werden können.

Für den Fall, dass es *keine* ererbten Attribute gibt, haben wir damit bereits ein Verfahren zur Attributauswertung in der Hand. Eine Attributgrammatik nennen wir *S-attributiert*, wenn sie *nur* abgeleitete Attribute besitzt. Beispiel 4.3.1 ist eine solche Grammatik, mit der die Werte von Ausdrücken berechnet werden können. Allgemeiner kann die Spezifikation der Berechnung eines semantischen Werts, die von Anaysegeneratoren wie YACC oder BISON für verschiedene Programmiersprachen angeboten werden, als S-attributierte Grammatik aufgefasst werden. Jede S-attributierte Grammatik ist auch L-attributiert. Ist eine LR-Grammatik S-attributiert, lassen sich die Attributstrukturen der Zustände im Keller und damit insbesondere die Werte für die Exemplare der abgeleiteten Attribute des Startsymbols berechnen.

Abgeleitete Attribute allein sind jedoch für etwas anspruchsvollere Aufgaben nicht ausdrucksstark genug. Bereits die Berechnung der Typen eines Ausdrucks relativ zu einer Symboltabelle *env* aus Beispiel 4.3.3 erfordert ein ererbtes Attribut, das nach unten im Syntaxbaum weitergereicht wird. Unser Ziel ist darum, den Ansatz für S-attributierte Grammatiken um Techniken zum Umgang mit ererbten Attributen zu erweitern. Im Allgemeinen ist dem LR-Parser jedoch das obere Baumfragment, in dem die Transportwege für ererbte Attributwerte liegen, noch nicht bekannt. Insbesondere wenn eine Grammatik linksrekursiv ist, kann die Anwendung beliebig vieler semantischer Regeln erforderlich sein, um den Wert eines ererbten Attributs zu berechnen. Hier kommt uns zu Hilfe, dass die Werte ererbter Attribute sehr oft unverändert im Syntaxbaum von oben nach unten weitergereicht werden. Das ist zum Beispiel bei der Attributgrammatik AG_{types} aus Beispiel 4.3.3 zur Berechnung des Typs eines Ausdrucks der Fall, bei welcher der Wert des Attributs *env* von der linken Seite der Produktionen in Attribute gleichen Namens der Nichtterminalvorkommen der rechten Seite kopiert wird. Das beobachten wir auch bei der Produktion ⟨*block*⟩ → ⟨*stat*⟩ ⟨*block*⟩ der Attributgrammatik AG_{scopes} aus Beispiel 4.3.4, bei der das ererbte Attribut *same* der linken Seite in ein gleichnamiges Attribut des Nichtterminalvorkommens ⟨*block*⟩ der rechten Seite und das ererbte Attribut *env* der linken Seite in gleichnamige Attribute beider Nichtterminalvorkommen der rechten Seite kopiert werden.

Formal nennen wir ein Vorkommen $p[j].b$ eines ererbten Attributs b am j-ten Symbol einer Produktion $P : X_0 \to X_1 \ldots X_k$ *kopierend*, wenn es ein $i < j$ gibt, so dass:

1. die semantische Gleichung für $p[j].b$ entweder $p[j].b = p[i].b$ oder die rechten Seite der semantischen Gleichung für $p[j].b$ semantisch *gleich* der rechten Seite für $p[i].a$ ist, und
2. $p[i].b$ ist das letzte Vorkommen des Attributs b vor $p[j].b$, d. h. $b \notin \mathcal{A}(X_{i'})$ für alle $i < i' < j$.

Sicherlich ist die semantische Gleichheit rechter Seiten i. A. unentscheidbar. In einer praktischen Implementierung genügt es jedoch, hier stattdessen die *syntaktische* Gleichheit zu verwenden. In diesem Sinne sind sämtliche Vorkommen des ererbten Attributs *env* auf rechten Seiten der Attributgrammatik AG_{types} kopierend. Das Gleiche gilt für die Vorkommen der ererbten Attribute *same* und *env* der Attributgrammatik AG_{scopes} in der Produktion ⟨*block*⟩ → ⟨*stat*⟩ ⟨*block*⟩.

Nehmen wir für einen Moment an, *sämtliche* Vorkommen ererbter Attribute seien kopierend. Dann ändern sich die Werte der ererbten Attribute nie. Enthält folglich die globale Attributstruktur $\mathcal{I}$ einmal den richtigen Wert für ein ererbtes Attribut, muss dieser nie wieder verändert werden.

Nicht alle Vorkommen ererbter Attribute einer L-attributierten Grammatik sind jedoch kopierend. Für ein nicht kopierendes Vorkommen $p[j].b$ eines ererbten Attributs b muss der Attributauswerter die Produktion $p : X_0 \rightarrow X_1 \ldots X_k$ und die Position j in der rechten Seite von p kennen, um die richtige semantische Regel für das Attributvorkommen auswählen zu können. Dazu verwenden wir einen Trick. Wir führen ein neues Nichtterminal $N_{p,j}$ mit der einzigen Regel $N_{p,j} \rightarrow \epsilon$ ein. Dieses Nichtterminal $N_{p,j}$ wird vor dem Symbol X_j in die rechte Seite von p eingefügt. Das Nichtterminalsymbol $N_{p,j}$ statten wir mit allen ererbten Attributen b von X_j aus, die in p nicht kopierend sind. Jedes Attribut b von $N_{p,j}$ statten wir mit einer semantischen Regel aus, die den gleichen Wert berechnet wie vorher die semantische Regel für $p[j].b$. Beachten Sie, dass durch das Einfügen von Hilfssymbolen $N_{p,j_1}, \ldots, N_{p,j_r}$ sich die Nummerierung der ursprünglichen Symbolvorkommen der Produktion p in der transformierten Seite gegebenenfalls verschiebt.

Beispiel 4.4.7 Betrachten wir die Produktion $\langle block \rangle \rightarrow \langle decl \rangle \langle block \rangle$ der Attributgrammatik AG_{scopes} aus Beispiel 4.3.4. Die Attributvorkommen $\langle block \rangle [1].same$ und $\langle block \rangle [1].env$ auf der rechten Seite der Produktion sind nicht kopierend. Deshalb fügen wir vor dem Nichtterminal $\langle block \rangle$ der rechten Seite ein neues Nichtterminal N ein:

$$\langle block \rangle \longrightarrow \langle decl \rangle \; N \; \langle block \rangle$$
$$N \longrightarrow \epsilon$$

Das neue Nichtterminalsymbol N erhält die Menge $\{same, env\}$ als Menge der ererbten Attribute. Abgeleitete Attribute benötigt es dagegen nicht. Die neuen semantischen Regeln für die transformierte Produktion sind:

$$
\begin{aligned}
N.same &= \textbf{let } (x, \tau) = \langle decl \rangle .new \\
&\quad \textbf{in } \langle block \rangle [0].same \cup \{x\} \\
N.env &= \textbf{let } (x, \tau) = \langle decl \rangle .new \\
&\quad \textbf{in } \langle block \rangle [0].env \oplus \{x \mapsto \tau\} \\
\langle block \rangle [1].same &= N.same \\
\langle block \rangle [1].env &= N.env \\
\langle block \rangle [1].ok &= \textbf{let } (x, \tau) = \langle decl \rangle .new \\
&\quad \textbf{in if } x \notin \langle block \rangle [0].same \\
&\quad \textbf{then } \langle block \rangle [1].ok \\
&\quad \textbf{else false}
\end{aligned}
$$

Da N nur ererbte Attribute besitzt, benötigt es keine eigenen semantischen Regeln. Wir bemerken, dass die ererbten Attribute $same$ und env des Nichtterminals $\langle block \rangle$ nach der Transformation beide kopierend sind. $\square$

Durch das Einfügen der Nichtterminale $N_{p,j}$ wird die Menge der akzeptierten Wörter nicht verändert. Möglicherweise geht jedoch die $LR(k)$-Eigenschaft verloren.

In unserem Beispiel Beispiel 4.4.7 ist dies nicht der Fall. Ist die zu Grunde lie-
gende kontextfreie Grammatik nach der Transformation immer noch eine $LR(k)$-
Grammatik, nennen wir die Attributgrammatik *LR-attributiert.*

Nach der Transformation sind die einzigen nicht-kopierenden ererbten Attributvorkommen diejenigen an den neu eingefügten Nichtterminalen $N_{p,j}$. Bei einem
reduce-Übergang für $N_{p,j}$ hat der LR-Parser die Produktion p und und die Position j in der rechten Seite von p identifiziert, an der er sich gerade befindet. Bei
der Reduktion wird der neue Wert für das ererbte Attribut b berechnet in der globalen Attributstruktur $\mathfrak{J}$ abgelegt. Die Zustände q', in die man durch einen Übergang
unter dem Nichtterminal $N_{p,j}$ gelangen kann, statten wir mit einer Attributstruktur $old(q')$ aus. Diese Attributstruktur enthält jedoch nicht Werte für abgeleitete
Attribute. Stattdessen werden in ihr die *vorherigen* Werte der bei der Reduktion
überschriebenen ererbten Attribute aus $\mathfrak{J}$ abgelegt.

Betrachten wir genauer, wie der Wert eines ererbten Attributs b des Nichtterminals $N_{p,j}$ berechnet werden kann. Sei $\bar{p} : X \to \alpha.N_{p,j}\beta$ die Produktion, die
durch die Transformation aus p entstanden ist, wobei α die Länge m hat. Vor dem
reduce-Übergang für $N_{p,j}$ liegt oben auf dem Keller eine Folge $q'q_1 \ldots q_m$, wobei
$q_1, \ldots, q_m$ der Folge der Symbole in α entspricht. Die Auswertung der semantischen Regel für das ererbte Attribut b von $N_{p,j}$ findet die Werte der abgeleiteten
Attribute der Symbole in α in den Attributstrukturen der Zustände $q_1, \ldots, q_m$. Den
Wert eines ererbten Attributs a der linken Seite X kann der Attributauswerter in der
globalen Struktur $\mathfrak{J}$ nachschlagen, falls das Attribut a durch kein $N_{p,i}$ mit $i < j$ in
der bisherigen Abarbeitung der rechten Seite von $\bar{p}$ neu definiert wurde. Falls das
jedoch der Fall war, kann der Wert von a in der Struktur $old(q_{i'})$ zu dem Zustand
$q_{i'}$ nachgeschlagen werden, welcher der ersten Neudefinition von a in der rechten
Seite von p entspricht.

Betrachten wir im Detail, was bei dem *reduce*-Übergang für die transformierte
Produktion $\bar{p}$ passieren muss. Sei $N_{p,j_1}, \ldots, N_{p,j_r}$ die Folge der neuen Nichtterminale, die bei der Transformation in die rechte Seite der Produktion p eingefügt wurden, und sei m die Länge der transformierten rechten Seite. Vor dem
reduce-Übergang befindet sich oben auf dem Keller eine Folge $q'q_1 \ldots q_m$ von
Zuständen, wobei die Zustände $q_{j_1}, \ldots, q_{j_r+r-1}$ den Vorkommen der Nichtterminale $N_{p,j_1}, \ldots, N_{p,j_r}$ entsprechen. Mit Hilfe der zugehörigen Attributstrukturen
$old(q_{j_1}), \ldots, old(q_{j_r+r-1})$ wird die Belegung der ererbten Attribute vor dem Ab-
stieg in den Syntaxbaum für X rekonstruiert. Kommt ein Attribut b in keiner der
Strukturen $old(q_{j_i+i-1})$ vor, enthält $\mathfrak{J}$ bereits den aktuellen Wert von b. Andernfalls
setzen wir den Wert von b auf den Wert von b in der ersten Struktur $old(q_{j_i+i-1})$, in
der b vorkommt. Diese Rekonstruktion der globalen Datenstruktur $\mathfrak{J}$ für die ererbten
Attribute veranschaulicht Abb. 4.17. Ist die Attributstruktur $\mathfrak{J}$ vor Abarbeitung der
rechten Seite der Produktion $\bar{p}$ wiederhergestellt, können die semantischen Regeln
zur Berechnung der abgeleiteten Attribute der linken Seite X ausgewertet werden.
Ein dafür benötigtes abgeleitetes Attribut des i-ten Symbolvorkommens der rechten
Seite von $\bar{p}$ kann in der Attributstruktur zu q_i nachgeschlagen werden.

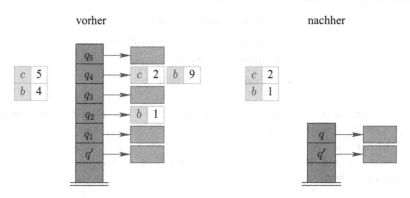

Abb. 4.17 Die Rekonstruktion der ererbten Attribute bei einem *reduce*-Übergang für eine Produktion $X \to \gamma$ mit $|\gamma| = 5$ und $\delta(q', X) = q$. Die Attributstrukturen $old(q_2)$ und $old(q_4)$ enthalten die überschriebenen Werte der ererbten Attribute b und c aus $\mathfrak{I}$

Damit haben wir ein Verfahren an der Hand, um einen LR-Parser so zu erweitern, dass er für LR-attributierte Grammatiken nicht nur die abgeleiteten Attribute zu jedem Zustand im Keller, sondern auch die jeweils benötigten ererbten Attribute berechnen kann.

Beispiel 4.4.8 Die Attributgrammatik AG_{bool} aus Beispiel 4.3.5 ist L-attributiert, aber weder LL- noch LR-attributiert. In der linksrekursiven Produktion für das Nichtterminal E muss ein neues ε-Nichtterminal an den Anfang der rechten Seite gesetzt werden, weil das ererbte Attribut *fsucc* des Nichtterminals E der rechten Seite nicht kopierend ist. Entsprechend muss in der linksrekursiven Produktion für das Nichtterminal T ebenfalls ein neues ε-Nichtterminal an den Anfang der rechten Seite gesetzt werden, weil hier das ererbte Attribut *tsucc* des Nichtterminals T nicht kopierend ist. Damit ist die transformierte Grammatik nicht mehr $LR(k)$ für irgend ein $k \geq 0$. □

4.5 Übungen

1. **Symboltabellen**
   Wie ist der Inhalt der Symboltabelle im Rumpf der Prozedur q hinter der Deklaration der Prozedur r in Beispiel 4.1.6?
2. **Überladung**
   Gegeben seien die folgenden Operatoren:

   $$+ : \textbf{integer} \longrightarrow \textbf{integer}$$
   $$+ : \textbf{real} \longrightarrow \textbf{integer}$$
   $$+ : \textbf{integer} \times \textbf{integer} \longrightarrow \textbf{integer}$$

$$+ : \textbf{real} \times \textbf{real} \longrightarrow \textbf{real}$$

$$/ : \textbf{integer} \times \textbf{integer} \longrightarrow \textbf{integer}$$

$$/ : \textbf{integer} \times \textbf{integer} \longrightarrow \textbf{real}$$

$$/ : \textbf{real} \times \textbf{real} \longrightarrow \textbf{real}$$

Benutzen Sie den Algorithmus aus Abschnitt 4.1.2, um die Überladung in der Zuweisung $A \leftarrow 1/2 + 3/4$ an die *real*-Variable A aufzulösen.

3. **Typinferenz**

   Leiten Sie mit Hilfe der Inferenzregeln den Typ des folgenden OCAML-Ausdrucks her:

   $$\begin{aligned}
   \textbf{let rec } \textit{length} \quad &= \quad \textbf{fun } l \rightarrow \textbf{match } l \\
   &\qquad \textbf{with} \quad [] \quad \rightarrow \quad 0 \\
   &\qquad \quad | \quad x :: xs \quad \rightarrow \quad 1 + \textit{length } xs \\
   \textbf{in} \quad \textit{length} \quad &
   \end{aligned}$$

4. **Typinferenz mit Überladung**

   Vervollständigen Sie den Algorithmus aus Abschnitt 4.2.4. Fügen Sie insbesondere eine Regel zur Behandlung wechselseitig rekursiver Definitionen hinzu.

5. **Attributgrammatik für Vorwärtsdeklarationen**

   Erweitern Sie die Grammatik aus Beispiel 4.1.5 zu einer Attributgrammatik, die für jedes Vorkommen eines Bezeichners seine Deklariertheit überprüft und für angewandte Vorkommen den Typ bereitstellt. Die Attributgrammatik soll ebenfalls bei Mehrfachdeklarationen eines Bezeichners durch Vorwärtsdeklarationen überprüfen, dass alle diese Deklarationen im Typ übereinstimmen.

6. **Attributgrammatik zur Auflösung von Überladung**

   Formulieren Sie den Algorithmus zur Auflösung von Überladungen aus Abschnitt 4.1.2 als Attributgrammatik.

7. **Transformation von Grammatiken**

   Betrachten Sie die Transformation zur Beseitigung der Linksrekursion aus Kapitel 3.3. Nehmen Sie an, es gebe eine Attributierung der zu transformierenden Grammatik G mit semantischen Regeln bei jeder Produktion. Transformieren Sie diese Regeln so in semantische Regeln der transformierten Grammatik G', dass in den Attributexemplaren an den einander entsprechenden Knoten der Syntaxbäume zu G bzw. G' jeweils die gleichen Werte berechnet werden!

   (a) Statten Sie dazu die neuen Nichtterminale $\langle A, B \rangle$ mit *ererbten* und Attributen aus, mit denen die Werte der ererbten Attribute von A zu der Produktion $\langle A, A \rangle \rightarrow \varepsilon$ propagiert wird, und weiterhin mit *abgeleiteten* Attributen, mit denen die die ererbten Attribute der ehemals linksrekursiven Vorkommen von Nichtterminalen B berechnet werden.

   (b) Statten Sie die Nichtterminale $\langle A, B \rangle$ weiterhin mit *ererbten* Attributen aus, mit denen die Werte der abgeleiteten Attribute der ehemals linksrekursiven

Vorkommen von Nichtterminalen B berechnet werden, sowie mit *abgeleiteten* Attributen, mit denen die Werte der abgeleiteten Attribute von A von
der Produktion $\langle A, A \rangle \rightarrow \varepsilon$ zurück zu dem Nichtterminalvorkommen von A
propagiert wird.

8. **Bedarfsgetriebene Attributsauswertung**
   Modifizieren Sie die bedarfsgetriebene Auswertung der Attributexemplare aus
   Abschnitt 4.4.1 so, dass die Auswertung selbst erkennt, wenn die Auswertung
   auf den Wert eines Attributexemplars zugreifen möchte, dessen Wert gerade in
   Bearbeitung ist.

9. **Obere Abhängigkeitsgraphen**
   Stellen Sie ein Gleichungssystem auf, zu jedem Terminal- oder Nichtterminal-
   symbol die Menge der oberen Abhängigkeitsgraphen berechnet.
   Sei $\mathcal{O}(X)$, $X \in V \cup T$, die kleinste Lösung dieses Gleichungssystems. Zeigen
   Sie, dass die Attributgrammatik genau dann zyklefrei ist, wenn für jedes Symbol
   X die Relation $u \cup o$ für alle $u \in \mathcal{U}(X)$ und $o \in \mathcal{O}(X)$ azyklisch ist.

10. **Absolut zyklenfreie Attributgrammatiken**
    Betrachten Sie die folgende Attributgrammatik mit den Nichtterminalen L, A, B:

$$
\begin{array}{lll}
L \longrightarrow A & A \longrightarrow sB & B \longrightarrow u \\
\quad L.z = A.z & \quad B.a = B.y & \quad B.x = B.a \\
\quad A.c = 0 & \quad B.b = A.c & \quad B.y = B.b \\
 & \quad A.z = B.x & B \longrightarrow v \\
A \longrightarrow tB & & \quad B.x = B.a \\
\quad B.a = A.c & & \quad B.y = 0 \\
\quad B.b = B.x & & \\
\quad A.z = B.y & &
\end{array}
$$

Dabei bezeichnen x, y, z abgeleitete und a, b, c ererbte Attribute.

(a) Geben Sie die produktionslokalen Abhängigkeitsgraphen für die einzelnen
    Produktionen an.

(b) Bauen Sie die Bäume mit ihren individuellen Abhängigkeitsgraphen für die
    Eingaben su, sv, tu und tv.

(c) Geben Sie die von diesen induzierten, unteren charakteristischen Graphen
    für B an.

(d) Geben Sie eine Auswertungsordnung für einen der Bäume an.

(e) Ist diese Grammatik absolut zyklenfrei, falls die erste B-Produktion gestri-
    chen wird?
    Falls ja: konstruieren Sie einen Auswerter gemäß Abschnitt 4.4.3.

(f) Ist diese Grammatik absolut zyklenfrei in Anwesenheit beider
    B-Produktionen?
    Falls ja: konstruieren Sie einen Auswerter gemäß Abschnitt 4.4.3.

11. **Reguäre Ausdrücke**

Schreiben Sie eine kontexfreie Grammatik für reguläre Ausdrücke. Berücksichtigen Sie dabei Operator-Präzedenzen.

Erweitern Sie Ihre kontextfreie Grammatik zu einer Attributgrammatik, die zu dem regulären Ausdruck einen endlichen Automaten konstruiert.

12. **Typ-Inferenz**

Implementieren Sie den Algorithmus W mit Hilfe einer Attributgrammatik.

(a) Betrachten Sie zuerst nur das Fragment mit dem einzigen Datentyp int. Verwenden Sie zuerst nur monomorphe Typen, d. h. keine Typschemata.

(b) Erweitern Sie Ihre Grammatik um Produktionen für die Konstruktion strukturierter Datentypen Tupel und Listen sowie Pattern-Matching. Erweitern Sie ebenfalls die Attributauswertung.

(c) Betrachten Sie nun Inferenz polymorpher Typen, indem Sie bei *let*- und *letrec*-Ausdrücken Typschemata einführen.

4.6 Literaturhinweise

Die Darstellung der Kontextbedingungen folgt in Teilen [68]. Die Datenstruktur für die Symboltabelle in Abschnitt 4.1.2 wurde unabhängig voneinander von vielen Übersetzerbauern erfunden. Eine frühe Quelle ist [40].

Der Algorithmus zur Auflösung von Überladungen ist der von Pennello et al. [56]. Typinferenz für polymorph getypte Sprachen geht auf Hindley und Milner zurück [24], [47], [10]. Die Erweiterung auf Ausdrücke mit Seiteneffekten durch die Value Restriction wurde von Wright vorgeschlagen [70], eine interessante Erweiterung, die sich in OCAML wiederfindet, bietet Garrigue [19]. Die Idee, Überladung durch Typklassen zu realisieren, geht auf Wadler zurück [66]. Ihre Integration in die Programmiersprache HASKELL beschreibt [21]. Typklassen alleine sind für Anwendungen wie Monaden in HASKELL nicht ausdrucksstark genug. Deshalb erweiterte Mark P. Jones das grundlegende Konzept auf *Typkonstruktorklassen* [30], die ebenfalls Eingang in die Programmiersprache HASKELL gefunden haben. Weitere Möglichkeiten, die Ausdruckskraft des Typsystems zu erhöhen, diskutiert [31].

Das Konzept der Attributgrammatik wurde von Knuth eingeführt [37], [38]. Jazayeri zeigte, dass Zyklenfreiheit für Attributgrammatiken exponentiell schwierig ist [28]. Die Klasse der absolut zyklenfreien Attributgrammatiken zusammen mit deren Auswertungsverfahren stammt von Kennedy und Warren[35]. Geordnete Attributgrammatiken wurden von Kastens definiert [34], besuchsorientierte Attributauswertung von Riis Nielson [52]. Die Attributgrammatik zur Kurzschlussauswertung Boolescher Ausdrücke wurde der Arbeit [20] entnommen. Die LR-Parser-gesteuerte Attributauswertung entwickelte Watt [67].

[44] beschreibt eine Implementierung von Attributgrammatiken mit datengetriebener und bedarfsgetriebener Auswertung und inkrementeller Wiederauswertung nach Baumtransformationen. Außerdem bietet diese Verfahren *uninterpretierte* At-

tributwerte als Hilfsmittel zur Realisierung komplexer Datenstrukturen wie Symboltabellen an. Dabei werden manche semantischen Regeln als Konstruktoren für Terme benutzt. Damit können Attribute Terme als Werte haben, die gemäß der Attributabhängigkeiten konstruiert sind. Andere semantische Regeln können wie Funktionen einer funktionalen Sprache auf diesen Termen arbeiten.

Die folgenden Autoren geben Überblicke über Attributgrammatiken, Grammatikklassen, Auswertungsverfahren und/oder implementierte Systeme: Courcelle [8], Engelfriet [17], Alblas [3] sowie Deransart, Jourdan und Lorho [12]. Eine neuere Darstellung auf Deutsch bietet auch [41].

Außerhalb des Übersetzerbaus wurden Beziehungen zwischen Attributgrammatiken und Anfragesprachen zur Suche in XML-Dokumenten hergestellt [51]. Den Einsatz bei der Generierung von Spreadsheet-artigen Werkzeugen betrachtet [58]. Funktionale Attributgrammatiken wurden insbesondere im Zusammenhang mit der Programmiersprache HASKELL untersucht [65, 7].

Literaturverzeichnis

1. Thomas H Cormen and Charles E Leiserson and Ronald L Rivest and Clifford Stein (2001) Introduction to Algorithms (second edition). MIT Press and McGraw-Hill

2. Aho AV, Sethi R, Ullman JD (1986) Principles of Compiler Design. Addison Wesley

3. Alblas H (1991) Attribute evaluation methods. In: Henk Alblas BM (ed) Proc. International Summer School on Attribute Grammars, Applications and Systems, Springer, LNCS 545

4. Ammann U (1978) Error recovery in recursive descent parsers and run–time storage organization, rep. No. 25, Inst. für Informatik der ETH Zürich

5. Baars AI, Swierstra SD, Viera M (2010) Typed transformations of typed grammars: The left corner transform. Electr Notes Theor Comput Sci 253(7):51–64

6. Blum N (2010) On $lr(k)$-parsers of polynomial size. In: Abramsky S, Gavoille C, Kirchner C, Meyer auf der Heide F, Spirakis PG (eds) ICALP (2), Springer, Lecture Notes in Computer Science, vol 6199, pp 163–174

7. Bransen J, Middelkoop A, Dijkstra A, Swierstra SD (2012) The kennedy-warren algorithm revisited: Ordering attribute grammars. In: Russo CV, Zhou NF (eds) PADL, Springer, Lecture Notes in Computer Science, vol 7149, pp 183–197

8. Courcelle B (1984) Attribute grammars: Definitions, analysis of dependencies. In: [45]

9. Courcelle B (1986) Equivalences and transformations of regular systems—applications to program schemes and grammars. Theoretical Computer Science 42:1–122

10. Damas L, Milner R (1982) Principal type schemes for functional programms. In: 9th ACM Symp. on Principles of Programming Languages, pp 207–212

11. Dencker P, Dürre K, Heuft J (1984) Optimization of parser tables for portable compilers. ACM Transactions on Programming Languages and Systems 6(4):546–572

12. Deransart P, Jourdan M, Lorho B (1988) Attribute Grammars, Definitions, Systems and Bibliography. Springer, LNCS 323

13. DeRemer F (1969) Practical translators for $LR(k)$ languages. PhD thesis, Massachusetts Institute of Technology

14. DeRemer F (1971) Simple $LR(k)$ grammars. Communications of the ACM 14:453–460

15. DeRemer F (1974) Lexical analysis. In: F.L. Bauer, J. Eickel (Hrsg.), Compiler Construction, An Advanced Course, Springer, LNCS 21

16. Dijkstra EW (1961) Algol-60 translation. Tech. rep., Stichting, Mathematisch Centrum, Amsterdam, rekenafdeling, MR 35. Algol Bulletin, supplement nr. 10

17. Engelfriet J (1984) Attribute grammars: Attribute evaluation methods. In: [45]

18. Floyd RW (1963) Syntactic analysis and operator precedence. J ACM 10(3):316–333

19. Garrigue J (2004) Relaxing the value restriction. In: Kameyama Y, Stuckey PJ (eds) Proc. of Functional and Logic Programming, 7th International Symposium, FLOPS 2004, Nara, Japan, April 7–9, 2004, Springer, LNCS 2998, pp 196–213

20. Giegerich R, Wilhelm R (1978) Counter–one–pass features in one–pass compilation: a formalization using attribute grammars. Information Processing Letters 7(6):279–284

21. Hall CV, Hammond K, Jones SLP, Wadler P (1994) Type classes in HASKELL. In: Sannella D (ed) ESOP, Springer, LNCS 788, pp 241–256

22. Harrison MA (1983) Introduction to Formal Language Theory. Addison Wesley

23. Heckmann R (1986) An efficient $ell(1)$-parser generator. Acta Informatica 23:127–148

24. Hindley JR (1969) The principal type scheme of an object in combinatory logic. Transactions of the AMS 146:29–60

25. Hopcroft J, Ullman JD (1979) Introduction to Automata Theory, Languages and Computation. Addison-Wesley

26. II PML, Stearns RE (1966) Syntax directed transduction. In: IEEE 7. Annual Symposium on Switching and Automata Theory, pp 21–35

27. II PML, Stearns RE (1968) Syntax directed transduction. Journal of the ACM 15:464–488

28. Jazayeri M, Ogden WF, Rounds WC (1975) The intrinsically exponential complexity of the circularity problem for attribute grammars. Communications of the ACM 18(12):697–706

29. Johnson WL, Porter JH, Ackley SI, Ross DT (1968) Automatic generation of efficient lexical analyzers using finite state techniques. Communications of the ACM 11(12):805–813

30. Jones MP (1995) A system of constructor classes: Overloading and implicit higher-order polymorphism. J Funct Program 5(1):1–35

31. Jones SP, Jones MP, Meijer E (1997) HASKELL type classes: an exploration of the design space. In: Proceedings of the 2nd HASKELL Workshop

32. Jourdan JH, Pottier F, Leroy X (2012) Validating lr(1) parsers. In: Seidl H (ed) ESOP, Springer, Lecture Notes in Computer Science, vol 7211, pp 397–416

33. Kannapinn S (2001) Eine rekonstruktion der *LR*-theorie zur elimination von redundanz mit anwendung auf den bau von *ELR*-parsern. PhD thesis, Fachbereich 13 – Informatik

34. Kastens U (1980) Ordered attribute grammars. Acta Informatica 13(3):229–256

35. Kennedy K, Warren SK (1976) Automatic generation of efficient evaluators for attribute grammars. In: Proc. 3rd ACM Symp. on Principles of Programming Languages, pp 32–49

36. Knuth DE (1965) On the translation of languages from left to right. Information and Control 8:607–639

37. Knuth DE (1968) Semantics of context-free languages. Math Systems Theory 2:127–145

38. Knuth DE (1971) Semantics of context–free languages, correction in Math. Systems Theory **5**, pp. 95-96

39. Knuth DE (1977) A generalization of dijkstra's algorithm. Information Processing Letters 6(1):1–5

40. Krieg B (1971) Formal definition of the block concept and some implementation models, mS. Thesis, Cornell University

41. Kühnemann A, Vogler H (1997) Attributgrammatiken. Eine grundlegende Einführung. Vieweg+Teubner

42. Lesk M (1975) Lex – a lexical analyzer generator, cSTR 39, Bell Laboratories, Murray Hill, N.J.

43. Lewi J, DeVlaminck K, Huens J, Steegmans E (1982) A Programming Methodology in Compiler Construction, part 2. North Holland

44. Lipps P, Olk M, Möncke U, Wilhelm R (1988) Attribute (re)evaluation in the optran system. Acta Informatica 26:213–239

45. Lorho B (ed) (1984) Methods and Tools for Compiler Construction. Cambridge University Press

46. Mayer O (1986) Syntaxanalyse, 3. Aufl. Bibliographisches Institut

47. Milner R (1978) A theory of type polymorphism in programming. Journal of Computer and System Sciences 17:348–375

48. Möncke U (1985) Generierung von systemen zur transformation attributierter operatorbäume; komponenten des systems und mechanismen der generierung. PhD thesis, Informatik

49. Möncke U, Wilhelm R (1982) Iterative algorithms on grammar graphs. In: Proc. 8th Conference on Graphtheoretic Concepts in Computer Science, Hanser, pp 177–194

50. Möncke U, Wilhelm R (1991) Grammar flow analysis. In: H. Alblas, B. Melichar (Hrsg.), Attribute Grammars, Applications and Systems, Springer, LNCS 545

51. Neven F, den Bussche JV (1998) Expressiveness of structured document query languages based on attribute grammars. In: Proceedings of the Seventeenth ACM SIGACT-SIGMOD-SIGART Symposium on Principles of Database Systems, June 1–3, 1998, Seattle, Washington, ACM Press, pp 11–17

52. Nielson HR (1983) Computation sequences: A way to characterize classes of attribute grammars. Acta Informatica 19:255–268

53. Pager D (1977) Eliminating unit productions from lr parsers. Acta Inf 9:31–59

54. Pager D (1977) The lane-tracing algorithm for constructing $LR(k)$ parsers and ways of enhancing its efficiency. Inf Sci 12(1):19–42

55. Pennello TJ, DeRemer F (1978) A forward move for LR error recovery. In: Proc. 5th ACM Symp. on Principles of Programming Languages, pp 241–254

56. Pennello TJ, DeRemer F, Myers R (1980) A simplified operator identification scheme for ADA. ACM SIGPLAN Notices 15(7,8):82–87

57. Pratt VR (1973) Top down operator precedence. In: Proceedings of the 1st annual ACM SIGACT-SIGPLAN symposium on Principles of programming languages, pp 41–51

58. Saraiva J, Swierstra SD (2003) Generating spreadsheet-like tools from strong attribute grammars. In: Pfenning F, Smaragdakis Y (eds) GPCE, Springer, Lecture Notes in Computer Science, vol 2830, pp 307–323

59. Sippu S, Soisalon-Soininen E (1990) Parsing Theory. Vol.1: Languages and Parsing. Springer

60. Sippu S, Soisalon-Soininen E (1990) Parsing Theory. Vol.2: $LR(k)$ and $LL(k)$ Parsing. Springer

61. Tarjan RE, Yao ACC (1979) Storing a sparse table. Communications of the ACM 22(11)

62. Tomita M (1984) LR parsers for natural languages. In: 10th International Conference on Computational Linguistics (COLING), pp 354–357

63. Tomita M (1985) An efficient context-free parsing algorithm for natural languages. In: International Joint Conference on Artificial Intelligence (IJCAI), pp 756–764

64. Van De Vanter ML (1975) A formalization and correctness proof of the cgol language system (master's thesis). Tech. Rep. MIT-LCS-TR-147, MIT Laboratory for Computer Science. Cambridge, MA

65. Viera M, Swierstra SD, Swierstra W (2009) Attribute grammars fly first-class: how to do aspect oriented programming in haskell. In: Hutton G, Tolmach AP (eds) ICFP, ACM, pp 245–256

66. Wadler P, Blott S (1989) How to make ad-hoc polymorphism less ad-hoc. In: POPL, pp 60–76

67. Watt DA (1977) The parsing problem for affix grammars. Acta Informatica 8:1–20

68. Watt DA (1984) Contextual constraints. In: [45]

69. Wirth N (1978) Algorithms + Data Structures = Programs, Chapter 5. Prentice Hall

70. Wright AK (1995) Simple imperative polymorphism. Lisp and Symbolic Computation 8(4):343–355

Sachverzeichnis